Inklusive Schule im Sozialraum

Saskia Schuppener · Nico Leonhardt ·
Robert Kruschel
(Hrsg.)

Inklusive Schule im Sozialraum

Entwicklungsprozesse durch Kooperation und Interprofessionalität in herausfordernder Lage

Springer VS

Hrsg.
Saskia Schuppener
Institut für Förderpädagogik
Universität Leipzig
Leipzig, Deutschland

Nico Leonhardt
Institut für Förderpädagogik
Universität Leipzig
Leipzig, Deutschland

Robert Kruschel
Leipzig, Deutschland

ISBN 978-3-658-42157-1 ISBN 978-3-658-42158-8 (eBook)
https://doi.org/10.1007/978-3-658-42158-8

Die Deutsche Nationalbibliothek verzeichnet diese Publikation in der Deutschen Nationalbibliografie; detaillierte bibliografische Daten sind im Internet über http://dnb.d-nb.de abrufbar.

Planung/Lektorat: Stefanie Laux
Springer VS ist ein Imprint der eingetragenen Gesellschaft Springer Fachmedien Wiesbaden GmbH und ist ein Teil von Springer Nature.
Die Anschrift der Gesellschaft ist: Abraham-Lincoln-Str. 46, 65189 Wiesbaden, Germany

Inklusive Schule im Sozialraum – Einführung in den Band

Sozialraumorientierung als zentrales Feld inklusiver und partizipativer Schulentwicklung in herausfordernder Lage

Bildungsinstitutionen und dabei insbesondere Schulen stehen vor dem Horizont der inklusiven Bildungsreform unter einem starken (Handlungs-)Druck, sich zu verändern. Es ist daher nur logisch, dass zunehmend Schulentwicklungsprozesse in den Fokus der Diskurse um inklusive Bildung rücken (vgl. u. a. Erbring, 2016). Sie werden durch die (scheinbar) feste ‚Grammatik' (vgl. Feichter, 2020) des Schulsystems und die damit verbundenen tradierten Strukturen erschwert. Inklusionsorientierte Schulentwicklung versucht nun das tradierte „komplizierte Ensemble […] [aus] Erfahrungen, Routinen, Problemlösungen, Initiativen, […] Kooperationsgeschichten und Abgrenzungen, […] Schlüsselereignissen und Entwicklungskrisen" (vgl. Fauser et al., 2009, S. 26) systematisch aufzugreifen, um Schulen als ‚lernende Organisationen' (vgl. Montag Stiftung Jugend und Gesellschaft, 2015) fort- und weiterzuentwickeln.

Eine zunehmend stärkere Bedeutung bekommt dabei der Blick über die ‚Schulhofgrenzen' hinaus in den Sozialraum. Dabei wird deutlich, dass Schule als Sozialraum selbst sowie der sie umgebende Sozialraum sich auf vielfältige Weise und wechselseitig beeinflussen (vgl. z. B. El-Mafaalani et al., 2015), sei es beispielsweise hinsichtlich der „soziokulturelle[n] Zusammensetzung der Schülerschaft" oder „durch die Sozialstruktur im Umfeld der Schule" (Racherbäumer & van Ackeren, 2015, S. 189). Weiterhin zeigen internationale Erfahrungen, „dass Schulen einen entscheidenden Beitrag zu einer sozial-integrativen Stadtteil- und Quartiersentwicklung leisten können" (Baumheier & Warsewa, 2009, S. 20). So können das „Schulsystem wie auch jede Einzelschule […] nicht länger als geschlossenes System funktionieren, sondern [...] [müssen] sich auf vielfältige Weise öffnen“ (Baumheier & Warsewa, 2009, S. 20).

In diesem Kontext wird der Terminus der *‚Sozialraumorientierung‘* zunehmend diskutiert. Dieses Konzept aus der Sozialarbeit findet sich mittlerweile „in unterschiedlichsten theoriesystematischen Überlegungen, fachlich-handlungspraktischen Konzeptionen oder einrichtungsspezifischen Projektbeschreibungen“ (Kessl & Reutlinger, 2007, S. 37) wieder. Bezogen auf den formalen Bildungsbereich wird mit Sozialraumorientierung die Idee verfolgt, dass Schule nicht als isolierte Einheit gesehen wird, sondern sich vielmehr als kooperierender Teil des Sozialraums versteht. In Bezug zu diesem Verständnis einer sozialraumorientierten Entwicklungsarbeit wird *Kooperation* zu einem zentralen Werkzeug von Bildungsarbeit.

> Kooperation ist dabei ein zeitlich begrenzter oder auch dauerhafter Zusammenschluss von zwei oder mehr Akteur*innen eines Sozialraums, die inner- und außerhalb von Organisationen zusammenarbeiten, um individuelle oder gemeinsame Ziele zu verwirklichen. Der umfassende Rahmen ist dabei der Aufbau inklusiver formaler und non-formaler Bildungsmöglichkeiten zum Abbau von Bildungsungerechtigkeit. (Leonhardt et al., i. V.)

Der *interprofessionellen* Kooperation (Maykus & Beck, 2016) wird beim Abbau von Bildungsbenachteiligungen eine zentrale Bedeutung beigemessen. Neben der Interaktion unterschiedlicher Professionen *innerhalb* von Schule spielen hier eben auch *außerschulische* Kooperationspartner*innen eine wichtige Rolle, da sie das Gefüge interprofessioneller Kooperation zusätzlich pluralisieren (vgl. Gausmann et al., 2020). Interprofessionalität meint grundsätzlich das enthierarchisierte Zusammenwirken verschiedener Berufsgruppen hinsichtlich gemeinsam geteilter Zielstellungen (vgl. Schuppener et al., 2021) und kann als Kernelement von inklusiver Schulentwicklung verstanden werden: „Die Entwicklung inklusiver Schule führt [zwangsläufig] zu einer interprofessionellen Handlungskonstellation“ (Idel & Korff, 2022, S. 108) besonders, weil sich Schule – speziell in herausfordernden Lagen – verstärkt zu einem Ort generalisierter pädagogischer Sorge entwickelt (vgl. Idel, 2022). Hier braucht es eine Pluralisierung, damit einzelne – marginalisierte, unterrepräsentierte – Perspektiven sichtbar und wirksam werden können. Über einen interprofessionellen Zugang kann dies gelingen, wenn „Sprache und Praktiken und Bilder“ (Emcke, 2019, S. 192) gefunden werden, die entlang einer solidarischen Grundhaltung allen (Einzel)Perspektiven eine Bedeutung beimessen. In diesem Sinne möchten wir in dem hier vorliegenden Band auch von einem *erweiterten Interprofessionalitätsverständnis* ausgehen, welches nicht nur Berufsgruppen adressiert, sondern auch Schüler*innen, Eltern und weitere (professionsunabhängige) Akteur*innen des Sozialraums mitdenkt. Dieses erweiterte Verständnis ist anschlussfähig an eine inklusive Sozialraumorientierung, welche verstanden werden kann als „die konzeptionelle Ausrichtung von Angeboten und Einrichtungen […] an den Bedürfnissen, Bedarfen, Lebensbedingungen und den Ressourcen von Kindern und Jugendlichen in Stadtteil und Schule" (Grimm & Deinet, 2008, S. 4). Demzufolge handelt es sich um ein grundlegendes Arbeitsprinzip der Schule, das die Schüler*innen mit ihren Ressourcen in den Mittelpunkt stellt und der Erkenntnis folgt, dass sich der Sozialraum auf die Schule und den pädagogischen Alltag auswirkt und damit Berücksichtigung erfahren muss, weil er sich auch auf die Ausgestaltung der Einzelschule als eigenen Sozialraum auswirkt. Dieser Argumentation folgend bedeutet ein sozialräumliches Vorgehen, „die Binnensicht, die Denk-Welt, das subjektive Erleben und die subjektiven Bedeutungen, die die Kinder und Jugendlichen ihren lebensweltlichen Bereichen, ihren verschiedenen Lebensorten beimessen" (Grimm & Deinet, 2008, S. 4) zu erkunden und wirkmächtig einzubeziehen.

Schüler*innenpartizpation spielt in diesem Wechselverhältnis zwischen Schule und Sozialraum eine zentrale Rolle. Mit dem Versprechen der Ermächtigung der Kinder und Jugendlichen verbleiben konkrete Praktiken jedoch meist „nur auf symbolische[r], scheinhafte[r] oder dekorative[r]" Ebene (Liebel, 2020, S. 105). So zeigen u. a. Rieker et al. (2016) auf, dass die Beteiligung von Kindern und Jugendlichen oft auf Bereiche beschränkt bleiben, die sich wenig mit den Zuständigkeiten von Erwachsenen überschneiden und Partizipation so meist als ‚instrumenteller Charakter' verkommt (vgl. Reisenauer, 2020). Im vorliegenden Sammelband wird demnach auch erkundet, in welchem Zusammenhang Partizipation von Schüler*innen mit lebensweltlichen und sozialraumbezogenen Aspekten stehen, sodass die Beteiligung von Kindern und Jugendlichen zu realen Veränderungen bzw. zu entscheidungsrelevanten Partizipationsmöglichkeiten führen können.

Im vorliegenden Band wird sich auf dieser Grundlage der Frage gewidmet, wie eine inklusions- *und* sozialraumorientierte Schulentwicklung gerade dort gelingen kann, wo nicht die optimalen Bedingungen herrschen: in *herausfordernder Lage*. Dabei wird hier ein relatives Raumverständnis zugrunde gelegt, welches sich vordergründig auf die „von den Menschen konstituierten Räume […] der Beziehungen, der Interaktionen und der sozialen Verhältnisse" bezieht (Kessl & Reutlinger, 2009, S. 25). Dem folgend fokussiert sich der Blick vielmehr auch auf die Hervorbringung von Räumen, dem sogenannten *spacing*. Dies meint die Konstruktion von Räumen, durch Aneignung vorgefundener Räume in Verbindung mit Beziehungen, die darin eingeschlossen sind (Spatschek, 2009).

Besonders Schulen in schwierigen sozialen Kontexten stehen vor der Herausforderung, *trotz* der sie umgebenden Faktoren günstige Lernbedingungen für ihre Schüler*innen zu schaffen. Es ist daher wenig verwunderlich, dass in den letzten Jahren international wie national „ein verstärktes Interesse an Schulen in schwierigen sozialen Kontexten, die mit verschiedenen Restriktionen und fehlenden Ressourcen ihrer Schülerinnen und Schüler bzw. des weiteren sozialen Umfelds für schulisches Lernen umgehen müssen" (van Ackeren et al., 2016, S. 138) festzustellen ist. Die definitorischen Annäherungen an Begriffe wie ‚herausfordernde Lage' sind mannigfaltig. Da der vorliegende Band einen sozialräumlichen Blick einnimmt, folgt er einer Definition, die den Fokus primär auf den außerschulischen Kontext legt, um damit mögliche schulische Probleme erklären zu können, aber noch keine Aussage über die Schulqualität zu treffen. Schulen in herausfordernden Lagen sind daher Schulen „die mit anspruchsvollen Problemkonstellationen konfrontiert werden, welche ihnen hohe Anstrengungen abverlangen und sie bei unzureichenden Problemlöseansätzen in Schwierigkeiten oder in eine kritische Lage, letztlich auch zum Failing oder Scheitern[1] bringen können" (Holtappels et al., 2017, S. 18 Herv. i. O.).[2] Diesen Herausforderungen kann letztlich nur mit inklusiver Interprofessionalität und Sozialraumorientierung begegnet werden. Und auch hier gilt es, immer wieder neue Erkenntnisse und Erfahrungen zu integrieren, die sich insbesondere in einer *Heterogenitätssensibilität* (Welskop & Moser, 2020) und einer *Sensibilisierung* im Hinblick auf differente Professionskulturen (vgl. Hallitzky & Kinoshita, 2022), differente biografische und kulturelle Prägungen aller Akteur*innen (interkulturelle Habitussensibilität), differente Zuständigkeitsfragen und differente Rollenverständnisse (vgl. Idel & Korff, 2022), differente Kooperationsvorstellungen und/oder -erfahrungen (vgl. Speck et al., 2011) sowie differente diskriminierende und machtvolle Strukturen ausdrücken.

---

[1] Failing bzw. Scheitern wird in diesem Zusammenhang an der Ergebnisqualität beurteilt, also an „Lern- und Sozialverhalten, Lerndispositionen und Einstellungen, Kompetenzen und nicht zuletzt am Schulerfolg der Lernenden in Bezug auf Noten und Abschlüsse" (Holtappels et al., 2017, S. 18).

[2] Im vorliegenden Band werden auch teils verschiedene Bezeichnungen für die beschriebenen Schulen verwendet, die auch mit unterschiedlichen Schwerpunktsetzungen einhergehen können. Die Herausgeber*innen verwenden explizit den Begriffszusatz, ‚herausfordernde Lage', um darauf aufmerksam zu machen, dass es zwar problematische Situationen gibt, dass diese aber nicht zementiert sind, sondern dass man ihnen begegnen kann.

Das Projekt InSide als *ein* Bezugspunkt des Sammelbandes

Einen zentralen Ausgangspunkt der Entstehung des Bandes bildet das Forschungsprojekt „*Inklusion im Sozialraum – Partizipative kinderrechtsbasierte Schulentwicklung durch Schüler*innenaktive Forschung*" (InSide)[3]. Dabei wird das übergreifende Ziel verfolgt, die Gelingensbedingungen inklusiver Schule mit expliziter Sozialraumorientierung in Stadtteilen in herausfordernder Lage zu untersuchen. Das Projekt gliedert sich dabei in drei Forschungsbereiche, die in wechselseitiger Verbindung stehen (siehe Abb. 1):

1. Analyse internationaler und nationaler Konzepte zur Sozialraumorientierung von Schulen in herausfordernder Lage
2. Erarbeitung einer Sozialraumanalyse im Stadtteil ‚Grünau-Mitte' hinsichtlich Herausforderungen und Chancen von Bildungsprozessen
3. Partizipative Forschung mit Schüler*innen hinsichtlich ihrer subjektiven Vorstellungen in Bezug zu partizipativer und sozialraumorientierter Schulentwicklung

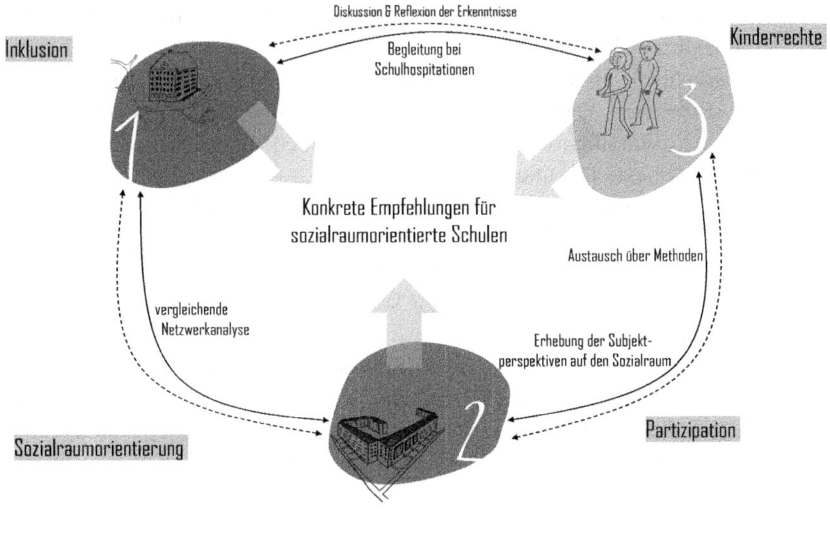

---

[3] www.inside-projekt.de

Im Rahmen der drei Bereiche des Projektes konnten einerseits verschiedene Gelingensbedingungen herausgearbeitet werden, die im Rahmen von Beiträgen in diesem Band sowie in einer weiteren Veröffentlichung als Praxisbuch (Leonhardt et al., i. V.) Verbreitung finden. Andererseits sollen die genannten Erkenntnisse in dieser Veröffentlichung mit anderen empirischen und praxisorientierten Impulsen und Erfahrungen zusammengeführt werden, um den Diskurs zu inklusions- und sozialraumorientierter Schulentwicklung zu stärken und anzuregen.

Zur Systematik des Buches

Im Kontext des Zusammenspiels der drei zentralen Eckpfeiler des Bandes – Inklusion, Sozialraum[4] und herausfordernde Lage – ergeben sich eine Reihe von Fragen, die in den Beiträgen aus theoretischer, empirischer und handlungsleitender Perspektive diskutiert werden. Daraus ergibt sich für den Sammelband eine an diesen drei Ebenen orientierte Systematik.

Im ersten Teil werden *Theoretische Perspektiven und Fragestellungen* aufgeworfen. Darin wird das Ziel verfolgt, grundlegend das Verhältnis von Schule und Sozialraum – zum Teil unter Berücksichtigung habitusorientierter Fragestellungen – theoretisch zu bestimmen und die Notwendigkeit von Schüler*innenperspektiven aufzuzeigen.

Daran anschließend werden im folgenden Teil *Empirische Erkenntnisse und Analysen* aufbereitet. Dabei werden verschiedene Forschungserkenntnisse im Kontext von Sozialraumorientierung und hinsichtlich unterschiedlicher Professionalisierungsaspekte diskutiert.

Diese werden abschließend im dritten Teil durch konkrete *Good Practice Einblicke* und *Reflexionen aus der Praxis* ergänzt und abgerundet. Unter Berücksichtigung differenter Perspektiven von verschiedenen Akteur*innen im Kontext Schule und Sozialraum werden konkrete Praxiserfahrungen vorgestellt und theoretisch reflektiert.

Ein kurzer Einblick in die jeweiligen Einzelbeiträge findet sich innerhalb der Abstracts, die allen Texten vorangestellt sind, weswegen an dieser Stelle auf eine wiederholende Beschreibung verzichtet wird. Die Beiträge orientieren sich jedoch alle u.a. an den folgenden übergreifenden Fragestellungen:

---

[4] Die unterschiedlichen Beiträge gehen von verschiedenen Sozialraum-Verständnissen aus und explizieren diese jeweils innerhalb der entsprechenden Kapitel.

- Welche Implikationen ergeben sich für die Gestaltung und (Weiter-) Entwicklung von Schule in herausfordernder Lage unter den Ansätzen von Inklusion und Sozialraumorientierung?
- Wie sind Verbindungen und Netzwerke zwischen schulischen und außerschulischen Akteur*innen zu gestalten, aufrechtzuerhalten und auszubauen?
- Wie können unter welchen Bedingungen die Lebenswelten von Familien in herausfordernder Lage konstruktiv, kultursensibel und nachhaltig aufgenommen und dabei wertschätzende Kooperationsbeziehungen gestaltet werden?
- Wie ist eine entscheidungsrelevante Schüler*innenpartizipation in Entwicklungs- und Gestaltungsprozessen zu realisieren?
- Wie sind Prozesse interprofessioneller Kooperation auszugestalten unter der Herausforderung divergierender Professionslogiken?

Danksagung

Die Erarbeitung einer Herausgeber*innenschaft kann als Entwicklungsprozess in sich betrachtet werden, bei dem es eine ganze Reihe von zentralen Mitwirkenden gibt. Wir danken daher in erster Linie den Autor*innen, die durch ihre Darstellungen, Erfahrungen und Analysen eine spannende Zusammenstellung an Themen ermöglicht haben und dadurch einen Beitrag zur Weiterentwicklung im Themenfeld des Sammelbandes ermöglichen. Die stets sehr konstruktive Arbeit hat den Erarbeitungsprozess dabei sehr erleichtert. Wir danken ebenfalls Alina Schulte und Kyra Stelter, die mit sehr wachsamen Blick und großer Präzision die Beiträge kontrolliert und so eine reibungsfreie Endredaktion ermöglicht haben. Darüber hinaus sind wir sehr dankbar über eine unkomplizierte und konstruktive Zusammenarbeit mit dem Springer Verlag.

In der Hoffnung, einige wichtige Impulse geben zu können, wünschen wir eine spannende und inspirierende Lektüre!

Saskia Schuppener
Nico Leonhardt
Robert Kruschel

Literatur

Baumheier, U., & Warsewa, G. (2009). Vernetzte Bildungslandschaften: Internationale Erfahrungen und Stand der deutschen Entwicklung. In P. Bleckmann & A. Durdel (Hrsg.), *Lokale Bildungslandschaften* (S. 19–36). Springer VS.

El-Mafaalani, A., Kurtenbach, S., & Strohmeier, K. P. (Hrsg.) (2015). *Auf die Adresse kommt es an.... Segregierte Stadtteile als Problem und Möglichkeitsräume begreifen.* Beltz.

Emcke, C. (2019). *Gegen den Hass* (2. Aufl.). Fischer.

Erbring, S. (2016). *Einführung in die inklusive Schulentwicklung.* Carl-Auer.

Fauser, P., Prenzel, M., & Schratz, M. (2009). *Was für Schulen! Wie gute Schule gemacht wird – Werkzeuge exzellenter Praxis.* Kallmeyer.

Feichter, H. (2020). Die Grammatik der Schule als Partizipationshindernis. Organisationstheoretische und schulkulturelle Überlegungen. In S. Gerhartz-Reiter & C. Reisenauer (Hrsg.), *Partizipation und Schule. Perspektiven auf Teilhabe und Mitbestimmung von Kindern und Jugendlichen* (S. 25–40). Springer.

Gausmann, N., Wiedebusch, S., Maykus, S., & Franek, M. (2020). Interprofessionelle Kooperation in inklusiven Grundschulen – Qualifizierungsbedarfe des pädagogischen Personals. *Herausforderung Lehrer*innenbildung – Zeitschrift Zur Konzeption, Gestaltung Und Diskussion, 3*(1), 439–454. https://doi.org/10.4119/hlz-3194.

Grimm, M., & Deinet, U. (2008). *Sozialraumorientierung macht Schule. Münster: Serviceagentur „Ganztägig lernen in Nordrhein-Westfalen".* Institut für soziale Arbeit e. V.

Hallitzky, M., & Kinoshita, E. (2022). „Sie konnten zusammen nicht kommen". Interprofessionalität und Interkulturalität in der Perspektivierung von Unterricht. In M. Hallitzky, C. Kieres, E. Kinoshita, & N. Yoshida (Hrsg.), *Unterrichtsforschung und Unterrichtspraxis im Gespräch. Interkulturelle und interprofessionelle Perspektiven auf eine Unterrichtsstunde* (S. 17–33). Klinkhardt.

Holtappels, H. G., Webs, T., Kamarianakis, E., & von Ackeren, I. (2017). Schulen in herausfordernden Problemlagen – Typologien, Forschungsstand und Schulentwicklungsstrategien. In V. Manitius & P. Dobbelstein (Hrsg.), *Schulentwicklungsarbeit in herausfordernden Lagen* (S. 17–25). Waxmann.

Idel, T.-S. (2022). *Kooperation als conditio sine qua non zeitgemäßer Bildungsarbeit in der Grundschule?* Vortrag am 3. Juli 2022 auf dem 3. Grazer Grundschulkonkgress 2022.

Idel, T.-S., & Korff, N. (2022). ‚Inklusive Interprofessionalität' als berufskulturelles Entwicklungsproblem. Perspektiven von Lehrpersonen inklusiver Schulen im Bundesland Bremen. In B. Serke & B. Streese (Hrsg.), *Wege der Kooperation im Kontext inklusiver Bildung* (S. 108–117). Klinkhardt.

Kessl, F. & Reutlinger, C. (2007). Die (sozialpädagogische) Rede von der Sozialraumorientierung. In F. Kessl & C. Reutlinger (Hrsg.), *Sozialraum. Eine Einführung* (S. 37–55). Springer VS.

Kessl, F. & Reutlinger, C. (2009). (Sozial)Raum – ein Bestimmungsversuch. In F. Kessl, C. Reutlinger, & U. Deinet (Hrsg.), *Sozialraum. Eine Einführung* (S. 21–38). Springer VS

Leonhardt, N., Kruschel, R., & Schuppener, S. (i. V.). *Über den Schulhof hinaus. Praxishandbuch für inklusive und sozialraumorientierte Bildung.* Beltz.

Liebel, M. (2020). *Unerhört – Kinder und Macht.* Beltz.

Maykus, S., & Beck, A. (2016). Interprofessionalität als Voraussetzung einer inklusiven Schule? Empirische Befunde und theoretische Differenzierungen zur Bedeutung externer

Kooperationsbeziehungen für schulische Entwicklungsprozesse. In S. Maykus, A. Beck, G. Hensen, A. Lohmann, H. Schinnenburg, & E. Werding et al. (Hrsg.), *Inklusion in Kindertagesstätten und Grundschulen. Empirische Befunde und Implikationen für die Praxis* (S. 173–208). Beltz Juventa.

Montag Stiftung Jugend und Gesellschaft. (Hrsg.). (2015). *Inklusion auf dem Weg. Das Trainingshandbuch zur Prozessbegleitung. Sonderdrucke und Sonderveröffentlichungen/ Deutscher Verein für Öffentliche und Private Fürsorge 53.* Lambertus.

Racherbäumer, K., & van Ackeren, I. (2015). Was ist eine (gute) Schule in schwieriger Lage? Befunde einer Studie im kontrastiven Fallstudiendesign an Schulen in der Metropolregion Rhein-Ruhr. In L. Fölker, T. Hertel, & N. Pfaff (Hrsg.), *Brennpunkt(-)Schule. Zum Verhältnis von Schule, Bildung und urbaner Segregation* (S. 189–208). Budrich.

Reisenauer, C. (2020). Kinder- und Jugendpartizipation im schulischen Feld – 7 Facetten eines vielversprechenden Begriffs. In S. Gerhartz-Reiter & C. Reisenauer (Hrsg.), *Partizipation und Schule. Perspektiven auf Teilhabe und Mitbestimmung von Kindern und Jugendlichen* (S. 3–22). Springer.

Rieker, P., Morgen, R., Schnitzer, A., & Stroezel, H. (2016). *Partizipation von Kindern und Jugendlichen. Formen, Bedingungen sowie Möglichkeiten der Mitwirkung und Mitbestimmung in der Schweiz.* Springer.

Schuppener, S., Schlichting H., Goldbach, A., & Hauser, M. (2021). *Pädagogik bei zugeschriebener geistiger Behinderung.* Kohlhammer.

Spatscheck, C. (2009). Methoden der Sozialraum- und Lebensweltanalyse im Kontext der Theorie- und Metodendiskussion der Sozialen Arbeit. In U. Deinet (Hrsg.), *Methodenbuch Sozialraum* (S. 33–44). Springer VS.

Speck, K., Olk, T. & Stimpel, T. (2011). Auf dem Weg zu multiprofessionellen Organisationen? Die Kooperation von Sozialpädagogen und Lehrkräften im schulischen Ganztag. Empirische Befunde aus der Ganztagsforschung und dem Forschungsprojekt „Professionelle Kooperation von unterschiedlichen Berufskulturen an Ganztagsschulen" (ProKoop). *Zeitschrift für Pädagogik Beiheft, 57,* 184–201.

van Ackeren, I., Racherbäumer, K., Funke, C. & Clausen, M. (2016). Herausforderungen für und Bewältigungsstrategien von Lehrkräften an Schulen in sozialräumlich deprivierter Lage. In Bundesministerium für Bildung und Forschung (BMBF) (Hrsg.), *Steuerung im Bildungssystem. Implementation und Wirkung neuer Steuerungsinstrumente im Schulwesen* (S. 138–160). Bundesministerium für Bildung und Forschung (BMBF). www.empirische-bildungsforschung-bmbf.de/media/content/BMBF%20Bildungsforschung%2043_barrierefrei.pdf#page=140.

Welskop, N., & Moser, V. (2020). Heterogenitätssensibilität als Voraussetzung adaptiver Lehrkompetenz. In E. Brodesser, J. Frohn, N. Welskop, A.-C. Liebsch, V. Moser, & D. Pech (Hrsg.), *Inklusionsorientierte Lehr-Lern-Bausteine für die Hochschullehre. Ein Konzept zur Professionalisierung zukünftiger Lehrkräfte* (S. 19–29). Klinkhardt.

Inhaltsverzeichnis

Theoretische Perspektiven und Fragestellungen

Öffnung ermöglicht Inklusion?! Schule und Sozialraum aus Kinderperspektive

Ulrich Deinet und Christian Reutlinger

Zusammenfassung

Schulen sind keine Behälter, die abgeschlossen im Stadtteil stehen. Zumindest, wenn man Räume als Ergebnis der Interaktion von Menschen untereinander und in Bezug auf physisch-materielle Aspekte betrachtet. Mit der Subjektperspektive von Kindern auf das Herstellen von Räumen kann Schule als Aneignungsraum verstanden werden, welcher von Kindern gedeutet und umgedeutet wird. Über das Verstehen kindlicher Aneignungsprozesse wird im Beitrag eine inklusive Sozialraumperspektive entwickelt, welche Schule als inklusiven Lebensort versteht, welcher sich in den Stadtteil hinein öffnet.

Schlüsselwörter

Aneignung • Beteiligung • Ermöglichung • Lebenswelt • Sozialraum

In dem Gebäude einer ehemaligen Hauptschule arbeitet eine Grundschule in einer westdeutschen Großstadt in einem multikulturell geprägten Stadtteil, in dem auch viele Geflüchtete aus den letzten Jahren ihre erste Wohnung gefunden haben. Der Stadtteil liegt im Sozialindex der Stadt ganz unten, ist geprägt durch hohen Problemdruck im Bereich der Erziehungshilfen, Kinderarmut etc. Der Anteil der Kinder,

U. Deinet (✉)
Haan, Deutschland
E-Mail: ulrich.deinet@hs-duesseldorf.de

C. Reutlinger
Egnach, Schweiz
E-Mail: christian.reutlinger@fhnw.ch

S. Schuppener et al. (Hrsg.), *Inklusive Schule im Sozialraum*,
https://doi.org/10.1007/978-3-658-42158-8_1

*der die offene Ganztagsschule besucht, liegt bei über 80 % der insgesamt mehr als 300 Kindern dieser dreizügigen Schule. Träger der Ganztagsschule ist ein ortsansässiger Träger der Sozialen Arbeit, der in dem Stadtteil verortet ist und damit auch andere Sozialleistungen ‚mitbringt'. Dieser Träger stattet seine Schulen mit zusätzlichen Angeboten aus; so ist an der Schule ein kunstpädagogischer Verein tätig, der Kunstprojekte, Schulgärten, kreative Werkstätten usw. anbietet. Dazu gibt es weitere Kooperationen im Ganztagskonzept mit einzelnen Vereinen. Die Schule versucht, ihre Elternschaft immer wieder einzuladen, veranstaltet Schulfeste und hin und wieder auch Veranstaltungen für den Stadtteil. Dennoch sind das Lehr*innenkollegium und die Schulleitung nicht zufrieden und sehen sich durch den sozialen Problemdruck überfordert. Innerhalb der Schule gibt es zahlreiche Arbeitsangebote, wie auch jetzt eine ausgeschriebene halbe Stelle für Schulsozialarbeit, die allerdings bei einem anderen Träger als die offene Ganztagsschule angesiedelt ist, sodass der Kooperationsaufwand auch innerhalb der Schule nicht unerheblich ist. Seitens der Stadt gibt es kein Quartiersmanagement für diesen Stadtteil, auch keine Stadtteilkonferenz, wodurch die Schule weitgehend auf sich selbst gestellt ist. Die Kinder nutzen z. B. eine benachbarte offene Kinder- und Jugendeinrichtung sehr intensiv, zu der es aber keine institutionellen Kontakte gibt. Es existieren keine wirklichen Verzahnungen mit dem Stadtteil, abgesehen von sporadischen Veranstaltungen. Im Stadtteil fehlt aber auch eine formale Vertretung zivilgesellschaftlicher Akteur*innen, der Förderverein ist schwach, Vereine religiöser Gemeinschaften sind kaum vorhanden. Da – wie für die Mehrzahl der Schulen typisch – keine der hier tätigen Lehrkräfte im Stadtteil wohnt, wird dieser von den meisten als herausfordernd und schwierig betrachtet.*

In diesem Beispiel wird deutlich, dass sich die Aufforderung zu einer Öffnung mit dem Ziel, Inklusion zu ermöglichen, in der Praxis gar nicht so eindeutig darstellt. Soll sich die Schule in den Stadtteil öffnen, in dem sie angesiedelt ist? Oder geht es darum, dass sich der Stadtteil für schulische Belange öffnet? Doch wer ist genau ‚der Stadtteil'? Geht es beim Öffnungsanspruch um bestimmte Akteursgruppen, oder sollen spezifische Themen oder Problemlagen besser miteinander in Korrespondenz gebracht werden?

Ein Schlüssel, um den Öffnungsanspruch zu schärfen, liegt beim Sozialraumverständnis, welches dem Diskurs um Öffnung von Schulen und Stadtteilen zugrunde gelegt wird, wie wir im vorliegenden Beitrag aufzeigen werden. Denkt man sich ‚den Sozialraum' im klassisch-planerischen Sinne, wie dies bspw. die Schul- und Bildungspolitik tut, werden für Kinder und Jugendliche, die im Stadtteil leben, wichtige Zusammenhänge zwischen Alltag und Schule verdeckt. Deshalb plädieren wir für einen subjektorientierten, relationalen Sozialraumbegriff und stellen mit dem Aneignungskonzept ein Set an Methoden vor, um die subjektive (Be)Deutung des Stadtteils und der Schule, aber auch ihr komplexes Zusammenspiel zu erschließen und zu gestalten. Dieses Sozialraumverständnis kann schließlich auch programmatische Vorstellungen vom „inklusiven Sozialraum" (Deutscher Verein, 2011) aus der Kinderperspektive qualifizieren. Schließlich werden öffnende gleichsam wie schließende Aspekte deutlich und können dadurch für bestimmte Gruppen abgebaut werden mit dem Ziel, näher dem Ideal inklusiver Schulen zu entsprechen.

Im ersten Kapitel dieses Beitrags wird das vorherrschende Verständnis von Sozialraum beschrieben. Dabei werden sowohl die strukturell sozialräumlichen Faktoren betont, also Sozialstrukturen – insbesondere in herausfordernder Lage –, als auch die Bebauung, Infrastruktur, Anbindung sowie der Verkehr, die Ausstattung mit sozialen Einrichtungen, Schulen und deren Vernetzung. Im zweiten Kapitel werden Schule und Sozialraum aus der Subjektperspektive betrachtet, und zwar vor dem Hintergrund eines flexiblen Raumverständnisses und der Dimension der Konstituierung sozialer Räume durch die handelnden Subjekte. Daran anschließend lässt sich im dritten Teil das Aneignungskonzept als Subjektperspektive der Kinder auf das Herstellen von Räumen ausbreiten und es können konkrete Aneignungsformen formuliert werden, die auch im schulischen Bereich zu finden sind. Daraufhin legt Kapitel vier Schule und Stadtteil als Aneignungsräume so dar, wie sie sich aus der Sicht von Kindern gestalten und wie sie auch mit Hilfe qualitativer Methoden sichtbar gemacht werden können. Die ausgearbeiteten Bausteine werden in Kapitel fünf schließlich zu einer sozialräumlichen Inklusionsperspektive verbunden, in der die subjektiven Bedeutungen von Räumen die Grundlage für die inklusive Entwicklung von Schulen und Sozialräumen bieten. Mit dieser sozialräumlichen Inklusionsperspektive und der Bedeutung von Aneignung und Bildung können erweiterte Zugänge und Handlungsmöglichkeiten in Schule und Sozialraum geschaffen werden.

1 Schule und Sozialraum ‚Stadtteil' als ineinandergreifende, absolute Behälterräume

In vielen gegenwärtigen bildungspolitischen Diskussionen, angefangen bei Reformbestrebungen der Kinder- und Jugendhilfe über aufsuchende Formen im öffentlichen Raum und Integrationsmaßnahmen für Menschen mit einer Fluchtgeschichte bis hin zu Fragen nach inkludierenden Wohn- und Lebensformen für alte Menschen oder Menschen mit einer Behinderung, wird Sozialraum als geographisch-physischer Raum und damit einem Behälter gleich konzipiert. Ob Stadteile (d. h. Viertel, Quartiere, Grätzeln usw.) oder ländliche Gemeinden (d. h.

Dörfer, Kleinstädte, Regionen etc.): alles, was sich mit bestimmten physischen Grenzen einhegen lässt, wird als Sozialraum definiert und damit gleichgesetzt mit der territorialen Ausdehnung eines Siedlungsgebietes.

Diese Sozialraumvorstellung wird insbesondere durch die vielfältigen Planungs- und Entwicklungsaufgaben der Jugendhilfe- bzw. Sozialplanung forciert, da eine sozialräumliche Gliederung der jeweiligen Gebietskörperschaft als notweniges Fundament für das Handeln von Politik und Verwaltung betrachtet wird. Unter Aspekten des Sparens oder der Effizienz gerät die Frage um die quantitative bzw. territoriale Ausdehnung des Sozialraums in den Mittelpunkt der Betrachtung: „So bewegen sich die Vorstellungen eines für die Sozialraumorientierung geeigneten Umfanges des Sozialraumes zwischen 30.000 und 80.000 Einwohnern" (Münder, 2001, S. 13).

Was die sozialräumliche Gliederung von Kommunen, Gebietskörperschaften etc. angeht, so gilt hier wie in anderen Bereichen die kommunale Hoheit in Deutschland. Kommunen können weitgehend selbst bestimmen, wie sie in diesem Bereich vorgehen, und so unterscheiden sich die sozialräumlichen Grundlagen für Planungs- und Umsetzungsprozesse in den Kommunen. Sozialräumliche Gliederungen oder Ordnungen existieren zum Beispiel als Bezirke in Großstädten, die mehrere Stadtteile zu einem Stadtbezirk zusammenfassen, oder auch die Regionen zu Landkreisen. Ein Problem in der Praxis besteht immer wieder darin, dass vor Ort oftmals sehr unterschiedliche sozialräumliche Ordnungen existieren, zum Beispiel zwischen Schul- und Sozialbereich. Nicht unerwähnt bleiben darf auch die Tatsache, dass solche sozialräumlichen Eingrenzungen und Definitionen in der Praxis zu Schwierigkeiten führen können, wenn z. B. Einrichtungen nur knapp außerhalb der Grenzen eines ‚Sozialraums' liegen, ihr Einzugsbereich, ihre Besucher*innenschaft jedoch aus diesem konkreten Stadtteil kommt (Reutlinger, 2017).

Somit stellt sich die Frage, inwieweit sozialräumliche Planungsräume mit den Lebenswelten der Menschen zusammenpassen und welche Probleme sich daraus auch für Einrichtungen ergeben können (Deinet, 2013, S. 50 ff.). Die Sinnhaftigkeit sozialräumlicher Gliederungen und der geographischen bzw. sozialkartographischen Definition von Gebieten wird oft konterkariert durch historische Entwicklungen und Traditionen, die noch lange nachwirken können, wie z. B. die in den verschiedenen Kommunalreformen vorgenommenen Eingemeindungen von früher selbstständigen Städten in Großstädte und Kreise. Sozialräumliche Planungsräume und die gelebten Lebenswelten von Menschen passen nicht immer zusammen. So gibt es im Bereich der Sozialen Arbeit und darüber hinaus wiederkehrend auch Einrichtungen, die zwar zu einem bestimmten Sozialraum gehören, deren Einzugsbereich sich diesem gegenüber aber aus lebensweltlichen Gründen anders strukturiert und nicht den planerischen Orientierungen einer sozialräumlichen Entwicklung gehorcht. Die sozialräumliche Gliederung der Stadt Düsseldorf (vgl. Klein, 2009) mit über 170 zum Teil sehr kleinen Sozialräumen versucht beispielsweise diese gefühlten Abgrenzungen und Orientierungen der Menschen aufzunehmen und Sozialräume in etwa so zu beschreiben, wie sie auch von den Menschen als Quartiere empfunden werden. So beruft sich die aktuelle sozialräumliche Gliederung der Stadt Düsseldorf in der Beschreibung einzelner Sozialräume nicht nur auf die klassischen Daten zu Bevölkerungsstrukturen (Verteilung auf unterschiedliche Altersgruppen etc.), sondern sie unterscheidet zwischen Jugend- und Altenquotient, Ausländer*innenanteil und Personen mit Migrationshintergrund, schildert die Haushalte, die Leistungsbezüge nach SGB und sehr differenziert die Übergangsquoten im Schulbereich bis hin zu Daten aus der Schuleingangsuntersuchung (z. B. Adipositas). Die Bewertung der einzelnen Sozialräume war z. B. auch die Basis für die Verteilung von Personalressourcen im Bereich der Schulsozialarbeit.

Öffnungsvorstellung: durch das Öffnen von Türen lassen sich Sozialraumbehälter öffnen

Eine bedeutende Grundlage für die koordinierte Planung, aber auch die erfolgreiche Umsetzung unterschiedlicher Programme im Sozial- und Bildungsbereich bildet offensichtlich – so das Fazit der bisherigen Ausführungen – die Definition des Begriffs *Sozialraum als sozialräumlicher Planungsraum.*

Raumwissenschaftlich werden solche Raumvorstellungen als absolute Behälterräume bezeichnet. In solchen Behälterraumverständnissen werden Räume entweder mit den in einem „Gebiet vorfindbaren materiellen Gegebenheiten (Dinge) und deren Lagerelationen distinkte Elemente der physisch-materiellen Welt" (Weichhart, 2010, S. 26) gleichgesetzt. Oder Räume werden als von sozialen Prozessen unabhängige Behältnisse aufgefasst, die wiederum mit Dingen und Körpern (auch menschlichen) gefüllt werden können (Werlen & Reutlinger, 2019). Nimmt man diese (gedanklich) wieder raus, bleibt ein leerer Raum zurück. Raum wird in diesen traditionellen Vorstellungen somit als Bühne oder Hintergrund handelnder Menschen bzw. diesen vorher existierend verstanden. Substantialistische oder behälterförmige Vorstellungen sehen Raum „als Behälter (Container)" (Werlen, 1997, S. 145), in dem sich Handeln abspielt oder eine eigene Wirkkraft Soziales oder Psychisches entfalten kann (Löw, 2001, S. 24 ff.).

Die Frage nach der Öffnung lässt sich mit einem Behälterraumverständnis relativ einfach beantworten: Mit dem Öffnen einer Türe, wie dem Schultor, können Personen, Themen oder andere Institutionen in die Schule gelangen. Oder andersherum können Lehrer*innen, Schulsozialarbeiter*innen oder Schüler*innen durch das Tor in den Stadtteil gelangen, bspw. indem sie nach dem Unterricht nach Hause gehen oder sich mit anderen Akteur*innen im Stadtteil treffen. Mit dem Schließen von Türen gelingt es entsprechend, die im Außen liegenden Dinge, wie der ggf. belastende Alltag, auszusperren. Nur so lässt sich erklären, weshalb noch immer die Vorstellung existiert, dass Schüler*innen ihre lebensweltlichen, eventuell belastenden Themen quasi zusammen mit ihren Jacken an der Garderobe zurücklassen und dadurch problemfrei im Klassenzimmer sitzen und dort Mathematik oder Grammatik lernen könnten. Doch so einfach ist es leider im Alltag vieler Schüler*innen, Lehrer*innen und Schulsozialarbeiter*innen nicht. Entsprechend gilt es auch mit anderen Raumvorstellungen zu arbeiten, welche dem Subjekt und seiner Raumdeutung mehr Beachtung schenken.

2 Schule und Sozialräume als subjektive Lebenswelten

Folgt man den aktuellen raumsoziologischen und sozialgeographischen Diskussionen, wie sie sich seit Mitte der 1990er Jahre entwickeln, so entstehen Räume erst durch die Interaktion von Menschen untereinander und in Bezug auf physisch-materielle Aspekte. Letztere erlangen dadurch erst eine Bedeutung. Alle Menschen (re)produzieren Räume in ihrem Alltag, indem sie die sie umgebenden Dinge (Güter und Lebewesen) sowie sich selbst anordnen (spacing) und zu sinnhaften Gebilden zusammenfügen (Syntheseleistung) (Löw, 2001). Entsprechend sind bestimmte Konstellationen für unterschiedliche Personen und Gruppen ganz verschieden mit Sinn belegt und Räume können für sie sehr heterogene Bedeutungen annehmen. Insofern geht die Raumsoziologin Martina Löw davon aus, dass an einem bestimmten Ort, als eindeutig definierbare sozialgeographische Lokalisierung bzw. eine genaue Stelle der Erdoberfläche, unterschiedliche Räume entstehen können, je nachdem, welche Bedeutungen Menschen den Orten verleihen, welche Veränderungen sie vornehmen: „Raum ist eine relationale (An-) Ordnung von Lebewesen und sozialen Gütern an Orten" (Löw, 2001, S. 271). Mit ihrer Unterscheidung zwischen Orten und Räumen sowie ihrer Definition von Raum, als flexibler Anordnung von sozialen Gütern und Lebewesen an Orten, trugen Martina Löw und andere Autor*innen zu einem deutlich erweiterten Raumverständnis bei – im Gegensatz zur Vorstellung des gemeinhin gültigen Planungsraums. Dank eines relationalen Raumverständnisses können aktuelle gesellschaftliche Entwicklungen, insbesondere im Bereich der neuen Medien, d. h. der Bedeutung virtueller Räume, berücksichtig werden (Löw, 2001, S. 91).

Wendet man diesen relationalen, nicht-starren Raumbegriff auf das Verhalten von Kindern in gesellschaftlichen Institutionen und Orten an, so werden etwa in der Schule jenseits der offiziellen Funktionalitäten des Ortes auch flexible eigene Räume von Kindern sichtbar. Während des Unterrichts herrscht noch immer eine durch die Lehrperson vorgegebene, lange tradierte Vorstellung vor, wie das Schulzimmer strukturiert und gestaltet sein muss. Jedoch können an diesen Orten vor oder nach dem Unterricht von Kindern definierte Räume entstehen, die mittels Kommunikation unter Gleichalterigen temporär geschaffen und aufrecht erhalten werden. Sie beziehen sich kaum auf die funktionalen Bezüge der Gegenstände im Schulzimmer, sondern auf die Regeln der Peer-Gruppe. Solche temporären Räume entstehen natürlich viel öfter an nicht so stark funktional vorgegebenen und durch Erwachsene kontrollierten Orten auf dem Schulgelände, wie dem Klassenzimmer. Insbesondere auf dem Schulhof können bestimmte Gruppen von Heranwachsenden die Spielgeräte zu bestimmten Zeiten besetzen, ihnen einen gruppeneigenen Sinn geben, diesen in der Gruppe der Peers aushandeln und gegenüber anderen Gruppen verteidigen. Dies erklärt, dass in einer Schule zu unterschiedlichen Uhrzeiten und bezogen auf unterschiedliche Handelnde mehrere Räume an einem Ort entstehen und existieren können.

In diversen Diskussionen, bei denen es darum geht, das Agieren von Kindern bezogen auf ihre Umwelt beschreib- und erklärbar zu machen, wird seit den 1990er Jahren mit dem Aneignungsbegriff gearbeitet, so auch in pädagogischen Diskussionen (Böhnisch & Münchmeier, 1990; Deinet, 1999; Derecik, 2011; Reutlinger, 2003), in der Kindheits- und Jugendforschung (Rolff & Zimmermann, 1990) oder der Stadt- und Freiraumplanung (Wüstenrot-Stiftung, 2003). Mit dem Prozess der Aneignung wird beispielsweise „die Abstimmung von menschlichen Bedürfnissen und Umweltkonstellationen je nach historisch gegebenen Möglichkeiten“ verbunden (Wüstenrot-Stiftung, 2003, S. 28). Raumaneignung ist deshalb ein geeignetes Konzept, um das alltägliche Raumherstellen von Kindern für die Frage nach der Öffnung von Schule und Stadtteil zu operationalisieren.

3 ‚Raumaneignung' – die Subjektperspektive der Kinder auf das Herstellen von Räumen

Aneignung meint sehr allgemein das Erschließen, Begreifen, aber auch Verändern, Umfunktionieren und Umwandeln der räumlichen und sozialen Umwelt. Aneignung impliziert damit das aktive Handeln des Subjektes, seine Auseinandersetzung mit der räumlichen und sozialen Umwelt, indem es sich diese zu eigen macht und sich gleichzeitig gestaltend in ihr wiederfindet bzw. wiederfinden kann.

Die menschliche Entwicklung ist aus Aneignungsperspektive keine Adaptation an die Umwelt, sondern ein Mensch kann sich im Gegenteil auch dahin entwickeln, „daß er den Rahmen seiner begrenzten Natur verläßt, daß er sich ihr nicht anpaßt, weil er durch sie daran gehindert wird, den Reichtum echter menschlicher Züge und Fähigkeiten voll zu entfalten“ (Leontjew, 1973, S. 232 f.).

Mit der Bezugnahme auf das Aneignungskonzept werden subjektive Lebenswelten nicht nur sichtbar, sondern im Begriff der Raumaneignung auch verortet. Dabei spielt ein flexibler Raumbegriff eine wichtige Rolle, weil er die Dimension der Entstehung von Handlungsräumen betont, die sowohl innerhalb als auch außerhalb von Institutionen an unterschiedlichen Orten entstehen und für den subjektiven Bildungsverlauf eine wichtige Rolle spielen können, gerade im Bereich der informellen und non-formalen politischen Bildung. Mit dem Begriff der ‚Raumaneignung‘ lassen sich aus der Subjektperspektive Lernformen beschreiben, die sonst eher versteckt bleiben. Das Aneignungsverhalten von Kindern, z. B. in Form der Veränderungen von Situationen (vgl. Deinet, 1992), stellt auch viele Fragen an heute oft didaktisierte Lern- und Bildungskonzepte in vielen Bildungs- und anderen Institutionen. Lernen wird nicht mehr nur vom Ergebnis her gedacht, sondern als Prozess der Erschließung von Welt betrachtet, was sich anhand der folgenden Dimensionen konkretisieren lässt.

Aufbauend auf dieser Annahme lässt sich der Aneignungsbegriff u. a. folgendermaßen operationalisieren (Deinet, 2009, S. 28 ff.):

- als *eigentätige Auseinandersetzung mit der Umwelt,* was alltagsweltlich dem Bedürfnis gleichkommt, in der Welt zu stehen (gesellschaftliche Aneignungsdimension),
- als *Erweiterung gegenständlicher, kreativer aber auch medialer Präsenz,* was der Ausprägung einer eigenen Identität entsprich (individuelle Aneignungsdimension),
- als *Inszenierung, Verortung in virtuell generierten Öffentlichkeiten,* welche vielfach in Peergruppen vollzogen wird (gemeinschaftliche Aneignungsdimension).

4 Schule und Stadtteil als Aneignungsräume verstehen

Die skizzierten raum- und aneignungstheoretischen Grundlagen lassen sich zunächst in die Schule, als pädagogische Institution und gleichermaßen als räumlich-architektonischen Zusammenhang, transferieren. Denn aus Sicht von Kindern und somit aus einer lebensweltlich-subjektiven Betrachtung handelt es sich bei der Schule (ebenso wie beim Stadtteil) um einen Aneignungsraum, den die jungen Menschen als ihren Raum nutzen, umwidmen und dadurch mit eigenen (Be)Deutungen belegen.

Schule ist der (bzw. ein) zentrale(r) Ort im Leben von Kindern, da sie hier über viele Jahre hinweg die meiste Zeit ihres Lebens verbringen. Der Alltag von Kindern endet nicht mit dem Beginn der Schulstunde und mit dem Durchschreiten des Schultores (resp. mit dessen Schließung), wie dies mit einer Behälterraumperspektive suggeriert wird. Vielmehr lassen sich sowohl die Schule wie auch die vielen Verknüpfungen zu Orten (zeitlich und örtlich) außerhalb der Schule mit einem aneignungsorientierten Blick auf die Lebenswelten der Kinder anders sehen. Schul-Räume lassen sich als Teile sozialer Lebenswelten verstehen, die sich durch die individuellen Aneignungsprozesse dieser jungen Menschen erschließen. Schulen sind dabei wesentliche Bestandteile öffentlicher Räume und ihre Bedeutung geht weit über den Unterricht hinaus. Schulen sind auch Treffpunkte von Cliquen und Orte des informellen Lernens. Der Ort Schule bestimmt dabei aufgrund seiner architektonischen und strukturellen Gegebenheiten, in welchem Umfang informelle Bildungs- und Aneignungsprozesse möglich sind.

Mit dem sozialräumlich-aneignungsorientierten Konzept gelingt es außerdem, die Nahräume resp. sozialräumlichen Zusammenhänge im Stadtteil aus einer subjektiven Perspektive aufzuschließen, Aneignungsmöglichkeiten und -einschränkungen sichtbar zu machen und damit Nahräume, Quartiere oder für die Pädagogik relevante Gebiete im Sinne einer inklusiven Pädagogik zu untersuchen (Fritsche et al., 2010).

Mithilfe qualitativer Methoden als zentrale Elemente einer Sozialraumanalyse werden Kinder nicht nur ‚abgefragt'. Vielmehr werden sie als Expert*innen ihrer Lebenswelten in die Erhebung, Auswertung und Aufgleisung von Gestaltungsprozessen miteinbezogen. Diese sozialräumlichen Methoden haben einen hohen partizipativen und animativen Charakter und können durch die Themen, die sie freisetzen resp. aufdecken, auch eine lokal-politische Bedeutung im Sinne einer demokratischen Teilhabe entwickeln. Diese Methoden lehnen sich zum Teil an qualitative ethnografische oder biografische Forschungsmethoden an und versuchen, diese für die Praxis nutzbar zu machen, z. B. im Rahmen der Kinder und

Jugendarbeit (Bedarfsermittlung und Konzeptentwicklung), der Schulsozialarbeit (Schule als Lebensort aus der Sicht der Kinder), der Quartiersarbeit (Stärken und Schwächen eines Quartiers). Die Methoden sind gleichzeitig analytisch (um die Sicht der Kinder zu erheben) und anregend (motivieren die Kinder, machen Spaß) und aktivieren die Aneignungsprozesse der Kinder in ihren sozialräumlichen Bezügen:

- Bei der *Nadelmethode* handelt es sich um eine partizipative Methode, bei der die Kinder aufgefordert werden, verschiedenfarbige Nadeln auf Stadtkarten zu stecken, um bestimmte Orte in ihrem Sozialraum zu markieren, die für sie eine Bedeutung haben.
- Die Methode der *subjektiven Landkarte (mental mapping)* dient dazu, die räumliche Dimension des Alltags der Kinder sichtbar zu machen. Die Methode gibt über die Aufenthaltsorte der Kinder Aufschluss, die Bedeutung ihres Stadtteils und das subjektive Erleben ihres Lebensraumes. Die Kinder werden dazu angehalten, eine Karte zu malen bzw. zu zeichnen.
- Bei der *subjektiven Schulkarte* handelt es sich um eine Weiterentwicklung der Subjektiven Landkarte. Hierzu wird am Schulstandort eine detailgetreue Skizze vom Schul- und Pausengelände erstellt, in der die Kinder beliebte oder unbeliebte Ort kennzeichnen können oder solche, welche den Kindern noch weitestgehend unbekannt sind.
- Bei der *Stadtteilbegehung* handelt es sich um eine zentrale Methode zur Erforschung der lebensweltlichen Sicht der Kinder in Bezug auf bestimmte Orte in ihrem Stadtteil und die subjektiven Bedeutungen, die diese für sie haben. Mit kleinen Gruppen wird der Stadtteil auf einer von den Kindern eingeschlagenen Route begangen und es werden zugleich ihre Interpretationen der sozialräumlichen Qualitäten dieser Räume dokumentiert.
- *Gruppeninterviews* werden in Kleingruppen von ca. sechs Kindern geführt. Die Gruppeninterviews orientieren sich an einem vorab erstellten offenen Leitfadenkatalog. Hierbei werden systematisch verschiedene Themenbereiche behandelt.[1]

Auf der Grundlage des Aneignungskonzeptes und mithilfe der hier dargestellten und weiterer qualitativer Methoden ist es möglich, Schule als Aneignungsraum zu untersuchen und die Bedeutung der Schule viel tiefgreifender zu verstehen. So konnten in den letzten Jahren in zwei vergleichbaren Studien (Deinet et al., 2018; Walter et al., 2021) zahlreiche Ergebnisse zur Sicht der Kinder auf die Schule und ihre Gestaltungselemente, das heißt, vom Unterricht über die Pausen und das

[1] Für weitere Ausführungen zu den Methoden: Online-Zeitschrift ‚www.sozialraum.de'.

Mittagessen bis hin zu den Angeboten am Nachmittag, vorgelegt werden. In beiden Studien spielen die sozialen Beziehungen innerhalb der Peerkultur sowie die Interaktionen und Beziehungen mit den Fachkräften eine wichtige Rolle für die Kinder. Diese suchen Freiräume und Rückzugsmöglichkeiten auch im Schulalltag und versuchen, den Modus des Spielens z. B. auch in den Pausen immer wieder zu finden. Ältere Kinder suchen des Weiteren nach riskanten herausfordernden Bewegungsaktivitäten, die sie innerhalb der vorhandenen Schulmöglichkeiten jedoch kaum finden. Die Ergebnisse zeigen auch, dass Kinder sehr deutlich das Interesse und das Potenzial zum Ausdruck bringen, sich an der Gestaltung der Schule zu beteiligen, wenn ihnen die Möglichkeiten dazu eröffnet werden. Kinder genießen es, den Modus des Bewegens und des Spielens in der Schule zu verwirklichen (vgl. Derecik, 2011). In beiden Studien werden die Hausaufgaben eher negativ bewertet und die Schule erscheint insgesamt für die Kinder ein Sozialraum zu sein, in dem sie, soweit es die Bedingungen zulassen, versuchen, ihre Kinderkultur zu leben (vgl. Deinet et al., 2018; Walter et al., 2021).

Die Ergebnisse ermöglichen tiefe Einblicke in die kindliche Nutzung oder Umnutzung der schulischen Räume, in ihr Erleben der pädagogischen Umgebung, aber auch hinsichtlich der Stressräume, kaum vorhandener Rückzugsmöglichkeiten und der hohen Lautstärke, die viele Kinder bemängeln. Mit den Methoden wurden die Kinder als Expert*innen ihrer Lebenswelt aktiv beteiligt und zeigten auch großes Interesse an dem Projekt. Auf der Grundlage der erzielten Ergebnisse konnten Handlungsempfehlungen für eine bessere Gestaltung der Ganztagsschule entwickelt werden.

5 Inklusive Sozialraumperspektive: kindliche Aneignungsprozesse als Ausgangspunkt sowie eine reflexiv-räumliche Haltung von Pädagog*innen

Setzt man an den Ausgangspunkt der Frage nach der Öffnung von Schulen in den Stadtteil, um diese inklusiver zu gestalten, keine Behälterraumvorstellung, sondern die Perspektive von Kindern bei der Aneignung von Welt, hat dies auf unterschiedlichen Ebenen Konsequenzen:

Eine inklusive Sozialraumperspektive schließt *erstens* die subjektiven Bedeutungen von Räumen – innerhalb und außerhalb der Schule sowie von unterschiedlichen Gruppen von Kindern, aber auch von Lehrer*innen, Logopäd*innen, Schulleiter*innen, Schulsozialarbeiter*innen, Hausmeister*innen und auch Eltern – auf und macht sie mit entsprechenden Methoden (siehe oben) sicht- und damit thematisierbar:

> Werden den Personen, deren Raumaneignungspraxen bislang behindert wurden, Teilhabemöglichkeiten und damit Möglichkeiten der Aneignung von Raum eröffnet, wird Raum (unter Umständen) in anderer Art und Weise konstituiert, da andere Subjekte und Praxen daran beteiligt sind. Die Konsequenz daraus ist, dass Raum *re-konstituiert* wird. Das Schaffen von Teilhabemöglichkeiten verändert also Raum und trägt zu seiner Re-Konstituierung bei. (Trescher & Hauck, 2020)

Zweitens fragt eine inklusive Sozialraumperspektive danach, wie die individuellen, gruppen- oder milieuspezifischen Chancen und Handlungsmöglichkeiten von Kindern innerhalb und außerhalb der Schule zu erweitern sind. Entsprechend müssten unterschiedliche schulische und außerschulische Akteure einbezogen werden, was wiederum Auswirkungen auf das Selbstverständnis und die Zusammenarbeit innerhalb von Bildungsräumen bzw. -landschaften hätte.

Drittens führt diese erweiterte Perspektive auf unterschiedliche Akteursgruppen – z. B. von Menschen mit und ohne Beeinträchtigungen – zur Notwendigkeit, den jeweiligen Kontext, in welchem die Personen und Gruppen leben, genauer in den Blick zu nehmen. Hier reichen die erwähnten sozialräumlichen Methoden nicht aus, sondern müssen mit Milieu-, oder Sozialkapitalansätze, die sozial-strukturelle Erkenntnisse liefern können, ergänzt werden.

Neben den ursächlichen benachteiligenden Faktoren auf lebensweltlicher Ebene müsste *viertens* an den politischen Rahmenbedingungen angesetzt und (kommunale) Ausgleiche geschaffen werden mit dem Ziel, dass Kinder, egal wo (in welchem Stadtteil) sie wohnen und zur Schule gehen, gleiche (oder zumindest) ähnliche Voraussetzungen haben. Entsprechende Ausgleichsleistungen müssten politisch gewollt und mit entsprechenden Massenahmen auch durchgesetzt werden.

Schließlich geht es *fünftens* darum, junge Menschen mit unterschiedlichen Möglichkeiten und Kompetenzen auf verschiedenen Aneignungsebenen und in ihren vielfältigen Aneignungsformen zu fördern. Je nach Fähigkeiten und Voraussetzungen (sowohl individuell-biographischer wie auch sozialer Art) fragt eine inklusive Sozialraumperspektive sowohl individuell als auch gruppenspezifisch danach, was konkrete Schritte einer weiteren persönlichen Entwicklung sein könnten, um Raumaneignung zu ermöglichen. Dabei ist zu konkretisieren, welche Handlungsräume erweitert und angeeignet, welche kulturellen Räume erobert werden sollen.

Eine solche inklusive Sozialraumperspektive würde die Grundlage schaffen, dass alle Kinder –innerhalb der Räumlichkeiten von Schulen ebenso wie innerhalb von Stadtteilen und Lebenswelten von Kindern – die Möglichkeiten haben, erweiterte Zugänge zu erfahren und damit Aneignungs- und Bildungsmomente zu machen. Diese dürfen jedoch nicht beschränkt sein auf ein „barrierefreies *Lebensumfeld,* das alle Menschen mit und ohne Behinderungen, alte und junge Menschen, Menschen mit oder ohne Migrationshintergrund selbstbestimmt gemeinsam nutzen und mitgestalten können“ (Deutscher Verein, 2011, S. 4). Vielmehr gilt es bei einer relational verstandenen sozialräumlichen Inklusionsperspektive im Sinne einer „reflexiv-räumlichen Haltung“ (Kessl & Reutlinger, 2022, S. 34) ein besonderes Augenmerk auf

> die konkreten Konstellationen von Macht- und Herrschaftsbeziehungen, die strukturell wie kulturell ungleichheits(re)produzierenden Bedingungen, in die alle Menschen – auch die professionell im Sozial-, Bildungs- und Gesundheitsbereich tätigen – eingebunden sind und die sie in ihrem Handeln kontinuierlich (re-)produzieren. (Kessl & Reutlinger, 2022, S. 53 f.)

6 Fazit: Konsequenzen bezüglich der Frage nach der Öffnung

Mit dem sozialräumlichen Blick (auf flexible subjektive Räume usw.) und der Perspektive der Kinder (Aneignung) kann man Schule besser als Lebensort verstehen, sie inklusiver gestalten (Rückzugsräume schaffen, Umwidmungen ermöglichen, Spielplätze und Orte im Sozialraum nutzen usw.) und damit auch in den Stadtteil öffnen. Dies kann gelingen, weil die Kinder die systemischen Unterschiede nicht wahrnehmen und in ihren Augen die Schule und der Stadtteil zusammengehören. Schule ist (ein großer) Teil ihrer Lebenswelt. Am Beispiel der Beteiligung und Partizipation kann deutlich gemacht werden, dass es keine schulischen Lösungen geben kann, wenn die Kinder nicht auch durch die lebensweltlichen Bezüge im Quartier (Stadtteil) in einer inklusiven Weise mit berücksichtigt und an allen Fragen ihres Lebens beteiligt werden. Nur wenn ernst gemeinte schulische Beteiligungsformen, wie etwa ein Klassenrat oder Schüler*innenparlament, auch eine Verbindung zu den Beteiligungsformen im Stadtteil haben, indem sie entscheidungsrelevant sind (wie das Kinder- und Jugendparlament bzw. Planungsprojekte wie der ‚Bezirkscheck‘ etc.) resp. sie dadurch tatsächlich was bewirken, können Kinder (und damit sind wir wieder stark bei der Sichtweise der Nutzer*innen) ihren Sozialraum im umfassenden Sinne als inklusiven Sozialraum erleben und sich entsprechend entwickeln. Um eine solche inklusive Sozialraumperspektive umzusetzen, wären folgende Schritte denkbar:

- Notwendig wäre die Durchführung von regelmäßigen Begehungen und anderen Methoden zur Einbeziehung der Kinder in die Gestaltung der Schule. Dabei könnte auch der Ort der Schule geöffnet werden, indem z. B. der angrenzende Stadtteil mit den Kindern in den Blick genommen und die Nutzungen, aber auch Angsträume der Kinder deutlich würde(n).
- Ein weiterer Schritt wäre die Veröffentlichung der Wahrnehmung der Kinder an Veranstaltungen innerhalb der Schule, die aber sozialräumlich geöffnet wären und Eltern, Fachleute, Bewohner*innen miteinbeziehen und ihnen die Sicht der Kinder deutlich machen könnten.
- Aus der erforschten Sicht der Kinder und deren Einbeziehung in Planungsprozesse könnte eine aneignungsorientierte Gestaltung der Schule resultieren: Es liessen sich Rückzugsräume erschaffen, Umwidmungen ermöglichen, Spielplätze und Orte im Sozialraum in den Fokus nehmen, damit die Kinderperspektive auch für den ganzen Stadtteil nutzbar gemacht würde.
- Es könnten Institutionen im Stadtteil, wie bspw. eine Kinder- und Jugendeinrichtung in der Nähe, systematisch einbezogen und echte Netzwerke geschaffen werden, die über die sporadischen Aktionen wie Schulfeste usw. hinausgingen.
- Orte im Stadtteil könnten für den Schulunterricht stärker genutzt werden und auch umgekehrt liesse sich die Schule mehr für Vereine etc. öffnen, welche erstere unter anderem als Raumressource nutzen könnten mit der Hoffnung, dass sich weitere Schritte einer Kooperation ergäben.
- Schule sieht sich selbst als Player und Gestalterin im Stadtteil und wartet nicht auf andere! Zu einer bislang nicht vorhandenen Stadtteilkonferenz könnte die Schule einladen: Vereine, Schlüsselpersonen, Ämter, Bezirkspolitik würden einbezogen, Bezirksvertretung, kommunale Strukturen genutzt und verstärkt.
- Solche Aktivitäten der Schule bräuchten die Unterstützung durch Schulträger, also Kommunen, die z. B. die Schaffung einer ganzen Stelle für Schulsozialarbeit oder die Öffnung der Räume in den Abendstunden ermöglichen würden usw.

Mit diesen Schritten funktioniert es, die systemischen Grenzen zu überwinden, die immer wieder Entwicklungen behindern: Partizipation gelingt nachhaltig nur unter Berücksichtigung der gesamten Lebenswelt der Kinder, also im Kontext von Schule *und* Stadtteil, und nicht, wenn diese Räume getrennt voneinander betrachtet werden!

Literatur

Böhnisch, L., & Münchmeier, R. (Hrsg.). (1990). *Pädagogik des Jugendraums. Zur Begründung und Praxis einer sozialräumlichen Jugendpädagogik.* BeltzJuventa.

Deinet, U. (1992). *Das Konzept „Aneignung" im Jugendhaus.* Leske und Budrich.

Deinet, U. (1999). *Sozialräumliche Jugendarbeit. Eine praxisbezogene Anleitung zur Konzeptentwicklung in der offenen Kinder- und Jugendarbeit.* Leske und Budrich.

Deinet, U. (2013). *Innovative Jugendarbeit: Bausteine und Perspektiven einer sozialräumlichen Offenen Kinder- und Jugendarbeit.* Budrich.

Deinet, U. (Hrsg.). (2009). *Methodenbuch Sozialraum.* VS.

Deinet, U., Gumz, H., Muscutt, C., & Thomas, S. (2018). *Offene Ganztagsschule – Schule als Lebensort aus Sicht der Kinder. Studie, Bausteine, Methodenkoffer.* Budrich.

Derecik, A. (2011). *Der Schulhof als bewegungsorientierter Sozialraum. Eine sportpädagogische Untersuchung zum informellen Lernen in Ganztagsschulen.* Meyer & Meyer.

Deutscher Verein. (2011). *Eckpunkte des Deutschen Vereins für einen inklusiven Sozialraum.* https://www.deutscher-verein.de/de/uploads/empfehlungen-stellungnahmen/2011/dv-35-11-sozialraum.pdf.

Fritsche, C., Rahn, P., & Reutlinger, C. (2010). *Quartier macht Schule. Die Perspektive der Kinder.* Springer VS.

Kessl, F., & Reutlinger, C. (2022). Sozialräumliche Praxis und Sozialraumarbeit. In F. Kessl & C. Reutlinger (Hrsg.), *Sozialraum. Eine elementare Einführung* (S. 33–58). Springer VS.

Klein, T. (2009). Die Sozialräumliche Gliederung der Stadt Düsseldorf. https://www.sozialraum.de/die-sozialraeumliche-gliederung-der-stadt-duesseldorf.php.

Leontjew, A. N. (1973). *Probleme der Entwicklung des Psychischen.* Athenäum-Fischer-Taschenbuch-Verlag.

Löw, M. (2001). *Raumsoziologie.* Suhrkamp.

Münder, J. (2001). *Sozialraumorientierung und das Kinder- und Jugendhilferecht.* Sozialpädagogisches Institut im SOS-Kinderdorf e.V.

Reutlinger, C. (2003). *Jugend Stadt und Raum. Sozialgeographische Grundlagen einer Sozialpädagogik des Jugendalters.* Leske und Budrich.

Reutlinger, C. (2017). *Machen wir uns die Welt, wie sie uns gefällt? Ein sozialgeographisches Lesebuch.* Seismo.

Rolff, H.-G., & Zimmermann, P. (1990). *Kindheit im Wandel. Eine Einführung in die Sozialisation im Kindesalter.* Beltz.

Trescher, H., & Hauck, T. (2020). Raum und Inklusion: Zu einem relationalen Verhältnis. *Zeitschrift für Inklusion, 1*(4). https://www.inklusion-online.net/index.php/inklusion-online/article/view/432.

Walter, B., Nentwig-Gesemann, I., & Fried, F. (2021). *Ganztag aus der Perspektive von Kindern im Grundschulalter. Eine Rekonstruktion von Qualitätsbereichen und -dimensionen.* Bertelsmann Stiftung.

Weichhart, P. (2010). Raumkonstruktionen, „Turns" und Paradigmen. In K. Wöhler, A. Pott, & V. Denzer (Hrsg.), *Tourismusräume: Zur soziokulturellen Konstruktion eines globalen Phänomens* (S. 21–39). Transcript.

Werlen, B. (1997). *Sozialgeographie alltäglicher Regionalisierungen. Band 2: Globalisierung, Region und Regionalisierung*. Steiner.
Werlen, B., & Reutlinger C. (2019). Sozialgeographie: Eine disziplinäre Positionierung zum Sozialraum. In F. Kessl & C. Reutlinger (Hrsg), *Handbuch Sozialraum* (2. Aufl., S. 23–44.). Springer Fachmedien.
Wüstenrot-Stiftung (Hrsg.). (2003). *Jugendliche in öffentlichen Räumen der Stadt: Chancen und Restriktionen der Raumaneignung*. VS Verlag.

Ulrich Deinet war bis 2021 Professor für Didaktik/Methoden der Sozialpädagogik an der Hochschule Düsseldorf. Seine Arbeitsschwerpunkte sind Kooperation von Jugendhilfe und Schule, Schulsozialarbeit, Ganztagsbildung, Offene Kinder- und Jugendarbeit, Sozialraumorientierung, Konzept- und Qualitätsentwicklung.
Kontakt: ulrich.deinet@hs-duesseldorf.de

Christian Reutlinger ist Professor für Stadt und Gesundheit an der FHNW in Olten und Muttenz (Schweiz). Seine Arbeitsschwerpunkte sind sozialräumliche Aspekte der Sozialen Arbeit, Sozialgeografie der Kinder und Jugendlichen sowie Gemeinwesenansätze.
Kontakt: christian.reutlinger@fhnw.ch

Sozioanalyse und Habitussensibilität als Schlüssel für inklusions- und sozialraumorientierte Schulentwicklungsprozesse

Florian Weitkämper und Sabrina Rutter

Zusammenfassung

Schulen sind angehalten, konstruktiv mit der Vielfalt der Schüler*innen umzugehen. Im Sinne eines weiten Inklusionsbegriffs werden im Beitrag Schulen in sozial deprivierter Lage betrachtet. Wir zeigen Mechanismen und Prozesse der (Re-)Produktion sozialer Ungleichheit auf Meso- und Mikroebene auf, da diese unmittelbar im Einflussbereich der Lehrkräfte liegen. Anhand der Schlüsselbegriffe Sozioanalyse und Habitussensibilität erörtern wir Möglichkeiten zur Bearbeitung von Bildungsbenachteiligung, die einen professionelleren Umgang mit Schüler*innen sowie der inneren Schulorganisation fokussieren.

Schlüsselwörter

Soziale Ungleichheit • Sozioanalyse • Habitussensibilität • Schulentwicklung • Professionalisierung

F. Weitkämper (✉)
Pädagogische Hochschule Freiburg, Freiburg, Deutschland
E-Mail: weitkaemper@ph-freiburg.de

S. Rutter
IU Internationale Hochschule, Dortmund, Deutschland
E-Mail: sabrina.rutter@iu.org

S. Schuppener et al. (Hrsg.), *Inklusive Schule im Sozialraum*,
https://doi.org/10.1007/978-3-658-42158-8_2

1 Einleitung

Vor dem Hintergrund, dass Schulen zunehmend angehalten sind, konstruktiv und nachhaltig mit der Vielfalt der Schüler*innen umzugehen, gehen wir der Frage nach, inwiefern Sozioanalyse und Habitussensibilität einen Beitrag für eine inklusions- und sozialraumorientierte (Weiter-)Entwicklung von Schulen leisten können. Einem weiten Inklusionsverständnis folgend, dessen zentrales Kennzeichen die Maximierung von Teilhabe und die Minimierung von Exklusion insbesondere marginalisierter Schüler*innengruppen ist (Werning & Lütje-Klose, 2012), rücken hierbei speziell Schulen in sozial deprivierter Lage in den Fokus. So spitzt sich in diesen Schulen die strukturelle Benachteiligung von Schüler*innen im besonderen Maße zu und kann sich als bildungsbezogene Ungleichheit fortschreiben (Fölker et al., 2015). Ditton (2013) merkt an, dass zwischen der sozialräumlichen Lage der Schule und dem Bildungserfolg der Schüler*innen kein Kausalzusammenhang besteht, sondern vielmehr Einstellungen und Handlungen der Lehrkräfte, pädagogische Werte und Normen sowie verfügbare Ressourcen und Restriktionen der Einzelschulen bedeutsam für gelingende Schulentwicklungsprozesse sind.

Aus einer soziologischen Perspektive nehmen wir in diesem Beitrag Mechanismen und Prozesse der (Re-)Produktion sozialer Ungleichheit auf der Mesoebene (organisatorische Rahmenbedingungen der einzelnen Schulen) und Mikroebene (Interaktionen zwischen Lehrkräften, weiteren pädagogischen Fachkräften und Schüler*innen) von Schulen in sozial deprivierter Lage in den Blick, da diese zum einen direkt in Wechselwirkung zueinander stehen und zum anderen unmittelbar zum Einflussbereich der Lehrkräfte zählen. Anhand der Schlüsselbegriffe Sozioanalyse und Habitussensibilität erörtern wir Möglichkeiten zur Bearbeitung von Bildungsbenachteiligung, die einen professionelleren Umgang mit den Schüler*innen sowie eine professionellere Gestaltung der inneren Organisation von Schulen fokussieren (vgl. hierzu auch Rutter & Weitkämper, 2022).

Im Folgenden klären wir zunächst, was wir unter Sozioanalyse und Habitussensibilität verstehen und warum aus unserer Sicht diese beiden Konzepte einen Schlüssel für eine inklusions- und sozialraumorientierte Schulentwicklung darstellen. Anschließend skizzieren wir aktuelle Befunde aus der Habitus- und Milieuforschung zu ungleichheitsrelevanten Orientierungen und Praktiken. Der Schwerpunkt liegt dabei auf den Handlungslogiken und -dilemmata von Lehrkräften. Die vorab referierten Forschungsergebnisse binden wir daraufhin an die pädagogische Professionsforschung an. Zuletzt verorten wir unsere bisherigen Überlegungen in der Schulentwicklungsforschung und ziehen ein Fazit.

2 Sozioanalyse und Habitussensibilität

Die Schlüsselbegriffe Sozioanalyse und Habitussensibilität basieren beide auf Pierre Bourdieus Habituskonzept. Bourdieu (1987) fasst als Habitus ein dauerhaftes und übertragbares Dispositionssystem, das die Wahrnehmung sowie das Denken und Handeln der Menschen strukturiert. Der Habitus ist nach Bourdieu somit eine allgemeine Grundhaltung eines Menschen gegenüber der Welt. Dieses Zusammenspiel aus Wahrnehmungs-, Denk und Handlungsmuster wirkt zumeist unbewusst und ist in der Regel recht dauerhaft strukturiert. Sozioanalyse und Habitussensibilität können als zwei Seiten einer Medaille angesehen werden:

Die *Sozioanalyse* soll dazu dienen, sich von vermeintlichen Selbstverständlichkeiten und den unhinterfragt gültigen Wissensbeständen zu distanzieren und kann dabei eine emanzipatorische Wirkung entfalten. Dafür müssen sich Personen intensiv mit der eigenen Herkunft auseinandersetzen und die Gesetzmäßigkeiten und limitierenden Elemente ihrer eigenen Wahrnehmungs-, Denk- und Handlungsmuster erkennen. Durch die daraus resultierende praktische Einsicht gewinnen sie an Rationalität und Deutungsvermögen (El-Mafaalani & Wirtz, 2011). Ein Bewusstwerden eigener habitueller Grenzen kann auch entmutigend wirken, die Verantwortlichkeit für eigenes Handeln reduzieren und ein Gefühl von Ohnmacht gegen strukturelle Ungerechtigkeit fördern (Schmitt, 2010). Befreiend wirkt Sozioanalyse, wenn sie ein „Verstehen" (Bourdieu, 1997, S. 13) zwischen Personen unterschiedlicher sozialer Herkunft ermöglicht. Damit meint Bourdieu die Fähigkeit, sich gedanklich an den Ort zu versetzen, den andere im Sozialraum einnehmen (Bourdieu, 1997, S. 786). Er zeigt auf, dass es darum geht, ein „generelles und genetisches Verständnis der Existenz des anderen anzustreben, das auf der praktischen und theoretischen Einsicht in die sozialen Bedingungen basiert, deren Produkt er ist" (Bourdieu, 1997, S. 786). Diese Fähigkeit genügt sich nicht als „ein wohlwollender Gemütszustand" (Bourdieu, 1997, S. 786), d. h. als ein emotionales Hineinversetzen bzw. Hineinprojizieren in Andere. Vielmehr soll ein Verständnis aufgebaut werden, weshalb eine Person zu einer bestimmten Grundhaltung gegenüber der Welt gelangt ist und welche sozial strukturierenden Prinzipien sich dahinter verbergen (Barlösius, 2004).

Unmittelbar an das, was Bourdieu Verstehen nennt, schließt der Begriff der *Habitussensibilität* an. Habitussensibilität bildet einen Teil des professionellen Handlungswissens und muss hierbei über „explizites und deklaratives Wissen hinausreichen und sich insofern von akademischem Wissen lösen, um – als echtes Handlungswissen – im professionellen Alltag routiniert zur Anwendung kommen zu können" (Sander, 2014, S. 21). Bezogen auf den Schulkontext geht es also um die Kompetenz, den Habitus von Schüler*innen zumindest grob identifizieren und daraus sozial typische und gegebenenfalls individuell relevante Identitätskonstruktionen ableiten zu können. Weiterhin sollte eine Selbstreflexion des eigenen sozialen Standortes und der damit einhergehenden Wahrnehmung der Schüler*innen stattfinden. Es geht also vor allem um die Offenlegung tendenziell distinktiver sozialer Praxis in Lehrer*innen-Schüler*innen-Beziehungen (vgl. hierzu auch Sander, 2014).

Sozioanalyse und Habitussensibilität sollten demnach im professionalisierungstheoretischen Idealfall den Handlungs- und Entscheidungsspielraum der Lehrkräfte routinisiert erweitern. Dies betrifft beispielsweise die Überprüfung von Leistungsbewertungen und Übergangsempfehlungen, die empirisch mehrfach nachgewiesen sozial selektiv erfolgen (Drucks & Bruland, 2020; vgl. hierzu auch Weitkämper, 2019, S. 10–15).

Die beiden Konzepte bieten sich unserer Einschätzung nach als elaborierte Verfahren an, um auf die alte soziologische Frage nach dem Verhältnis von gesellschaftlichen Strukturen und individuellen Handlungen zu reagieren, die gerade in dem Abbau von sozialen Ungleichheitsverhältnissen relevant ist: Weder können Lehrkräfte alleine Bildungsungleichheit bearbeiten, noch sollten sie ihr Beteiligtsein bei der (Re-)Produktion sozialer Ungleichheit unterschätzen (s. Abschn. 3). Insgesamt sehen wir ein großes Potenzial in einer umfassenden, abgestimmten Schulentwicklung, die darauf angelegt ist, sich gegenseitig im Kollegium zu unterstützen und Überforderungen aufseiten der Lehrkräfte sowie Ausgrenzungen aufseiten der Schüler*innen zu reduzieren (s. Abschn. 4).

3 Handlungslogiken und -dilemmata von Lehrkräften auf der Spur

Nachfolgend gehen wir als Erstes kurz auf die milieu- und habitustheoretische Forschung zu Schüler*innen ein und richten als Nächstes ausführlich den Blick auf die Lehrkräfte.

3.1 Schüler*innenbezogene Erkenntnisse

Wissenschaftler*innen um Kramer analysieren das Verhältnis zwischen milieuspezifischen Bildungsvorstellungen und -strategien der Schüler*innen sowie Strukturen und Anforderungen der Schule. Sie zeigen anhand einer Längsschnittuntersuchung bildungsbezogene Orientierungen von Schüler*innen beim Übergang von der Grundschule in die weiterführende Schule. Die Forscher*innengruppe entwirft hierbei eine Typologie von kindlichen Habitusformen, die von einer explizit formulierten Bildungsdistinktion bis hin zu einer Distanz- und Fremdheitshaltung zu Schule und institutionalisierter Bildung reicht. Die Wissenschaftler*innen können weiterhin darstellen, wie sich die bereits früh in der Familie ausgebildeten bildungsbezogenen Habitusformen der Schüler*innen im zeitlichen Verlauf ändern bzw. wann und durch welche schulischen Strukturen und Anforderungen diese unter Druck geraten oder sich verfestigen (Kramer et al., 2009, 2013).

Bourdieu (1987) merkt an, dass der Habitus die Tendenz der Reproduktion von Existenzbedingungen hat, diese aber nicht vollends deterministisch sind. Ein Habitus kann sich in familialen wie schulischen Interaktion eigensinnig strukturieren und so jenseits der strukturellen Logik Wandel ermöglichen. Habitustypen sollten nicht subsumtionslogisch vereinfachend genutzt werden, damit sie der Zielsetzung von Sozioanalyse und Habitussensibilität nicht entgegenwirken (vgl. hierzu auch Rutter & Weitkämper, 2022; Thiersch & Wolf, 2020).

3.2 Lehrkräftebezogene Erkenntnisse

Betz und ihr Team forschen zu aktuellen Leitbildern von Kindheit im Kontext der Ungleichheits(re)produktion. Bischoff und Betz (2016) arbeiten in ihrer Analyse heraus, dass die „pädagogische Wahrnehmung von Heterogenität im Schulalltag in einem engen Zusammenhang mit den biographischen und sozialen Erfahrungen der jeweiligen Lehrpersonen" (Bischoff & Betz, 2016, S. 91) steht. Die Rekonstruktion von Handlungsorientierungen einer Lehrperson kann Folgendes veranschaulichen: Aufgrund eines dominanten Leistungshabitus und klarer Einteilung der Schüler*innen in ‚mitdenkende', ‚praktisch bildbare' und ‚phlegmatische' Kinder, kann die Lehrperson nicht adäquat auf die ‚phlegmatischen' Kinder eingehen, da diese – aus Lehrer*innensicht – nichts leisten bzw. zu „gar nichts Lust" (Bischoff & Betz, 2016, S. 91) haben.

Lange-Vester und Teiwes-Kügler (2014) stellen in ihrer Forschung zur sozialen Herkunft von Lehrkräften heraus, dass ein breites Spektrum von Lebensprinzipien und Handlungsmustern vorliegt, die an den jeweiligen sozialen Ort der Lehrkräfte gebunden sind und an die Schüler*innen herangetragen werden. Die Befunde verweisen auf durch „unterschiedliche Grade des Verstehens bzw. Nicht-Verstehens, der Wertschätzung und Anerkennung" (ebd., S. 199) gekennzeichnete Interaktionsbeziehungen. Lange-Vester (2015) arbeitet des Weiteren drei Habitusmuster von Lehrkräften heraus, die mit milieuspezifischen Orientierungen korrespondieren: Eigenverantwortung und Integration, Disziplin und Ordnung sowie Emanzipation und Leistung. Milieugrenzen übergreifend zeichnet sich bei den Habitustypen eine problemorientierte Sichtweise auf Einstellungen und Praktiken von Schüler*innen unteren sozialen Milieus ab (Lange-Vester, 2015).

Rutter (2021) arbeitet in ihrer Studie zwei Grundmuster einer lehrkraftseitigen Unterstützung sozial benachteiligter Schüler*innen heraus: „ein anerzogenes, prinzipiengeleitetes Engagement […] sowie ein aus scheinbar homologen biografischen Erfahrungen resultierendes Engagement […]" (Rutter, 2021, S. 208). Es zeigt sich, dass die schulische Passungsarbeit bei gleicher milieuspezifischer Haltung und ähnlichen biografischen Erfahrungen von Lehrkräften und Schüler*innen besonders förderlich ist (Rutter, 2021, S. 208). Hierbei ist aufseiten der Lehrkräfte kaum ein Bewusstsein für die Teilnahme an schulischer (Re-)Produktionsarbeit sozialer Ungleichheit vorhanden (Rutter, 2021, S. 208).

Weitkämper (2019) zeigt auf, dass Praktiken der Bebilderung und Klassifikation (z. B. Paul, der ‚ideale Gymnasiast') eine emotionale – und dabei strukturell-ungleiche – Ordnung schaffen, in der bestimmte Kinder, die sich nicht zu schulischen Anerkennungsstrukturen passen bzw. in diese einpassen lassen, keine Aussicht auf schulischen Erfolg haben. Soziale Differenzverhältnisse stellen für Lehrkräfte in diesen Prozessen schulische Diskriminerungs- und Legitiminierungsgelegenheiten bereit. Wenn Schüler*innen sich den Anforderungen und Erwartungen von Lehrkräften fügen, können Praktiken der Bebilderung und Klassifikation von wechselseitiger Anerkennung geprägt sein. In ihrer bildungsexklusiven Kehrseite können sie als disfunktionales Moment unseres Schulsystems verstanden werden, dass sich in pathologischer wechselseitiger Verletzung Bahn brechen können (Weitkämper, 2019; 2022).

Insgesamt sollte bis hierhin deutlich werden, dass soziale Ungleichheit nach wie vor in schulische Handlungspraxis eingelassen ist: Insbesondere habitus- und milieuspezifische Orientierungen und Praktiken von Lehrkräften wie Schüler*innen scheinen ein relevanter Ansatzpunkt für Veränderungsprozesse für eine weniger diskriminierungsanfällige pädagogische Arbeit zu sein.

4 Implikationen und Spannungsfelder für professionelles Lehrer*innenhandeln im Kontext sozialer Ungleichheit

Diese Schlaglichter in den aktuellen Forschungsstand zu sozialer Ungleichheit aus einer Habitus- und Milieuperspektive werden wir folgend mit der pädagogischen Professionsforschung relationieren. So bedarf es aus unserer Sicht dieser

Anbindung, um die Frage beantworten zu können, was im Kontext sozialer Ungleichheit nun *professionelles* Handeln von Lehrkräften ist.

In aktuellen professionalisierungstheoretischen Ansätzen wird die Auseinandersetzung mit dem Habituskonzept häufig aufgegriffen. Helsper (2018a, b) schlägt etwa vor, eine Unterscheidung zwischen 1) familiären, primären Habitus, 2) biografisch erworbenen, individuellen Habitus, 3) Schüler*innenhabitus und 4) Lehrer*innenhabitus vorzunehmen. Er weist darauf hin, dass implizite Orientierungen und Praktiken, die während der eigenen Schulzeit erworben werden, – auch in Korrespondenz zu dem familiären, primären Habitus sowie dem biografisch erworbenen, individuellen Habitus – in die Genese eines eigenen Lehrer*innenhabitus einfließen.

Bressler und Rotter (2018) zeigen eine doppelte theoretische Bedeutung des Habituskonzepts auf und schlagen vor, die Forschung zum Habitus von Lehrkräften im Sinne einer ganzheitlichen Theoriebildung, wie auch in Bezug auf seine Relevanz für die Lehrer*innenbildung noch weiter zu nutzen. So könne ein vertieftes Verständnis des Habitus als ‚Modus Operandi', d. h. der Art und Weise des aktuellen Handelns, Auskunft über Bedarfe der Professionalisierung des beruflichen Habitus geben. Eine Beforschung des Habitus als ‚Opus Operatum', d. h. der bereits vollzogenen Handlung, lässt zudem Hinweise für Grenzen und Möglichkeiten der Professionalisierung des beruflichen Habitus zu (Bressler & Rotter, 2018).

Kramer und Pallesen (2018) stellen die Bedeutung des Fallverstehens heraus. Professionell bedeutet in diesem Sinne, dass eine situative Einbettung des Einzelfalls in theoretische Kategorien bei gleichzeitiger Vermeidung schematischer Abläufe gelingt. Professionalität heißt Kramer & Pallesen zufolge somit einen reflexiven Umgang mit Ungewissheit und Unsicherheit eigenen Wissens sowie dessen Relevanz für konkrete Fälle einzuüben (Kramer & Pallesen, 2018).

In der Folge zeigen sich drei zentrale Herausforderungen, die sich als notwendige Reflexionsbereitschaft und -fähigkeit im Hinblick auf soziale Ungleichheit aus unserer Sicht ergeben (vgl. hierzu auch Rutter & Weitkämper, 2022).

Schulen und Lehrkräfte allein können soziale Ungleichheit nicht bearbeiten

Der Abbau von Bildungsungleichheit kann nicht ausschließlich eine Aufgabe von Schulen und Lehrkräften sein, sondern lässt sich letztlich nur gesamtgesellschaftlich bearbeiten. Die verschiedenartigen Wahrnehmungen und Bewertungen von sozialer Ungleichheit in der Politik, Wissenschaft und Öffentlichkeit spielen diesbezüglich eine wichtige Rolle und bedürfen zentral adäquater politischer Gegenmaßnahmen, um sozialen Ungleichheiten zu begegnen.

Das Lehrkräftehandeln ist von Widersprüchen geprägt
Die pädagogische Arbeit mit Schüler*innen ist überaus komplex und anspruchsvoll, da ganz unterschiedliche Lernvoraussetzungen und Bedürfnisse vorliegen. Zum einen sollen Wissen, Kompetenzen, Werte und Normen, je spezifisch auf Schüler*innen angepasst, vermittelt werden, zum anderen sind Lehrkräfte angehalten, schulische Leistungsfähigkeit zu bewerten, Schüler*innen auf die verschiedenen Schulformen zu verteilen und Abschlüsse zu vergeben (Vock & Gronostaj, 2017; vgl. hierzu auch Rutter, 2021, S. V–XIII).

Das Phänomen Bildungsungleichheit ist kaum zu durchschauen
Die Ursachen der Entstehung und Verfestigung von Bildungsungleichheit und somit ebenso die Ansatzpunkte zur Herstellung von Bildungschancen vielfältigen sich und können auf der Makro-, Meso- und Mikroebene in ihrer Verwobenheit ausgemacht werden. Auf Makroebene kann etwa die Unterfinanzierung der Grundschulen, die frühe Verteilung der Kinder und Jugendlichen auf verschiedene Schulformen sowie deren schwierige Durchlässigkeit thematisiert werden. Auf Mesoebene können u. a. unterschiedliche schulformspezifischen Lern- und Entwicklungsmöglichkeiten ausschlagend sein, die auch aus leistungs- und sozialbezogener Homogenisierung resultieren können. Auf Mikroebene zeigt sich der direkte Handlungsbezug von Lehrkräften und eine defizitorientierte Sichtweise auf Kinder aus sozial benachteiligten Milieus.

Vor dem Hintergrund dieser Herausforderungen, die nicht als abschließend betrachtet werden dürfen, erscheint uns eine passgenaue Schulentwicklungsperspektive erforderlich. Diese legen wir im nächsten Kapitel dar.

5 Schulentwicklungsforschung: Sozioanalytische und habitussensible Professionalisierung als verstetigte Schulentwicklungspraxis

Der aktuelle internationale Forschungsstand zur Schulentwicklung von erfolgreichen Schulen in sozial deprivierten Lagen zeigt auf, dass eine gelingende Umsetzung von Sozioanalyse und Habitussensibilität auf Mesoebene hoch relevant ist. Nachfolgend stellen wir zentrale empirische Befunde aus der Schulentwicklungsforschung vor (vgl. hierzu auch Klein, 2017; Schwanenberg et al., 2018) und setzen diese in Beziehung zu Sozioanalyse und Habitussensibilität.

5.1 Schulleitung

Schulleitungen haben eine Schlüsselposition für erfolgreiche Schulentwicklung inne, da ihnen qua Funktion die Möglichkeit zuteil wird, Strukturen und Prozesse zu schaffen und innovative Potenziale zu fördern, die eine kontinuierliche Entwicklung zum Leitmotiv Bildungsgerechtigkeit begünstigen. Erfolgreiche Schulleitungen etablieren nicht nur die Voraussetzungen, unter denen Lehrkräfte dazu befähigt werden, Schüler*innen bessere Bildungschancen zu ermöglichen (Klein, 2017). Vielmehr unterstützen sie auch aufseiten der Lehrkräfte eine reflexive Haltung gegenüber der eigenen Arbeit im Kontext von gesellschaftlichen Machtverhältnissen. In diesem Zusammenhang ist darüber hinaus die Stärkung der Schulleitungen selbst in ihrer Rolle als Führungspersonen sowie bezüglich der Bewältigung ihrer vielfältigen und überaus herausfordernden Tätigkeiten bedeutsam (Schwanenberg et al., 2018).

5.2 Visionen und Ziele

Ebenso wichtig sind – und im direkten Zusammenhang mit der Schulleitung – stehen Visionen und Ziele der Schule. Es zeigt sich, dass gerade weniger erfolgreiche Schulen unklare Zielperspektiven und eine fehlende Vision haben, was es wiederum erschwert, stimmige Strukturen und Prozesse zur Kompensation von Bildungsbenachteiligung zu etablieren und zu begleiten. Schulweite Visionen einer sozial gerechten Schule sowie abgestimmte Entwicklungsziele sind zentral, um Arbeitsschritte zu konkretisieren. Erfolgreiche Schulleitungen haben eine leidenschaftlich vertretende Vision und eine Vorbildfunktion bei der Zielerreichung (Klein, 2017). Hierbei hat sich herausgestellt, dass gerade auch das Erreichen von (Teil-)Zielen sehr motivierende Wirkung hat (Klein, 2017).

5.3 Lehren und Lernen

Defizitorientierungen führen häufig dazu, dass Lehrkräfte pathologisierend auf Schüler*innen blicken (s. Abschn. 2). Lehrkräfte können sich daher vorrangig mit den individuellen Problemlagen der Schüler*innen auseinandersetzen und Stärken der Schüler*innen außer Acht lassen. Oft werden Formen des sozialen Lehrens und Lernens in Mittelpunkt ihrer Arbeit gerückt (Fölker et al., 2015). Erfolg von Schulen ist allerdings von einer permanenten Ausrichtung auf fachliches Lehren und Lernen abhängig. Das heißt auch eine hohe Leistungserwartung an alle Schüler*innen zu stellen und dementsprechend den Unterricht zu gestalten (Racherbäumer, 2017). Eine kollektive Bearbeitung dieser unhinterfragten Vorstellungen über sozial benachteiligte Kinder und Jugendliche (vgl. Förster & Benkmann in diesem Band) ist im Sinne einer Sozioanalyse und Habitussensibilität unerlässlich.

5.4 Schulkultur und pädagogische Beziehungen

Eine entwicklungsorientierte Schulkultur wird in vielen Studien als zentraler Faktor für erfolgreiche Schulen ausgemacht. Schulkultur und Wohlbefinden sind vielfach untersucht und es besteht hier ein enger Zusammenhang. Zu dieser „sinnhaft strukturierten Gesamtheit“ (Helsper, 2008, S. 66) gehört eine Auseinandersetzung mit unbewussten grundlegenden Annahmen über den Umgang mit sozial benachteiligten Schüler*innen. Pädagogische Leitlinien zum Abbau von Bildungsungleichheit müssen gemeinsam vereinbart werden. Des Weiteren sollten Strukturen und Prozesse so gestaltet werden, dass sie möglichst alle Beteiligten einbinden und Partizipation ermöglichen. Im Hinblick auf Sozioanalyse und Habitussensibilität erscheint es wichtig, die Beziehungen zwischen Lehrkräften und Schüler*innen zu stärken durch Zeiten und Räume für ein Kennenlernen außerhalb des Unterrichts und ohne Leistungsbezug. Auf diese Weise können Ressourcen und Stärken der Kinder und Jugendliche zu Tage treten, die bislang im schulischen Kontext kaum anschlussfähig waren (vgl. hierzu auch Betz et al., 2022).

5.5 Kooperation innerhalb und außerhalb der Schule

Erfolgreiche Schulen sorgen für Kooperationen im Kollegium etwa durch professionelle Lerngemeinschaften. Die kooperative Bearbeitung von sozialer Ungleichheit kann zur Verbesserung der Bildungschancen entscheidend beitragen (Klein, 2018). Im Kontext von Ganztagsschulen können Kooperationen von Lehrkräften und weiteren pädagogischen Fachkräften ausgeweitet werden, um sozial benachteiligten Schüler*innen eine bestmögliche Unterstützung zukommen zu lassen. Bisherige Forschungsergebnisse zeigen hingegen auf, dass die Zusammenarbeit zwischen unterschiedlichen Professionen aus verschiedenen Gründen bislang selten gelingt (Speck, 2022). Im Sinne der Sozioanalyse und Habitussensibilität wäre ein Offenlegen der Erwartungen der jeweils anderen Fachkräfte jedoch wichtig und ratsam.

Zusammenarbeit mit dem schulischen Umfeld wird auch als bedeutsam für erfolgreiche Schulentwicklung eingeschätzt. Im Sinne einer Sozialraumorientierung kann die Kooperation mit außerschulischen Einrichtungen und Akteur*innen, bspw. aus der Kinder- und Jugendhilfe oder aus dem Kunst-, Musik- und Sportbereich unterschiedliche Formen des Lernens gewähren und so ein erweitertes Bildungsverständnis eingeführt werden (Klein, 2017). Ein übergeordnetes Ziel sollte sein, Lern- und Entwicklungsmöglichkeiten der Kinder und Jugendlichen von Familien und ihrem Milieu stärker zu entkoppeln, ohne die Eltern und Erziehungsberechtigten dagegen auszuspielen (El-Mafaalani, 2020).

5.6 Zusammenarbeit mit Eltern und Erziehungsberechtigten

Die Zusammenarbeit mit den Eltern und Erziehungsberechtigten ist zentral für die Lern- und Persönlichkeitsentwicklung der Schüler*innen. Hierbei können Studien aufzeigen, dass Defizitorientierungen in der Regel auch Eltern und Erziehungsberechtigte betreffen, sodass vonseiten der Lehrkräfte z. B. die mangelnde Unterstützung der Kinder und Jugendlichen bei schulischen Angelegenheiten oder die Desorganisation des Alltags kritisiert wird (Fölker et al., 2015). Solche Annahmen stellen häufig Hemmnisse in der Kooperation dar und müssen zunächst erkannt und bewältigt werden. Grundsätzlich intensivieren erfolgreiche Schulen die Zusammenarbeit mit den Eltern und Erziehungsberechtigen. Zudem richten sie ein besonderes Augenmerk darauf, den Kontakt zu schwer erreichbaren Eltern und Erziehungsberechtigten zu erhöhen (Klein, 2017).

Im Hinblick auf Sozioanalyse und Habitussensibilität ist wieder ein distanzierter Blick auf pauschale Zuschreibungen erforderlich. Die Stärken der Eltern und Erziehungsberechtigten werden in diesem Zusammenhang regelmäßig übersehen und den Schüler*innen selten anschließend auch aufgezeigt (El-Mafaalani, 2020).

5.7 Partizipation der Schüler*innen

Grundsätzlich wäre eine Identifikation mit der Schule für alle Beteiligten hilfreich, also auch bzw. vor allem für Schüler*innen. Angesichts dessen, dass

Schüler*innen Expert*innen für den Lebensbereich Schule sind, ist es im Sinne von Sozioanalyse und Habitussensibilität notwendig, ihr Wissen, ihre Erfahrungen und ihre Interessen für den Abbau von Bildungsungleichheit zu nutzen. Bislang haben Schüler*innen wenige Optionen, ihre Belange in Schule einzubringen bzw. verbleibt Partizipation (vgl. Leonhardt in diesem Band) oft auf einer eher niedrigschwelligen Ebene (z. B. Etablierung eines Klassenrates). Die Gelegenheit hingegen, sich aktiv an der Schulentwicklung auf einer hochschwelligen Ebene zu beteiligen, erhalten Schüler*innen so gut wie nie (Klein, 2017).

Aus unserer Sicht sollten die Schüler*innen ihrem Alter entsprechend und in Abhängigkeit des jeweiligen Entwicklungsthemas bzw. -bereichs stärker in Schulentwicklungsprozesse einbezogen werden.

5.8 Weiterführende Überlegungen

Die bisher dargelegten Themen wie auch Aspekte der Schulentwicklung stehen letztlich immer auch in gesellschaftlichen Zusammenhängen, damit gerechtere Bildungschancen für alle Schüler*innen möglich werden können. Wie wir argumentiert haben, lassen sich Probleme sozial-strukturierter Ungleichheit weder von einzelnen Lehrkräften, noch durch immer bessere Schulentwicklungsmaßnahmen auflösen. Vielmehr bedarf es des Zusammenwirkens von verschiedenen Systemen und zentral der (Bildungs-)politik, um die äußeren Rahmenbedingungen der einzelnen Schulen zu verbessern.

Insgesamt haben wir aufgezeigt, dass unsere Auseinandersetzungen bildungspolitisch folgenreich sind und Räume für experimentelles Arbeiten mit pädagogischen Problemen und Anforderungen geschaffen werden sollten. Leider weisen die Entwicklungen im Zuge der Implementierung inklusiver Schulentwicklung in Richtung von Einsparungsmaßnahmen. El-Mafaalani (2020) resümiert hierzu, dass so wünschenswert grundlegende Reformen auch sein mögen, so unwahrscheinlich ist es, dass sie kommen werden.

6 Fazit: Umsetzbarkeit von Sozioanalyse und Habitussensibilität in der Schulpraxis

Abschließend wollen wir unseren skizzierten Ansatz in seiner praktischen Umsetzung noch kurz diskutieren und bilanzieren. Wir haben dargestellt, dass es eine kritische Selbstanalyse von Lehrkräften braucht, die einen distanzierten

Blick auf habituelle und milieuspezifische Normalitätserwartungen und insbesondere pauschale Zuschreibungen in eigener pädagogischer Praxis entwickelt. Um Sozioanalyse und Habitussensibilität in diesem Sinne umzusetzen, braucht es eine Bereitschaft des Einlassens auf Situationen und meisterhafte Imitation von gelingendem pädagogischem Handeln. Neuweg (2007) versucht dies anhand der Metapher des Wildwasserfahrens zu verdeutlichen:

> Wer beispielsweise plant, eine Reihe von Stromschnellen mit einem Kanu zu befahren, wird vermutlich eine Weile oberhalb der Stromschnellen sitzen und seine Fahrt planen. Der Plan könnte ungefähr so aussehen: ‚Ich werde so weit wie möglich nach links fahren, versuchen, zwischen diesen beiden großen Felsen durchzukommen, dann scharf nach rechts übersetzen, um an diesem nächsten Hindernis vorbeizukommen.' [...] Aber wie detailliert er auch immer sein mag, der Plan endet, wenn die Aufgabe, das Kanu durch die Stromschnellen zu steuern, tatsächlich beginnt. Sobald es wirklich darum geht, im Detail auf Strömungen zu reagieren und das Kanu zu steuern, verzichtet man in Wahrheit auf den Plan und fällt auf jene einverleibten Fertigkeiten zurück, die man eben hat. (Suchman, 1987, S. 57 übers. in Neuweg, 2007, S. 34)

Lehmann-Rommel (2016) setzt Neuwegs Gedankengang fort und stellt einige Fragen: „Um welche Art von Situation handelt es sich? Wie differenziert werden Einzelheiten wahrgenommen? Welche Bezüge bzw. Relationen werden hergestellt zwischen den Details? Welche Entscheidungen werden gefällt?" (Lehmann-Rommel, 2016, S. 6) Sie legt dar, dass sich in der realen Situation andere Fragen als bei der Planung stellen, denn diese sind durch unvorhergesehene, entscheidende Varianten der Situation bestimmt und erfordern unmittelbare Entscheidungen (Lehmann-Rommel, 2016, S. 6). Es braucht vielmehr eine Praxis die „situationsspezifisch Beobachtung und Wissen zusammenbringt" (Lehmann-Rommel, 2016, S. 7). Dieses Einlassen auf Situationen ist die Verbindung zwischen Wissen und Können und benötigt „Achtsamkeit für das, was einem begegnet, und für das, was sich ändert, wenn man selbst der Situation so oder anders begegnet" (Neuweg, 2011, S. 23 zit. n. Lehmann-Rommel, 2016, S. 7). In diesem Zusammenhang ist es unnötig, ob über soziale Ungleichheit oder andere Formen des Wissens nachgedacht wird; es benötigt ein intuitiv-improvisierendes Agieren genauso wie das aufmerksame (gemeinsame) Nachsinnen über Situationen und ihre Menschen. Ein Prozess, der über die gesamte Berufsbiografie stattfinden kann und sollte (vgl. hierzu auch Neuweg, 2021).

Insgesamt haben wir aufgezeigt, dass wir auch nicht aus den geschilderten Dilemmata und Spannungsfeldern herauskommen und denken dennoch einen Pfad aufgemacht zu haben: Pädagogische Professionalität in gesellschaftlichen

Ungleichheitsverhältnissen kann nur bedeuten, explorativ zu handeln ohne die (politischen und gesellschaftlichen) Strukturen aus dem Blick zu verlieren. Mit anderen Worten: Im Probehandeln sollten Strukturen offensiv weiterentwickelt und – wenn nötig – problematisiert werden. Können Lehrkräfte das alleine schaffen? Vermutlich nur im Team mit Kolleg*innen, in dem sich diesen Mammutaufgaben kooperativ zugewandt und sie in sinnhafte Schulentwicklungsprozesse eingebettet werden.

Literatur

Barlösius, E. (2004). *Kämpfe um soziale Ungleichheit. Machttheoretische Perspektiven.* Springer VS.

Betz, T., Meyer-Hamme, A., & Halle, A.-C. (Hrsg.) (2022). *Soziale Ungleichheit und die Rolle sozialer Beziehungen in der (Ganztags-)Schule. Kein Thema für die Fortbildung?* Bertelsmann Stiftung. https://www.bertelsmann-stiftung.de/de/publikationen/publikation/did/soziale-ungleichheit-und-die-rolle-sozialer-beziehungen-in-der-ganztags-schule.

Bischoff, S., & Betz, T. (2016). Wahrnehmung von und Umgang mit Heterogenität. Handlungsorientierungen von Grundschullehrkräften als Professionalisierungsgegenstand. In K. Liebers, B. Landwehr, S. Reinhold, S. Riegler, & R. Schmidt (Hrsg.), *Facetten grundschulpädagogischer und -didaktischer Forschung* (S. 87–92). Springer VS.

Bourdieu, P. (1987). *Sozialer Sinn. Kritik der theoretischen Vernunft.* Suhrkamp.

Bourdieu, P. (1997). *Das Elend der Welt. Zeugnisse und Diagnosen alltäglichen Leidens an der Gesellschaft.* UKV.

Bressler, C., & Rotter, C. (2018). Die zwei Seiten des (Lehrpersonen-)Habitus – Praxeologisch-wissenssoziologische Überlegungen zur Erweiterung der Forschung zum Lehrpersonenhabitus. In T. Leonhard, J. Košinár, & C. Reintjes (Hrsg.), *Institutionelle Praktiken und Orientierungen in der Lehrerinnen- und Lehrerbildung. Potenziale und Grenzen der Professionalisierung* (S. 53–63). Klinkhardt.

Ditton, H. (2013). Kontexteffekte und Bildungsungleichheit: Mechanismen und Erklärungsmuster. In R. Becker & A. Schulze (Hrsg.), *Bildungskontexte. Strukturelle Voraussetzungen und Ursachen ungleicher Bildungschancen* (S. 173–206). Springer VS.

Drucks, S., & Bruland, D. (2020). Sozioanalyse der Schule und Sozioanalysekompetenz von Lehrkräften: Überblick im Getümmel sozialer Kämpfe im Unterricht. In S. Drucks & D. Bruland (Hrsg.), *Kritische Lebensereignisse und die Herausforderungen für die Schule* (S. 46–62). Beltz Juventa.

El-Mafaalani, A. (2020). *Mythos Bildung. Die ungerechte Gesellschaft, ihr Bildungssystem und seine Zukunft.* Kiepenheuer & Witsch.

El-Mafaalani, A., & Wirtz, S. (2011). Wie viel Psychologie steckt im Habitusbegriff? Pierre Bourdieu und die „verstehende Psychologie". *Journal für Psychologie, 1.* https://journal-fuer-psychologie.de/article/view/22.

Fölker, L., Hertel, T., & Pfaff, N. (2015). *Brennpunkt Schule – Analysen, Probleme und Perspektiven zur schulischen Arbeit in segregierten Quartieren.* Budrich.

Helsper, W. (2008). Schulkulturen – die Schule als symbolische Sinnordnung. *Zeitschrift für Pädagogik, 54*(1), 63–80.

Helsper. (2018a). Vom Schülerhabitus zum Lehrerhabitus – Konsequenzen für die Lehrerprofessionalität. In T. Leonhard, J. Košinár, & C. Reintjes (Hrsg.), *Institutionelle Praktiken und Orientierungen in der Lehrerinnen- und Lehrerbildung. Potenziale und Grenzen der Professionalisierung* (S. 17–40). Klinkhardt.

Helsper. (2018b). Lehrerhabitus. Lehrer zwischen Herkunft, Milieu und Profession. In A. Paseka, M. Keller-Schneider, & A. Combe (Hrsg.), *Ungewissheit als Herausforderung für pädagogisches Handeln* (S. 105–140). Springer VS.

Klein, E. D. (2017). *Bedingungen und Formen erfolgreicher Schulentwicklung in Schulen in sozial deprivierter Lage. Eine Expertise im Auftrag der Wübben Stiftung*. SHIP Working Paper Reihe, No. 01. Universität Duisburg-Essen. https://duepublico2.uni-due.de/servlets/MCRFileNodeServlet/duepublico_derivate_00043934/Klein_Schulen_in_sozial_deprivierter_Lage.pdf.

Klein, E. D. (2018). *Erfolgreiches Schulleitungshandeln an Schulen in sozial deprivierter Lage. Eine Zusammenschau zentraler Grundlagen und Befunde aus der nationalen und internationalen Bildungsforschung. Eine Expertise im Auftrag der Wübben Stiftung*. SHIP Working Paper Reihe, No. 02. Universität Duisburg-Essen. https://duepublico2.uni-due.de/servlets/MCRFileNodeServlet/duepublico_derivate_00044667/Klein_Erfolgreiches_Schulleitungshandeln.pdf.

Kramer, R.-T., & Pallesen, H. (2018). Lehrerhandeln zwischen beruflichem und professionellem Habitus – Praxeologische Grundlegungen und heuristische Schärfungen. In T. Leonhard, J. Košinár, & C. Reintjes (Hrsg.), *Institutionelle Praktiken und Orientierungen in der Lehrerinnen- und Lehrerbildung. Potenziale und Grenzen der Professionalisierung* (S. 41–52). Klinkhardt.

Kramer, R.-T., Helsper, W., Thiersch, S., & Ziems, C. (2009). *Selektion und Schulkarriere. Kindliche Orientierungsrahmen beim Übergang in die Sekundarstufe*. VS Verlag.

Kramer, R.-T., Helsper, W., Thiersch, S., & Ziems, C. (2013). *Das 7. Schuljahr. Wandlungen des Bildungshabitus in der Schulkarriere?* Springer VS.

Lange-Vester, A. (2015). Habitusmuster von Lehrpersonen – auf Distanz zur Kultur der unteren sozialen Klassen. *Zeitschrift für Soziologie der Erziehung und Sozialisation (ZSE), 4,* 360–376.

Lange-Vester, A., & Teiwes-Kügler, C. (2014). Habitussensibilität im schulischen Alltag als Beitrag zur Integration ungleicher sozialer Gruppen. In T. Sander (Hrsg.), *Habitussensibilität. Eine neue Anforderung an professionelles Handeln* (S. 177–208). Springer VS.

Lehmann-Rommel, R. (2016). Reflexion und Kritik. Eine professionstheoretische Bilanzierung. *Seminar – Lehrerbildung und Schule. BAK-Vierteljahresschrift, 22*(1), 32–45.

Neuweg, G. H. (2007). Lob der Spontaneität. Oder: Wie viel Planung braucht der Mensch? *Pädagogik, 10,* 34–36.

Neuweg, G. H. (2011). Praxis als Theorieanwendung? Eine Kritik am ‚Professionsgenerierungsansatz'. *Journal für lehrerinnen- und lehrerbildung, 3,* 17–25.

Neuweg, G. H. (2021). Reflexivität. Über Wesen, Sinn und Grenzen eines lehrerbildungsdidaktischen Leitbildes. *Zeitschrift für Bildungsforschung, 2021*(11), 459–474.

Racherbäumer, K. (2017). Rekonstruktionen zu Bedeutung und Funktionen der Lehrer-Schüler-Beziehung aus Sicht von Lehrerinnen und Lehrern an Schulen in sozial benachteiligter Lage. In V. Manitius & P. Dobbelstein (Hrsg.), *Beiträge zur Schulentwicklung. Schulentwicklungsarbeit in herausfordernden Lagen* (S. 123–140). Waxmann.

Rutter, S. (2021). *Sozioanalyse in der pädagogischen Arbeit. Ansätze und Möglichkeiten zur Bearbeitung von Bildungsungleichheit.* Springer VS.

Rutter, S., & Weitkämper, F. (2022). *Die (Re-)Produktion sozialer Ungleichheit in der Schule: Ein Thema für die Lehrkräfteausbildung.* Eine Expertise im Auftrag der Bertelsmann Stiftung. https://www.bertelsmann-stiftung.de/de/publikationen/publikation/did/die-re-produktion-sozialer-ungleichheit-in-der-schule.

Sander, T. (2014). *Habitussensibilität. Eine neue Anforderung an professionelles Handeln.* Springer VS.

Schmitt, L. (2010). *Bestellt und nicht abgeholt. Soziale Ungleichheit und Habitus-Struktur-Konflikte im Studium.* Springer VS.

Schwanenberg, J., Klein, E. D., & Walpuski, M. (2018). *Wie erfolgreich fühlen sich Schulleitungen und welche Unterstützungsbedürfnisse haben sie? Ergebnisse aus dem Projekt Schulleitungsmonitor.* SHIP Working Paper Reihe No. 03. Universität Duisburg-Essen. https://duepublico2.uni-due.de/servlets/MCRFileNodeServlet/duepublico_derivate_00046364/Schwanenberg_et_al_Schulleitungen_SHIP_3.pdf.

Speck, K. (2022). *Schulsozialarbeit. Eine Einführung.* Reinhardt (UTB).

Suchman, L. A. (1987). *Plans and situated actions. The problem of human machine communication.* Cambridge.

Thiersch, S., & Wolf, E. (2020). Anmerkungen zur habitussensiblen Pädagogik. Reflexionsprobleme und professionalisierungstheoretische Widersprüche eines soziologisch-pädagogischen Programms. *Zeitschrift für sozialistische Politik und Wirtschaft (SPW), 3*(2020), 63–72.

Vock, M., & Gronostaj, A. (2017). *Umgang mit Heterogenität in Schule und Unterricht.* Netzwerk Bildung.

Weitkämper, F. (2019). *Lehrkräfte und soziale Ungleichheit. Eine ethnographische Studie zum un/doing authority in Grundschulen.* Springer VS.

Weitkämper, F. (2022). Un/Doing authority and social inequality: understanding mutual vulnerability in pupil-teacher relations and challenging situations. *Educational Review*, 1–17. https://doi.org/10.1080/00131911.2022.2134311.

Werning, R., & Lütje-Klose, B. (2012). *Einführung in die Pädagogik bei Lernbeeinträchtigungen.* Reinhardt (UTB).

Florian Weitkämper ist akademischer Rat an der Pädagogischen Hochschule Freiburg. Seine Arbeitsschwerpunkte liegen in den Bereichen der Differenz-, Inklusions- und Ungleichheitsforschung sowie qualitativ-rekonstruktiver Sozialforschung mit dem Fokus auf Ethnographie. Seine Dissertation verfasste er im Themenfeld Lehrkräfte und soziale Ungleichheit.

Kontakt: weitkaemper@ph-freiburg.de.

Sabrina Rutter ist Professorin für Soziale Arbeit an der Internationalen Hochschule in Dortmund. Zu ihren Arbeitsschwerpunkten zählt unter anderem die Schul- und Unterrichtsentwicklung im Kontext von Schulen in sozialräumlich benachteiligten Lagen sowie der professionelle Umgang mit Vielfalt im Bildungs- und Erziehungsbereich.

Kontakt: sabrina.rutter@iu.org.

Habitus, kulturelle Passung und Schwerpunkt Lernen – Ein bildungssoziologischer Beitrag zur milieusensiblen Sozialraumorientierung in der inklusiven Schule

Magdalena Förster und Rainer Benkmann

Zusammenfassung

Seit Langem ist der Zusammenhang von sozialer Herkunft und Bildungserfolg im deutschen Schulsystem bekannt. Dabei existieren zwei überwiegend unabhängig voneinander geführte Diskurslinien: Zum einen eine Debatte um eine sog. Risikogruppe in der allgemeinen empirischen Bildungsforschung, zum anderen eine in der Sonderpädagogik des Lernens verortete Diskussion um Armut und soziale Benachteiligung. Wir präsentieren Erkenntnisse aus beiden Bereichen und führen diese in Bourdieus Theorem der kulturellen Passung zusammen. Auf dieser Basis deuten wir Sozialraumorientierung in der inklusiven Schule hinsichtlich Milieusensibilität aus und zeigen Entwicklungsperspektiven auf.

Schlüsselwörter

(Bildungs-)Ungleichheit • Lernen • Habitus • Passung • Milieusensible Sozialraumorientierung

M. Förster (✉)
Erfurt, Deutschland
E-Mail: magdalena.foerster@uni-erfurt.de

R. Benkmann
Glienicke/Nordbahn, Deutschland
E-Mail: rainer.benkmann@uni-erfurt.de

S. Schuppener et al. (Hrsg.), *Inklusive Schule im Sozialraum*,
https://doi.org/10.1007/978-3-658-42158-8_3

1 Herkunftsbedingte Bildungsungleichheiten

Weder das im Grundgesetz verankerte Recht auf Chancengleichheit noch das von der Bildungspolitik stetig verkündete Versprechen vom sozialen Aufstieg durch Bildung ist bis heute in Deutschland eingelöst, obwohl herkunftsbedingte Ungleichheiten im Bildungssystem seit den 1960er-Jahren thematisiert wurden und in den letzten beiden Jahrzehnten Studien der empirischen Bildungsforschung (z. B. PISA, IGLU und TIMMS) immer wieder darauf hingewiesen haben. Dieses Phänomen der Ungleichheit lässt sich auch in anderen Staaten feststellen, aber nicht in der Deutlichkeit wie in Deutschland. Das zeigt sich im Besonderen an einer relativ großen Risikogruppe in der allgemeinen Schule sowie der Gruppe von Schüler*innen im sonderpädagogischen Schwerpunkt Lernen. Da beide zwei übereinstimmende zentrale Merkmale aufweisen, ein unterprivilegiertes Herkunftsmilieu und geringe Kompetenzen, plädieren wir dafür, sie zukünftig als *eine Risikogruppe* für herkunftsbedingte Bildungsungleichheiten in den Fokus bildungspolitischer und -wissenschaftlicher Diskussionen zu stellen. Die getrennte Darstellung an dieser Stelle folgt der bislang überwiegend üblichen, disziplinären Trennung zwischen allgemeiner empirischer Bildungsforschung und Sonderpädagogik.

1.1 Schüler*innen der Risikogruppe in der allgemeinen Schule

Als Risikogruppe werden in den (inter-)nationalen Schulleistungsstudien Schüler*innen bezeichnet, die die Mindeststandards für gesellschaftliche Teilhabe nicht erreichen und deren Leistungen die unterste Kompetenzstufe des fünf- bzw. sechsstufigen Kompetenzmodells von PISA nicht überschreiten (Baumert et al., 2017). Das sind in Deutschland knapp 20 % der 15-jährigen Jugendlichen. In diesem Kontext weisen die PISA-Studien auf den kaum veränderten, sehr engen Zusammenhang zwischen sozialer Herkunft und Bildungserfolg hin. Danach sind geringe Kompetenzen an eine niedrige soziale Herkunft und hohe Kompetenzen an eine privilegierte Herkunft gekoppelt (Müller & Ehmke, 2016). Signifikante Kompetenzunterschiede zwischen Schüler*innen lassen sich mithilfe von Indikatoren sozialer Herkunft vorhersagen.[1]

[1] Wir beziehen uns im Folgenden auf Ergebnisse von Schulleistungsstudien vor der Corona-Pandemie, weil sich zum gegenwärtigen Zeitpunkt entsprechende Studien noch in Bearbeitung befinden. Erste vorliegende Befunde etwa des IQB-Bildungstrends 2021 verweisen darauf, dass die soziale Ungleichheit im Pandemiejahr 2021 noch „nie" so groß war wie

Allerdings ist nicht allein dieser Zusammenhang stark ausgeprägt. Mehrere PISA-Studien haben zusätzlich den Migrationshintergrund als konstante Variable der Bildungsbenachteiligung ausgemacht und gezeigt, dass Schüler*innen mit Migrationshintergrund meist aus Familien mit niedrigem sozio-ökonomischen Status kommen und bspw. schwache Lesekompetenzen aufweisen (Brake & Büchner, 2012; Weis et al., 2019). Auch der aktuelle Bildungsbericht kommt zu dem Schluss, dass überproportional häufig Kinder mit Migrationshintergrund von mindestens einer der Risikolagen betroffen ist: geringe Qualifikation der Eltern, soziale oder finanzielle Schwierigkeiten (Autor:innengruppe Bildungsberichterstattung, 2022).

Mittlerweile werden in Studien der empirischen Bildungsforschung auch Schüler*innen mit sonderpädagogischen Unterstützungsbedarfen einbezogen. Hier zählen diese Schüler*innen bereits zur Risikogruppe (vgl. oben). IGLU 2016 stellt im Blick auf die Lesekompetenz am Ende der Grundschulzeit fest, dass Kinder aus Familien mit un- und angelernten Arbeiter*innen einen Leistungsrückstand von ca. anderthalb Lernjahren und aus Familien mit (Fach-)Arbeiter*innen von ca. einem Lernjahr gegenüber Kindern aus Familien der oberen Dienstklasse (z. B. freie akademische Berufe, führende Angestellte) haben (Hußmann et al., 2017). Wird Armutsgefährdung als Indikator für die sozioökonomische Stellung der Familie herangezogen, bestätigen die IGLU-Ergebnisse einen Unterschied von ca. einem Lernjahr im Blick auf Kompetenzunterschiede von armutsgefährdeten und nicht armutsgefährdeten Schüler*innen (Hußmann et al., 2017). Darüber hinaus kommt der IQB-Bildungstrend 2018, der auch Förderschulen einbezieht, in einem Vergleich zwischen Familien mit niedrigem und hohem sozioökonomischen Status zum Ergebnis: 15-jährige Schüler*innen aus Elternhäusern von un- und angelernten Arbeiter*innen oder (Fach-)Arbeiter*innen in manuellen Tätigkeiten haben einen Kompetenzrückstand von ca. anderthalb bis drei Schuljahren in Mathematik und Naturwissenschaften gegenüber Schüler*innen, deren Eltern etwa in freien akademischen Berufen oder als leitende Angestellte tätig sind (Mahler & Kölm, 2019). Auch hier zeigen sich ausgeprägte soziale Disparitäten.

---

zuvor (Sachse et al., 2022). Vermutlich wird die soziale Herkunft einen noch stärkeren Einfluss auf den Bildungserfolg haben als vor der Pandemie.

1.2 Schüler*innen im sonderpädagogischen Schwerpunkt Lernen

Sonderpädagogische Unterstützung im Lernen erfolgt dann, wenn Schüler*innen trotz pädagogischer und unterrichtsfachlicher Förderung die Mindeststandards und die Lernziele der allgemeinen Schule über einen längeren Zeitraum nicht oder nur ansatzweise erreichen (Kultusministerkonferenz [KMK], 2019). Nur etwas mehr als die Hälfte dieser Schüler*innen erhält diese Unterstützung in allgemeinen Schulen. Alle anderen lernen separiert an Förderschulen (KMK, 2022).

Dabei spielt aktuell, aber schon seit der Institutionalisierung der Sonderpädagogik des Lernens als Hilfsschule im letzten Drittel des 19. Jahrhunderts das Thema soziale Herkunft bzw. sozial-kulturelle Benachteiligung oder Armut der als ‚schwachbefähigt' oder ‚lernbehindert' etikettierten Schüler*innen eine Rolle (zusammenfassend: Heimlich, 2016). Regionale empirische Studien wie LAUF, KESS-7-F und PARS-F stellen fest, dass ein niedriger sozioökonomischer Status bei diesen Schüler*innen überrepräsentiert ist (Wocken, 2007; Euen et al., 2015). Das wird durch die Analyse einer nationalen Zusatzerhebung zu PISA 2012 (Müller et al., 2017) und den deutschlandweiten IQB-Bildungstrend 2016 bestätigt (Kölm et al., 2017). Zudem beträgt ihr Lernrückstand gegenüber Regelschüler*innen mindestens zwei Schuljahre (Wocken & Gröhlich, 2009).

Ferner dokumentieren historiografische Arbeiten, Überblicke und Studien Ergebnisse zu Lebens- und Lernbedingungen von Schüler*innen im Schwerpunkt Lernen (Cloerkes, 2001; Hänsel & Schwager, 2004; Koch, 2007; van Essen, 2013). Es zeigt sich, dass ihre Herkunftsmilieus dauerhaft von Mangelerscheinungen aufgrund ökonomischer, kultureller, emotionaler und physio-emotionaler Risikolagen geprägt sind, die die Entwicklung des Kindes beeinträchtigen können (Ellinger & Kleinherz, 2022). Daher lässt sich sagen: „Die Förderschule ist eine Schule der Armen" (Wocken, 2000, S. 501). Eine aktuellere Untersuchung, die gezielt zur Frage der Armutsgefährdung der Schüler*innen im Schwerpunkt Lernen erstellt wurde, konnte dies erneut bestätigen (Euen et al., 2015). Übrigens führten frühere Erkenntnisse zum unterprivilegierten Milieu dieser Schüler*innen zur Forderung nach der Entwicklung einer inklusiven Schule.

Die Beeinflussung der Schulleistungen durch Armut und soziale Benachteiligung zeigt sich auch bei Schüler*innen mit Migrationshintergrund: Forschungen zu dieser Gruppe an der Förderschule weisen auf einen niedrigen sozioökonomischen Status hin und domänenübergreifend auf noch geringere Leistungen im Vergleich zu Schüler*innen im sonderpädagogischen Schwerpunkt Lernen ohne Migrationshintergrund (Brodesser, 2016). Die Frage, ob ihre Überrepräsentanz an der Förderschule Ergebnis institutioneller Diskriminierungsprozesse ist, wie Untersuchungen wiederholt zeigen (Powell & Wagner, 2014), bestätigen andere Studien nicht (Kölm et al., 2019).

Zwischenfazit: Trotz enormer Bildungsexpansion in den letzten Jahrzehnten zeigen Studien der empirischen Bildungsforschung, dass der Bildungserfolg weiterhin von sozialer Herkunft abhängig ist. Überproportional sind davon Schüler*innen aus unterprivilegierten Milieus und Schüler*innen mit Migrationshintergrund betroffen. Sie stellen eine relativ große Risikogruppe dar, zu der auch die Gruppe der Schüler*innen im sonderpädagogischen Schwerpunkt Lernen zählt. Ihre erfolgreiche Teilhabe an der Gesellschaft ist erschwert.

2 Habitus und kulturelle Passung

Die zuvor präsentierten Erkenntnisse zum Zusammenhang von unterprivilegiertem Milieu und Bildungserfolg lassen sich mithilfe von Pierre Bourdieus Theoriebildung, insbesondere seinem Habituskonzept und dessen erziehungswissenschaftlicher Rezeption im Kontext (schul-)kultureller Passung, erklären.

2.1 Sozialer Raum, Habitus und Chancenungleichheit

Gesellschaft fasst Bourdieu als sozialen Raum auf. Dieser ist als Netz von Relationen gedacht, in dem Menschen je nach Kapitalvolumen und -zusammensetzung (ökonomisch, kulturell, sozial) unterschiedliche Positionen einnehmen. Orte mit ähnlicher Kapitalausstattung werden als Milieus zusammengefasst. Die Höhe des verfügbaren ökonomischen Kapitals einer Familie beispielsweise hat einen entscheidenden Einfluss darauf, wo und mit welchen Auswirkungen Kinder und Jugendliche aufwachsen. So kann der Nachbarschaftskontext in Armutsquartieren problematische Folgen für die Entwicklung und Gesundheit haben (Groos & Kersting, 2015), und sich Bildungsungleichheit vergrößern, weil Kinder von privilegierten Nachbarschaften profitieren (Helbig, 2010).

Als das Verbindende zwischen Position und sozialer Praxis ist Habitus „eine allgemeine Grundhaltung, […], die zu systematischen Stellungnahmen führt. […] wie einer spricht, tanzt, lacht, liest, was er liest, was er mag, welche Bekannte und Freunde er hat usw. – all das ist eng miteinander verknüpft" (Bourdieu, 1992, S. 31 f.). Unterschiedliche Habitus entwickeln sich folglich aufgrund ungleicher ökonomischer, kultureller und sozialer Kapitalausstattung (Bourdieu & Wacquant, 2006).

So ist z. B. der Habitus in privilegierten Milieus auf Distinktion ausgerichtet. Hier kennzeichnen Stil, Abstraktion und Komplexität die Logik der Alltagspraktiken. Dagegen prägt ein Habitus der Notwendigkeit den Alltag in unterprivilegierten Milieus. Im Unterschied zur Entfunktionalisierung in oberen Milieus folgt der Habitus der Notwendigkeit einer Funktionslogik mit Kurzzeit- und Nutzenorientierung. Dabei geht es um das Einfache, um praktische Handlungsrationalitäten und Risikovermeidung (El-Mafaalani, 2020).

Vor diesem Hintergrund gehen die unterschiedlichen Bildungserfolge von Kindern aus verschiedenen sozialen Milieus nicht nur auf das Vorhandensein oder den Mangel ökonomischer und kultureller Privilegien wie Beziehungen, Unterstützung und Vertrautheit mit besonderen kulturellen Gütern zurück, sondern auch auf einen bestimmten Habitus, der die Einstellungen zur Schule prägt und mit einem bestimmten, differenzierten Ausdrucks- bzw. Sprachstil verbunden ist (Bourdieu, 2001). Dieses „kulturelle Erbe“ wird in der Schule als natürliche Begabung und Talent oder als Minderbegabung und Lernschwierigkeit gesehen, sodass es legitim und gerecht erscheint, die Begünstigten zu begünstigen und die Benachteiligten zu benachteiligen (Bourdieu, 2001). Die „doppelte kulturelle Willkür“ – bezogen auf das Was und Wie des pädagogischen Handelns – führt zu einer „fundamentale[n] Chancenungleichheit“, verschleiert als universelle Anforderungen und Anerkennung (Bourdieu & Passeron, 1971, S. 39 f.).

2.2 Kulturelle Passung im Kontext Schule

Das Theorem der kulturellen Passung spezifiziert die Reproduktion sozialer Ungleichheit durch Schule über ein relationales Bedingungsgefüge bzw. Machtgefälle, welches je nach Konstellation Lern- und Bildungsmöglichkeiten eröffnet, erschwert oder verschließt (Kramer & Helsper, 2011). Jedes Milieu bringt spezifische Handlungs- und Sprachbefähigungen hervor, die Bezüge zur Bildung im Sinne von Bildungsorientierungen und -praktiken aufweisen. Damit korrespondieren mehr oder weniger schulkulturelle Milieus, die ihrerseits spezifische Anforderungsstrukturen sowie Bildungs- und Sprachnormen umfassen (Kramer & Helsper, 2011). Sie widerspiegeln sich in einem „institutionellen idealen Schülerhabitus“ (Helsper et al., 2018, S. 40), der auf der Sinnebene der schulkulturellen Anerkennungsordnung entspricht. Dieser Schüler*innenhabitus umfasst also jene Orientierungen und soziale Praktiken, die gewünscht sind und zu Schulerfolg führen. Dadurch ergeben sich unterschiedliche Passungskonstellationen zwischen Herkunftshabitus der Schüler*innen und idealem Schüler*innenhabitus, die ein

Kontinuum zwischen harmonisch bis antagonistisch aufspannen, wie Helsper et al. (2018) empirisch zeigen konnten.

Der in unterprivilegierten Milieus entwickelte, globale Habitus der Notwendigkeit drückt sich in schul- und bildungsfernen Orientierungen und Praktiken der Bildungsnotwendigkeit und Bildungsfremdheit aus (Kramer et al., 2009). Lernen hat in diesen Milieus vor allem alltagspraktische Funktion und verfolgt Zwecke, die im Herkunftsmilieu anerkannt sind. Diesen Schüler*innen stellt sich die Frage, ob schulisches Lernen tatsächlich notwendig und nützlich ist, wenn es um die Bewältigung ihrer multiplen milieuspezifischen Lebensprobleme geht: Ihr Herkunftshabitus ist schwer vereinbar mit den normativen Erwartungen der Schule und steht in keinem Passungsverhältnis zur „Schule als Mittelschichtinstitution" (Baumert & Maaz, 2006, S. 22), weil sie die hegemoniale Kultur der privilegierten Milieus repräsentiert. Unterrichtsstörungen, Leistungsverweigerung, innerliche Abwesenheit oder Schulabsentismus können daher als Ausdruck einer Diskrepanz von lebensweltlich relevanter und institutionell geforderter Bildung gedeutet werden (Grundmann et al., 2016). Dissonanzen werden als Verletzungen schulischer Leistungs- und Verhaltensnormen aufgefasst, die Abschulung und Besuch von niedrigen Bildungsgängen zur Folge haben. Der sprachlichen Handlungspraxis kommt dabei eine besondere Bedeutung zu, weil ein monolingualer Habitus[2] und die Bildungssprache in Schulen vorherrschen (Gogolin, 2008; Fürstenau & Gomolla, 2011). Insgesamt führen diese Prozesse zu schwachen Schulleistungen und geringen Kompetenzen einer als Risikogruppe bezeichneten Schüler*innenschaft. Letztlich erleben diese Schüler*innen Schule als Raum von vielen Zumutungen, Zwängen, Entbehrungen und Entfremdungen. Akademisierte, bürgerliche Bildungsansprüche und -bewertungen werden zum Risikofaktor für die Persönlichkeitsentwicklung, wenn geringe Leistung mit Ängsten, Frustrationen und negativen Motivationen einhergeht (Grundmann et al., 2016). Langfristige Folgen dieser schulischen Erfahrungen können resignative Habitusformen sein: Ohnmachtsgefühle, starke Gegenwartsorientierungen und fremdenfeindliche Denkschemata (van Essen, 2017).

[2] Gogolin weist mit dem Begriff auf das einsprachige Selbstverständnis deutscher Schulen hin. Es ist ein konstitutives Element der Herausbildung des staatlichen Schulwesens in Zeiten nationalstaatlicher Gesellschaftsentwicklungen. Der Glaube an eine sprachliche und kulturelle Einheit führe bis heute dazu, dass auf unterschiedlichen Ebenen des Schulsystems vom ‚Normalfall: Einsprachigkeit' ausgegangen werde.

Zwischenfazit: Bourdieus Erklärungsansätze begründen die Notwendigkeit einer milieusensiblen Sozialraumorientierung in einer inklusiven Schule. Sozialraumorientierung ist milieusensibel, wenn sie Passungsverhältnisse zwischen Herkunfts- und Schulmilieus, d. h. den jeweils eingeschriebenen sozialen Praktiken und Habitus, in den Blick nimmt.

3 Milieusensible Sozialraumorientierung in der inklusiven Schule

Wenn lebensweltliche Erfahrungen einiger Schüler*innen in einem ungünstigen Passungsverhältnis zur Schule stehen, bedeutet dies, dass deren Herkunftshabitus am Lernort Schule unter Druck geraten. Nicht die Irritation selbst, die mit dem Gefühl einhergeht, fehl am Platz zu sein, führt zu einer benachteiligenden Situation. Sondern erst der Umgang mit der Irritation ist entscheidet, ob sich Entwicklungsmöglichkeiten öffnen oder schließen. Sich von der eigenen Herkunft zu entfernen, geht mit massiver Verunsicherung, Angst und Überforderung einher. Will Schule ein Ort sein, an dem sich habituelle Prägungen weiterentwickeln oder transformieren können, muss sie diesen Schüler*innen vor allem ein verlässliches Beziehungsangebot machen. Dazu gehört, dass Lehrpersonen ihre Schüler*innen, die Spielregeln, Orientierungen und Praktiken ihrer Herkunftsmilieus verstehen lernen (Benkmann, 2021). Dies kann über milieuorientierte Sozialraumanalysen oder die Rekonstruktion der konkreten Lebenslagen einzelner Schüler*innen – bereits als Inhalte des Studiums – geschehen (Benkmann & Gercke, 2018; Schroeder, 2011; Thielen, 2012). Dabei sollte deutlich werden, dass sozialräumliche Segregationen Gefährdungspotenziale haben. Dies muss aber nicht zwangsläufig der Fall sein: Auch arme Wohnquartiere und benachteiligende Nachbarschaften können Möglichkeitsräume darstellen (El-Mafaalani et al., 2015).

Die Perspektive des Anderen vorurteilsfrei einzunehmen setzt voraus, dass Lehrpersonen sich auch über die eigene Position im sozialen Raum selbstreflexiv im Klaren werden. Ansätze, die im Kontext von Lehrer*innenhabitus, Habitus-, Sprach- und Milieusensibilität diskutiert werden, bieten hier handlungspraktische Orientierung (Fürstenau & Gomolla, 2011; Kramer, 2015; Schroeder, 2018; Sander, 2014; Werner & Müller, 2018; vgl. auch Weitkämper & Rutter in diesem Band). Dieses Verstehen fördert ein tragfähiges pädagogisches Arbeitsbündnis, Toleranz gegenüber Regelverstößen, Grenzsetzungen sowie attraktive und motivierende Lernangebote. Dazu bedarf es eines Unterrichts, der für Schüler*innen aus benachteiligten Herkunftsmilieus inhaltlich und methodisch anschlussfähig ist, z. B. durch die Einbeziehung von Beiträgen außerschulischer Expert*innen und Mentor*innen (Hiller, 2020). Fähigkeiten dürfen nur dann erwartet und bewertet werden, „wenn diese als in der Schule erwerbbare Fähigkeiten gefasst werden können, zu deren Erwerb tatsächlich auch die Möglichkeiten innerhalb des schulischen Lernens gegeben sind" (Kramer, 2015, S. 356). Das ist insbesondere in den für inklusive Schulen typischen offenen und individualisierten Lernformaten zu beachten, in denen manchmal Normvorstellungen einer*eines selbsttätigen, eigenverantwortlichen und sich selbst steuernden Schülers/Schülerin enthalten sind (z. B. Rabenstein & Reh, 2009), die konträr zu den oben beschriebenen, milieuspezifischen Orientierungen eines Teils der Schüler*innen stehen.

Angesichts der Bedeutung von Eltern/Sorgeberechtigten für die Lern- und Leistungsentwicklung der Kinder bedarf es einer milieusensiblen Eltern- und Familienbildung in der Schule (van Essen, 2016). Die Entwicklung etwa von sozialen Patenschaften über die Milieugrenzen hinweg kann dazu beitragen, dass Behinderungen des Lernens nicht mehr „aus Kommunikationsproblemen zwischen zwei Kulturen" (Mand, 2003, S. 91) entstehen.

4 Kritik

Sowohl die präsentierten bildungsstatistischen Daten, als auch die Erkenntnisse zum sonderpädagogischen Schwerpunkt Lernen stützen die Feststellung, dass die Schule in Deutschland eine selektive Mittelschichtinstitution ist. Trotz vieler Bemühungen, nach der ersten PISA-Studie Schule zu verändern und Inklusion zu fördern, ist es nicht gelungen, den engen Zusammenhang von sozialer Herkunft und Bildungserfolg zu entkoppeln und die Selektionsquote zu senken. Dies hat zuvorderst strukturelle Gründe: Die mehrgliedrige Struktur des Schulsystems macht es möglich, Schüler*innen mit geringeren Leistungen in nächsttiefere Bildungsgänge abzuschulen. Überproportional sind das Schüler*innen aus unterprivilegierten Milieus und Schüler*innen mit Migrationshintergrund. Während diese Milieus aber kaum Einfluss haben, ihre Ansprüche im Bildungssystem zur Geltung zu bringen, sind privilegierte bürgerliche Milieus mithilfe ihres hegemonialen Einflusses in der Lage, die Anzahl von höherwertigen Schul- und Studienplätzen zu begrenzen, um für ihre Nachkommen die wenigen begehrten in der oberen gesellschaftlichen Hierarchie zu besetzenden Positionen zu sichern. Konkurrenz durch Akteur*innen aus unterprivilegierten Milieus ist dann nicht zu erwarten. Insofern besteht bei diesem Teil der hegemonialen Milieus das Interesse an der Konservierung des mehrgliedrigen Schulsystems mit frühestmöglicher und kontinuierlicher Selektionsfunktion. Darin kann zwar eine Sozialraumorientierung innerhalb der separaten Schularten positive Effekte haben, Grenzen unterschiedlicher und entfremdeter Milieus können aber aufgrund der weitgehend selektiven Komposition der Lerngruppen weder bearbeitet noch aufgelöst werden.

Das könnte ein inklusives Schulsystem leisten. Es erfordert eine milieusensible Sozialraumorientierung und eine milieusensible pädagogische Praxis. Um hier Wertorientierungen und Bedürfnissen von Schüler*innen unterprivilegierter Milieus gerecht zu werden, bedarf es, wie gezeigt, einer prinzipiellen Veränderung der Rolle der Lehrpersonen und der pädagogischen Angebote. Das Anliegen, inklusive Schule als Sozialraum und im Sozialraum zu entwickeln, ruft bildungsprivilegierte Interessengruppen auf den Plan, die aufmerksam und kritisch die Entwicklung verfolgen und intervenieren, sofern ihren Vorstellungen etwas zuwiderläuft. Dabei sollten Problembereiche und -entwicklungen des Sozialraums hinsichtlich der Interessen aller Schüler*innen in den Fokus genommen werden. So könnten Fragen relevant werden, ob der Habitus von Akteur*innen der Bildungspolitik und der Eltern hegemonialer Milieus eine gemeinsame pädagogische Position zu entwickeln vermag, sei es, dass sich ihre Kinder mit alltagspraktischen Unterrichtsinhalten beschäftigen, die außerhalb des akademischen Bildungskanons liegen, oder sie Freundschaften mit benachteiligten Schüler*innen schließen.

Fazit: Das Bestehen einer relativ großen Risikogruppe im gegenwärtigen deutschen Schulsystem erfordert die Wahrnehmung und Bearbeitung unterschiedlicher Passungsverhältnisse zwischen Schule und sozialer Herkunft aufseiten der schulischen Akteur*innen. Eine in diesem Sinne verstandene milieusensible Sozialraumorientierung wirkt auf den Ebenen der Schul-, Unterrichts- und Personalentwicklung. Dafür enthält ein inklusives Schulsystem die strukturellen Bedingungen, die das Kennenlernen und Eingehen von Beziehungen der Schüler*innen aus entfremdeten Milieus ermöglichen. Es wird ein frühzeitig wechselseitiges Verstehen untereinander gefördert, das bei pädagogischer Begleitung eine Grundlage dafür schafft, Distinktion gegenüber unterprivilegierten Minderheiten entgegenzutreten, sich gegen Klassismus zu wehren und für soziale Gerechtigkeit einzusetzen.

Literatur

Autor:Innengruppe Bildungsberichterstattung (2022). Bildung in Deutschland 2022. Ein indikatorengestützter Bericht mit einer Analyse zum Bildungspersonal. https://www.bildungsbericht.de/de/bildungsberichte-seit-2006/bildungsbericht-2022/pdf-dateien-2022/bildungsbericht-2022.pdf.

Baumert, J., Köller, O., Neumann, M., & Maaz, K. (2017). Kompetenzarmut im mehr- und zweigliedrigen Schulsystem. In M. Neumann, M. Becker, J. Baumert, K. Maaz, & O. Köller (Hrsg.), *Zweigliedrigkeit im deutschen Schulsystem. Potenziale und Herausforderungen in Berlin* (S. 189–226). Waxmann.

Baumert, J., & Maaz, K. (2006). Das theoretische und methodische Konzept von PISA zur Erfassung sozialer und kultureller Ressourcen der Herkunftsfamilie: Internationale und nationale Rahmenkonzeption. In J. Baumert, P. Stanat, & R. Watermann (Hrsg.), *Herkunftsbedingte Disparitäten im Bildungswesen: Differentielle Bildungsprozesse und Probleme der Verteilungsgerechtigkeit: Vertiefende Analysen im Rahmen von PISA 2000* (S. 11–29). VS Verlag. https://doi.org/10.1007/978-3-531-90082-7.

Benkmann, R. (2021). Qualifikation für inklusive Lehrerinnen- und Lehrerbildung – Wissen zu Bildungsarmut und Schülerinnen- und Schülerhabitus. In K. Wilfert & T. Eckerlein (Hrsg.), *Inklusion und Qualifikation* (S. 119–131). Kohlhammer.

Benkmann, R., & Gercke, M. (2018). Zwischen Spezialisierung und Generalisierung in der Lehrerbildung – Professionalisierung für Inklusion im Förderschwerpunkt Lernen. In R. Benkmann & U. Heimlich (Hrsg.), *Inklusion im Förderschwerpunkt Lernen* (S. 276–331). Kohlhammer.

Bourdieu, P. (1992). *Die verborgenen Mechanismen der Macht*. VSA.

Bourdieu, P. (2001). *Wie die Kultur zum Bauern kommt. Über Bildung, Schule und Politik*. VSA.

Bourdieu, P., & Passeron, J.-C. (1971). *Die Illusion der Chancengleichheit. Untersuchungen zur Soziologie des Bildungswesens am Beispiel Frankreichs*. Ernst Klett.

Bourdieu, P., & Wacquant, L. J. D. (2006). *Reflexive Anthropologie* (3. Aufl.). Suhrkamp.

Brake, A., & Büchner, P. (2012). *Bildung und soziale Ungleichheit. Eine Einführung*. Kohlhammer.

Brodesser, E. (2016). *Kinder aus zugewanderten Familien in Förderschulen. Vertiefende Auswertung der Berliner Erhebung „BELLA" zu herkunftsbezogenen Disparitäten*. Springer VS.

Cloerkes, G. (2001). *Soziologie der Behinderten. Eine Einführung* (2., neu bearb. und erw. Aufl.). Universitätsverlag C. Winter.

Ellinger, S., & Kleinherz, L. (2022). *Soziale Benachteiligung und Resonanzerleben. Entfremdungsprozesse in der Schule*. Kohlhammer.

El-Mafaalani, A. (2020). *Mythos Bildung. Die ungerechte Gesellschaft, ihr Bildungssystem und seine Zukunft*. Kiepenheuer & Witsch.

El-Mafaalani, A., Kurtenbach, S., & Strohmeier, K. P. (Hrsg.). (2015). *Auf die Adresse kommt es an ... Segregierte Stadtteile als Problem- und Möglichkeitsräume begreifen*. Beltz Juventa.

Euen, B., Vaskova, A., Walzebug, A., & Bos, W. (2015). Armutsgefährdete Schülerinnen und Schüler mit einem Förderbedarf im Förderschwerpunkt Lernen am Beispiel von PARS-F und KESS-7-F. In P. Kuhl, P. Stanat, B. Lütje-Klose, C. Gresch, H. A. Pant, & M. Prenzel (Hrsg.), *Inklusion von Schülerinnen und Schülern mit sonderpädagogischem Förderbedarf in Schulleistungserhebungen* (S. 101–128). Springer VS. https://doi.org/10.1007/978-3-658-06604-8.

Fürstenau, S., & Gomolla, M. (2011). *Migration und schulischer Wandel: Mehrsprachigkeit.* VS Verlag.

Gogolin, I. (2008). *Der monolinguale Habitus der multilingualen Schule.* Waxmann.

Groos, T., & Kersting, V. (2015). Segregierte Kinderarmut und Gesundheit. In A. El-Mafaalani, S. Kurtenbach, & K. P. Strohmeier (Hrsg.), *Auf die Adresse kommt es an ... Segregierte Stadtteile als Problem- und Möglichkeitsräume* (S. 76–107). Beltz Juventa.

Grundmann, M., Bittlingmayer, U. H., Dravenau, D., & Groh-Samberg, O. (2016). Bildung als Privileg und Fluch – Zum Zusammenhang zwischen lebensweltlichen und institutionalisierten Bildungsprozessen. In R. Becker & W. Lauterbach (Hrsg.), *Bildung als Privileg. Erklärungen und Befunde zu den Ursachen der Bildungsungleichheit* (5., aktual. Aufl., S. 57–86). Springer VS. https://doi.org/10.1007/978-3-658-11952-2.

Hänsel, D., & Schwager, H.-J. (2004). *Die Sonderschule als Armenschule. Vom gemeinsamen Unterricht zur Sondererziehung nach Braunschweiger Muster.* Lang.

Heimlich, U. (2016). *Pädagogik bei Lernbeeinträchtigungen. Sonderpädagogische Förderung im Förderschwerpunkt Lernen* (3. aktual. Aufl.). Klinkhardt. https://doi.org/10.36198/9783838558714.

Helbig, M. (2010). Neighborhood does matter! Sozialstrukturelle Nachbarschaftscharakteristika und Bildungserfolg. *Kölner Zeitschrift für Soziologie und Sozialpsychologie, 62*(4), 655–679. https://doi.org/10.1007/s11577-010-0117-y.

Helsper, W., Dreier, L., Gibson, A., Kotzyba, K., & Niemann, M. (2018). *Exklusive Gymnasien und ihre Schüler. Passungsverhältnisse zwischen institutionellem und individuellem Schülerhabitus.* Springer Fachmedien.

Hiller, G. G. (2020). Aufriss einer kultursoziologisch fundierten, zielgruppenspezifischen Didaktik. In U. Heimlich & F. B. Wember (Hrsg.), *Didaktik des Unterrichts bei Lernschwierigkeiten. Ein Handbuch für Studium und Praxis* (4. aktual. Aufl., S. 44–61). Kohlhammer.

Hußmann, A., Stubbe, T. C., & Kasper, D. (2017). Soziale Herkunft und Lesekompetenzen von Schülerinnen und Schüler. In A. Hußmann, H. Wendt, W. Bos, A. Bremerich-Vos, D. Kasper, E.-M. Lankes, N. McElvany, T. C. Stubbe, & R. Valtin (Hrsg.), *IGLU 2016. Lesekompetenzen von Grundschulkindern in Deutschland im internationalen Vergleich* (S. 195–217). Waxmann.

Koch, K. (2007). Soziokulturelle Benachteiligung. In J. Walter & F. B. Wember (Hrsg.), *Sonderpädagogik des Lernens* (S. 104–116). Hogrefe.

Kölm, J., Gresch, C., & Haag, N. (2017). Hintergrundmerkmale von Schülerinnen und Schülern mit sonderpädagogischem Förderbedarf an Förderschulen und an allgemeinen Schulen. In P. Stanat, S. Schipolowski, C. Rjosk, S. Weirich, & N. Haag (Hrsg.), *IQB-Bildungstrend 2016. Kompetenzen in den Fächern Deutsch und Mathematik am Ende der 4. Jahrgangsstufe im zweiten Ländervergleich* (S. 291–301). Waxmann.

Kölm, J., Gresch, C., & Kuhl, P. (2019). Zuwanderungsbezogene Disparitäten bei der Diagnose eines sonderpädagogischen Förderbedarfs Lernen und der besuchten Schulart. *Zeitschrift für Erziehungswissenschaft, 22*(4), 771–789. https://doi.org/10.1007/s11618-019-00896-y.

Kramer, R.-T. (2015). „Reproduktionsagenten" oder „Transformationsakteure"? Lehrkräfte im Blick der Bildungssoziologie von Pierre Bourdieu. *Zeitschrift für Soziologie der Erziehung und Sozialisation, 35*(4), 344–359.

Kramer, R.-T., & Helsper, W. (2011). Kulturelle Passung und Bildungsungleichheit – Potenziale einer an Bourdieu orientierten Analyse der Bildungsungleichheit. In H.-H. Krüger, U. Rabe-Kleberg, R.-T. Kramer, & J. Budde (Hrsg.), *Bildungsungleichheit revisited. Bildung und soziale Ungleichheit vom Kindergarten bis zur Hochschule* (2., durchges. Aufl., S. 103–125). VS Verlag. https://doi.org/10.1007/978-3-531-92201-0_6.

Kramer, R.-T., Helsper, W., Thiersch, S., & Ziems, C. (2009). *Selektion und Schulkarriere. Kindliche Orientierungsrahmen beim Übergang in die Sekundarstufe.* VS Verlag.

Kultusministerkonferenz. (2019). Empfehlungen zur schulischen Bildung, Beratung und Unterstützung von Kindern und Jugendlichen im sonderpädagogischen Schwerpunkt LERNEN (Beschluss der Kultusministerkonferenz vom 14.03.2019). https://www.kmk.org/fileadmin/Dateien/veroeffentlichungen_beschluesse/2019/2019_03_14-FS-Lernen.pdf.

Kultusministerkonferenz. (2022). Sonderpädagogische Förderung in Schulen 2011 bis 2020. Dokumentation Nr. 231. https://www.kmk.org/fileadmin/Dateien/pdf/Statistik/Dokumentationen/Dok231_SoPaeFoe_2020.pdf.

Mahler, N., & Kölm, J. (2019). Soziale Disparitäten. In P. Stanat, S. Schipolowski, N. Mahler, S. Weirich, & S. Henschel (Hrsg.), *IQB-Bildungstrend 2018. Mathematische und naturwissenschaftliche Kompetenzen am Ende der Sekundarstufe I im zweiten Ländervergleich* (S. 266–293). Waxmann.

Mand, J. (2003). *Lern- und Verhaltensprobleme in der Schule.* Kohlhammer.

Müller, K., & Ehmke, T. (2016). Soziale Herkunft und Kompetenzerwerb. In K. Reiss, C. Sälzer, A. Schiepe-Tiska, E. Klieme, & O. Köller (Hrsg.), *PISA 2015: Eine Studie zwischen Kontinuität und Innovation* (S. 285–316). Waxmann.

Müller, K., Prenzel, M., Sälzer, C., Mang, J., Heine, J., & Gebhardt, M. (2017). Wie schneiden Schülerinnen und Schüler an Förderschulen bei PISA ab? Analysen aus der PISA 2012-Zusatzerhebung zu Jugendlichen mit sonderpädagogischem Förderbedarf. *Unterrichtswissenschaft, 45*(2), 175–192.

Powell, J. J. W., & Wagner, S. J. (2014). An der Schnittstelle Ethnie und Behinderung benachteiligt. Jugendliche mit Migrationshintergrund an deutschen Sonderschulen weiterhin überrepräsentiert. In G. Wansing & M. Westphal (Hrsg.), *Behinderung und Migration. Inklusion, Diversität, Intersektionalität* (S. 177–199). Springer VS.

Rabenstein, K., & Reh, S. (2009). Die pädagogische Normalisierung der ‚selbstständigen Schülerin' und die Pathologisierung des ‚Unaufmerksamen'. Eine diskursanalytische Skizze. In J. Bilstein & J. Ecarius (Hrsg.), *Standardisierung – Kanonisierung. Erziehungswissenschaftliche Reflexionen* (S. 159–180). VS Verlag.

Sachse, K. A., Jindra, C., Schumann, K., & Schipolowski, S. (2022). Soziale Disparitäten. In P. Stanat, S. Schipolowski, R. Schneider, K. A. Sachse, S. Weirich, & S. Henschel (Hrsg.), *IQB-Bildungstrend 2021. Kompetenzen in den Fächern Deutsch und Mathematik am Ende der 4. Jahrgangsstufe im dritten Ländervergleich* (S. 151–180). Waxmann.

Sander, T. (Hrsg.). (2014). *Habitussensibilität. Eine neue Anforderung an professionelles Handeln.* Springer Fachmedien. https://doi.org/10.1007/978-3-658-06887-5.

Schroeder, J. (2011). Die Schule für alle – überall? Rückfragen zum Hamburger Schulversuch »Integrative Grundschule im sozialen Brennpunkt«. In J. Schwohl & T. Sturm

(Hrsg.), *Inklusion als Herausforderung schulischer Entwicklung. Widersprüche und Perspektiven eines erziehungswissenschaftlichen Diskurses* (S. 119–138). transcript.

Schroeder, J. (2018). Annäherung an Lebenslagen und Biografien junger Geflüchteter – Eine unabdingbare Voraussetzung für eine pädagogische Kommunikation »auf Augenhöhe«. In J. Schroder (Hrsg.), *Geflüchtete in der Schule. Vom Krisenmanagement zur nachhaltigen Schulentwicklung* (S. 13–36). Kohlhammer.

Thielen, M. (2012). Fragen inklusiver Schulentwicklung aus der Perspektive einer lebenslagen- und lebensaltersensiblen Pädagogik im Förderschwerpunkt Lernen. In B. Rauh, D. Laubenstein, I. Anken, & H.-L. Auer (Hrsg.), *Förderschwerpunkt Lernen – wohin?* (S. 75–92). Athena.

van Essen, F. (2013). *Soziale Ungleichheit, Bildung und Habitus. Möglichkeitsräume ehemaliger Förderschüler.* Springer VS. https://doi.org/10.1007/978-3-658-01618-0.

van Essen, F. (2016). Habitussensible Begegnungsräume als Basis inklusionsförderlicher Eltern- und Familienbildung. In U. Böing & A. Köpfer (Hrsg.), *Be-Hinderung der Teilhabe. Soziale, politische und institutionelle Herausforderungen inklusiver Bildungsräume* (S. 167–176). Klinkhardt.

van Essen, F. (2017). Ehemalige Förderschüler zwischen Verzweiflung und Hoffnung: Der angeschlagen-motivierte Habitus. *Behinderte Menschen: Zeitschrift für gemeinsames Leben, Lernen und Arbeiten, 40*(1), 41–45.

Weis, M., Müller, K., Mang, J., Heine, J.-H., Mahler, N., & Reis, K. (2019). Soziale Herkunft, Zuwanderungshintergrund und Lesekompetenz. In K. Reiss, M. Weis, E. Klieme, & O. Köller (Hrsg.), *PISA 2018. Grundbildung im internationalen Vergleich* (S. 129–162). Waxmann. https://doi.org/10.31244/9783830991007.

Werner, B., & Müller, R. (2018). "Die Welt trifft sich im Klassenzimmer" – Empirische Befunde und konzeptionelle Überlegungen für einen sprach- und kultursensiblen (Mathematik-)Fachunterricht. *Sprache im Beruf, 1*(1), 50–66.

Wocken, H. (2000). Leistung, Intelligenz und Soziallage von Schülern mit Lernbehinderungen. Vergleichende Untersuchungen an Förderschulen in Hamburg. *Zeitschrift für Heilpädagogik, 51*(12), 492–503.

Wocken, H. (2007). Fördert Förderschule? Eine empirische Rundreise durch Schulen für optimale Förderung. In I. Demmer-Dieckmann & A. Textor (Hrsg.), *Integrationsforschung und Bildungspolitik im Dialog* (S. 35–60). Klinkhardt.

Wocken, H., & Gröhlich, C. (2009). Kompetenzen von Schülerinnen und Schülern an Hamburger Förderschulen. In W. Bos, M. Bonsen, & C. Gröhlich (Hrsg.), *KESS 7. Kompetenzen und Einstellungen von Schülerinnen und Schülern an Hamburger Schulen zu Beginn der Jahrgangsstufe 7* (S. 133–142). Waxmann.

Magdalena Förster ist wissenschaftliche Mitarbeiterin an der Universität Erfurt. Ihre Arbeitsschwerpunkte sind rekonstruktive Lehrer*innenbildungsforschung, inklusionsorientierte Professionalisierung sowie Habitus und kulturelle Passung im sonderpädagogischen Schwerpunkt Lernen.

Kontakt: magdalena.foerster@uni-erfurt.de.

Rainer Benkmann ist Professor i. R. für Pädagogik bei Lernbeeinträchtigungen an der Universität Erfurt. Seine Arbeitsschwerpunkte sind Diskriminierung, Biografieforschung und Inklusion.

Kontakt: rainer.benkmann@uni-erfurt.de.

Theoretische Erkundungen des schulischen Sozialraums – Fragmentierte symbolische Ordnung als Möglichkeitsraum des pädagogischen Arbeitsbündnisses

Matthias Forell und Lena Schleenbecker

Zusammenfassung

Der Beitrag verortet Schule sozialräumlich im schulischen Mehrebenensystem und entwirft darin einen spannungsvollen Möglichkeitsraum pädagogischen Handelns. Unter der Prämisse der Vielfältigkeit der sozialräumlichen Verfasstheit von Schule soll eine Perspektiverweiterung des schulischen Sozialraums über das schulnahe Umfeld hinaus vorgenommen werden. Somit liegt dem Beitrag ein analytisches Verständnis von Schule als Sozialraum im Sozialraum zugrunde.

Schlüsselwörter

Sozialraumorientierung • Mehrebenensystem • Schulkulturansatz • Pädagogisches Handeln

M. Forell (✉)
Ruhr-Universität Bochum, Bochum, Deutschland
E-Mail: matthias.forell@uol.de

L. Schleenbecker
Berlin, Deutschland
E-Mail: lena.schleenbecker@hu-berlin.de

S. Schuppener et al. (Hrsg.), *Inklusive Schule im Sozialraum*,
https://doi.org/10.1007/978-3-658-42158-8_4

1 Einleitung

Bildungspolitische Reformansinnen zeigen auf, dass Schule zunehmend nicht mehr nur als ein (sozialer) Ort der sachbezogenen Bildung entworfen wird, sondern Fragen nach der Ausgestaltung des schulischen *Lebensraums* an Bedeutung gewinnen. So werden auch im schulpädagogischen Diskurs bspw. im Kontext der Ganztagsschulforschung individuelle Entwicklungen von Schüler*innen in den Blick genommen, die auf das schulische Wohlbefinden fokussieren (Heyl et al., 2021). Ebenso wird dies im Kontext von Inklusion deutlich, wenn vor dem Hintergrund der heterogenen Zusammensetzung der Schüler*innenschaft auch Überlegungen zum sozialen Miteinander in inklusiven Klassen angestellt werden (Walter-Klose, 2021). Schule wird dabei zunehmend als *Raum* thematisiert, wenngleich im erziehungswissenschaftlichen Diskurs der schulische Sozialraum nur unzureichend abgebildet zu sein scheint. So identifiziert Kessl (2016) eine „erziehungswissenschaftliche Blindstelle in Sachen Raumtheorie und Raumforschung“ (S. 6) und bezeichnet den dazu vorliegenden Forschungsstand sogar als „Mangelware“ (Kessl, 2016, S. 7). Dies scheint vor dem Hintergrund der Verräumlichung pädagogischen Handelns in der Schul- und Unterrichtspraxis umso erstaunlicher (Ecarius & Löw, 1997).

Im Zusammenhang mit dieser theoretischen Leerstelle wird im vorliegenden Beitrag eine Perspektiverweiterung vorgenommen, die den schulischen Sozialraum nicht vorwiegend als schulnahes Umfeld betrachtet, sondern Schule in ihrer räumlichen Verfasstheit im Kontext des schulischen Mehrebenensystems versteht. Präzisiert wird dies schließlich anhand der Inblicknahme eines Möglichkeitsraums pädagogischen Handelns und entlang der Frage nach den Spannungsdynamiken des pädagogischen Arbeitsbündnisses im schulpädagogischen Handlungsfeld, was sich schließlich im Kontext inklusionspädagogischer Schulentwicklung pointieren ließe.

2 *Sozial*raumtheoretische Vergewisserungen[1]

Raum theoretisch zu fassen, scheint angesichts der vielfältigen Verwendung des Raumbegriffs sowie der dieser zugrunde liegenden Konzepte kaum möglich. So stellt Hummrich (2018) fest, dass für Raum „nicht *die* eine grundlagentheoretische Bestimmung“ (S. 251; Herv. i. O.) existiert, sondern insbesondere mit dem *spatial turn* seit Ende der 1980er-Jahre verschiedene Perspektiven auf Raum in den Geistes- und Sozialwissenschaften dominieren. Dieser Paradigmenwechsel hatte zur Folge, dass Vorstellungen von Raum als Behälter oder Container zunehmend aus dem Blick geraten sind. In solchen *absoluten* Raumvorstellungen wird Raum als örtlich fixiertes Ordnungssystem entworfen, in dem Dinge und Menschen ohne Beziehung zueinander feste Plätze innehaben. Absolute Räume bleiben daher statisch (Fritsche et al., 2010; Kessl & Reutlinger, 2010a; Schroer, 2008). Dem gegenüber konnten sich vermehrt *relationale* Raumvorstellungen durchsetzen, die die Prozesshaftigkeit von Raum betonen und diesen nicht unabhängig von sozialen Phänomenen in der Wechselwirkung von eingeschriebener Struktur und akteur*innenbezogener Handlung betrachten. Relationale Räume sind daher stets dynamisch (Fritsche et al., 2010; Kessl & Reutlinger, 2010b; Löw, 2001). Die auch als *topologische Wende* bezeichnete Abkehr von der Raum immanenten Gegenständlichkeit fokussiert somit subjektorientierte Perspektiven auf die „(An-)Ordnung von Lebewesen und sozialen Gütern an Orten“ (Löw, 2001, S. 271) und nimmt deren Lagebeziehungen in den Blick. Orte stellen damit die *Schauplätze* sozialen Handelns dar, lokalisieren also Räume (Giddens, 1979) und können daher als grundlegende Raumdimension begriffen werden. Durch eine Betrachtung von Raum als lokale (und gesellschaftlich) situierte relationale *An*ordnungsstruktur werden raumanalytische Untersuchungen anschlussfähig an strukturtheoretische Fragestellungen (Koller, 2018; Hummrich, 2011), wie im weiteren Verlauf dieses Beitrages noch weiter ausgeführt wird (vgl. Abschn. 3).

Betrachtungsweisen hingegen, die Raum als territorial gebundene, vorwiegend geschlossene und abgegrenzte Einheiten in den Blick nehmen, legen in ihren Untersuchungen meist ein Behälter- bzw. Containermodell zugrunde und trennen dabei das Rauminnere von dessen Außenwelt ab (Hermstein & Berkemeyer, 2018). Dies ermöglicht eine systemtheoretische Anbindung, welche eine „Innen/Außen-Differenz“ (Luhmann, 1968, S. 2) voraussetzt. Systeme sind immer auch ein Teil des Ganzen (der Gesellschaft oder z. B. eines übergreifenden Systems

[1] Teile dieses Kapitel basieren auf einem Beitrag von Forell (2023) mit dem Titel: *Zur theoretischen Verfasstheit des schulischen Sozialraums. Kartierungen sozialräumlicher Dimensionen von Schule.*

wie dem des Schul- oder Bildungssystems) und somit auch immer Teil anderer Systeme (Luhmann, 1991/1984). Ein Raum stellt daher „immer schon ein Raum in Räumen“ (Baecker, 2005, S. 81) dar. Territorien markieren darüber hinaus Grenzen der (sozialen) Zugehörigkeit und des Ausschlusses (Kessl & Reutlinger, 2022), wodurch sie nach innen identitätsstiftend und nach außen profilbildend wirken (Engel, 2014; Kuper, 2001; Esser, 2000).

Die vorangegangenen raumtheoretischen Ausführungen machen bereits deutlich, dass die beiden scheinbar diametralen Vorstellungen eines absoluten und relationalen Raums zur Analyse und Interpretation von räumlichen Zusammenhängen nicht neben- oder unabhängig voneinander, sondern gewichtet je nach Forschungsfokus komplementär zueinander bearbeitet werden müssen. Räume sind weder naturhaft gegeben oder rein physisch-materiell noch sind sie alleiniges Produkt sozialer (Herstellungs-)Praxis (Kessl & Reutlinger, 2022; Löw & Sturm, 2019; Schroer, 2008). *Materialität* und *Sozialität* von Räumen sind insofern aufeinander bezogen, als sie gleichzeitig Voraussetzung, Bestandteil und Ergebnis von räumlichen Zusammenhängen sind und aus der Wechselseitigkeit von sozialem Handeln und sozialer Struktur hervorgehen (Löw & Sturm, 2019). Kessl und Reutlinger (2022) bezeichnen diese Interdependenzbeziehung als „Doppelspiel“ (S. 13). Demnach befinden sich Raum(an)ordnungen in einem Zyklus von (gesellschaftlicher) Vorstrukturierung, (akteur*innenbedingter) Transformation und (handlungsbezogener) Restrukturierung und wirken gleichzeitig strukturierend auf andere Räume (Hummrich, 2018; Kessl & Reutlinger, 2010a; Löw, 2001).

Eine solche verschränkende Perspektive auf Raum macht die Berücksichtigung handlungstheoretischer Ansätze unerlässlich. Unter der Prämisse, dass Raum immer etwas (sozial) Hervorgebrachtes ist, lässt sich Handeln als konstitutives Merkmal des Räumlichen bestimmen. Mit Verweis auf Lefebvre (1991) kann *(social) space* stets als *(social) product* angesehen werden, wonach Räume auf individuellen bzw. kollektiven Konstruktionsleistungen basieren und immer gesellschaftliche, also soziale, Räume darstellen (Stošić, 2012; Kessl & Reutlinger, 2010a; Schroer, 2008). In diesem Sinne scheint es angebrachter, nicht nur vorwiegend den *Sozial*raumbegriff zu verwenden, sondern mit Blick auf raumanalytische Betrachtungen vielmehr von Räumlichkeit oder Verräumlichung zu sprechen. Neben dem Prozesscharakter werden bei dieser begrifflichen Präzisierung auch die Beziehungen und Konstellationen von Interaktionen betont sowie der Fokus auf die Art der Ausgestaltung sozialräumlicher Praxis gerichtet (Kessl & Reutlinger, 2010a; Ecarius & Löw, 1997).

Verständnisformen des schulischen Sozialraums
Vergegenwärtigt man sich das vorherrschende Sozialraumverständnis der aktuellen Schul- und Unterrichtsforschung, so lässt sich zumeist eine Engführung auf den schulischen Nahraum – vor allem im Kontext sozialräumlicher Vernetzung im Stadtteil oder der mit sozialräumlicher Ungleichheit einhergehenden Segregation – feststellen (Kessl & Reutlinger, 2022). Ein umfassenderes Verständnis des (einzel-)schulischen Sozialraums bezieht ein 1) physisch-materielles, ein 2) sozialdemografisches und ein 3) handlungsbezogenes Verständnis von Sozialraum mit ein (Forell, 2023). Demnach definiert sich der schulische Sozialraum über:

(1) die Angebots- und (An-)Ordnungsstruktur sowohl der baulichen Gegebenheiten der Schule als auch des sie umgebenden Einzugsgebiets. In diesem Sinne lässt sich die Einzelschule als präformierter Sozialraum in einem vorgefundenen Sozialraum verorten und als (lose gekoppelter) Teil dieses sie umgebenden Sozialraums verstehen.

(2) die milieuspezifischen sozialen (Herkunfts-)Merkmale der Schüler*innen und deren Eltern, die im jeweiligen Einzugsgebiet der Schule leben. In diesem Sinne lässt sich die Einzelschule in einem Sozialraum verorten und als in wechselseitiger Abhängigkeit mit diesem stehenden Teil des sie umgebenden Sozialraums verstehen.

(3) die Interaktions- oder Handlungspraktiken der schulischen Akteur*innen, wodurch sowohl innerhalb der Schule als auch im schulbezogenen Nahraum deren subjektive und gruppenbezogene Deutungsmuster, Aneignungsprozesse und Repräsentationen relevant werden. In diesem Sinne lässt sich die Einzelschule selbst als (institutionell vorstrukturierter) Sozialraum verstehen.

Diese Ausdifferenzierung des schulischen Sozialraumes ermöglicht eine ressourcenorientierte Perspektivierung (Forell, 2023) und legt den Fokus auf soziale und kulturelle Handlungsvollzüge, die durch Kooperationen mit Familien und außerschulischen Partner*innen, aber auch durch außerunterrichtliche Angebote im Ganztag genutzt werden können, um die Ressourcen des Sozialraumes für die pädagogische Arbeit an der Schule zu erschließen (Autor:innengruppe ALSO-Konsortium, 2024).

Ein raumtheoretisch fundierter, differenzierter Blick auf den schulischen Sozialraum entlang der verschiedenen Dimensionen von Raum und Räumlichkeit verdeutlicht ein übergreifendes Verständnis der Einzelschule als einen in ein „Ensemble von Subräumen" (Bourdieu, 1991, S. 28) eingebetteter Sozialraum, der sowohl im Sinne einer diesem eingeschriebenen und vorgelagerten gesellschaftlich-institutionellen (Raum-)Ordnung vorstrukturiert ist, als auch aus der handelnden Auseinandersetzung der schulischen Akteur*innen mit dieser transformierte *An*ordnungsstrukturen hervorbringt. Demnach lässt sich die Einzelschule als Sozialraum im Sozialraum begreifen. In Anlehnung an Reutlinger (2009) kann dabei der schulische Sozialraum in dieser Doppelbedeutung über die verschiedenen inner- wie außerschulischen Interaktionsgeflechte definiert werden, die sowohl von den jeweils standortspezifischen Bedingungen gerahmt als auch von diesen beeinflusst wird. Zu diesen Rahmenbedingungen und Einflussfaktoren gehört den oben dargelegten Verständnisformen entsprechend 1) das geographisch festgelegte Einzugsgebiet einer Schule, das sich einerseits in der vorstrukturierten Wohnsituation sowie Lebenswelt der Schüler*innen und ihren Familien abbildet, andererseits durch sein infrastrukturelles Angebot sowie durch das der regionalen Schullandschaft auszeichnet. Des Weiteren bestimmen 2) die sozialdemografischen Merkmale der verschiedenen im Handlungskontext von Schule eingebundenen Akteur*innen den schulischen Sozialraum, welcher 3) in seinen überindividuellen Praxismustern eine eingeschränkte und vorgeprägte, weil institutionell verfasste, aber gleichwohl organisational ausgestaltete schulkulturelle Ausprägung erfährt.

Mehrebensystem des schulischen Sozialraums
In der Zusammenführung derart raumtheoretisch gefasster Perspektiven auf Räumlichkeit und Verräumlichung lässt sich analog zu dem von Helsper et al. seit Ende der 1990er-Jahre entwickelten (Schul-)Kulturverständnis (vgl. u. a. Helsper, 2008; Böhme et al., 2015) *Sozial*raum als sich kontinuierlich (re-) produzierte symbolische Ordnung mit historisch eingeschriebenen Artefakten und Praktiken begreifen, die gesellschaftlich-institutionell entworfen und gerahmt sowie organisational-individuell hervorgebracht und ausgestaltet wird (Kessl & Reutlinger, 2022; Hummrich, 2018). Zur Abbildung und Erfassung der räumlichen Dimensionen akteur*innenspezifischer Handlungszusammenhänge und ihrer Interdependenzen eignet sich zudem eine Betrachtung entlang der hierarchisch aufgebauten Steuerungsebenen des deutschen Schulsystems. Eine solche governanceanalytische Sichtweise berücksichtigt sowohl die je eigenen – durchaus widerstreitenden – Handlungslogiken der schulischen Akteur*innen auf den unterschiedlichen Ebenen als auch deren grenzüberschreitender reziproker Austausch zwischen den Systemebenen bzw. Subräumen (Altrichter, 2015; Fend, 2008a). Für die Ein- und Verortung, aber auch zur empirischen Erschließung von Möglichkeitsräumen pädagogischen Handelns lässt sich ein Mehrebenensystem des schulischen Sozialraums entwerfen (Tab. 1).

Diesen drei auf die Voraussetzungen und den Vollzug pädagogischen Handelns rekurrierenden Systemebenen ließen sich unter Rückgriff auf die oben dargelegten Verständnisformen des schulischen Sozialraums zunächst dessen

Tab. 1 Mehrebensystem des schulischen Sozialraums

Makroebene der Einzelschule als vorstrukturierte Handlungs*an*ordnung
Systembedingte gesellschaftlich-institutionelle Rahmenbedingungen und staatlich-institutionelle Regulierungsmechanismen in Form von bildungspolitischen Maß- und administrativen Vorgaben auf den Aggregierungsebenen der Bundes-, der Länderministerien sowie der nächstniedrigeren Verwaltungseinheiten (Pauling, 2023; Hummrich, 2015a)
Mesoebene der Einzelschule als pädagogische Handlungseinheit
Teil-autonomer Entscheidungsraum mit Handlungsoptionen für Schulleitungen und Lehrkräfte, die vor dem Hintergrund der fragmentierten Sinnebenen von Schulkultur in (ambivalenter) Beziehung zueinander als Verantwortungsgemeinschaft im Sinne der Qualitätsentwicklung zur (kooperativen) Gestaltung aufgefordert sind (Fend, 2008a; Helsper, 2008)
Mikroebene der Einzelschule als sequenzielle Handlungsstruktur
Handlungs- und Möglichkeitsraum in Form von aushandlungsbasierter Sequenzialität konkreter (zumeist unterrichtlicher) Interaktionspraxis, die sich zwischen permissivem und entgrenzendem Lehrer*innenhandeln sowie rollenförmigem und subversivem Schüler*innenhandeln aufspannt (Wernet, 2004, 2018; Hummrich, 2015b; Oevermann, 1995)

physisch-materielle wie sozialdemografische Dimensionen und darüber hinaus die regionale Schullandschaft des Primar- und Sekundarbereichs als quer liegende Einflussfaktoren sowohl auf der Meso- als auch der Mikroebene ergänzen. Dabei rücken bspw. Fragen der ressourcenorientierten Schul- und Unterrichtsentwicklung an herausfordernden Standorten oder solche der Platzierung und Positionierung im Spannungsfeld von Profilierung und Wettbewerb in den Mittelpunkt der Betrachtung (Forell, 2023).

3 Möglichkeitsräume pädagogischen Handelns im schulischen Sozialraum

Dem Konzept der *Sequenziertheit von Praxisformen* (Oevermann, 1995) folgend, lässt sich menschliches Handeln in einer eigenlogischen „spezifischen sozialen inneren Struktur von Räumlichkeit“ (S. 53) kategorisieren. Dem ließe sich die äußere *An*ordnungsstruktur der institutionellen Verfasstheit von Räumlichkeit als das die benannte Eigenlogik und Spezifik prägende Strukturierungsmerkmal ergänzen. In dieser sequenziellen Struktur reihen sich die Handlungsschritte nicht einfach additiv hintereinander, sondern sind durch die wechselseitige Eröffnung und Begrenzung von Möglichkeitsräumen aufeinander bezogen (Oevermann, 1995, S. 53).

Möglichkeitsräume des pädagogischen Handelns realisieren sich demnach im Spannungsfeld von aushandlungsbasierter Sequenzialität konkreter Interaktionspraxis der schulischen Akteur*innen auf der einen Seite und systembedingter Regulierungsmechanismen in Form von gesetzesförmigen Rahmungen und administrativen Vorgaben auf der anderen Seite. Diese lassen sich als symbolische (Raum-)Ordnung handlungsleitender kollektiver Orientierungen und überindividueller Praktiken beschreiben, welche sich vor dem Hintergrund von institutionell verfasster (materieller wie sozialer) Artefakte und Arrangements der Einzelschule eröffnen oder begrenzen. Auf eine solche – einzelschulisch entlang der jeweiligen standortspezifischen Voraussetzungen bearbeitete – strukturelle Spannung verweist sowohl das Konzept der Rekontextualisierung 1) als auch der Hallenser Schulkulturansatz 2): Demnach werden 1) an Schulen staatlich-institutionelle Vorgaben der Bildungsadministration situativ und in Abhängigkeit der jeweiligen Akteur*innenkonstellationen adaptiert und reinterpretiert (Fend, 2008b) bzw. erfolgt 2) die Bearbeitung der in das deutsche Schulsystem eingeschriebenen Strukturprobleme sowie der pädagogischen Antinomien des Lehrer*innenhandelns durch die schulischen Akteur*innengruppen über je spezifische Deutungen (Helsper, 2008). Den Auflösungsversuchen dieses Spannungsverhältnisses wohnt ein gestalterisches Moment inne. In diesem Zusammenhang sprechen Kramer (2015) und Hummrich (2015b) im Sinne des Oevermann'schen Parameterspiels (Oevermann, 1995) von der Eröffnung bzw. Erschließung von (Handlungs-)Spiel*räumen*, die in Formen der eigenlogischen Aushandlung (Dietrich, 2021) entweder die Reproduktion oder die Transformation der regelgebenden Strukturprinzipien ermöglichen. Dabei wird Schulkultur als „die einzelschulspezifische Strukturvariante" (Helsper, 2008) verstanden, die aus der handelnden Auseinandersetzung mit den übergreifenden bildungspolitischen Vorgaben symbolische pädagogische Formen und Praktiken der (unterrichtlichen) Interaktion sowie imaginäre pädagogische Entwürfe und Programmatiken hervorbringt, sich also in der Trias aus *Realem*, *Symbolischem* und *Imaginärem* aufspannt (Helsper, 2008).

Neben dem bereits angesprochenen „kreative[n] Potenzial des Imaginären" (Hummrich, 2015b) manifestieren sich Möglichkeitsräume vor allem auf der Wirklichkeitsebene der schulischen Praxis, also im Symbolischen der Schulkultur. Relevant erscheinen dabei über die angesprochenen strukturtheoretischen Überlegungen hinaus nicht nur systemtheoretische Fragen der Zugehörigkeit und des Ausschlusses sowie machttheoretische der Anerkennung und Missachtung (im Modus pädagogischer Permissivität; Wernet, 2004). Unter der Prämisse eines dynamischen Raumbegriffs und dem oben ausgeführten handlungsbezogenen Verständnis des schulischen Sozialraums treten auch handlungstheoretische Bezüge deutlich hervor (Hummrich, 2011), indem sich Räumlichkeit über die relationale (An-)Ordnung von Menschen und sozialen Gütern, sprich deren (lose) gekoppelten Lagebeziehungen zueinander, bestimmen (Löw, 2001) sowie im wechselseitigen Verhältnis von *Spacing* und *Syntheseleistung* erschließen lässt (Löw & Sturm, 2019).

4 Spannungsdynamik pädagogischer Handlungsentwürfe im schulischen Sozialraum

Nachdem der schulische Möglichkeitsraum theoretisch gefasst und in seiner fragmentierten Ordnung dargestellt wurde, soll im Folgenden ausgeführt werden, wie sich dies auf der Ebene des pädagogischen Handelns nachzeichnen lässt und was das schließlich für einen Entwurf des schulischen Sozialraums bedeuten kann.

Wenn ausgehend von diesem sozialraum- und schulkulturtheoretisch gefassten Möglichkeitsraum nach Eröffnungen und Begrenzungen pädagogischen Handelns gefragt wird, liegt die Ausgangslage dieser Überlegungen notwendigerweise auch in der Frage nach der Professionalisierung bzw. Professionalisierungsbedürftigkeit pädagogischen Handelns. Dieses vollzieht sich als unterrichtliche Interaktion in einem universalistisch-spezifisch gefassten Handlungsrahmen. Gleichzeitig wird hinsichtlich sozialisationstheoretischer Überlegungen deutlich, dass in einem solchen Handlungsrahmen auch partikular-diffuse Anteile eine Rolle spielen, indem Schüler*innen vor Abschluss der Adoleszenzkrise noch nicht in der Lage sind, Rollenförmigkeit aufrecht zu erhalten und sich insofern unvermeidlich diffuse Strukturmomente schüler*innenseits in die unterrichtliche Sozialbeziehung einmischen (Oevermann, 1996). Wenn also sowohl spezifische als auch diffuse Strukturmomente bestehen, stellt sich die Frage, wie diese Anteile in der unterrichtlichen Interaktion bearbeitet werden. Das Verhältnis von universalistischen und diffusen Strukturmomenten ist in Oevermanns Konzeption pädagogischen Handelns zentral. Dabei sind drei Bezugspunkte entscheidend (Bender & Dietrich, 2019). Der erste Bezugspunkt ist die *Wissensvermittlung*. Dabei wird unterrichtliches Handelns als universalistische soziale Ordnung im Sinne gesellschaftlicher Reproduktion verstanden (Oevermann, 1996). Indem diese Wissensvermittlung unter staatlicher Obhut als „institutionelle Erziehung der universalistischen Bürgergesellschaft" (Oevermann, 1996, S. 144) geschieht, ist damit auch die Funktion der *Normenvermittlung* unmittelbar verbunden. Diese

Funktion stellt den zweiten Bezugspunkt und läuft schließlich auf die „Vermittlung eines Habitus und insofern auf Bildung hinaus“ (Oevermann, 1996, S. 145). Die Beschränkung auf diese beiden genannten Funktionen stellt für das pädagogische Handeln Oevermann (1996) zufolge den Normalfall dar. Darin wird auch eine Professionalisierungsbedürftigkeit noch nicht thematisch. Jedoch ergibt sich diese durch die Interaktionspraxis mit Schüler*innen am „sozialen Schulort“ (S. 146): Durch die Vermittlung spezifischer Verhaltensnormen entsteht eine Konfrontation der partikular-diffusen Erfahrungen aus der Herkunftsfamilie mit den universalistisch-spezifischen Anforderungen der Schule. Da jedoch Schüler*innen im Kindesalter auch in der unterrichtlichen Interaktion als ganze Person agieren und somit die Rollenförmigkeit nicht aufrechterhalten können, kommt eine *implizite therapeutische Funktion*, welche schließlich den dritten Bezugspunkt darstellt, zum Tragen. Darin wird davon ausgegangen, dass sich die schulische Interaktionspraxis als folgenreich für die „spätere personale Integrität“ (Oevermann, 1996, S. 146) darstellt. Indem diese Folgen die Persönlichkeitsentwicklung des Kindes betreffen, liegen sie auch außerhalb der Funktionen der Wissens- und Normenvermittlung. Die aus der Wissens- und Normenvermittlung sich ergebende Interaktionspraxis, lässt also die therapeutische Dimension insofern zu Tage treten, als Schüler*innen in dieser Interaktion ebenso als ganze Personen erfasst werden (Oevermann, 1996).

Diese drei Bezugspunkte werfen die Frage nach dem Verhältnis universalistischer und diffuser Strukturmomente pädagogischen Handelns im schulischen Sozialraum auf. Oevermann (1996) spricht in diesem Zusammenhang von einer „widersprüchlichen Einheit von spezifischen und diffusen Sozialbeziehungen“ (S. 148) und fragt hinsichtlich des pädagogischen Handelns danach, wie sich dieses in ein „professionalisiertes Arbeitsbündnis“ (Oevermann, 1996, S. 148.) überführen ließe. Ziel dieses Arbeitsbündnisses müsse sein, „die potenziell negativen Entwicklungsfolgen kontrolliert [zu vermeiden] und die entwicklungsfördernden Potenziale kontrolliert [zu wecken]“ (Oevermann, 1996, S. 148). In diesen Überlegungen Oevermanns wird eine normative Anlage des pädagogischen Handelns deutlich, die schließlich „radikal mit der Realität des institutionalisierten Schulsystems in allen modernen Gesellschaften kollidier[t]“ (Oevermann, 1996, S. 162). In dieser Gegenüberstellung wird bereits das Spannungsverhältnis zwischen einer normativen Verfasstheit auf Ebene des Imaginären – der Idee des professionalisierten pädagogischen Arbeitsbündnisses – und institutionalisierten

Strukturprinzipien[2] auf Ebene des Realen deutlich. Dieses Spannungsverhältnis gibt einen Hinweis auf den Möglichkeitsraum, in dem sich pädagogisches Handeln bewegt.

Während bei Oevermann das Problem der Verhältnisbearbeitung diffuser und spezifischer Strukturanteile in der institutionellen Rahmung liegt, – insofern gewissermaßen der unterrichtlichen Interaktion vorgeschaltet ist – sehen Helsper und Hummrich (2014) die Aufgabe der Verhältnisbearbeitung im Unterricht selbst als eine „*aktiv zu bearbeitende* Komponente" (Bender & Dietrich, 2019, S. 32, Herv. i. O.). Demnach ist der Unterricht geprägt von dauerhaften Spannungs- und Widerspruchsverhältnissen und wird somit als antinomisches Verhältnis von universalistischem Anspruch und fallbezogenen partikularen Anteilen gefasst (Helsper & Hummrich, 2014). Indem dabei also der Unterricht als Ort des Geschehens professionellen Handelns in seiner antinomischen Verfasstheit konkreter wird, entsteht ein zusätzlicher Spannungspunkt, der über die widersprüchliche Einheit diffuser und spezifischer Anteile in der unmittelbaren Lehrer*innen-Schüler*innen-Interaktion hinaus weist. Das professionelle Arbeitsbündnis kann demnach nicht als ein rein dyadisches gefasst werden, sondern parallel dazu besteht gleichermaßen ein Klassenarbeitsbündnis. In diesem Zusammenhang weisen Helsper et al. (2009) darauf hin, dass schüler*innenseitige „diffus-emotionale Anerkennungswünsche" (S. 360) in reflektierter Weise aufzunehmen seien. Das bedeutet, dass diese nicht strikt abgewiesen werden sollten, sondern so aufzunehmen sind, „dass sie im Horizont des Klassenarbeitsbündnisses reuniversalisierbar" (Helsper et al., 2009, S. 360.) sind. Daraus schließen Bender und Dietrich (2019), dass in dieser Fassung unterrichtliche Interaktion als Sequenzfolge von Partikularisierung und Reuniversalisierung zu verstehen ist.

Mit der Fokussierung der angesprochenen Verhältnisbearbeitung struktureller und diffuser Strukturmomente innerhalb der unterrichtlichen Interaktion, sehen Helsper und Kolleg*innen (2009, S. 361 f.) diese durch eine jeweilige schulkulturelle Ordnung gerahmt. Die Gewichtung des jeweiligen Professionalisierungsfokus steht demnach in Abhängigkeit der jeweiligen Schulkultur der Einzelschule. Während also die eine Schule eine sachhaltige Vermittlung als zentralen Bezugspunkt versteht, nimmt bei einer anderen Schule eine umfassende Förderung lebenspraktischer Autonomie einen zentralen Stellenwert ein. Wieder eine andere Schule orientiert sich in besonderem Maße an der Vermittlung universalistischer Normen und sozialer Weltbezüge. Damit ergeben sich also je

[2] In den Argumentationen Oevermanns steht stellvertretend dafür die Schulpflicht.

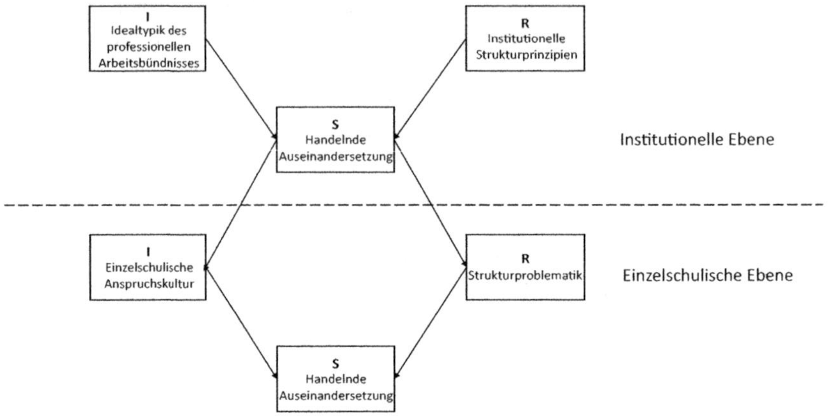

Abb. 1 Ebenenübergreifende Spannungsdynamik pädagogischer Handlungsentwürfe. (Eigene Darstellung)

unterschiedliche schulische Profile, die als normativer Entwurf auf der Ebene des Imaginären Fragen nach der Umsetzung solcher Anspruchskulturen aufwerfen.

In der Übertragung dieser beiden unterschiedlich gelagerten Entwürfe pädagogischen Handelns zeigt sich hinsichtlich des oben entworfenen Möglichkeitsraums ebenfalls eine unterschiedliche Lagerung. Gewissermaßen kann davon ausgegangen werden, dass der theoretische Entwurf der antinomischen Verfasstheit des unterrichtlichen Geschehens eine symbolische Bearbeitungsform der vorgeschalteten Spannung von Idealtypik professionellen Arbeitsbündnisses und den dazu in Spannung stehenden institutionellen Strukturprinzipien ist (Abb. 1).

Diese Abbildung ist letztlich auch Ausdruck von Schule als der unterrichtlichen Interaktion vorgeschalteten formalen Organisation. Während Schule also im Sinne der universalistischen Allgemeinbildung als Phänomen der Vergesellschaftung zu verstehen ist (Oevermann, 2008), sind auf Ebene der unterrichtlichen Interaktion „Momente einer Strukturlogik der Vergemeinschaftung […] also Momente diffuser Sozialbeziehung" (Oevermann, 2008, S. 69) zu erkennen, welche „in einer Spannungspolarität zur Logik der formalen Organisation" (Oevermann, 2008, S. 69) stehen. Die widersprüchliche Einheit ist demzufolge nicht nur horizontal auf Ebene des unterrichtlichen Handelns selbst nachzuzeichnen, sondern ebenso aggregierungsstufenübergreifend zwischen dem universalistischen Anspruch eines kollektiven Unterrichts und dem eines pädagogischen Arbeitsbündnisses anzusiedeln. Oevermann (2008) fasst diese Erkenntnis in zwei

Dimensionen zusammen: Erstens stellt die Schulklasse eine durch die formale Organisation gestiftetes Gebilde dar, welche sukzessive zu einer „Vergemeinschaftung von *peers*" (S. 72, Herv. i. O.) führt. Zweitens folgt die sachbezogene Erschließung eines Gegenstands zwar der Logik der Krisenbewältigung, jedoch hat dieser Erschließungsprozess durch die vorstrukturierte unterrichtliche Zeiteinteilung ein vordefiniertes formales Ende. Der sachlich notwendig offene Prozess muss somit mit der formalen Rationalität vereinbart werden.

Wenn wir diese Erkenntnis vor dem Hintergrund der Analyseebene der Einzelschule als vorstrukturierte Handlungs*an*ordnung betrachten, werden die staatlich-institutionellen Regulierungsmechanismen und deren Auswirkungen auf die innere Strukturierung pädagogischen Handelns erkennbar. Dabei wird deutlich, dass sich dieses Handeln auf Ebene des so gerahmten schulischen Sozialraums in einem Spannungsfeld zwischen dem universalistischen Anspruch von Vergesellschaftung und dem partikularen Anspruch der Vergemeinschaftung aufspannt. Während Oevermann (2008) in diesem Zusammenhang die These vertritt, dass Schule aufgrund ihres behördlichen Charakters und der darin vorherrschenden gesetzlichen Schulpflicht kein Ort „professionalisierungsbedürftiger Dienstleistung für eine autonome Lebenspraxis" (S. 75) darstellt, rekonstruieren Helsper und Kolleg*innen (u. a. 2009) in zahlreichen empirischen Untersuchungen verschiedene schulkulturell bedingte Ausformungen eines pädagogischen Arbeitsbündnisses.

5 Inklusionspädagogischer Ausblick

In dem Entwurf des schulischen Sozialraums als Möglichkeitsraum, welcher sich in einer spannungsvollen fragmentierten Ordnung innerhalb des schulischen Mehrebenensystems aufspannt, zeigt sich, dass pädagogisches Handeln in diesem Spannungsfeld verortet werden kann. Unter Rückgriff auf das vorgestellte Mehrebenensystem des schulischen Sozialraums und seinen je eigenlogischen Ausformungen innerhalb der jeweiligen Ebene, aber auch seinen Interdependenzen zwischen den drei Ebenen, kann angenommen werden, dass diese Ausformungen nicht ausschließlich in einzelschulischen Anspruchskulturen begründet liegen, sondern dass diese ebenso von institutionellen Strukturprinzipien geprägt sind. Inwiefern diese als Begrenzung zu verstehen sind, ist schließlich auch eine Frage des theoretischen Entwurfs eines Möglichkeitsraums pädagogischen Handelns – das zeigt sich nicht zuletzt an den unterschiedlich gelagerten Argumentationslinien strukturtheoretischer Professionalisierungsdiskurse (exemplarisch seien hier Oevermann, 1996; Helsper, 2011; Wernet, 2003 genannt).

Die aufgezeigte strukturelle Dynamik ließe sich somit an dem, den schulpädagogischen Diskurs seit einigen Jahren zunehmend prägenden, Entwicklungsanspruch aufzeigen. Eines der möglicherweise relevantesten Beispiele wäre das der schulischen Inklusion. Der daraus resultierende Reformanspruch konfrontiert die unterrichtliche Praxis unmittelbar und kann – nicht zuletzt durch seinen rechtsverbindlichen Charakter – auch nicht zurückgewiesen werden. Daran zeigt sich zunächst das direkte Zusammenspiel eines übergeordneten systembedingten Regulierungsmechanismus und einer aushandlungsbedürftigen handlungspraktischen Bearbeitung im Kontext des schulischen Mehrebenensystems. Dass diese Anforderung des inklusiven Unterrichts in seinem imaginären Entwurf nicht unmittelbar umgesetzt werden kann, ist nicht zuletzt bedingt durch die bestehenden Strukturprinzipien, die das Schulische in seiner universellen Verfasstheit prägen. Es bedarf schließlich einer Aushandlung dieser spannungsvollen Dynamik, die sich aus diesem Anspruch speist.

Auf Ebene des oben aufgezeigten pädagogischen Arbeitsbündnisses ließe sich hier eine Überpointierung der aufgezeigten Spannungsdynamik von Universalismus und Partikularismus folgern: Der in der inklusionspädagogischen programmatischen Forderung enthaltene Anerkennungsanspruch individueller Bedürfnisse findet im pädagogischen Ideal des Einzelfallbezugs seine Entsprechung; der universalistische Anspruch im Sinne des Klassenarbeitsbündnisses und letztlich auch im Sinne des schulischen Leistungsuniversalismus bleibt dennoch bestehen. Die Sequenzfolge von Partikularisierung und Reuniversalierung – und einer damit einhergehenden Aufrechterhaltung bzw. Wiederaufnahme des sachbezogenen Bildungsprozesses – erscheint hierbei als besondere professionelle Herausforderung. Dabei bedürfe es allerdings einer empirischen Klärung, inwiefern diese aufgezeigte Spannung bearbeitet wird. Als besonders erkenntnisreich wäre in diesem Zusammenhang eine rekonstruktive Forschung, die in der Lage ist, dieses Spannungsmoment der sozialräumlichen Einbettung im aufgezeigten schulischen Mehrebenensystem in den Blick zu nehmen. In der Relationierung der Sollensvorstellung einer inklusiven Schulentwicklung und den schulischen Strukturproblematiken gerät schließlich eine handlungspragmatische Aushandlung und möglicherweise darin eingeschriebene Legitimierungsdynamiken in den Blick.

Literatur

Altrichter, H. (2015). Governance – Steuerung und Handlungskoordination bei der Transformation von Bildungssystemen. In H. J. Abs, T. Brüsemeister, M. Schemmann, & J. Wissinger (Hrsg.), *Governance im Bildungssystem. Analysen zur Mehrebenenperspektive, Steuerung und Koordination, Educational Governance* (S. 21–64). Springer VS.

Autor:Innengruppe ALSO-Konsortium. (2024). Bildungschancen für Schüler*innen durch außerunterrichtliches Lernen und Sozialraumorientierung (ALSO). In A. Marx & K. Maaz (Hrsg.), *Schule macht stark – Erste Ergebnisse aus dem Forschungsverbund* (i.E.). wbv.

Baecker, D. (2005). *Form und Formen der Kommunikation*. Suhrkamp.

Bender, S., & Dietrich, F. (2019). Unterricht und inklusiver Anspruch. Empirische und theoretische Erkundungen zu einer strukturtheoretischen Perspektivierung. *Pädagogische Korrespondenz, 60,* 28–50.

Böhme, J., Hummrich, M., & Kramer, R.-T. (Hrsg.) (2015). *Schulkultur. Theoriebildung im Diskurs*. Springer VS.

Bourdieu, P. (1991). Physischer, sozialer und angeeigneter physischer Raum. In M. Wentz (Hrsg.), *Stadt-Räume* (S. 25–34). Campus.

Dietrich, F. (2021). Die symbolische Ordnung des „Realen": Zu einer Ausdifferenzierung eines schulkulturtheoretischen Mehrebenenmodells. In A. Moldenhauer, B. Asbrand, M. Hummrich, & T.-S. Idel (Hrsg.), *Schulentwicklung als Theorieprojekt: Forschungsperspektiven auf Veränderungsprozesse von Schule* (S. 17–36). Springer VS.

Ecarius, J., & Löw, M. (1997). Raum — Eine vernachlässigte Dimension erziehungswissenschaftlicher und sozialwissenschaftlicher Forschung und Theoriebildung. In J. Ecarius & M. Löw (Hrsg.), *Raumbildung Bildungsräume – Über die Verräumlichung sozialer Prozesse* (S. 7–12). Leske und Budrich.

Engel, N. (2014). Organisation als (un-)menschliches Sozialgebilde. Konturen einer kritisch-pädagogischen Organisationsforschung. In N. Engel & I. Sausele-Bayer (Hrsg.), *Organisation. Ein pädagogischer Grundbegriff* (S. 105–120). Waxmann.

Esser, H. (2000). *Institutionen. Soziologie. Spezielle Grundlagen* (Bd. 5). Campus.

Fend, H. (2008a). *Schule gestalten. Systemsteuerung, Schulentwicklung und Unterrichtsqualität*. VS Verlag.

Fend, H. (2008b). *Neue Theorie der Schule. Einführung in das Verstehen von Bildungssystemen*. VS Verlag.

Forell, M. (2023). Zur theoretischen Verfasstheit des schulischen Sozialraums. Kartierungen sozialräumlicher Dimensionen von Schule. In M. Forell, G. Bellenberg, L. Gerhards, & L. Schleenbecker (Hrsg.), *Schule als Sozialraum im Sozialraum. Theoretische und empirische Erkundungen sozialräumlicher Dimensionen von Schule* (S. 13–25). Waxmann.

Fritsche, C., Lingg, E., & Reutlinger, C. (2010). Raumwissenschaftliche Basics – Eine Einleitung. In C. Reutlinger, C. Fritsche, & E. Lingg (Hrsg.), *Raumwissenschaftliche Basics. Eine Einführung für die Soziale Arbeit* (S. 11–24). Springer VS.

Giddens, A. (1979). *Central problems in social theory. Action, structure and contradiction in social analysis*. Red Globe Press.

Helsper, W. (2008). Schulkulturen – Die Schule als symbolische Sinnordnung. *Zeitschrift für Pädagogik, 54*(1), 63–80.

Helsper, W. (2011). Lehrerprofessionalität – Der strukturtheoretische Professionsansatz zum Lehrerberuf. In E. Terhart, H. Bennewitz, & M. Rothland (Hrsg.), *Handbuch der Forschung zum Lehrerberuf* (S. 149–170). Waxmann.

Helsper, W., & Hummrich, M. (2014). Die Lehrer-Schüler-Beziehung. In C. Tillack, N. Fischer, D. Raufelder, & J. Fetzer (Hrsg.), *Beziehungen in Schule und Unterricht. Teil 1. Theoretische Grundlagen und praktische Gestaltungen pädagogischer Beziehungen* (S. 32–59). Budrich.

Helsper, W., Kramer, R.-T., Hummrich, M., & Busse, S. (2009). *Jugend zwischen Familie und Schule. Eine Studie zu pädagogischen Generationsbeziehungen.* VS Verlag.

Hermstein, B., & Berkemeyer, N. (2018). Raumverhältnisse lokaler Schulsysteme. Einblicke in eine Interviewstudie kommunaler Schulträger. In E. Glaser, H.-C. Koller, W. Thole, & S. Krumme (Hrsg.), *Räume für Bildung – Räume der Bildung. Beiträge zum 25. Kongress der Deutschen Gesellschaft für Erziehungswissenschaft* (S. 485–492). Budrich.

Heyl, K., Hirsch, A., Fischer, N., & Rollet, W. (2021). Individuelle Entwicklung von Schüler: Innen – Wirksamkeit von Ganztagsschulen in Deutschland. In B. Brison, S. Kielblock, & N. Wazinski (Hrsg.), *GTS-Bilanz – Qualität für den Ganztag. Weiterentwicklungsperspektiven aus 15 Jahren Ganztagsschulforschung* (S. 46–53). KAORA.

Hummrich, M. (2011). *Jugend und Raum. Exklusive Zugehörigkeiten in Familie und Schule.* VS Verlag.

Hummrich, M. (2015a). Schule und Sozialraum. Erziehungswissenschaftliche Perspektiven. In A. El Mafaalani & P. Strohmeier (Hrsg.), *Auf die Adresse kommt es an. Segregierte Stadtteile als Problem und Möglichkeitsräume* (S. 168–187). Beltz.

Hummrich, M. (2015b). Die fragmentierte Ordnung. Das Imaginäre, das Symbolische, das Reale und die Schulkultur. In J. Böhme, M. Hummrich, & R.-T. Kramer (Hrsg.), *Schulkultur. Theoriebildung im Diskurs* (S. 71–94). Springer VS.

Hummrich, M. (2018). Raum und die Ordnungen des Pädagogischen. Theoretische und methodologische Perspektiven. In E. Glaser, H.-C. Koller, W. Thole, & S. Krumme (Hrsg.), *Räume für Bildung – Räume der Bildung. Beiträge zum 25. Kongress der Deutschen Gesellschaft für Erziehungswissenschaft* (S. 251–258). Budrich.

Kessl, F. (2016). Erziehungswissenschaftliche Forschung zu Raum und Räumlichkeit – Eine Verortung des Thementeils »Raum und Räumlichkeit in der erziehungswissenschaftlichen Forschung«. *Zeitschrift für Pädagogik, 62*(1), 5–19.

Kessl, F., & Reutlinger, C. (2010a). *Sozialraum. Eine Einführung.* Springer VS.

Kessl, F., & Reutlinger, C. (2010b). Sozialraum. In C. Reutlinger, C. Fritsche, & E. Lingg (Hrsg.), *Raumwissenschaftliche Basics. Eine Einführung für die Soziale Arbeit* (S. 247–256). Springer VS.

Kessl, F., & Reutlinger, C. (2022). Sozialraum: Eine Bestimmung. In F. Kessl & C. Reutlinger (Hrsg.), *Sozialraum: Eine elementare Einführung* (S. 7–32). Springer VS.

Koller, J. (2018). Effekte von Verräumlichung durch digitale Medien in der wissenschaftlichen Weiterbildung. Real – Virtuell – Kontextuell. In E. Glaser, H.-C. Koller, W. Thole, & S. Krumme (Hrsg.), *Räume für Bildung – Räume der Bildung. Beiträge zum 25. Kongress der Deutschen Gesellschaft für Erziehungswissenschaft* (S. 274–282). Budrich.

Kramer, R.-T. (2015). Die Theorie der Schulkultur in Entwicklung? – Ausgangspunkte, Weiterführungen und ‚heimliche' Umbauten durch Werner Helsper. In J. Böhme, M. Hummrich, & R.-T. Kramer (Hrsg.), *Schulkultur. Theoriebildung im Diskurs* (S. 23–47). Springer VS.

Kuper, H. (2001). Organisationen im Erziehungssystem. Vorschläge zu einer systemtheoretischen Revision des erziehungswissenschaftlichen Diskurses über Organisation. *Zeitschrift für Erziehungswissenschaft, 4*(1), 83–106.

Lefebvre, H. (1991). *The production of space*. Wiley.

Löw, M. (2001). *Raumsoziologie*. Suhrkamp.

Löw, M., & Sturm, G. (2019). Raumsoziologie. Eine disziplinäre Positionierung zum Sozialraum. In F. Kessl & C. Reutlinger (Hrsg.), *Handbuch Sozialraum. Grundlagen für den Bildungs- und Sozialbereich*, (2. Aufl., S. 3–21). Springer Nature.

Luhmann, N. (1968). *Zweckbegriff und Systemrationalität. Über die Funktion von Zwecken in sozialen Systemen*. J.C.B. Mouhr (Paul Siebeck).

Luhmann, N. (1991). *Soziale Systeme. Grundriß einer allgemeinen Theorie*: Suhrkamp. (Erstveröffentlichung 1984).

Oevermann, U. (1995). Ein Modell zur Struktur von Religiösität. Zugleich ein Strukturmodell von Lebenspraxis und sozialer Zeit. In M. Wohlrab-Sahr (Hrsg.), *Biographie und Religion. Zwischen Ritual und Selbstsuche* (S. 27–120). Campus.

Oevermann, U. (1996). Theoretische Skizze einer revidierten Theorie professionalisierten Handelns. In A. Combe & W. Helsper (Hrsg.), *Pädagogische Professionalität. Untersuchungen zum Typus pädagogischen Handelns* (S. 70–182). Suhrkamp.

Oevermann, U. (2008). Profession contra Organisation? Strukturtheoretische Perspektiven zum Verhältnis von Organisation und Profession in der Schule. In W. Helsper, S. Busse, M. Hummrich, & R.-T. Kramer (Hrsg.), *Pädagogische Professionalität in Organisationen. Neue Verhältnisbestimmungen am Beispiel der Schule* (S. 55–78). VS Verlag.

Pauling, S. (2023). Das Regelschulsystem als sozialräumlicher Kontext inklusiver Schulentwicklung. Erkundungen am Beispiel des Schulversuchs PRIMUS. In M. Forell, G. Bellenberg, L. Gerhards, & L. Schleenbecker (Hrsg.), *Schule als Sozialraum im Sozialraum. Theoretische und empirische Erkundungen sozialräumlicher Dimensionen von Schule* (S. 137–149). Waxmann.

Reutlinger, C. (2009). Raumdeutungen. Rekonstruktion des Sozialraums „Schule" und mitagierende Erforschung „unsichtbarer Bewältigungskarten" als methodische Felder von Sozialraumforschung. In U. Deinet (Hrsg.), *Methodenbuch Sozialraum* (S. 17–32). Springer VS.

Schroer, M. (2008). Bringing space back in. Zur Relevanz des Raums als soziologischer Kategorie. In J. Döring & T. Thielmann (Hrsg.), *Spatial Turn. Das Raumparadigma in den Kultur- und Sozialwissenschaften* (S. 125–148). transcript.

Stošić, P. (2012). Lokale Bildungsräume zwischen Struktur und Handlung. *Tertium Comparationis. Journal für International und Interkulturell Vergleichende Erziehungswissenschaft, 18*(1), 12–24.

Walter-Klose, C. (2021). *Erfolgreiches Miteinander an inklusiven Schulen. Tipps und Strategien für gemeinsames Lernen*. Beltz.

Wernet, A. (2003). *Pädagoogische Permissivität. Schulische Sozialisation und pädagogisches Handeln jenseits der Professionalisierungsfrage*. Springer VS.

Wernet, A. (2004). Pädagogische Professionalität „außer Dienst". Eine Replik auf Twardella. *Pädagogische Korrespondenz, 33,* 75–86.

Wernet, A. (2018). Entgrenzung. In M. Proske & K. Rabenstein (Hrsg.), *Kompendium Qualitative Unterrichtsforschung. Unterricht beobachten – Beschreiben – Rekonstruieren Unterricht beobachten – Beschreiben – Rekonstruieren* (S. 240–256). Klinkhardt.

Matthias Forell ist Vertr.-Prof. Dr. am Lehrstuhl für Schulpädagogik mit dem Schwerpunkt Schulentwicklung an der Carl von Ossietzky Universität Oldenburg. Seine Arbeits- und Forschungsschwerpunkte sind Sozialraumorientierte Schulentwicklung, soziale Ungleichheit im deutschen Schulsystem und Bildungsübergänge.

Kontakt: matthias.forell@uol.de.

Lena Schleenbecker ist Promotionsstipendiatin. Ihre Arbeits- und Forschungsschwerpunkte sind Berufsgruppenübergreifende Zusammenarbeit im Handlungsfeld Schule, rekonstruktive Bildungsforschung und Profession(alisierung)sforschung.

Kontakt: lena.schleenbecker@hu-berlin.de.

Empirische Erkenntnisse und Analysen

Schulentwicklung vernetzt unterstützen – komplexe Konstellationen von Akteur*innen in schulischen Neubauvorhaben

Bisera Mladenovska und Mira Telscher

Zusammenfassung

Der vorliegende Beitrag thematisiert im Kontext der Schulentwicklungsforschung die Rolle von Prozessbegleitenden im Aufbau von Steuerungs- und Kooperationsstrukturen. Vor dem Hintergrund erster Ergebnisse einer Begleitforschung im Projekt *InkluSE*BHV* (Die Begleitforschung erfolgte unter der Leitung von Prof.in Dr.in Natascha Korff.) zu inklusiven Entwicklungsprozessen in Schulneubauvorhaben in benachteiligter Lage werden interne Strukturen und externe Unterstützungsnetzwerke diskutiert sowie der Frage nachgegangen, wie diese auf verschiedenen Ebenen in und mit der Organisation Schule interagieren.

Schlüsselwörter

Inklusive Schulentwicklung • Sozialraumorientierung • Prozessbegleitung • Akteur*innenkonstellation • Unterstützungsnetzwerke

1 Einleitung

Das Projekt ‚Inklusive Schulentwicklung in der Stadtgemeinde Bremerhaven' (InkluSE*BHV) begleitet und unterstützt seit Herbst 2019 Schulentwicklungsprozesse an Schulen mit Neubauvorhaben, die in sozial benachteiligter Lage

B. Mladenovska (✉) · M. Telscher
Universitäts-Boulevard, Bremen, Deutschland
E-Mail: biseram@uni-bremen.de

M. Telscher
E-Mail: mtelscher@uni-bremen.de

S. Schuppener et al. (Hrsg.), *Inklusive Schule im Sozialraum*,
https://doi.org/10.1007/978-3-658-42158-8_5

situiert sind. An drei – teils neu gegründeten – Standorten[1] wurden Entwicklungsprozesse aufgenommen, die auf diversitätssensible pädagogische Konzepte in Verbindung mit der innovativen Gestaltung der Räumlichkeiten in neuen Schulgebäuden fokussieren. Die vor zwei Jahren nach der sog. Phase Null der Bauplanung begonnene wissenschaftliche Entwicklungsbegleitung durch die Universität Bremen dient zum einen der unmittelbaren Unterstützung von Prozessen der Etablierung der für die Neubauten entwickelten pädagogischen Konzepte. Dabei sollen tragfähige Verbindungen zwischen Schulen und Lehrer*innenbildung geschaffen werden. Zum anderen zielt das Projekt auf praxisnahe transferfähige Erkenntnisse zu den Entwicklungsprozessen und schließlich auf die Bearbeitung grundlegender Fragen inklusiver Schule und Professionalisierung.

In der Begleitung der inklusionsorientierten Schulentwicklungsprozesse durch diverse schulische und außerschulische Akteur*innen kommt eine zentrale Rolle – sowohl für die Unterstützung der Schulen als auch aus forschender Sicht – qualifizierten Prozessbegleiter*innen zu[2]. Mithilfe ihres „erweiterten Blick[s] auf den Schulentwicklungsprozess" (Moser, 2017, S. 121) sollen in einer Interviewstudie zentrale Herausforderungen, Bedingungen sowie Verbindungen dokumentiert werden und eine Systematisierung der vielschichtigen Kooperations- und Unterstützungsstrukturen im Sozialraum erfolgen. Mit den hier vorgestellten ersten Ergebnissen und weiteren geplanten Erhebungen wird – jenseits unmittelbarer Wirkungsfragen – explorativ das Handlungsfeld der externen Prozessbegleiter*innen im Rahmen von Schulentwicklung beleuchtet.

Im Folgenden werden nach einem kurzen Blick in den Forschungstand (Abschn. 2) zuerst übergeordnete Entwicklungsziele der schulischen Prozesse im Projekt dargestellt und dabei die Sozialraumorientierung bzw. ihre Rolle in den Schulentwicklungsprozessen betrachtet (Abschn. 3). Des Weiteren geben wir hier einen ersten Eindruck dessen, wie die Prozessbegleiter*innen die Schulen unterstützen und wie sie schulintern Kooperationsstrukturen schaffen, um die Entwicklungsprozesse nachhaltig voranzutreiben. Zudem stellen wir erste

[1] Die Neubauvorhaben entstehen im Kontext von sich in unterschiedlicher Weise ausgestaltenden Schulverbünden (aus Grund- und Oberschule bzw. als Campus aus Oberschule, Gymnasialer Oberstufe und Berufsbildender Schule). Baubeginn ist für 2025 vorgesehen, die Schulen sind aktuell noch in alten Gebäuden bzw. im Aufbau in Mobilbauten.

[2] Nachdem in der sogenannten Phase 0 bereits eine externe Unterstützung zur ersten Entwicklung der pädagogischen Raumkonzepte herangezogen worden war, wurden im Rahmen des hier vorgestellten Projekts für die sich anschließenden Prozesse externe Prozessbegleiter*innen durch die zuständige Schulbehörde finanziert. Diese sind etwa alle sechs Wochen beratend an den Schulen tätig, um u. a. den Aufbau von Steuerungs- und Kooperationsstrukturen sowie die Verbundentwicklung zu unterstützen.

Erkenntnisse zur Vielzahl und Struktur weiterer auf unterschiedlichen Ebenen eingebunden Akteur*innen der externen Unterstützungsnetzwerke dar (Abschn. 4) und diskutieren auf Basis der dargestellten Ergebnisse anschließende Fragen und mögliche Forschungsfelder (Abschn. 5).

2 Forschungsstand

Im Rahmen inklusiver Schul- und Unterrichtsentwicklung scheint die Herstellung und Aufrechthaltung von vernetzten Strukturen zwischen Akteur*innen aus verschiedenen Bereichen der schulischen Organisation dringend erforderlich (Arndt & Werning, 2013, S. 12). Die Etablierung multiprofessioneller Kooperations- und Unterstützungsnetzwerke hat u. a. eine entscheidende Rolle für die Qualitätsentwicklung und -sicherung der Schulen (Idel et al., 2012, S. 9). Auch aus Perspektive der Organisationsentwicklung (Rolff, 2016, S. 16) ist die Partizipation aller schulischen Akteur*innen in Veränderungsprozessen von zentraler Bedeutung. Angesichts des aktuellen gesellschaftlichen Wandels und der zunehmenden Berücksichtigung des Sozialraums als Handlungsrahmen rücken auch außerschulische Akteur*innen verstärkt in den Fokus dieser schulischen Entwicklungsprozesse (Holtappels et al., 2021, S. 335). Mit zunehmender Sozialraumorientierung gerade inklusiver Schulen ergibt sich eine engere Zusammenarbeit zwischen Schule und ihrer unmittelbaren Umgebung sowie eine Vernetzung mit anderen (Partner-)Schulen sowie externen Berater*innen.

Die Etablierung dieser Netzwerke und Akteur*innenkonstellationen wird sowohl als zentraler Aspekt der Schulentwicklung i. S. einer ‚neuen Steuerung' als auch der Professionalisierung von Lehrer*innen diskutiert (vgl. bspw. Altrichter et al., 2007; Altrichter & Maag Merki, 2016; Dedering, 2014). Diese bestehen auf zwei Ebenen: auf Einzelschulebene im Rahmen der schulinternen Kooperationsstrukturen, aber auch auf Mesoebene durch die Vernetzung mit anderen Einrichtungen und Institutionen aus dem Umfeld oder schulübergreifenden Unterstützungsnetzwerken (Gottmann & Killus, 2012, S. 149).

Der Einsatz von externen Schulberater*innen[3] in diesen Restrukturierungsprozessen wirkt positiv auf den Aufbau solcher Vernetzungsstrukturen. Die Prozessbegleiter*innen bieten eine „professionelle Form der Beratung" (Straumann, 2001, S. 61 f.) in verschiedenen Unterstützungsformen (Coaching,

[3] Im weiteren Text wird der Begriff „Prozessbegleiter*innen" synonym zu externen Berater*innen verwendet.

Supervision, Moderation, Aufbau von Unterstützungsnetzwerk, Fortbildung etc.) mit dem Ziel, die Schulqualität zu verbessern (Dedering, 2014, S. 311).

Auch wenn die externe Schulentwicklungsberatung in der Literatur bereits seit den 1990er Jahren (z. B. durch Dalin & Rolff, 1990) thematisiert wird (Rauh & Dedering, 2013, S. 254), ist festzustellen, dass bisher vorwiegend personenbezogene Aspekte beratender, prozessbegleitender Personen etwa in Hinblick auf ihre Rolle oder Beratungsstrategien (vgl. bspw. Adenstedt, 2016; Dedering, 2012;) erforscht wurden (Moser, 2017, S. 121).

Für die Erforschung von Schulentwicklungsprozessen insgesamt erscheint die Berücksichtigung der Perspektive prozessbegleitender Personen – auch unabhängig von der Frage nach Rolle und Beratungsstrategie – vor allem aufgrund ihres Überblicks und der engen Beteiligung am Gesamtprozess bei gleichzeitiger Meta-/Außenperspektive besonders vielversprechend, wie die folgenden Ausführungen veranschaulichen sollen.

3 Ausgewählte Ergebnisse zu den schulinternen Prozessen

Die nachfolgend dargestellten Befunde aus der Perspektive der Prozessbegleiter*innen zu zentralen Zielen und Strukturen der Entwicklungen basieren auf sechs problemzentrierten Experten*inneninterviews (Witzel, 1982) mit den Prozessbegleiter*innen, die im ersten Jahr der Zusammenarbeit mit den Schulen[4] erhoben wurden. Die Befragten verfügen über unterschiedliche berufliche Hintergründe und Erfahrungen im Bereich der Qualitäts- und Organisationsentwicklung. Bevor sie die neue Rolle als Prozessbegleiter*innen angenommen haben, waren einige beispielsweise bereits im Schulbereich als Lehrkraft oder Schulleitung, wiederum andere als Projektmitarbeiter*innen in unterschiedlichen Kontexten tätig. Die Grundlagen der Prozessbegleitung im Rahmen des Projekts wurden in einem durch die Universität Bremen moderierten Austausch- und Qualifizierungsprogramm erarbeitet.[5] Die Interviews, die aufgrund der Coronapandemie digital geführt wurden, dauerten durchschnittlich sechzig Minuten und wurden inhaltsanalytisch in Anlehnung an Mayring (2015) ausgewertet.

---

[4] Eine wissenschaftliche Vertiefung hierzu findet im Projektrahmen u. a. durch den Einbezug weiterer Perspektiven, etwa der schulischen Steuergruppen, statt.

[5] Ursprünglich war außerdem vorgesehen, über den Verlauf der Projektzeit mit den beteiligten Prozessbegleiter*innen Multiplikator*innen auszubilden, die für zukünftige Prozesse niedrigschwellig über das lokale Fortbildungsinstitut zur Verfügung stehen sollten, was jedoch aus unterschiedlichen Gründen noch nicht umgesetzt werden konnte.

3.1 Schulentwicklungsziele und die Rolle des Sozialraums

Aus den Interviews mit den Prozessbegleiter*innen konnten zunächst grundlegende Informationen über die zentralen Entwicklungsziele und -bedarfe der Schulen identifiziert werden, die im Rahmen der diversen Unterstützungsnetzwerke bearbeitet werden. So befassen sich die Schulen mit der Entwicklung innovativer pädagogischer Raumkonzepte (Nutzung von Clusterstrukturen, Öffnung von Raum und Unterricht) in den geplanten Neubauten und der Weiterentwicklung eines inklusiven, zieldifferenten Unterrichts.

Interessanterweise zeigt sich hier zunächst eine eher geringe Bedeutsamkeit des Sozialraumes zumindest für die aus den Interviews und auch weiteren Daten der Schulen ableitbaren explizit gesetzten Entwicklungsziele der Schulentwicklungsprozesse. Im Kontrast dazu lässt sich mindestens andeuten, dass die Prozessbegleiter*innen die Relevanz des spezifischen Sozialraumes erkennen und eine Orientierung an diesem als Bestandteil von Schulentwicklung hervorheben:

> Also im Grunde genommen muss die Schule ein Mittelpunkt des Stadtteils sein, ne? wo sich andere Institutionen auch dann treffen (…) die Schule ist nur ein System, ein wichtiges System, im System Stadtteil. und je mehr die Verbindung kommt und je genauer jeder weiß, was er an Informationen zusteuern kann, desto besser ist es. (I6, Z. 657, 2022)

In ähnlicher Weise werden an anderer Stelle von den Schulen sozialraumbezogene Aspekte als relevant für die (Herausforderungen der) pädagogische(n) Arbeit betont. Obwohl es also konkret wichtig für das pädagogische Handeln und zugleich allgemein für die schulische Entwicklung scheint, die Schule im Sozialraum zu entwickeln, sind die konkreten Vorhaben kaum darauf bezogen, sondern dicht an die pädagogischen Alltagspraktiken gekoppelt. So geht es vorrangig um konkrete Handlungsfragen, z. B. wie Lehrkräfte ihren Unterricht differenziert gestalten und individualisierte Lehr- und Lernangebote für Schüler*innen entwickeln können. In einer Teilstudie des Projekts zur Perspektive seiteneingestiegener Lehrkräfte haben Baar & Mladenovska (i. Dr.) u. a. Zusammenhänge zwischen der Unterrichtsentwicklung und dem Sozialraum herausgearbeitet. Die Forschungserkenntnisse deuten darauf hin, dass einige Aspekte der lebensweltlichen Situation der Schüler*innen (wie z. B. Sprache oder die sozio-ökonomische Hintergründe) von den Lehrkräften als Herausforderung wahrgenommen werden. Die Professionalisierungsbedürfnisse der Seiteneinsteiger*innen beziehen sich eher auf eine kollegiale emotionale Unterstützung und die Alltagsbewältigung als Lehrperson, weniger aber auf die fachlichen Aspekte. Zusammenfassend lässt sich eine Orientierung am Sozialraum in den Schulprozessen indirekt ableiten, allerdings wird sie in den konkreten Entscheidungen zu geplanten Veränderungen und Entwicklungen nicht direkt adressiert.

3.2 Netzwerkbildung in der Schule im Rahmen inklusiver Schulentwicklung

Für die erste Phase der Begleitung wird aus allen Interviews die Bedeutsamkeit des Aufbaus von Kooperations- und Steuerungsstrukturen in der Schule deutlich, wobei sich zwei unterschiedliche Ansätze feststellen lassen. Zum einen wurden Arbeitsgruppen auf Ebene der (erweiterten) Schulleitungen gegründet, die sowohl auf Einzelschul- als auch auf Verbundebene agieren. In der Einstiegsphase trafen sich die Schulleitungsgruppen mit den Prozessbegleiter*innen, um Grundsätze der gemeinsamen Arbeit festzulegen. Diese Konstellation wurde als besonders gut geeignet eingeschätzt, um die Vernetzung der Partnerschulen zu fördern und gemeinsame Entwicklungsziele zu setzen.

Zum anderen bzw. ergänzend erfolgte die Einrichtung von Steuerungsstrukturen, die über die (erweiterte) Schulleitung hinausgingen und durch die Prozessbegleiter*innen initiiert und/oder begleitet wurden, um Nachhaltigkeit und breitere Verankerung in den Prozessen zu sichern. Die Etablierung dieser Gruppen gestaltet sich in den Schulen wiederum sehr unterschiedlich: an einigen Schulen steht das Kriterium der freiwilligen Teilnahme im Vordergrund, d. h. interessierte Lehrkräfte dürfen sich für die Steuergruppe bewerben oder werden vom Kollegium ausgewählt, was sich schließlich positiv auf die Akzeptanz der Steuergruppe durch das Kollegium auswirken sollte. Gerade für Entwicklungsprozesse an Schulen in sozial benachteiligten Lagen erscheinen multiprofessionelle Teams besonders wichtig (dazu z. B. Serke, 2022), weshalb es interessant zu betrachten ist, inwiefern sich die Multiprofessionalität in den Steuerungsstrukturen widerspiegelt.

So wird in den Interviews grundsätzlich deutlich, dass die interprofessionelle Ausrichtung der Steuergruppe von den Prozessbegleiter*innen als gewinnbringend empfunden wird:

> Es sollen Kollegen dabei sein, die nicht nur Lehrer sind, oder die kein Lehrer sind, sondern entweder Erzieher oder Sozialpädagogen (...) es muss eine möglichst unterschiedliche Gruppe sein, mit unterschiedlichen Professionen. Damit man aus vielen unterschiedlichen Bereichen auch die Informationen bekommt, das heißt also, Schule muss in seiner Gesamtheit dort abgebildet sein, in der Steuergruppe. (I6, Z. 426, 2022)

Im Weiteren zeigt sich, dass die multiprofessionelle Zusammensetzung einer Steuergruppe v. a. im Bereich der Unterrichtsentwicklung geschätzt wird und ihr Gewinn eher in Bezug auf die konkrete innerschulische und vor allem auf einzelne Kinder und ihre Bedürfnisse bezogene Arbeit erörtert wird; nicht hingegen etwa auf Möglichkeiten der Vernetzung in den Stadtteil oder sozialraumorientiertes Arbeiten.

Die Beziehungen der Steuergruppen zum Kollegium bewegen sich im Spannungsverhältnis Nähe und Distanz und in Abhängigkeit davon, wie diese Steuergruppen zusammengesetzt worden sind. Die Prozessbegleiter*innen berichten, dass die o. g. auf Freiwilligkeit und einem Bewerbungsverfahren basierenden Strukturen dazu beitragen, eine kommunikative und kooperative Beziehung zum Kollegium aufzubauen. Die Steuergruppe vermittele hier weitestgehend die Interessen und Bedarfe des Kollegiums:

> Diese Steuergruppe dort, die ist absolut akzeptiert im Kollegium. Die haben sich dafür zwar freiwillig gemeldet. Wer Lust hatte macht mit, aber die sind alle auch nochmal durch Wahl und so weiter in der Gesamtkonferenz bestätigt worden, sodass man auch sagen kann das was diese Steuergruppe vertritt an Schulentwicklung wird vom Kollegium mitgetragen, weil die sind mehr oder weniger delegiert. (I1, Z.550, 2020)

Steuergruppen, in denen eine kollegiale und respektvolle Arbeitsatmosphäre herrscht, wurden von den Prozessbegleiter*innen als entwicklungsförderlich wahrgenommen.

Im Kontrast berichten die Prozessbegleiter*innen von Erfahrungen aus anderen Schulen, wo sie bereits bestehende Steuerungsstrukturen vorgefunden haben, in denen Kolleg*innen zur Teilnahme verpflichtet werden und/oder ein (zu) enges Verhältnis zur Schulleitung besteht. Die Prozessbegleiter*innen halten diese Konstellationen für problematisch und Widerstände im Kollegium begünstigend. Steuergruppen mit starren hierarchischen Beziehungen, in denen gewisse Machtpositionen vorzufinden sind, erzeugen demnach in der Erfahrung der Prozessbegleiter*innen Misstrauen und Unzufriedenheit im Gesamtkollegium und wirken sich ungünstig auf die Schulentwicklung aus.

Die Unterstützung der Schulleitung in der Steuergruppe ist an allen Schulen ausschlaggebend.[6] Sie ist fester Bestandteil all dieser Konstellationen, auch wenn

[6] Auch andere empirische Untersuchungen bekräftigen diesen Befund: Berkemeyer et al., (2007, S. 62; auch Sturm, 2010) beschreiben die Steuergruppen als „intermediäre Akteure, die zwischen Organisation und Profession stehen“ und u. a. als Vermittler zwischen der Schulleitung und dem Kollegium agieren.

die Steuergruppen für den Gesamtprozess oder einzelne Entwicklungsschwerpunkte breit im Kollegium verankert werden. Schulentwicklungsprozesse, die ausschließlich von den Schulleitungen gesteuert und gestaltet werden, werden von den Prozessbegleiter*innen kritisch betrachtet.

Mit dem Ziel die schulischen Entwicklungsprozesse voranzubringen, spielen nicht nur klassische Steuergruppen eine Rolle, sondern es gibt bzw. entstehen weitere schulische Arbeitsgruppen, die sich laut Aussage der Prozessbegleiter*innen konkret mit verschiedenen Bereichen der Schulentwicklung auseinandersetzen. Insgesamt wurden Arbeitsgruppen mit einem unterschiedlichen Grad an Strukturfunktionen etabliert, die vorrangig im Rahmen der Einzelschule, aber zum Teil auch schulübergreifend handeln. Keine der von uns dokumentierten Arbeitsgruppen arbeitet explizit in den Sozialraum hinein. Einige Schulen haben zwar durchaus enge sozialraumnahe Kontakte aufgebaut, interessanterweise werden diese aber nicht explizit in den (Schul-)Entwicklungsgruppen mit aufgenommen. Selbst die übergreifenden Kontakte zu den anderen Schulen im Verbund finden zunehmend weniger oder nur auf Ebene der Schulleitungen statt, was – wie auch andere Erkenntnisse – im Kontext der Arbeit unter Bedingungen von Corona betrachtet werden muss.

In Bezug auf die eigene Rolle der externen Prozessbegleiter*innen in den Entwicklungsprozessen ermöglicht das Datenmaterial unterschiedliche Deutungen des eigenen Verständnisses. Insgesamt verstehen sie sich als Schulentwicklungsberater*innen, die die Schulen in ihrem Veränderungsprozess unterstützend begleiten, aber den Schulen die inhaltliche Entwicklung der innovativen pädagogischen Konzepte selbst überlassen. Dabei dokumentiert sich eine sehr zurückhaltende Grundhaltung, wie sie im folgenden Zitat verdeutlicht wird:

> Wir (.) bieten einen Rahmen und die Methoden, damit sie ihre Arbeit machen können. Also darum geht es eigentlich, dass sie methodische und die Rahmenbedingungen zu schaffen, dass sie die Freiheit haben, an Ihren Sachen zu arbeiten und sich auf die Inhalte konzentrieren zu können und nicht nur auf die Methoden. Sie können sich also auf **sich** konzentrieren und alles andere machen wir. Ein bisschen auch ein Servicecharakter. Wenn ich so erzähle, denke ich ja, es ist irgendwie so ja eher so eine Dienstleistung und Service, die wir bieten. Genau (I2, Z.383, 2020)

Selbst agieren sie hier als Unterstützer*innen[7], deren Aufgabe neben der Initiierung und dem Strukturaufbau eine vor allem begleitende Funktion sei:

[7] Vgl. etwa Tajik (2008) zum Rollen- und Handlungsverständnis der externen Berater*innen.

> Ich glaube, die fühlen sich sehr gesehen und ernst genommen (.) mit ihren Themen. (...) die Kolleginnen und Kollegen bringen das ein, was sie gerade am meisten beschäftigt. Und ich schaffe den Raum und den Prozess, wie wir daran gut arbeiten können, dass sie zu Lösungen finden, die für ihre Schule an ihrem Standort, in ihrem Unterricht wirksam sein werden. Und es gibt von mir wenig direkten Input über, sondern es gibt vorbereitete Lernumgebung. (I5, Z.272, 2021)

Eine weitergehende Frage bezüglich der (nach innen ausgerichteten) Beteiligungsstrukturen stellt sich hinsichtlich der Partizipation aller Akteur*innen in Schule, die in Anlehnung an die inklusive Schulentwicklungsperspektive nicht nur Teil der Zielsetzung, sondern auch des Prozesses sein sollte (vgl. z. B. Booth & Ainscow, 2019). Dies ist auch im Zusammenhang mit der Sozialraumorientierung von hoher Relevanz, um den Blick für die Lebenswelt der Schüler*innen und ihre Anerkennung zu schärfen. In den bisherigen Prozessen scheinen konkrete Bezüge auf die Lebenswelt ebenso wie die direkte Partizipation nur bedingt explizit adressiert, werden aber aus Perspektive der Prozessbegleiter*innen als relevante Zielsetzungen in der Zukunft verortet:

> Als nächstes sollen jetzt die Schülerinnen und Schüler noch mit einbezogen werden und dann die Eltern. Dass das auch ein Gesamtkonzept ist, wo alle Menschen, die in der Schule tätig sind, oder die das als Lebensort erfahren, auch dahinter stehen können, dass so, wie das dann gedacht wurde, umgesetzt wird. (I3, Z. 486, 2021)

Zusammenfassend ist festzuhalten, dass die externen Prozessbegleiter*innen die Steuergruppe als zentrales Element und treibende Kraft der Qualitätssicherungs- und Entwicklungsprozesse auffassen. Im Aufbau der Strukturen findet dabei der explizite Blick auf den Sozialraum bislang sowohl auf inhaltlicher Ebene der Entwicklungsziele als auch in der Beteiligung (bisher eher nachrangige Beteiligung von Schüler*innen und Eltern) eher weniger Berücksichtigung. Dies obwohl – so zeigen unsere allgemeinen Daten aus den Schulen – alle Beteiligten die Rolle des sozialen Hintergrundes der Schüler*innenschaft im Blick haben und an den Schulen enge Vernetzungen im Kontext verschiedener Aktivitäten in den Sozialraum hinein bestehen. So wird die Beteiligung von Eltern und Schüler*innen eher als zukünftiges Ziel und nicht als elementarer Bestandteil der Prozesse verhandelt.

4 Einblicke in die externen Unterstützungsstrukturen

Neben den Prozessbegleiter*innen und den durch sie unterstützten schulinternen Strukturen ist eine Vielzahl weiterer (externer) Akteur*innen eingebunden, welche gemeinsam ein umfangreiches Unterstützungsnetzwerk für die Schulen bilden. Ebendieses Unterstützungsnetzwerk ist u. a. für eine sozialraumorientierte Schulentwicklung sowie im Kontext der Verknüpfung von räumlicher und pädagogischer Entwicklung spezifisch relevant und ebenso mit Potenzialen wie Herausforderungen verbunden.

Die dazu nun folgenden Ausführungen basieren auf einer systematisierten Zusammenstellung dessen, was wir im Laufe des Projekts im Feld vorfanden. Leitend waren dabei die Fragen, welche Unterstützungsstrukturen und Akteur*innen vorhanden sind, wie diese zusammenwirken und inwiefern sie von den Schulen in Anspruch genommen werden.[8] Es ließ sich dabei ausgehend von den Schulen ein Akteur*innen- und Unterstützungsnetzwerk herausarbeiten, welches sich durch unterschiedliche Formen bzw. Konstanz der Unterstützung charakterisiert. Diese konnten wir als *feste, dauerhafte Strukturen*, *unterschiedlich intensiv genutzte Angebotsstrukturen* sowie *selbst organisierte Zusatzunterstützung* fassen, die im Folgenden genauer betrachtet werden sollen (vgl. auch Abb. 1 in Abschn. 4.3).[9]

4.1 Feste, dauerhafte Strukturen im externen Netzwerk

Vor dem Hintergrund der Schulneubauvorhaben bestehen drei zentrale Kooperationspartner*innen: der Magistrat Bremerhaven (mit dem Schulamt) sowie der mit dem Neubau beauftragte Bauträger und schließlich die Universität Bremen, hier konkret in ihrer Funktion als wissenschaftliche Begleitung. Die Kontakte sind hier in unterschiedlicher Regelhaftigkeit strukturiert und erfolgten im Verlauf des Projektes in unterschiedlichen Varianten.

[8] Diese Fragen haben sich im Verlauf der Begleitforschung zunächst zur Klärung und zum besseren Verständnis des Feldes und unseres eigenen Handlungs- und Kooperationsraumes gestellt; der auf sie systematisierte Fokus hat sich jedoch als zunehmend relevant für die zentrale Frage nach (gelingenden) Bedingungen der Schulentwicklungsprozesse erwiesen.

[9] Begrenzend muss an dieser Stelle auf die Unvollständigkeit des erarbeiteten Netzwerks hingewiesen werden: Wir fokussieren ausschließlich auf die spezifisch unterstützenden von außen her agierenden Akteur*innen, sodass im Folgenden bspw. weder Schüler*innen oder Eltern als zentrale Akteur*innen in Schulentwicklung noch evtl. bestehende Kooperationspartner*innen aus dem Sozialraum zur Darstellung kommen.

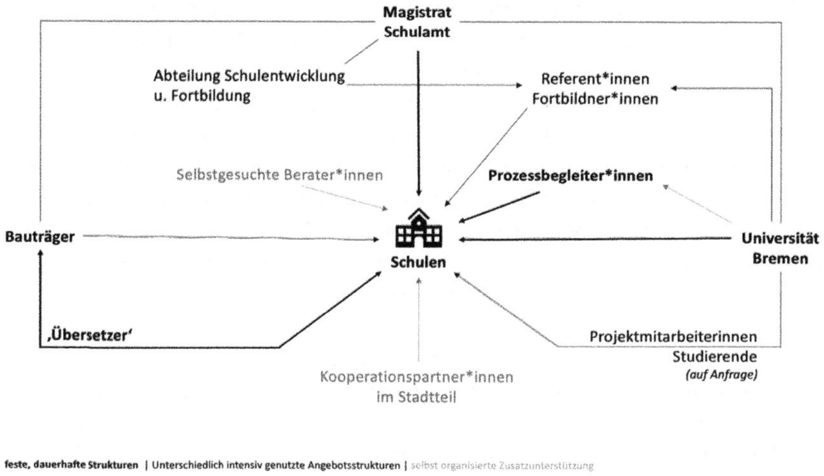

Abb. 1 Akteur*innen- und Unterstützungsnetzwerk im Projekt *InkluSE*BHV.* (Eigene Darstellung)

Seit Projektbeginn fest etabliert sind zudem die im vorherigen Abschnitt fokussierten Prozessbegleiter*innen. Sie sind als konstante Unterstützer*innen der Schulen und ihren Entwicklungsprozessen zu verstehen, indem sie die standortspezifischen Vorhaben mit ihnen bearbeiten und unmittelbar im System agieren.

Schließlich besteht eine weitere feste Struktur im Bereich der architektonischen Gestaltung, welche mit zahlreichen (baulich-pädagogischen) Entscheidungen seitens der Schulen verbunden ist. Seit einiger Zeit unterstützt ein sog. ‚Übersetzer' diese sowie die damit verbundene Kommunikation und Verständigung mit dem Bauträger.

4.2 Unterschiedlich intensiv genutzte Angebotsstrukturen

Eine zentrale Rolle in den offenen Angebotsstrukturen nimmt die Abteilung Schulentwicklung und Fortbildung (kurz: SEFO) ein, die als Einrichtung der Schulischen Dienste der Stadt Bremerhaven u. a. für die Beratung in Schulentwicklungsfragen zuständig ist. Auf geäußerte Bedarfe von Schulen initiiert die

SEFO Angebote wie bspw. Fortbildungen, Beratungen oder Workshops und vermittelt Referent*innen. Dies wird durch die Projektbeteiligten an der Universität unterstützt, welche auf Anfrage sowohl eigene wissenschaftliche Expertise einbringen als auch bestehende Kontakte zu anderen Wissenschaftler*innen nutzen, um bedarfsangepasste Workshops oder Fortbildungen bereitzustellen.

Darüber hinaus bieten die im Projekt tätigen wissenschaftlichen Mitarbeiterinnen ein Unterstützungsangebot durch kleinere interne Erhebungen für die Schulen sowie auch (moderierende oder impulsgebende) Beteiligung an Arbeitsgruppen in der Schule, was bisher etwa in einer Bedarfserhebung zu Professionalisierungsbedarfen oder der evaluativen Begleitung einer Fortbildung umgesetzt wurde.

Ebenfalls zu nennen und bereits in der Projektstruktur als eigene Zielsetzung der ‚Verzahnung mit der Lehrer*innenbildung' angelegt ist, dass Studierende als Akteur*innen relevant werden (sollen). Studierende, die in Praxisphasen sowie im Rahmen von weiteren laufenden (Forschungs- und Entwicklungs-)Projekten oder Abschlussarbeiten in die Schulentwicklungsprozesse eingebunden werden, sollen dabei nicht nur als unmittelbarer Unterstützungsfaktor einbezogen werden. Vor dem Hintergrund des Lehrkräftemangels und der benachteiligten Lage Bremerhavens geht es immer auch um den Aufbau nachhaltiger Kontakte zwischen (angehenden) Lehrkräften und den Bremerhavener Schulen.

Dabei ist interessant zu beobachten, dass die verschiedenen Angebote nur in begrenztem Maße in Anspruch genommen werden. Weiterführend wäre hier zu eruieren, welche Schulen sich (nicht) dafür entscheiden, Angebote zu selbst definierbaren Bedarfen in Anspruch zu nehmen und wie das Unterstützungspotenzial einer solchen Angebotsstruktur größtmöglich ausgeschöpft werden kann.

4.3 Selbst organisierte Zusatzunterstützung

Auf dieser dritten Ebene sind verschiedenste durch die Schulen gesuchte Kooperationspartner*innen (im Stadtteil) zu nennen. Hier gibt es zum einen Kooperationen mit verschiedenen Institutionen etwa aus dem Kulturbereich, die aus begleitforschender Sicht gerade auch im Kontext Sozialraumorientierung weiter zu beleuchten wären. Weiterhin zählen aber auch diverse Fort- und Weiterbildungen oder punktuelle Beratung durch externe Expert*innen dazu, die von den Schulen – unabhängig von den o. g. Strukturen – angefragt und organisiert werden und die z. T. auch in längere Zusammenarbeit münden.

Aus unserer Sicht auffällig ist, dass die externen Berater*innen, die den Schulen aus ganz unterschiedlichen Kontexten bekannt sind, nicht immer nur punktuell Expertise einbringen, sondern zu bestimmten Themenfeldern durchaus auch in prozessbegleitender Funktion an den Schulen tätig zu sein scheinen und nur teilweise in Kontakt zur Gesamtprozessbegleitung stehen. Insgesamt zeigen die Schulen sich hier sehr kompetent, für ihre Bedarfe zu sorgen, ohne dass für Außenstehende immer klar ist, welche verschiedenen Kontakte genau bestehen und aus welchen Gründen bzw. mit welchen Zielsetzungen die Kooperationen eingegangen werden. In der weiteren Begleitung und Unterstützung von Schulentwicklungsprozessen wäre also aus unserer Sicht genauer zu untersuchen, welche Bedarfe durch die vorhandenen Strukturen, Akteur*innen und Angebote nicht abgedeckt werden. Am Rande eröffnet sich auch die aus unserer Sicht interessante Frage, wie es hier einigen Schulen gelingt, viele Expert*innen und Berater*innen an sich zu binden und aus vormals punktuellen Kontakten eine dauerhafte Kooperation zu entwickeln, die offenbar auch für die Externen selbst gewinnbringend ist, da sie wohlgemerkt nicht immer entlohnt wird.

5 Zusammenfassung und Fazit

Die dargestellten ersten Ergebnisse geben einen systematisierten Einblick, welche Akteur*innen auf unterschiedlichen Ebenen in Schulentwicklungsprozesse eingebunden sind und welche Steuerungsstrukturen externe Prozessbegleiter*innen in den Schulen vorfinden oder unterstützen sowie welches die inhaltlich zentralen Entwicklungslinien sind, an denen die Schulen arbeiten.

In den aus Perspektive der Prozessbegleiter*innen identifizierten Entwicklungsschwerpunkten der Schulen ließ sich etwa die Sozialraumorientierung zwar als ein durchgängig relevant gesetzter, jedoch in den konkreten Vorhaben offenbar zunächst nicht explizit bearbeiteter Aspekt herausarbeiten. Stattdessen wird, so deutet es sich in den Interviews an, vor allem auf direkte, unmittelbar unterrichts- und schüler*innenbezogene Fragen fokussiert. Ob der Sozialraum im weiteren Verlauf der Prozesse stärker berücksichtigt wird, gilt in den geplanten weiteren Forschungsvorhaben genauer zu untersuchen. Denkbar ist, dass Ansätze von Sozialraumorientierung erst zum Zeitpunkt des Umzugs in die neuen Schulgebäude forciert werden, etwa weil konkrete Ideen zur Öffnung in den Stadtteil bspw. durch die dafür angedachten neu entstandenen Räumlichkeiten (wie Elterncafé o. ä.) unmittelbarer umsetzbar sind. In jedem Fall zeigt sich aber, dass Herausforderungen, die von den Prozessbegleiter*innen und auch an anderer Stelle in den Gesprächen mit den Akteur*innen in Schule mit deutlichem Bezug zur Lebenswelt der Schüler*innen geschildert werden, in der konkreten Entwicklung zunächst auf eher individuumsbezogener Ebene bearbeitet werden. Eine vertiefte Betrachtung möglicher Rekontextualisierungen von sozialraumbezogenen Fragen könnte hier gewinnbringend sein.

Die unterschiedliche Ausgestaltung der durch die Prozessbegleiter*innen vorgefundenen bzw. gegründeten innerschulischen Strukturen und ihre Einschätzung weisen Parallelen zu bereits beschriebenen Gelingensbedingungen und Voraussetzungen von Steuergruppen, wie die „Freiwilligkeit der Mitarbeit" oder „ein geklärtes Verhältnis zur Schulleitung" (Rolff, 2016, S. 43) auf. Letztgenannter Aspekt wird aufgrund seiner Relevanz in der laufenden Erhebung durch Gruppendiskussionen mit Mitgliedern der Steuergruppen derzeit noch genauer beleuchtet.

Neben den schulinternen Strukturen und bestehenden sozialraumnahen Kooperationen sind alle Schulen in weitere – allerdings wenig(er) koordinierte – Netzwerke von äußeren Unterstützer*innen eingebunden, deren genauere Aufstellung es mithilfe Folgeuntersuchungen zu erfassen gilt. Zur Frage, wie sich die Unterstützungsstrukturen auf Schulentwicklung auswirken, lassen sich am Beispiel der Bremerhavener Schulen unterschiedliche Aspekte diskutieren. So ist auffällig, dass alle Strukturen der Unterstützung ausschließlich an den Schulen ‚zusammenlaufen', die diese als einzige Instanz koordinieren können, während zugleich keine oder nur wenige Verbindungen zwischen den Akteur*innen des Netzwerks zu bestehen scheinen. Auf struktureller Ebene deutet sich die Notwendigkeit an, eine übergreifende Strukturinstanz i. S. einer Gesamtkoordination zu etablieren bzw. zu eruieren, ob und wie Schulen dies systematisiert selbst leisten können. Hilfreich hierfür scheinen zukünftig Analysen weiterer Akteur*innenperspektiven auf die Schulentwicklung sowie eine spezifische inhaltliche Vertiefung zur inklusions- *und* sozialraumorientierten Entwicklung.

Hier schließen sich auch die in den bisherigen Analysen noch unklar gebliebenen Fragen an, warum und welche Angebotsstrukturen (vgl. Abschn. 4.2) genutzt, ggf. nicht genutzt oder neu hinzugenommen werden. Eine genauere Betrachtung gerade des nicht ausgeschöpften Potenzials der Angebotsstrukturen im Kontrast zu den zusätzlich eigenständig gesuchten Unterstützer*innen könnte aufzeigen, wie sich Bedarfslagen und auch Bedarfs-/Nutzen-Abschätzungen bei den schulischen Akteur*innen entwickeln. Ein nicht zu vernachlässigender Faktor im konkreten Projektverlauf war und ist hier sicherlich die Coronapandemie und die großen Belastungen der Schulen, die ein intensives Arbeiten (i. S. von Workshops, Einbindung des Kollegiums, usw.) neben dem Alltagsgeschäft nicht zuließen. Es müssen aber auch Annahmen zur Passung von (vermeintlich) bedarfsgerechten Angeboten kritisch in den Blick genommen werden und auch jenseits der konkreten Bedingungen von Corona ist die Frage, wer wann einen

Anreiz darin sieht, schulübergreifend zu agieren – sei es mit anderen Schulen oder mit anderen Akteur*innen im Sozialraum – eine die es weiter zu verfolgen gilt. Dies scheint unter anderem relevant, weil nach ersten Analysen auch jene Schulen eher selten auf die Unterstützungsangebote zurückgreifen, die entsprechende Bedarfe zuvor expliziert haben. Auch mit Blick auf die komplexen Akteur*innenkonstellationen insgesamt könnten hier mindestens in Phasen des größeren Umbruchs die Prozessbegleiter*innen mit ihrem Blick von außen bei gleichzeitigem Wissen um die Herausforderungen und nächsten Schritte im Prozess eine entscheidende Koordinations- und Vermittlungsrolle einnehmen. Diese könnte darin bestehen, den Überblick zu behalten, wer wo gezielt einbezogen werden könnte, sodass Schulen bestmöglich von den unterstützenden Strukturen profitieren können.

Schließlich ergibt sich über die geschilderten ersten Ergebnisse und sich anschließenden Forschungsfragen hinaus für eine wissenschaftliche Begleitung, die nicht nur auf das Erforschen von Schulentwicklungsprozessen, sondern auch auf die Unterstützung ebendieser abzielt, die Herausforderung, die verschiedenen Vorhaben und Prozesse zu überblicken und zugleich die eigenen Aktivitäten auf den unterschiedlichen Ebenen zwar synergetisch zu nutzen, aber zugleich auch analytisch zu trennen. Schulentwicklung im Sozialraum und ihre (wissenschaftliche) Begleitung – so zeigen unsere Ergebnisse – ist in diesem Sinne ein für alle Akteur*innen komplexer Prozess, bei dem auch und gerade das Verhältnis der verschiedenen Beteiligten zueinander genauerer Beachtung bedarf.

Literatur

Adenstedt, K. (2016). *Schulentwicklungsberatung. Zwischen staatlicher Steuerung und einzelschulischer Entwicklung: Untersuchungen zu Bedarf und Gestalt eines Unterstützungsinstruments.* Klinkhardt.

Altrichter, H., Brüsemeister, T., & Wissinger, J. (2007). *Educational Governance. Handlungskoordination und Steuerung im Bildungswesen.* VS Verlag.

Altrichter, H., & Maag Merki, K. (Hrsg.). (2016). *Handbuch Neue Steuerung im Schulsystem.* Springer VS.

Arndt, A. K., & Werning, R. (2013). Unterrichtsbezogene Kooperation von Regelschullehrkräften und Lehrkräften für Sonderpädagogik. Ergebnisse eines qualitativen Forschungsprojektes. In R. Werning & A. K. Arndt (Hrsg.), *Inklusion: Kooperation und Unterricht entwickeln* (S. 12–40). Klinkhardt.

Baar, R., & Mladenovska, B. (im Druck). Kollegiale Kooperation aus Sicht von Seiteneinsteiger*innen in den Lehrberuf. In A. Holzinger, S. Kopp-Sixt, S. Luttenberger, & D. Wohlhart (Hrsg.), *Kooperationsfeld Grundschule. Fokus Grundschule*: Bd. 3. Waxmann.

Berkemeyer, N., Brüsemeister, T., & Feldhoff, T. (2007). Steuergruppen als intermediäre Akteure in Schulen. Ein Modell zur Verortung schulischer Steuergruppen zwischen Organisation und Profession. In N. Berkemeyer & H. G. Holtapples (Hrsg.), *Schulische Steuergruppen und Change Management Theoretische Ansätze und empirische Befunde zur schulinternen Schulentwicklung* (S. 61–84). Beltz Juventa.

Booth, T., & Ainscow, M. (2019). *Index für Inklusion. Ein Leitfaden für Schulentwicklung* (2. korrigierte und aktualisierte Aufl.). Beltz.

Dalin, P., & Rolff, H.-G. (1990). *Institutionelles Schulentwicklungsprogramm. Eine neue Perspektive für Schulleiter, Kollegium und Schulaufsicht*. Soester Verl.-Kontor.

Dedering, K. (2014). Das Potenzial von Fallstudien für die Erforschung externer Beratung in der Schulentwicklung. In K. Maag Merki, R. Langer, & H. Altrichter (Hrsg.), *Educational Governance als Forschungsperspektive* (S. 309–322). Springer Fachmedien.

Dedering, K. (2012). *Steuerung und Schulentwicklung. Bestandsaufnahme und Theorieperspektive*. Springer.

Gottmann, C., & Killus, D. (2012). Schulübergreifende und schulinterne Kooperation in Schulnetzwerken. In E. Baum, T.-S. Idel, & H. Ullrich (Hrsg.), *Kollegialität und Kooperation in der Schule. Theoretische Konzepte und empirische Befunde* (S. 149–166). Springer VS.

Holtappels, H. G., van Ackeren, I., Bremm, N., & Rutter, S. (2021). Schulen in herausfordernden Lagen entwickeln und unterstützen. Fazit und Empfehlungen aus dem Projekt „Potenziale entwickeln – Schulen stärken". In I. van Ackeren, H. G. Holtappels, N. Bremm, & A. Hillebrand-Petri (Hrsg.), *Schulen in herausfordernden Lagen – Forschungsbefunde und Schulentwicklung in der Region Ruhr. Das Projekt „Potenziale entwickeln – Schulen stärken"* (S. 333–344). Beltz Juventa.

Idel, T. S., Ullrich, H., & Baum, E. (Hrsg.). (2012). *Kollegialität und Kooperation in der Schule*. VS Verlag.

Mayring, P. (2015). *Qualitative Inhaltsanalyse. Grundlagen und Techniken* (12., überarbeitete Aufl.). Beltz.

Moser, V. (2017). Schulentwicklungsforschung – Theoretische Ansätze, methodische Zugänge und Ergebnisse. In V. Moser & M. Egger (Hrsg.), *Inklusion und Schulentwicklung. Konzepte, Instrumente, Befunde* (S. 112–126). Kohlhammer.

Rauh, M., & Dedering, K. (2013). Beratungstypen in der externen Schulentwicklungsberatung. *Zeitschrift für Bildungsforschung, 3,* 253–269. https://link.springer.com/content/pdf/10.1007/s35834-013-0071-7.pdf.

Rolff, H.-G. (2016). *Schulentwicklung kompakt. Modelle, Instrumente, Perspektiven* (3., vollständig überarbeitete und erweiterte Aufl.). Beltz.

Serke, B. (2022). Multiprofessionelle Kooperation an inklusiven Schulen in herausfordernden Lagen aus der Sicht von Schulleitungen. In B. Serke & B. Streese (Hrsg.), *Wege der Kooperation im Kontext inklusiver Bildung* (S. 73–88). Klinkhardt.

Straumann, U. (2001). *Professionelle Beratung. Bausteine zur Qualitätsentwicklung und Qualitätssicherung* (2. Aufl.). Ansanger.

Sturm, T. (2010). Steuergruppen von Schulnetzwerken: Gestaltungsmöglichkeiten durch Distinktionen in Erweiterungsprozessen [72 Absätze]. Forum *Qualitative Sozialforschung/Forum: Qualitative Social Research* 11 (3), Art. 23. https://www.qualitative-research.net/index.php/fqs/article/view/1394.

Tajik, M. A. (2008). External change agents in developed and developing countries. *Improving Schools, 11*(3), 251–271.
Witzel, A. (1982): *Verfahren der qualitativen Sozialforschung. Überblick und Alternativen.* Campus.

Bisera Mladenovska ist wissenschaftliche Mitarbeiterin an der Universität Bremen. Ihre Arbeitsschwerpunkte sind Professionalisierung von Lehrkräften, Quer- und Seiteneinsteiger*innen, diversitätssensibler Unterricht und Bildungsgerechtigkeit im Primarbereich.
Kontakt: biseram@uni-bremen.de.

Mira Telscher ist wissenschaftliche Mitarbeiterin an der Universität Bremen. Ihre Arbeitsschwerpunkte sind Professionalisierung und Lehrer*innenbildung für die inklusive Schule und inklusive Schul- und Unterrichtsentwicklung.
Kontakt: mtelscher@uni-bremen.de.

Bildungsgerechte Schulentwicklung: Schlüsselthema Ungleichheitsbewusstsein. Fokussierungsnotwendigkeiten an Schulen in herausfordernden Lagen

Claudia Kaluza und Bernhard Schimek

Zusammenfassung

Soziale Herkunft ist eine bildungsrelevante Diversitätsdimension. In den Ergebnissen des Forschungsprojektes ‚Zentrale Herausforderungen an Schulen und Ansatzpunkte für Unterstützungsmaßnahmen' der Pädagogischen Hochschule Wien werden vor allem die Themen Bildungswegentscheidungen, Zusammenarbeit mit Eltern/Obsorgeberechtigten, Armut und Komposition in der Supervision adressiert. Diskutiert werden diese hinsichtlich der Relevanz eines Ungleichheitsbewusstseins für bildungsgerechte Schulentwicklung unter Einbezug von Sozialraumorientierung und der Notwendigkeit von Kontextsensibilität.

Schlüsselwörter

Soziale Herkunft • Armut • Soziale Ungleichheit • Bildungsgerechtigkeit • Schulentwicklung

C. Kaluza (✉) · B. Schimek
Wien, Österreich
E-Mail: Claudia.Kaluza@phwien.ac.at

B. Schimek
E-Mail: Bernhard.Schimek@phwien.ac.at

S. Schuppener et al. (Hrsg.), *Inklusive Schule im Sozialraum*,
https://doi.org/10.1007/978-3-658-42158-8_6

1 Einleitung

Breite Forschungsbefunde zeigen soziale Herkunft hinsichtlich Privilegierungs- und Diskriminierungseffekten in Kompetenzerwerb und Bildungserfolg als zentrale bildungsrelevante Diversitätsdimension (z. B. Ditton & Maaz, 2015; Wimmer & Oberwimmer, 2021; Civitillo & Jugert, 2022). Kulturelle und ökonomische (häusliche bzw. familiäre) Ressourcen beeinflussen das Gelingen von Bildungsprozessen (Kompetenzerwerb) und die Sicherung von Bildungsbeteiligung (z. B. Becker, 2016; BMBWF, 2021; Dumont et al., 2014; Steiner, 2019). Schulentwicklungsprozesse zur Beförderung von Bildungsgerechtigkeit haben demnach zum Ziel, das „Ausmaß sozialer Ungleichverteilung zu begrenzen" (Steiner, 2019, S. 51). Der Kontingenztheorie folgend, ist „Schuleffektivität von spezifischen situationalen Faktoren innerhalb und außerhalb der Organisation abhängig" (van Ackeren et al., 2016, S. 141). Der Umgang von Lehrer*innen mit externen Kontextbedingungen, also „die sozialräumliche Einbettung der Schule" sowie „die sozialstrukturelle Zusammensetzung" der Schüler*innen hat Einfluss auf den Lernerfolg und damit auf die Beförderung von Bildungsgerechtigkeit (van Ackeren et al., 2016). Soziale Herkunft wird so zu einem Kernthema von Schulentwicklungsprozessen (Walgenbach, 2017, S. 101), d. h. der schulische Umgang mit „Ungleichheiten der Lebensbedingungen und Lebenschancen" (Scherr, 2017, S. 94) von Schüler*innen in Zusammenhang mit ökonomischen, sozialen und kulturellen Ressourcen.

2 Forschungsprojekt

Unter welchen Blickwinkeln und hinsichtlich welcher Aspekte aber nehmen nun Lehrer*innen soziale Herkunft als Thema von Schulentwicklungsprozessen wahr und adressieren diese? Mögliche Antworten geben Teilergebnisse des Forschungsprojektes ‚Zentrale Herausforderungen von Schulen und Ansatzpunkte für Unterstützungsmaßnahmen' (durchgeführt 2017/2018 an der Pädagogischen Hochschule Wien), welches sich u. a. mit der Thematisierung sozialer Herkunft im Rahmen schulentwicklungsbezogener Supervision befasst. Zwölf Supervisor*innen von rund 700 Lehrer*innen der Primarstufe und Sekundarstufe I (= Vollerhebung) wurden mittels teilstrukturierter Expert*inneninterviews befragt. In Anlehnung an die Qualitative Inhaltsanalyse (Mayring, 2022) wurden daraus induktiv die Kategorien Bildungswegentscheidungen, Zusammenarbeit mit Obsorgeberechtigten, Armut und Komposition der Schüler*innen gebildet. Die Darstellung der Ergebnisse folgt in (absteigender) Häufigkeit dem Umfang der Thematisierung in den Interviews.

2.1 Bildungswegentscheidungen

Als häufigstes Thema in der Supervision wird der Einfluss unterschiedlicher Bildungsaspirationen von Obsorgeberechtigten entlang der sozialen Herkunft (Dumont et al., 2014, S. 8) genannt. So hat Leistungsdruck durch Obsorgeberechtigte „verschiedene G'sichter" (I08: 67), „in der Volksschule sind es oft die Eltern, die [...] ganz viel Druck auf die Volksschullehrer, Volksschullehrerinnen machen, vor allem, wenn es dann drum geht wie geht's weiter." (I08: 68 f.). Dieser Druck wird in Zusammenhang mit bildungsaffinen Obsorgeberechtigten besprochen, die „[...] wahnsinnig fordernd sind und auch verweigern. Und wo schnell die Schuld dem System gegeben wird, personifiziert durch die Lehrerin." (I05: 260). Thematisiert wird, dass „die Kinder [...] besonders gute Noten haben" (I04: 273) müssen und Klassenwiederholung nicht vorstellbar ist (IO4: 274). Weniger häufig thematisiert werden jene Obsorgeberechtigten, die mit Perspektivlosigkeit in Verbindung gebracht werden. Sie werden als jene charakterisiert, „denen alles wurscht ist" (I05: 311), bei denen „die Lehrer (!) versuchen zu orten, wo das [fehlende Interesse] herkommt." (I04: 277). Bildungswegentscheidungen sozial benachteiligter Schüler*innen werden geprägt von Resignation thematisiert: „und wenn es dann aber länger anhält [...], es ist normal. Und die Kinder dann mitkriegen, dann krieg ich eh Arbeitslose und lebe gut damit" (I03: 226). Es zeigt sich in den Interviews folglich ein Spannungsfeld zwischen Leistungsdruck und Perspektivlosigkeit (Abb. 1).

Soziale Herkunft wird demnach in der Supervision zuerst mit Erwartungsdruck von Obsorgeberechtigten in Verbindung gebracht. Rational-Choice Modelle beschreiben diese Effekte als Kosten-Nutzen-Abwägungen aufgrund eines „Statuserhaltmotivs" (Maaz, 2006, S. 310), es gilt insbesondere bei Bildungswegentscheidungen den „sozialen Abstieg zu vermeiden" (Ditton & Maaz, 2015, S. 234). So werden sekundäre Herkunftseffekte bei Leistungsbeurteilungen u. a. auf das Resultat eines sozial unterschiedlichen „elterlichen Eingreifens in die Notenvergabe" zurückgeführt. Lehrpersonen nehmen Anpassungen der Noten

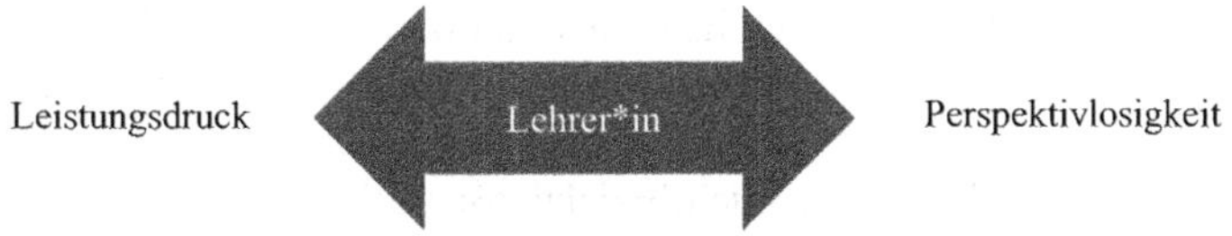

Abb. 1 Ergebnisse Bildungswegentscheidungen. (Eigene Darstellung)

teilweise vorweg vor, um Konfliktsituationen und Auseinandersetzungen zu vermeiden (Dumont et al., 2014, S. 8).

Da „soziale Ungleichheiten bei der Schulwahlentscheidung zu etwa zwei Drittel durch die leistungsunabhängige Wahlentscheidung erklärbar“ (Wimmer & Oberwimmer, 2021, S. 262 f.) sind und Bildungsarmut der Obsorgeberechtigten negative Auswirkungen auf die Bildungswegentscheidungen der Kinder (Metzler, 2021, S. 373) haben kann, bedingt bildungsgerechte Schulentwicklung demzufolge zuallererst eine schulstandortbezogene Analyse sozialraum- und lebensweltorientierter Kontextbedingungen und die Reflexion des Einflusses unterschiedlicher Bildungsaspirationen auf den eigenen Schulstandort bzw. das eigene Professionshandeln. Im Angesicht dessen, dass die Verantwortung der Schule in den Interviews kaum thematisiert wird, wäre dazu zuallererst eine kritische Befragung vorherrschender (stiller) schulischer Überzeugungen anzustreben, z. B. dahingehend, inwieweit den Obsorgeberechtigten, charakterisiert als jene „denen eh alles wurscht“ (I05: 311) ist, in aller Stille die Verantwortung für die Bildungsbenachteiligung ihrer Kinder zu- und der Schule abgesprochen wird.

2.2 Zusammenarbeit mit Eltern/Obsorgeberechtigten

Mangelnde Kooperation der Obsorgeberechtigte entlang der sozialen Herkunft wird von Lehrer*innen als weiterer belastender Faktor thematisiert, auch hinsichtlich der Qualität der Zusammenarbeit: „Und eigentlich würde man sagen jetzt kommt Mama oder Papa oder irgendjemand täglich […] zur Schule her und trotzdem kriegen wir das nicht so gut zu fassen, dass die uns unterstützen und dass wir mit denen eine Kooperation bauen“ (I07: 405). Problematisiert wird auch „der Zugang zu lernen“ (I03: 206) bzw. „die Unterstützung eben ist eine Aufgabe jetzt wichtig oder kommt von den Eltern es is eh egal, was du in der Schule nicht […] schaffst, ist auch nicht wichtig“ (I03: 206–207). Darüber hinaus wird aber auch thematisiert, dass „die Art der Einmischung“ (I07: 195) bzw. auch die Häufigkeit mit einer „Frage des sozialen Umfeldes und der sozialen Streuung“ (I07: 199) einhergehen. Generell wird die Arbeit mit Obsorgeberechtigten im Zusammenhang mit sozioökonomischer Benachteiligung als „schwierig“ (I10: 135) beschrieben. Dabei geht es z. B. auch um Unterstützungsleistungen (z. B. benötige Schulsachen), die von der Schule verlangt und von den Obsorgeberechtigten nicht eingebracht werden (I10: 139). Auch Erziehungsaufgaben, die nicht wahrgenommen werden und daraus resultierende Sorgen der Lehrpersonen, ob „ein Kind die nötige Unterstützung hat zu Hause“ (I12: 152) sind Thema in der Supervision. Darüber hinaus werden „fehlende Leistungen […], wo […] zu Hause nichts zu erwarten ist" (I08: 196) besprochen, dass es um „grundlegende Dinge" (I08:191) geht, bei denen es keine Unterstützung gibt.

Mit diesen Interviewpassagen bestätigt sich, dass für Erwartungshaltungen von Lehrpersonen oftmals „das Bild einer *Mittelschicht*-Familie als Normalitätsfolie gewählt wird" (Killus & Paseka, 2020, S. 82). Unterschiede im Engagement der Obsorgeberechtigten werden mit Merkmalen sozialer Positionierungen in Zusammenhang gebracht (Killus & Paseka, 2016, S. 157 f.). Dies führt zu einem „Defizitblick auf das Verhalten von als bildungsfern eingeschätzten Familien und zu deren Adressierung als schwer erreichbare Eltern" (Killus & Paseka, 2016, S. 166). Mit Zuschreibungen wie „Schwererreichbarkeit" (Killus & Paseka, 2016, S. 157) für ausbleibende bzw. schwierige Kommunikation und Kooperation oder „kein Verständnis" (I08: 187) und „letztlich keine Unterstützung" (I08: 188) für fehlende familiäre Unterstützungsleistungen, wird der Blick auf strukturelle Barrieren, wie beispielsweise mittelschichtsorientierte Interaktionsstile, verschleiert (Killus & Paseka, 2016, S. 157). Sozioökonomisch bedingte Unterschiede beeinflussen die Zusammenarbeit von Schule und Obsorgeberechtigten. „Soziale Differenzschübe" (Killus & Paseka, 2016, S. 152) machen „gültige Verhältnisbestimmungen und Formen der Zusammenarbeit brüchig" (Killus & Paseka, 2016, S. 152), (soziale) Disparitäten treten stärker hervor. Schule ist somit oftmals wenig erfolgreich, sozioökonomisch benachteiligte Obsorgeberechtigte für eine Zusammenarbeit zu gewinnen (Killus & Paseka, 2016, S. 152 f.). Entwicklungsperspektiven zum schulischen Ausgleich von Effekten sozialer Ungleichverteilung zeigen sich an „erwartungswidrig gute abschneidenden Schulen", d. h. an „Schulstandorten mit ähnlich schwierigen Rahmenbedingungen, aber überdurchschnittlichen mittleren Prüfungsergebnissen". An diesen Schulen wird die verringerte Unterstützung durch Obsorgeberechtigte von den Lehrer*innen häufiger als „Herausforderung [...] formuliert bzw. erkannt" (van Ackeren et al., 2016, S. 148).

2.3 Armut

In den Interviews werden folgende spezifische Einschränkungen schulischer Teilhabe durch Armut auf Schüler*innen- sowie der Lehrer*innen-Ebene beschrieben (Abb. 2).

Auf Schüler*innen-Ebene wird thematisiert, dass „man [als Schüler*in] nicht darüber redet, okay, ich hab kein Geld, sondern, na, das finde ich blöd oder kann das nicht [...]". (I01: 229). Lehrer*innen sehen sich damit konfrontiert, dass Schüler*innen armutsbedingte Einschränkungen schulischer Teilhabe mit

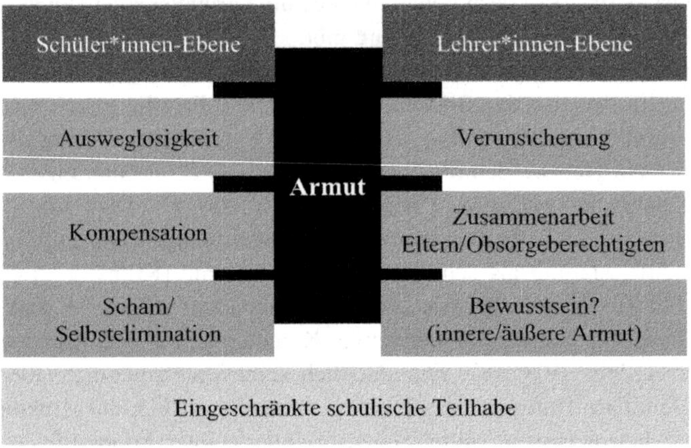

Abb. 2 Ergebnisse armutsbedingter Einschränkungen schulischer Teilhabe. (Eigene Darstellung)

Ausflüchten überdecken. Es kommen Aspekte innerer Armut zum Tragen, wie „keine Lebensalternativen (mehr) denken und leben" (Müller, 2010) zu können. So sind Lehrer*innen mit Gefühlen der Ausweglosigkeit der Schüler*innen konfrontiert: „aber meine Mama und mein Papa leben auch schon lange so" (I03: 244). Das Abgleiten in Beschäftigungslosigkeit und Armut wird durch Gewöhnung, Resignation und Verzweiflung begleitet: „und dann wird das normal, dass man eigentlich nicht arbeitet. […] dieser Schock, ich habe keine Arbeit mehr, ich definiere mich nicht mehr und auch eine gewisse Verzweiflung" (I03: 237). Schüler*innen finden dann Strategien um finanzielle schulische Ansprüche zu kompensieren, sie „gehen damit meistens sehr pragmatisch um, wissen ich hab wenig Geld, manche tricksen ein bisschen, in dem sie etwas ausborgen oder irgendwie schummeln, aber im Grund ah ja, die wissen okay, da ist nicht viel, aber wenn ich will geht das, aber ich schütze auch die Eltern dadurch, in dem ich sage ich will gar nicht." (I01: 232) Die Lehrer*innen-Ebene ist geprägt durch Verunsicherung in der Zusammenarbeit mit Obsorgeberechtigten, z. B. „ob die mangelnde Kooperation wegen dem mangelnden Geld eine Rolle spielt." (I01:227) und wie die tatsächliche soziale Lage eingeschätzt werden soll; „da ist man unsicherer. Früher war das ziemlich schnell klar, okay, die wohnen im Gemeindebau, die haben ungefähr, müssen ungefähr so viel zahlen oder haben die oder die Unterstützung. […] Jetzt ist es ein bisschen, weiß man nicht, kriegen die oder kriegen die nicht." (I01: 251) und ob diesbezüglich bewusst falsche

Angaben gemacht werden: „Entweder wird schöner getan oder reicher getan oder es wird ganz arm getan.“ (I01:248). Neben den Verunsicherungen, die der Versuch der Einschätzung der sozialen Lage erzeugt, sehen sich Lehrer*innen auch im Umgang mit der durch Armut verursachten Scham gefordert.

Da der Mangel an Ressourcen die Bildungsentwicklung von Schüler*innen in vielfacher Weise behindert, ist diese soziale Ungleichheit für Bildungssysteme ein relevanter Gestaltungsbereich (Biewer et al., 2019, S. 55). Armut stellt im Zusammenhang mit Bildung ein zentrales Entwicklungsrisiko dar (Zander, 2019). Absolute Armut bezeichnet eine „existenzgefährdende Mangellage“ (Weiß, 2016, S. 418), eine existenzbedrohende Unterversorgung existenzieller Grundbedürfnisse. Relative Armut beschreibt „eine Unterversorgung an materiellen und immateriellen Gütern und eine Beschränkung der Lebenschancen“ (Ellinger, 2013, S. 36). Bezugsgröße relativer Armut ist der Lebensstandard in der jeweiligen Gesellschaft (Biewer et al., 2019, S. 59). Der ‚Capabilitiy Approach‘ setzt ‚capabilites‘ ins Zentrum und definiert Armut mehrdimensional als „Mangel an Verwirklichungschancen“ (Sen, 2002, zit.n. Metzler, 2021, S. 370), die zur Führung eines annehmbaren bzw. guten Lebens notwendig sind. Armut kann das Leben von betroffenen Menschen massiv einschränken und gesellschaftliche Partizipation erschweren und wirkt sich auf sämtliche Bereiche des Lebens der Schüler*innen aus (Aumair & Theißl, 2021, S. 17). Der „Teufelskreis der Armut“ (Ellinger, 2013, S. 127) beschreibt die Reproduktion der Lebensverhältnisse von Kindern aus Familien, die in Armut oder armutsgefährdenden Lagen leben.

Angesichts dessen bleibt besonders zu erwähnen, dass Armut teilweise in der Supervision „noch nicht Thema“ (I02: 149) war oder „eigentlich relativ selten“ (I11:179) ist – insbesondere da 17,5 % der österreichischen Gesamtbevölkerung in armuts- oder ausgrenzungsgefährdenden Lebenslagen leben (Statistik Austria, 2022). Inwieweit sind sich Lehrer*innen also den Konsequenzen von Armut bewusst, zumal Bildung einen hohen Stellenwert zur Überwindung von Armut einnimmt (Metzer, 2021, S. 371)? Die Interview-Auswertungen zeigen überwiegend ein wenig differenziertes Begriffsverständnis. Adressiert werden eher Bespiele äußerer Armut (Nichtteilnahme an Schulausflügen etc.), innerer Armut jedoch kaum:

> Armut ist sicher eine ganz stille genauso wie zurückgezogene introvertierte Kinder, ein Thema, das nicht thematisiert wird per se. (I06: 121)

2.4 Kompositionseffekte

Kompositionseffekte werden nicht nur durch die frühe Selektion in unterschiedliche Schulformen der Sekundarstufe I wirksam (Weber et al., 2019), sondern auch durch das jeweilige regionale Einzugsgebiet und das Führen ganz- oder halbtägiger Schulformen: „Und wird dann auch noch dadurch enger gemacht, ob es eine Ganztagsvolksschule ist oder eine Vormittagsvolksschule." (I01: 66). Soziale (Selbst-)selektionsmechanismen werden zwar wahrgenommen, Belastungen aufgrund von Kompositionseffekten sind für Lehrer*innen aber überwiegend „ein schulinternes Thema sozusagen" (I03: 292): „So schauen unsere Klassenzusammensetzungen aus, so schaut es bei uns am Schulstandort aus." (I06: 137). Schulinterne Segregation (Weber et al., 2019) wird thematisiert „wenn sogenannte schwierige Schüler in der Klasse zu zweit, zu dritt drinnen sind" (I04: 601–602). Ein Belastungsempfinden aufgrund zwischenschulischer Segregation (Weber et al., 2019) wird nicht angegeben, vielmehr stehen schulinterne Gerechtigkeitsfragen im Zusammenhang mit dem Personalmanagement im Vordergrund. So „kriegen […] die, die nicht so sich auf die Füße stellen oder eher einen sozialeren Ansatz haben, dann mehr schwierige Schüler und Schülerinnen, weil die anderen Kollegen sagen, zu mir kommt der sicher nicht." (I03: 192–196) oder es „werden nur junge Lehrer reingesetzt und da wird eine dritte Klasse eröffnet, die nur aus Rückläufern besteht." (I09: 469–472). Deutlich wird damit, dass „organisationales Lernen" und damit die Rolle der Schulleitung (aber auch des regionalen Bildungsmanagements) zentrale Bausteine bildungsgerechter Schulentwicklung sind. Die angeführten Problemlagen (inner-)schulischer Selektion weisen auf „fehlende Adaption" hin, darauf dass „ein gelungenes Passungsverhältnis der schulischen Ausgangsbedingungen und der schulischen Prozesse, Strukturen und Einstellungen" oftmals nicht gegeben ist (van Ackeren et al., 2016, S. 155 f.).

3 Diskussion und Ausblick

Trotz des Umstandes, dass Bildungsbenachteiligungen aufgrund von sozialer Herkunft in Österreich evident sind (z. B. Ditton & Maaz, 2015, Wimmer & Oberwimmer, 2021), finden diese nur wenig und unspezifische Resonanz. Auch wenn der sozialräumliche Kontext ähnlich ist, unterscheiden sich „kollektive Deutungen der situationalen Kontexte" (van Ackeren, 2016, S. 141) einzelner Schulen und damit die gewählten Handlungsstrategien. Diese vorhandenen Ambiguitäten unter Lehrer*innen (Walgenbach, 2017) zeigten sich auch in den

Interviews: „Und dann gibt es halt sozusagen diesen Teil der Lehrerschaft [sic!], die halt dann mit Zynismus reagiert oder ich sag jetzt einmal mit ganz harter Abgrenzung […]. Und dann gibt es halt die durchlässigeren und für die ist das ein großes Thema, also die Herkunft" (I09: 235). Mit sozialer Herkunft wird in den Interviews am intensivsten die Einflussnahme bildungsaffiner Obsorgeberechtigter in Verbindung gebracht. Dem gegenüber wird die Perspektivlosigkeit, Gleichgültigkeit jener Schüler*innen und ihrer Familien problematisiert, welche stark von sozialer Benachteiligung betroffen sind. Dies lässt vor allem für sozialräumlich deprivierte Schulen, in denen davon ausgegangen werden kann, dass Benachteiligungen kumulieren, fragen, inwieweit das Verharren an diesem Punkt ein (stiller) Katalysator in der schulischen sozialen Konstruktion von Ungleichheit darstellt und inwieweit (unbewusste?) Defizitorientierungen von Lehrkräften mit einer Delegation der Verantwortung für mögliches schulisches Versagen hin zu Schüler*innen und Familien, einhergeht (Bremm & Racherbäumer, 2020, S. 207 f.). Gesellschaftliche Problemlagen werden so zu „einer individualisierten Verantwortlichkeit des Einzelnen." (Faller, 2019, S. 88).

Für Schulentwicklung gilt demnach, zuerst ein geteiltes Bewusstsein darüber zu schaffen, dass der Ausgleich von sozialen Benachteiligungen ganzheitliches, schulisches Kernthema ist. Neben der „Gestaltung interner und externer Kooperationen" sind dazu „systematisches Führungshandeln" und „Unterrichtsqualität" zentrale Handlungsfelder (van Ackeren, 2016, S. 139 ff.). Die Adaption schulischer Handlungsroutinen muss insbesondere eine vorurteils- und ungleichheitsbewusste Kooperation mit Obsorgeberechtigten (Civitillo & Jugert, 2022, S. 184) fokussieren. Die Dringlichkeit verdeutlicht sich, als in den Interviews mehrfach „Unterschiede im Engagement […] mit Merkmalen sozialer Positionierung in Verbindung gebracht werden" (Killus & Paseka, 2016, S. 166). Lebensweltorientierte, milieuspezifische schulische Unterstützungsleistungen werden hingegen genauso wenig thematisiert wie „Prozessmerkmale von Schule und Unterricht" (Bremm & Racherbäumer, 2020, S. 206). Ebenso auffallend ist ein wenig differenziertes (Begriffs-)Verständnis von Armut, welches sich vorwiegend auf Einzelbeobachtungen äußerer Armut reduziert. Der Wahrnehmung sozialer Notlagen von Schüler*innen (Ausweglosigkeit, Scham, Versuch der Kompensation) durch Lehrer*innen, stehen Unsicherheiten und auch Misstrauen gegenüber. Eine differenzsensible und anerkennende Auseinandersetzung mit spezifischen Ausgangssituationen ist jedoch bedeutsam, um diese als Anlass für Entwicklung zu nehmen (Bremm & Racherbäumer, 2020, S. 211). Bildungsgerechte Schulentwicklung heißt demnach datengestützt institutionelle Strukturen und gesellschaftliche Realitäten (wie z. B. Leistungsdruck bildungsaffiner Obsorgeberechtigter, mittelschichtorientierte Schulstrukturen, gesellschaftliche Realitäten wie Armut) sowie daraus resultierende und Bildungsungleichheiten befördernde Effekte in den Blick zu nehmen (van Ackeren et al., 2016, S. 140 f.). Sie ist damit gerade an Schulen in sozial deprivierten Lagen zuallererst Leadership-Thema „in einem Spannungsverhältnis von gesellschaftlicher, institutioneller und individueller Verantwortlichkeit“ (Bremm et al., 2017, S. 61). „Konkrete schulische Einfluss- und Gestaltungsmöglichkeiten“ (Bremm et al., 2017, S. 61) sind hinsichtlich „Verteilungsgerechtigkeit“ sowie „Befähigungs- und Anerkennungsgerechtigkeit“ (Bremm et al., 2017, S. 61) zu analysieren. Social Justice Leadership mag dazu ein handlungsleitender Ansatz sein. Demnach verstehen Schulleitungen die Auseinandersetzung mit marginalisierenden schulischen Bedingungen als wesentlichen Bestandteil ihrer Einstellungen und Haltungen, ihres Führungshandelns und ihrer Visionen, mit dem Ziel sozial gerechte schulische Praktiken zu befördern (Theoharis, 2007, S. 223; Skousen, 2022, S. 3). „Exklusionsprozesse sowie die dafür verantwortlichen Überzeugungen und Denkmuster von schulischen Akteuren“ (Mintrop & Klein, 2017, S. 73; Reyes et al., 1999 zit. n. Mintrop & Klein, 2017, S. 73) – folglich die Ausbildung eines reflexiven Ungleichheitsbewusstseins von Lehrer*innen – sind dazu in den Vordergrund zu stellen.

Die hier dargestellten Ergebnisse zeigen, dass die Notwendigkeit besteht, existierende Normen, Normalitätsannahmen und auch Handlungsroutinen mit dem Ziel der Etablierung einer gerechtigkeitssensiblen Schulkultur aufzubrechen (Mintrop & Klein, 2017; Faller, 2019, S. 86 ff.). „Unterrichtsqualität“ und damit die „Adaption situationaler Rahmenbindungen“ (van Ackeren et al., 2016, S. 139) werden kaum als Thema in die Supervision eingebracht. Diese Leerstelle verdeutlicht die Notwendigkeit, die Auseinandersetzung mit ungleichheitsreduzierenden Handlungsstrategien (u. a. der Unterrichtsarrangements, adaptiver Unterricht) zu fördern. Befähigungs- und Anerkennungsgerechtigkeit sind als konstitutive Elemente für eine ungleichheitsreflexive Didaktik zu verstehen. Vorauszusetzen ist die uneingeschränkte Überzeugung, dass „Bildungsinstitutionen alle Kinder und Jugendliche *begaben* können“ (Stojanov, 2013, S. 59).

Literatur

van Ackeren, I., Racherbäumer, K., Funke, C., & Clausen, M. (2016). Herausforderungen für und Bewältigungsstrategien von Lehrkräften an Schulen in sozialräumlich deprivierter Lage. In Bundesministerium für Bildung und Forschung (BMBF) (Hrsg.), *Steuerung im Bildungssystem. Implementation und Wirkung neuer Steuerungsinstrumente im Schulwesen* (S. 138–160). Bundesministerium für Bildung und Forschung (BMBF). www.empirische-bildungsforschung-bmbf.de/media/content/BMBF%20Bildungsforschung%2043_barrierefrei.pdf#page=140.

Aumair, B., & Theißl, B. (2021). *Klassenreise. Wie die soziale Herkunft unser Leben prägt.* ÖGB Verlag.

BMBWF. (Hrsg.). (2021). *Nationaler Bildungsbericht Österreich 2021.* Leykam. https://doi.org/10.17888/nbb2021.

bibb – Bundesinstitut für Berufsbildung. Forschungsdatenzentrum (o. J.). Internationaler Sozioökonomischer Index des beruflichen Status (ISEI). https://metadaten.bibb.de/de/classification/detail/11.

Becker, R. (2016). *Bildung als Privileg. Erklärungen und Befunde zu den Ursachen der Bildungsungleichheit.* Springer.

Biewer, G., Proyer, M., & Kremsner, G. (2019). *Inklusive Schule und Vielfalt.* Kohlhammer.

Bremm, N., Rachenbäumer, K., & van Ackeren, I. (2017). Bildungsgerechtigkeit als Ausgangspunkt und Ziel ungleichheitsreflektierender Schulentwicklung in sozial deprivierten Kontexten. In B. Lütje-Klose, S. Miller, S. Schwab, & B. Streese (Hrsg.), *Inklusion: Profile für die Schul- und Unterrichtsentwicklung in Deutschland, Österreich und der Schweiz. Theoretische Grundlagen – Empirische Befunde – Praxisbeispiele* (S. 57–68). Waxmann.

Bremm, N., & Racherbäumer, K. (2020). Dimensionen der (Re-)Produktion von Bildungsbenachteiligung in sozialräumlich deprivierten Schulen im Kontext der Corona-Pandemie. In D. Fickermann & B. Edelstein (Hrsg.), *„Langsam vermisse ich die Schule…“. Schule während und nach der Corona-Pandemie* (S. 202–215). Waxmann. https://doi.org/10.31244/9783830992318.13.

Civitillo, S., & Jugert, P. (2022). ‚Sie kümmern sich nicht und haben es eh verdient‘ – Mythen über den Zusammenhang von Armut und Bildung. In G. Steins et al. (Hrsg.), *Mythen, Fehlvorstellungen, Fehlkonzept und Irrtümer in Schule und Unterricht. Psychologie in Bildung und Erziehung: Vom Wissen zum Handeln* (S. 181–195). Springer. https://doi.org/10.1007/978-33-658-36260-7_9.

Ditton, H., & Maaz, K. (2015). Sozioökonomischer Status und soziale Ungleichheit. In H. Reineders, H. Ditton, C. Gräsel, & B. Gniewosz (Hrsg.), *Empirische Bildungsforschung. Gegenstandsbereiche* (S. 229–244). Springer.

Dumont, H., Maaz, K., Neumann, M., & Becker, M. (2014). Soziale Ungleichheiten beim Übergang von der Grundschule in die Sekundarstufe I. Theorie, Forschungsstand, Interventions- und Fördermöglichkeiten. *Zeitschrift für Erziehungswissenschaft, 17*(24), 141–165. https://doi.org/10.25656/01:12370.

Ellinger, S. (2013). *Förderung bei sozialer Benachteiligung.* Kohlhammer.

Faller, C. (2019). *Bildungsgerechtigkeit im Diskurs. Eine diskursanalytische Untersuchung einer erziehungswissenschaftlichen Kategorie.* Springer.

Killus, D., & Paseka, A. (2016). Eltern als Partner, Zulieferer oder Kunden von Schule? Empirische Befunde zum Verhältnis von Elternhaus und Schule. *Zeitschrift für Bildungsforschung, 6,* 151–168. https://doi.org/10.1007/s35834-016-0157-0.

Killus, D., & Paseka, A. (2020). *Kooperation zwischen Eltern und Schule.* Beltz.

Maaz, K., Hausen, C., McElvany, N., & Baumert, J. (2006). Stichwort: Übergänge im Bildungssystem. *Zeitschrift für Erziehungswissenschaft, 9*(3), 299–327. https://doi.org/10.1007/s11618-006-0053-9.

Mayring, P. (2022). *Qualitative Inhaltsanalyse – Grundlagen und Techniken.* Beltz.

Metzler, J. B. (2021). 51 Bildung und Armut. In G. Schweiger & C. Sedmak (Hrsg.), *Handbuch Philosophie und Armut* (S. 370–376). Springer. https://doi.org/10.1007/978-3-476-05740-2.

Mintrop, R., & Klein, E. D. (2017). Schulentwicklung in den USA – Nützliches Lehrstück für die deutsche Praxis? In V. Manitius & P. Doppelstein (Hrsg.), *Schulentwicklungsarbeit in herausfordernden Lagen* (S. 63–84). Waxmann.

Müller, T. (2010). Inklusion von Kindern und Jugendlichen in Armut eine bislang kaum wahrgenommene Aufgabe für Lehrer. *Zeitschrift für Inklusion, 4*(4). www.inklusion-online.net/index.php/inklusion-online/article/view/111.

Reyes, P., Scribner, J. D., & Scirbner, A. P. (1999). *Lessons from High-Performing Hispanic Schools: Creating Learning Communities.* Teachers College Press.

Scherr, A. (2017). 6 Kategorie Klasse. In T. Bohl, J. Budde, & M. Rieger-Ladich (Hrsg.), *Umgang mit Heterogenität in Schule und Unterricht* (S. 93–108). Klinkhardt.

Sen, A. K. (2002). *Ökonomie für den Menschen. Wege zu Gerechtigkeit und Solidarität in der Marktwirtschaft.* dtv.

Skousen, J. D. (2022). Social justice leadership: Coming to know another possibility through autoethnography. *Cogent Education, 9,* 1–19. https://doi.org/10.1080/2331186X.2022.2041385.

Statistik Austria. (2022). Armut und soziale Eingliederung. https://www.statistik.at/web_de/statistiken/menschen_und_gesellschaft/soziales/armut_und_soziale_eingliederung/index.html#:~:text=2%2C7%25%20der%20Gesamtbev%C3%B6lkerung%20waren,keiner%20oder%20sehr%20niedriger%20Erwerbsintensit%C3%A4t.

Steiner, M. (2019). *Von der Chancengleichheit zur Ausgrenzung: ein sozialer Fortschritt durch Bildung? Eine theoretische und empirische Aufarbeitung.* Waxmann.

Stojanov, K. (2013). Bildungsgerechtigkeit als Anerkennungsgerechtigkeit. In F. Dietrich, H. Heinrich, & N. Thieme (Hrsg.), *Bildungsgerechtigkeit jenseits von Chancengerechtigkeit. Theoretische und empirische Ergänzungen und Alternativen zu ‚PISA‘* (S. 57–70). Springer. https://doi.org/10.1007/978-3-531-19043-3_1.

Theoharis, G. (2007). Social justice educational leaders and resistance: Toward a theory of social justice leadership. *Educational Administration Quaterly, 43*(2), 221–258.

Walgenbach, K. (2017). *Heterogenität – Intersektionalität – Diversity in der Erziehungswissenschaft.* Utb.

Weber, C., Moosbrugger, R., Hasengruber, K., Altrichter, H., & Schrodt, H. (2019). Wer unterrichtet wen? Die Zusammensetzung von Klassen und Schulen und die Zuteilung von Lehrkräften. In S. Breit, F. Eder, K. Krainer, C. Schreiner, A. Seel, & C. Spiel (Hrsg.), *Nationaler Bildungsbericht 2018. Band 2. Fokussierte Analysen und Zukunftsperspektiven für das Bildungswesen* (S. 143–182). Leykam. https://doi.org/10.17888/nbb2018-2.

Weiß, H. (2016). Armut. In I. Hedderich, J. Hollenweger, G. Biewer, & R. Markowetz (Hrsg.), *Handbuch Inklusion und Sonderpädagogik* (S. 417–421). Utb.

Wimmer, C., & Oberwimmer, K. (2021). Indikatoren C: Prozesse des Schulsystems. In Bundesministerium für Bildung, Wissenschaft und Forschung (BMBWF) (Hrsg.), *Nationaler Bildungsbericht Österreich 2021* (S. 250–285). Leykam. https://doi.org/10.17888/nbb2021.

Zander, M. (2019). Ein Ausweg aus der Armut? Kindern das Tor zu Bildung öffnen. In E. Niederer & N. Jäger, N. (Hrsg.), *Bildungsbenachteiligung. Positionen, Kontexte und Perspektiven* (S. 21–37). StudienVerlag.

Claudia Kaluza ist Hochschullehrprofessorin an der Pädagogischen Hochschule Wien. Ihre Arbeitsschwerpunkte sind Inklusion/Sonderpädagogik, Diversitätspädagogik, Bildungsgerechtigkeit, soziale Ungleichheit und Schulentwicklung.

Kontakt: Claudia.Kaluza@phwien.ac.at.

Bernhard Schimek ist Hochschulprofessor an der Pädagogischen Hochschule Wien. Seine Arbeitsschwerpunkte sind Diversität und Bildungsgerechtigkeit, soziale Ungleichheit und Schulentwicklung.

Kontakt: Bernhard.Schimek@phwien.ac.at.

Identifikation struktureller Merkmale zur Gestaltung von inklusionsorientierten Bildungslandschaften: Ergebnisse Sozialer Netzwerkanalysen in Deutschland und der Schweiz

Bianca Adam

Zusammenfassung

Der Beitrag thematisiert die Ergebnisse einer Studie und führt das Konzept der inklusionsorientierten Bildungslandschaft ein. Durch einen explorativen, international vergleichenden Blick werden in dem Beitrag übergreifende strukturelle Bedingungen für die Gestaltung einer inklusionsorientierten Bildungslandschaft anhand von Bildungslandschaften der Schweiz und Deutschlands herausgearbeitet.

Schlüsselwörter

Bildungslandschaft • Inklusion • Soziale Netzwerkanalyse • Empirische Bildungsforschung • Internationaler Vergleich

1 Einleitung

Die Sicht auf Bildung hat sich verändert, und die Diskussion um die Bedeutung und gesellschaftliche Wirksamkeit von Bildung ist zu einem der Hauptaktionsfelder politischer Reden geworden (Rossmeisl, 2019). So wird seit einigen Jahren in Debatten über Bildungsmiseren und Bildungspolitik zunehmend über das Thema der Bildungslandschaften (BLS) diskutiert (Kolleck, 2015).

B. Adam (✉)
Leipzig, Deutschland
E-Mail: biancaadam@proton.me

S. Schuppener et al. (Hrsg.), *Inklusive Schule im Sozialraum*,
https://doi.org/10.1007/978-3-658-42158-8_7

Während immer häufiger von BLS die Rede ist, existiert bislang noch kein einheitlich definiertes Konzept, sondern vielmehr verschiedene Auffassungen darüber, was unter einer BLS verstanden und wie diese realisiert werden kann (Kolleck, 2015). Ein Blick in die Forschung weist daraufhin, dass im Zusammenhang mit notwendigen strukturellen Bedingungen zur Gestaltung von BLS, ein Mangel an aussagekräftigen internationalen und aktuellen empirischen Befunden vorliegt. Daher erscheint es wichtig, mittels unterschiedlicher Zugänge zur Entwicklung neuer Erkenntnisse beizutragen. Dazu wurden im Rahmen einer Studie (Adam, 2022) quantitative Verfahren der Sozialen Netzwerkanalyse eingesetzt, um notwendige Strukturen zur Gestaltung einer inklusionsorientierten BLS und entsprechende Erkenntnisse aus dem internationalen Praxisfeld zu generieren. So wurden durch einen explorativ, international vergleichenden Blick übergreifende Strukturen für die Gestaltung einer inklusionsorientierten BLS identifiziert.

Der vorliegende Beitrag präsentiert die Ergebnisse der Studie und führt das Konzept der inklusionsorientierten BLS ein.

2 Inklusionsorientierte Bildungslandschaft

Der Begriff ‚Bildungslandschaft' impliziert das „Zusammenspiel von Erziehung, Bildung und Betreuung im sozialen (Nah-)Raum […], dessen Ausgestaltung zunehmend in Hände lokaler, kommunaler oder regionaler Verantwortung liegt" (Bollweg & Otto, 2015, S. 203). In diesem Ansatz geht es insbesondere um soziale und gesellschaftspolitische Fragen, Herausforderungen und Politik eines Ortes (Bollweg & Otto, 2015). Dabei werden vor allem in dem Ort „verankerte Institutionen, Organisationen, Vereine und/oder zivilgesellschaftliche Einrichtungen als Bildungsakteure in den Blick genommen" (Bollweg & Otto, 2015, S. 205). Demnach bestehen BLS in der Regel

> aus Netzwerken, die formale, non-formale und informelle Bildungsorte und -gelegenheiten in einem geografisch begrenzten Raum kohärent miteinander verschränken, um den Kindern, Jugendlichen, Erwachsenen, aber auch Familien und Gruppen vor Ort optimierte Lern- und Entwicklungschancen bieten zu können. (Kolleck et al., 2012, S. 138)

So sind BLS nach einer viel zitierten Definition

> langfristige, professionell gestaltete, auf gemeinsames, planvolles Handeln abzielende, kommunalpolitisch gewollte Netzwerke zum Thema Bildung, die – ausgehend von der Perspektive des lernenden Subjekts – formale Bildungsorte und informelle Lernwelten umfassen und sich auf einen definierten lokalen Raum beziehen (Bleckmann & Durdel, 2009, S. 12).

In BLS wird ein Lernen fokussiert, das sowohl formale als auch non-formale und informelle Arrangements miteinander verbindet (Thoms et al., 2019). Die begrenzten Ressourcen der einzelnen sich vernetzenden Bildungsakteure sollen erweitert, aufeinander bezogen und wirksamer eingesetzt werden, wodurch die Teilhabechancen insbesondere benachteiligter Schüler*innen erhöht werden sollen (Thoms et al., 2019). BLS haben somit den Anspruch, einerseits bildungsgerechter und inklusiver zu werden und andererseits der Multidimensionalität von Lernräumen und Bildungskontexten Rechnung zu tragen (Thoms et al., 2019). Aus diesem Grund weisen BLS eine (sozial-)inklusive Orientierung auf. Dies impliziert ein weites Inklusionsverständnis, das statt der Aufsplitterung verschiedener Heterogenitätsdimensionen alle Dimensionen gleichermaßen berücksichtigt. Infolgedessenwird der Begriff ‚Bildungslandschaft' um das Attribut ‚inklusionsorientiert' erweitert.

Die Hauptmerkmale einer BLS sind zum einen ein erweitertes Bildungsverständnis und zum anderen Kooperation und Vernetzung in einem lokal definierten Raum im Sinne eines Gesamtsystems von Erziehung, Bildung und Betreuung (Deutscher Städtetag, 2012). Die Kooperationsstrukturen zwischen den formalen und nicht-formalen Bildungsakteuren zeichnen sich durch ein abgestimmtes professionelles Handeln aller beteiligten Institutionen hinsichtlich einer gemeinsamen und nachhaltig wirksamen Perspektive aus (Bleckmann & Durdel, 2009). Durch die horizontalen und vertikalen Kooperationen sollen vorhandene Ressourcen und Ideen gebündelt und die Zusammenarbeit zwischen Bildungsakteuren sowie dem lokal definierten Raum forciert werden (Otto & Manitius, 2017). Das Konzept der Sozialraumorientierung wird hierbei als eine Antwort auf sozialräumliche Herausforderungen und bildungsrelevante Problemlagen ausgemacht (Jungermann, 2018). Die Entwicklung einer inklusionsorientierten BLS geht daher mit der Fokussierung auf den Sozialraum einher.

3 Inklusionsorientierte Bildungslandschaften der Schweiz und Deutschlands

Im Rahmen der vorliegenden Studie wurden fünf BLS der Schweiz und zwei BLS Deutschlands hinsichtlich struktureller Merkmale untersucht.

Mit dem Programm ‚Bildungslandschaften Schweiz‘ der Jacobs Foundation wurden im Zeitraum 2012 bis 2018 in der gesamten Schweiz BLS aufgebaut (Huber et al., 2020) .So existieren mittlerweile in Basel-Stadt fünf inklusionsorientierte BLS: ‚St. Johann entdeckt‘, ‚Wasgiwo‘, ‚Thierstein‘, ‚Bläsiversum‘ und ‚QuaKiGo‘[1] (Huber et al., 2020). Trotz verschiedener Vorgehensweisen und interner Zielsetzungen verfolgen die fünf BLS das übergeordnete Ziel, „die Chancengerechtigkeit für Kinder und Jugendliche, insbesondere bei solchen mit sozialen Benachteiligungen, zu erhöhen“ (Huber et al., 2020, S. 1).

Die BLS in Deutschland sind laut Schäfer (2009) im Zusammenhang mit den Ergebnissen der PISA-Studie (2000) entstanden. Vor diesem Hintergrund wurden in Hamburg im Jahr 2001 das ‚Billenetz‘ und im Jahr 2006 in Köln die ‚Bildungslandschaft Altstadt-Nord (BAN)‘ gegründet. Während sich im Rahmen des ‚Billenetzes‘ sechs Stadtteile 2011zusammen schlossen (Website Billenetz, o. J.), wurde die BAN rund um den Kölner Stadtteilpark Klingelpütz aufgebaut (Imhäuser, 2011). Das ‚Billenetz‘ besteht aus über 60 Institutionen (Website Billenetz, o. J.), währenddessen im Rahmen der BAN acht Institutionen zusammenarbeiten (Imhäuser, 2011). Beide BLS ermöglichen den Bürger*innen des Stadtteils bzw. der Stadtteilegemeinsame Räume für ein lebensnahes, verantwortungsvolles und inklusiv angelegtes Lehren, Lernen und Leben, mit dem Ziel die jeweilige/n Stadtteil/e zu einer zukunftsfähigen und gemeinsam verantworteten BLS (weiter) zu entwickeln (Imhäuser, 2011; Website Billenetz, o. J.).

Insgesamt ist festzustellen, dass die in diesem Beitrag im Fokus stehenden inklusionsorientierten BLS der Schweiz und Deutschlands als Raum zur Gestaltung und Verbesserung von Bildung von Kindern und Jugendlichen in sozial benachteiligten Stadtteilen angesehen werden. Die selektiv wirkenden Zugangsschwellen zu Bildungs-, Hilfs, Betreuungs- und Freizeitangeboten in den sozial benachteiligten Stadtteilen sollen abgebaut werden, indem die begrenzten Ressourcen der einzelnen sich vernetzenden Bildungsakteure erweitert und wirksamer eingesetzt werden.

[1] „QuaKiGo“ = Quartier Kids Gotthelf.

4 Forschungsdesign

Der Schwerpunkt der vorliegenden Studie lag strukturell auf der Analyse des Gesamtnetzwerkes und methodisch auf der quantitativen Netzwerkforschung. So sollten die Muster bzw. die Strukturen der Beziehungen mithilfe des strukturbeschreibenden Verfahrens der quantitativen Netzwerkforschung herausgearbeitet werden, um anschließend mittels eines Vergleichs der jeweiligen Strukturmaße übergreifend ähnliche Strukturen für die Gestaltung einer inklusionsorientierten BLS zu identifizieren.

Im Rahmen der quantitativen Netzwerkforschung wurde als Methoden der Datenerhebung die schriftliche Befragung und die Dokumentenanalyse verwendet. Aufgrund der geografisch verstreuten Befragungspersonen wurde zur Datenerhebung ein elektronischer Fragebogen genutzt. Mit diesem wurde eine Stichprobe von $n = 29$ erreicht. Im Rahmen der Dokumentenanalyse wurde hingegen auf verbal-schriftlich öffentlich zugängliche Online-Dokumente beziehungsweise Websites zurückgegriffen, sodass eine Stichprobe von $n = 261$ erreicht wurde. Die Gesamtstichprobe beläuft sich auf $n = 290$.

Die Datenaufbereitung erfolgte zum einen in Form von grafischen Soziogrammen und zum anderen durch Matrizen. Die darauffolgende Auswertung wurde mittels einer quantitativen Datenanalyse durchgeführt. Dazu wurde das statistische Verfahren der Deskriptivstatistik eingesetzt, um die Stichprobendaten anhand von Kennwerten, Tabellen und Grafiken übersichtlich darzustellen. Im Rahmen des univariaten deskriptivstatistischen Verfahrens (Döring & Bortz, 2016) erfolgte eine Analyse und eine grafische Aufbereitung bzw. Darstellung mit Microsoft Excel. Zudem wurde im Zuge der Netzwerkanalyse die grafische Darstellung der Netzwerke sowie die Berechnung der jeweiligen Strukturmaße in den Netzwerken mithilfe der Software Gephi realisiert.

5 Diskussion der Untersuchungsergebnisse

Die Ergebnisse zeigen, dass sich die Netzwerke[2] der untersuchten BLS der Schweiz hinsichtlich ihrer Größe sehr ähnlich sind. Wesentlich inhomogener sind hingegen die Netzwerke der beiden BLS aus Deutschland. Hier reiht sich zwar die BAN in die Größe der untersuchten Schweizer BLS ein, jedoch ist

[2] Ein Netzwerk besteht aus Knoten und Kanten. Die Darstellung von Netzwerken erfolgt mithilfe von vereinfachten Graphen (Fuhse, 2018).

das aufgenommene Netzwerk der BLS ‚Billenetz' bedeutend größer. Es überrascht daher wenig, dass die Kantendichte[3] des ‚Billenetz' deutlich unter dem Durchschnitt der Schweizer BLS liegt, da die Beziehungskapazität einzelner Akteure begrenzt ist. Informationen breiten sich daher im ‚Billenetz' wesentlich langsamer aus als in den schweizerischen BLS (Jansen, 1999). Das Netzwerk der BAN scheint hingegen aufgrund der Kantendichte in demselben Maße vernetzt wie ihre schweizerischen Pendants. Wird jedoch berücksichtigt, dass das Netzwerk der BAN gleichzeitig den höchsten Clustering-Wert aufweist, könnte davon ausgegangen werden, dass sich Informationen nicht so schnell wie in den schweizerischen BLS mit einer ähnlichen Kantendichte ausbreiten, da Cluster[4] den Informationsfluss aufgrund ihrer Abgeschlossenheit bremsen (Fuhse, 2018). Der Netzwerkdurchmesser[5] und -radius[6] sowie die durchschnittliche kürzeste Pfadlänge[7] können hinsichtlich der Größe und Struktur der Netzwerke miteinander verglichen werden. Hier zeigt sich eine überraschend große Übereinstimmung zwischen den schweizerischen und deutschen BLS. So liegen alle ermittelten durchschnittlichen kürzesten Pfadlängen bei Werten zwischen zwei und drei. Folglich muss davon ausgegangen werden, dass in allen untersuchten Netzwerken Ressourcen oder Informationen zwischen zwei beliebigen Akteuren mit ähnlicher Geschwindigkeit und Störanfälligkeit übermittelt werden (Jansen, 1999). Bei den ermittelten Netzwerkdurchmessern zeigt sich ein ähnliches Bild mit konstanten Werten von fünf und sechs sowohl in Deutschland als auch in der Schweiz. Obwohl sich die Werte der Netzwerkradien in allen BLS ebenfalls kaum unterscheiden, lassen sich hier dennoch erste Unterschiede erkennen. Im Fall der Zentren der schweizerischen BLS repräsentieren diese Knoten[8] vor allem

---

[3] Die Kantendichte eines Netzwerkes beschreibt den Anteil der realisierten von den insgesamt möglichen Beziehungen (Fuhse, 2018).

[4] Ein Cluster ist eine Gruppe von Elementen, die anhand der Ähnlichkeit von Merkmalsausprägungen, einer bestimmten Zusammensetzung dieser Merkmalsausprägungen sowie anhand der Ähnlichkeit bestimmter Beziehungsstrukturen zwischen den Elementen vorgenommen werden kann (Lukowitz, 2017).

[5] Der Netzwerkdurchmesser entspricht der maximalen Länge zwischen zwei beliebigen Akteuren (Lukowitz, 2017; Fuhse, 2018).

[6] Der Netzwerkradius gibt die maximale Länge der Verbindung vom Zentrum des Graphen zu dessen Peripherie an. Dabei beschreibt die topologische Eigenschaft des Zentrums die Knoten mit der minimalen Exzentrizität (Lukowitz, 2017; Fuhse, 2018).

[7] Die durchschnittlich kürzeste Pfaddistanz beschreibt die durchschnittliche Länge des kürzesten Pfades zwischen zwei beliebigen Knoten (Jansen, 1999; Fuhse, 2018).

[8] ‚Knoten' werden in der Netzwerkforschung als Punkte in einem Graph dargestellt. Im Rahmen der Netzwerkforschung spricht man auch von Akteuren als ‚Knoten' (Fuhse, 2018).

außerschulische Bildungsangebote, Einrichtungen der Jugendhilfe und Koordinationsstellen. Bei der BAN und dem ‚Billenetz' sind hingegen in den Zentren neben Einrichtungen der Jugendhilfe und außerschulischen Bildungsangeboten in erster Linie Schulen präsent. Es bleibt natürlich zu beachten, dass eklatante Unterschiede in der Größe der jeweiligen Zentren bestehen. Trotzdem muss hier als zusätzlicher Unterschied aufgeführt werden, dass das ‚Billenetz' als einziges Netzwerk einen Radius von 4 aufweist. Daraus lässt sich folgern, dass es dort Knoten an der Peripherie gibt, die womöglich nicht in Kontakt mit dem Zentrum des Netzwerkes stehen, da Pfade mit einer Länge von mehr als drei Beziehungen[9] meist irrelevant sind (Fuhse, 2018).

Mit Blick auf den mittleren Grad lassen sich bei den hier untersuchten BLS keine großen Unterschiede feststellen, sodass eine ähnlich hohe Kommunikationsaktivität innerhalb der verschiedenen BLS angenommen werden kann.

Hinsichtlich des Vergleiches von Akteuren und deren positionalen Eigenschaften fällt auf, dass es sich bei den Akteuren mit den höchsten Gradzahlen sowohl in den schweizerischen als auch in deutschen BLS in erster Linie um Koordinationsstellen handelt. Werden die höchsten Eigenvektorzentralitäten[10] betrachtet, zeigt sich, dass sowohl in den Netzwerken der BLS der Schweiz als auch in denen aus Deutschland den Koordinationsstellen diesbezüglich eine zentrale Rolle zukommt. Anders sieht es hingegen in den Netzwerken des ‚Bläsiversum' und der BLS ‚QuaKiGo' hingegen konnte die größte Eigenvektorzentralität für eine Schule und eine Einrichtung der Jugendhilfe berechnet werden, sodass die Koordinationsstellen erst an zweiter Stelle folgen. Im Hinblick auf die Grad-basierten Zentralitäten kann dennoch daraus abgeleitet werden, dass sowohl in den untersuchten BLS der Schweiz als auch in denen Deutschlands, die Koordinationsstellen über die höchste Kommunikationsaktivität verfügen und in den meisten Fällen mit anderen überaus zentralen Akteuren verbunden sind, die ebenfalls Informationen an eine Vielzahl anderer Akteure weitergeben können, da sie entweder Schlüsselpositionen besetzen oder selber über viele Verbindungen zu weiteren Akteuren verfügen. Bezüglich der ermittelten Closeness-Zentralitäten[11] der untersuchten Netzwerke lassen sich geringfügige Unterschiede zwischen den

[9] Das sogenannte ‚horizon of observability Phänomen' geht sogar davon aus, dass Akteure die bereits mehr als zwei Beziehungen voneinander entfernt sind, einander nicht mehr wahrnehmen können. (Mutschke, 2010).

[10] Die Eigenvektorzentralität dient zur Bestimmung der lokalen Zentralität eines Akteurs (Lukowitz, 2017).

[11] Die Closeness-Zentralität erfasst die Nähe eines Akteurs zu allen anderen Akteuren im Netzwerk (Jansen, 1999).

deutschen und schweizerischen Netzwerken erkennen. Unter den drei Akteuren mit der höchsten ermittelten Closeness-Zentralität der BAN und dem ‚Billenetz' befinden sich drei Koordinationsstellen. In den schweizerischen BLS nehmen ebenfalls die Koordinationsstellen mit sechs Fällen eine zentrale Position hinsichtlich der Closeness-Zentralität ein. Zusätzlich sind aber mit sechs Fällen auch außerschulische Bildungsangebote ebenfalls stark vertreten. Es könnte somit einerseits die zuvor anhand der Eigenvektorzentralität abgeleitete Aussage, dass sich in der direkten Nachbarschaft der Koordinationsstellen Akteure mit einer Vielzahl an direkten Verbindungen oder an strukturell wichtigen Positionen befinden, bestätigt werden. Andererseits kann natürlich auch der hohe Grad der Koordinationsstellen für die große Nähe zu allen anderen Akteuren verantwortlich sein. Gleichzeitig zeigt sich aber auch, dass in den schweizerischen BLS zusätzlich außerschulische Bildungsangebote eine zentrale Rolle hinsichtlich der Nähe zu allen anderen Akteuren einnehmen. Bezüglich der ermittelten Betweenness-Zentralitäten[12] der untersuchten BLS in der Schweiz und Deutschland zeigt sich die zu erwartende Tendenz, dass hier hauptsächlich die Koordinationsstellen eine übergeordnete Rolle spielen. Dennoch lassen sich auch Unterschiede und Auffälligkeiten erkennen. So nehmen in allen fünf untersuchten Schweizer BLS sowie im Billenetz die Koordinationsstellen mit dem jeweils höchsten berechneten Betweenness-Zentralitätswert eine ‚Broker'-Funktion[13] ein. Ein gänzlich anderes Bild zeigt sich aber für das Netzwerk der BAN. Hier nimmt eine Schule die ‚Broker'-Funktion ein, und die Koordinationsstellen folgen erst an zweiter und dritter Stelle. Auf den ersten Blick könnte von einer Zentralitätsanomalie[14] ausgegangen werden, jedoch weist die Schule weder einen geringen Grad noch eine geringe Closeness-Zentralität auf. Wird jedoch das Netzwerk der BAN betrachtet, wird deutlich, dass die Koordinationsstellen hauptsächlich Verbindungen zu Stiftungen, Schulen, Kindergärten und zwei Einrichtungen der Jugendhilfe aufweisen. Verbindungen zu den Kooperationspartnern der Schulen selbst fehlen hingegen völlig. Dementsprechend ist der ‚Broker'-Status der Schule

[12] Die Betweenness-Zentralität misst in Ansätzen die strukturelle Autonomie von Akteuren in Netzwerken (Jansen, 1999).

[13] Die ‚Broker'-Funktion erfasst einen zentralen Akteur im Netzwerk, der unverbundene Teile des Netzwerkes verbindet. Dieser Akteur besitzt eine Vermittler-Funktion und sorgt für den Austausch. Der jeweilige Akteur mit der ‚Broker'-Funktion hat somit den Zugang zu unterschiedlichen Wissensbeständen und der Kontrollmöglichkeit des Informationsflusses (Mutschke, 2010).

[14] Der Begriff Zentralitätsanomalie beschreibt Plausibilitätsprobleme/-verluste, die in der Regel mit Inkonsistenzen zwischen den Resultaten verschiedener Zentralitätsmaße einhergehen (Mutschke, 2010).

gerechtfertigt, und es zeigt sich damit ein eklatanter Unterschied sowohl zu den untersuchten Schweizer BLS als auch zum ‚Billenetz'.

Zudem erscheint es sinnvoll, die gesamten zentralen Akteure, also alle Akteure, die entweder einen hohen Grad, eine hohe Betweenness- oder Closeness-Zentralität aufweisen, in den Blick zu nehmen. Damit eine gewisse Vergleichbarkeit unabhängig von der Anzahl der untersuchten BLS in der Schweiz und Deutschland erzielt werden kann, ist es notwendig, den prozentualen Anteil an der Gesamtzahl der ermittelten zentralen Akteure heranzuziehen. Werden die Akteure mit den jeweils drei höchsten Werten hinsichtlich der einzelnen Zentralitätsmaße betrachtet, ergibt sich für die Netzwerke der untersuchten deutschen BLS folgendes Bild:

- 46,15 % der zentralen Akteure sind Koordinationsstellen,
- 15,38 % Netzwerke,
- jeweils 11,54 % Schulen, Einrichtungen der Jugendhilfe und Stiftungen sowie
- 3,85 % Akteure aus Politik und Verwaltung.

Für die Netzwerke der untersuchten Schweizer BLS sieht die Verteilung der zentralen Akteure hingegen wie folgt aus:

- 32,31 % Koordinationsstellen,
- 23,08 % außerschulische Angebote,
- 13,85 % Einrichtungen der Jugendhilfe,
- jeweils 12,31 % Schulen und Akteure aus Politik und Verwaltung,
- 3,08 % Akteure der Kirche und
- jeweils 1,54 % Beratungsangebote und Stiftungen.

Es wird deutlich, dass in allen untersuchten Netzwerken der BLS insbesondere die Koordinationsstellen eine übergeordnete zentrale Position einnehmen. Deutlich weniger, aber ebenfalls in beiden Ländern vertreten, sind Einrichtungen der Jugendhilfe, Schulen, Akteure aus Politik und Verwaltung sowie Stiftungen als zentrale Akteure zu erkennen. Unterschiede zeigen sich insbesondere bei den außerschulischen Angeboten. Diese stellen in den Schweizer BLS jeden fünften zentralen Akteur dar, während sie in den deutschen BLS augenscheinlich nicht als zentrale Akteure in Erscheinung treten. Dennoch ist keine allgemeingültige Aussage abzuleiten, da die beiden untersuchten deutschen BLS in keiner Weise als repräsentativ anzusehen sind. Für weitergehende Aussagen wäre eine größere Zahl an BLS zu untersuchen. Ebenfalls fallen die Netzwerke[15] als zentrale Akteure in den deutschen BLS ins Auge. Hieraus kann ebenfalls keine allgemeingültige Aussage abgeleitet werden, da es sich hierbei um ein Netzwerk handelt, das lediglich im ‚Billenetz' als Akteur eine zentrale Position einnimmt. Damit wird gleichzeitig auch der erste Kritikpunkt an dem Aussagewert dieses Vergleiches deutlich. Wie bereits angeklungen, fällt das ‚Billenetz' insbesondere aufgrund seiner umfangreicheren Größe auf, weshalb die Vergleichbarkeit mit den anderen BLS deutlich erschwert ist. Gerade vor dem Hintergrund, dass Netzwerkmitglieder, die mehr als zwei bis drei Beziehungen voneinander entfernt sind, einander nicht mehr wahrnehmen (horizon of observability), muss die Interpretationsfähigkeit solch großer Netzwerke als sehr gering bis gar nicht vorhanden angesehen werden (Mutschke, 2010). Zusätzlich ist die Anzahl der untersuchten deutschen BLS wesentlich kleiner als die der Schweizer BLS.

Ein weiterer Aspekt, der nicht unberücksichtigt bleiben darf, ist der Rahmen eines Netzwerkes. So fiel es schwer, die genauen Grenzen der Netzwerke zu definieren und damit zu entscheiden, welche Entitäten zu dem Netzwerk gehören und welche nicht. Ebenfalls war es aufgrund der geringen Anzahl an vollständig ausgefüllten Fragebögen nicht möglich, Gewichtungen einzelner Kanten[16] vorzunehmen.

6 Rahmenmodell einer idealen Bildungslandschaft

Allgemein lässt sich festhalten, dass ein hoher Grad an Vernetzung innerhalb einer BLS vorteilhaft wäre, da so eine schnelle Verbreitung von Informationen und Ressourcen gewährleistet werden kann. Gleichzeitig sollten Cluster[17] vermieden werden, da diese die schnelle Ausbreitung von Informationen verhindern und zusätzlich auf Akteure mit einer ‚Broker'-Funktion angewiesen sind. Faktisch bedeutet dies also, dass es von Vorteil wäre innerhalb einer BLS die Kantendichte zu erhöhen und damit gleichzeitig den Netzwerkdurchmesser und -radius zu verringern. Dies hätte zur Folge, dass mehr Akteure eine größere Closeness-Zentralität aufweisen und weniger auf zentrale Akteure mit einer ‚Broker'- Funktion angewiesen sind. Eine größere Unabhängigkeit der Akteure

[15] Bei den hier genannten Netzwerken handelt es sich um eigenständige Netzwerke (z. B. hinsichtlich Gesundheitsvorsorge), die als einzelne Akteure in das Netzwerk der untersuchten BLS aufgenommen wurden.

[16] In einem Graph/Netzwerk repräsentiert die Kante zwischen zwei Knoten eine Beziehung zwischen zwei Akteuren (Haas & Malang, 2010).

[17] Siehe dazu Bemerkung 8.

würde gleichzeitig auch als eine Voraussetzung für mehr erfolgreiche horizontale Kooperationen dienen, die von zentraler Bedeutung für eine chancengerechte, vielfältige und umfassende Bildung in BLS sind (Spieß, 2004). Zusätzlich würde ein verringerter Netzwerkdurchmesser eine kürzere durchschnittliche Pfadlänge nach sich ziehen, die wiederum Ausgangspunkt für eine höhere Geschwindigkeit zur Übermittlung von Informationen und Ressourcen ist sowie eine geringere Störanfälligkeit der Verbindungen ermöglicht (Jansen, 1999).

Eine hohe Vernetzung bringt außerdem auch Herausforderungen mit sich. Insbesondere für kleinere Akteure mit unzureichenden personellen Ressourcen aufgrund ihrer begrenzten Kommunikationskapazität wird es nicht möglich sein, mit einer Vielzahl an anderen Akteuren kontinuierlich in Kontakt zu stehen. Um dieses Problem zu lösen, müssten wieder Akteure mit einer ‚Broker'-Funktion ins Spiel kommen. Damit diese Akteure aber nicht über zu viel Einfluss verfügen, erscheint es sinnvoll, dem Konzept der BAN zu folgen und eine Kontrolle der Akteure mit der höchsten Betweenness-Zentralität – bei denen es sich in fast allen untersuchten BLS um die Koordinationsstellen handelt – mittels eines Begleitausschusses, der sich wiederum aus Mitgliedern vieler Akteure zusammensetzt, zu gewährleisten. Ebenfalls sollte in Betracht gezogen werden, dass ab einer gewissen Größe womöglich mehrere Koordinationsstellen mit unterschiedlichen Aufgabenbereichen eine sinnvolle Möglichkeit sein könnten, um den mit dieser Position einhergehenden Einfluss zu verteilen.

Es bleibt also festzuhalten, dass eine hohe Vernetzung innerhalb der BLS vorteilhaft wäre, diese aber aufgrund begrenzter Kommunikationskapazität ab einer gewissen Größe der BLS nicht umsetzbar ist, sodass mehrere Koordinationsstellen, die am besten von einer unabhängigen Kontrollinstanz kontrolliert werden, nicht umgangen werden können. Zudem sind insbesondere Schulen, außerschulische Bildungsangebote und Einrichtungen der Jugendhilfe für das zugrunde liegende erweiterte Bildungsverständnis und die notwendige Sozialraumorientierung einer BLS zwingend notwendig und von zentraler Bedeutung. Stiftungen spielen insbesondere im Hinblick auf die Bereitstellung von finanziellen Ressourcen sowie ihre Beratungsfunktion eine zentrale Rolle und sind trotz der damit einhergehenden Machtfülle nicht zu ersetzen. Des Weiteren müssen Akteure der Politik und Verwaltung in eine BLS mit einbezogen werden.

Die Umsetzung einer solchen ‚idealen' BLS könnte wie folgt aussehen: Die Akteure der zentralen Bereiche würden hinsichtlich ihrer Funktion aufgeteilt werden und sich über eine spezifische Koordinationsstelle jeweils untereinander vernetzen. Beispielhaft würden sich also alle an der BLS beteiligten Schulen untereinander vernetzen und es würde eine Koordinationsstelle nur für Schulen geben. Diese einzelnen ‚Bereiche' der BLS wären über ihre jeweiligen Koordinationsstellen miteinander vernetzt und könnten so positive Kooperationen in die Wege leiten. Damit die einzelnen Koordinationsstellen nicht zu viel Einfluss haben, wird zusätzlich ein Begleitausschuss installiert, der sich aus Akteuren der einzelnen Bereiche zusammensetzt und regelmäßig die Koordinationsstellen überprüft sowie anstehende Entscheidungen trifft.

Die Modellierung dieser Ausgangsgrundlage einer BLS mit einer ähnlichen Anzahl an Akteuren zeigte, dass sich der Netzwerkdurchmesser auf lediglich drei und der Netzwerkradius auf zwei belaufen würden. Gleichzeitig wäre die Kantendichte mit 0,206 bereits zu Beginn fast doppelt so hoch wie in den untersuchten BLS. Als einziges Problem kann hier der sehr hohe Clustering-Wert aufgeführt werden. Dieser Herausforderung kann jedoch begegnet werden, da das Modell lediglich die Grundlage der BLS darstellt und sich bereichsübergreifende Kooperationen erst noch herausbilden würden, sodass die anfangs stark ausgeprägten Cluster aufbrechen. Zusätzlich gäbe es eine Kontrollinstanz, die eine negative Einflussnahme unterbinden würde.

7 Zusammenfassung und Ausblick

Abschließend ist festzuhalten, dass eine enge Vernetzung aller Akteure für jede erfolgreiche BLS unabdingbar ist. Dennoch erscheint es aufgrund einer begrenzten Kommunikationskapazität der Akteure herausfordernd eine vollständige Vernetzung innerhalb einer BLS umzusetzen. Es verwundert daher nicht, dass die vorliegenden Ergebnisse der sozialen Netzwerkanalysen deutlich zeigen, dass insbesondere Koordinationsstellen zentrale Positionen innerhalb der untersuchten BLS besetzen und dabei eine ‚Broker'-Funktion übernehmen, um Informationen, Ressourcen oder Kooperationen zwischen nicht verbundenen Clustern zu vermitteln.

Aus netzwerkanalytischer und netzwerktheoretischer Perspektive ist dieses sowohl problematisch als auch chancenreich, da einerseits ein Broker-Status mit einem überproportionalen Erwerb an Einfluss einhergeht, andererseits Akteure mit einer hohen Betweenness-Zentralität auch strukturelle Löcher überbrücken können und eine positive Unterstützung von Kommunikationsflüssen und clusterübergreifenden Kooperationen bieten (Kolleck, 2015). Weiterhin zeigte sich, dass neben den Koordinationsstellen insbesondere Schulen, außerschulische Bildungsangebote und Einrichtungen der Jugendhilfe von zentraler Bedeutung innerhalb einer BLS sind und damit dem Anspruch gerecht werden, mittels differenzierter Bildungsangebote, die auf den Sozialraum abgestimmt sind, Herausforderungen effizient zu bearbeiten und ein erweitertes Bildungsverständnis zugrunde zu legen. Für die Finanzierung erscheinen vor allem ausreichend zur Verfügung stehende monetäre Ressourcen von Akteuren inner- und außerhalb der BLS als notwendig. Zudem wurde die Bedeutung von Akteuren aus Politik und Verwaltung herausgestellt.

Gleichzeitig wurde aber auch aufgezeigt, dass die in dieser Arbeit durchgeführte Untersuchung einigen Schwächen unterliegt, die bei der Interpretation der Ergebnisse unbedingt zu berücksichtigen sind. Insbesondere die Frage nach den in die Untersuchung einzubeziehenden Entitäten gestaltete sich als äußerst herausfordernd. Dennoch konnten Lösungsvorschläge aufgezeigt werden, die es ermöglichen würden, trotz vorhandener Akteure mit ‚Broker'-Funktion deren Einfluss vergleichsweise klein zu halten. Insbesondere gehörte hierzu die Installation einer unabhängigen Kontrollinstanz, die bei den untersuchten BLS lediglich in der BAN zu finden war. Für weitere Untersuchungen wäre es daher lohnenswert, eine deutlich größere Anzahl an BLS unter Berücksichtigung der hier skizzierten Schwierigkeiten mittels einer sozialen Netzwerkanalyse in den Blick zu nehmen. Die dabei erhobenen strukturellen Merkmale könnten ein mögliches Ausgangsmodell einer hinsichtlich ihrer Netzwerkstruktur idealen BLS deutlich verbessern und weitere notwendige Akteure aufzeigen. Zusätzlich erscheint die Durchführung einer Längsschnittstudie als notwendig, um die Generalisierbarkeit der Ergebnisse zu erhöhen (Döring & Bortz, 2016). Für weitere Forschungen erscheint es sinnvoll, stärker auf Community[18]-Struktur und Cliquen innerhalb des Netzwerkes einer BLS einzugehen. In diesem Zusammenhang ist es nützlich, mehr auf die community-orientierten Zentralitäten anstelle der Zentralitäten einzelner Akteure einzugehen, um neue Einsichten bezüglich der positionalen Evaluation sowohl von individuellen Akteuren als auch der genannten Communities innerhalb einer BLS zu erhalten (Mutschke, 2010).

[18] Communities sind Gruppen, die intern sehr eng miteinander verbunden sind, untereinander aber sehr lose (Lukowitz, 2017).

Literatur

Adam, B. (2022). *Professionalisierung von inklusionsorientierten Bildungslandschaften – Identifikation struktureller Merkmale*. Universität Leipzig.

Bleckmann, P., & Durdel, A. (2009). Einführung: Lokale Bildungslandschaften – Die zweifache Öffnung. In P. Bleckmann & A. Durdel (Hrsg.), *Lokale Bildungslandschaften. Perspektiven für Ganztagsschulen und Kommunen* (S. 11–16). VS Verlag.

Bollweg, P., & Otto, H.-U. (2015). Bildungslandschaft zwischen Raum und Bildung. In T. Coelen, A. J. Heinrich, & A. Million (Hrsg.), *Stadtbaustein Bildung* (S. 203–214). Springer VS.

Deutscher Städtetag (2012). *Bildung gemeinsam verantworten. Münchner Erklärung des Deutschen Städtetages anlässlich des Kongresses "Bildung gemeinsam verantworten"*. http://www.staedtetag.de/imperia/md/content/dst/muenchner_erklaerung_2012_final.pdf.

Döring, N., & Bortz, J. (2016). *Forschungsmethoden und Evaluation in den Sozial- und Humanwissenschaften* (5. Aufl.). VS Verlag.

Fuhse, J. A. (2018). *Soziale Netzwerke. Konzepte und Forschungsmethoden* (2. Aufl.). UVK Verlagsgesellschaft mbH.

Haas, J., & Malang, T. (2010). Beziehungen und Kanten. In C. Stegbauer (Hrsg.), *Netzwerkanalyse und Netzwerktheorie. Ein neues Paradigma in den Sozialwissenschaften* (2. Aufl., S. 89–98). VS Verlag.

Huber, S. G., Werner, R., Koszuta, A., Schwander, M., Strietholt, R., Bacso, M.-A., Gürel, E., Hürlimann, F., & Nonnenmacher, L. (2020). *Zusammenarbeit und Bildungsangebote in Bildungsnetzwerken – Entwicklungen, Nutzen und Gelingensbedingungen. Kurzversion des Abschlussberichts zur Forschungs- und Evaluationsstudie des Programms „Bil-dungslandschaft Schweiz"*. Pädagogische Hochschule Zug.

Imhäuser, K. H. (2011). Strukturen zur Gestaltung, Entwicklung und Lenkung von Bildungslandschaften - Analyse der Beziehung zwischen Projektaufbau- und Ablaufstruktur der Bildungslandschaft Köln Altstadt Nord (BAN). In P. Bollweg & H.-U. Otto (Hrsg.), *Räume flexibler Bildung. Bildungslandschaft in der Diskussion* (S.253–272). VS-Verlag.

Jansen, D. (1999). *Einführung in die Netzwerkanalyse. Grundlagen, Methoden, Anwendungen*. VS Verlag.

Jungermann, A.-K. (2018). *Bildungslandschaften wirksam steuern – Eine heuristische Wirkungslogik unter Berücksichtigung des sozio-ökologischen Kontexts*. Universität Dortmund.

Kolleck, N., de Haan, G., & Fischbach, R. (2012). *Qualitätssicherung der Bildung für nachhaltige Entwicklung. Netzwerke, Kommunen und Qualitätsentwicklung im Kontext der UN-Dekade „Bildung für nachhaltige Entwicklung"*. Bundesministerium für Bildung und Forschung (BMBF) Referat Bildungsforschung. file:///C:/Users/barke/Downloads/BMBF-Band_BNE_-_Bildungsforschung_band_neununddreissig-1.pdf. BMBF.

Kolleck, N. (2015). Von der Bildungslandschaft zur nachhaltigen Bildungslandschaft. In R. Fischbach, N. Kolleck, & G. de Haan (Hrsg.), *Auf dem Weg zu nachhaltigen Bildungslandschaften. Lokale Netzwerke erforschen und gestalten* (S. 27–38). VS Verlag.

Lukowitz, T. (2017). *Multirelationale Netzwerkanalyse formaler Organisationsstrukturen*. Universität Köln.

Mutschke, P. (2010). Zentralitätsanomalien und Netzwerkstruktur. Ein Plädoyer für einen „engeren“ Netzwerkbegriff und ein community-orientiertes Zentralitätsmodell. In C. Stegbauer (Hrsg.), *Netzwerkanalyse und Netzwerktheorie. Ein neues Paradigma in den Sozialwissenschaften* (2. Aufl., S. 261–272). VS Verlag.

Otto, J., & Manitius, V. (2017). Die Kooperationsidee von Bildungslandschaften – Eine kritische Würdigung. In T. Olk & S. Schmachtel (Hrsg.), *Educational Governance in kommunalen Bildungslandschaften* (S. 204–227). Beltz Juventa.

Rossmeisl, D. (2019). Teilhabe durch Kulturelle Bildung – Kommunen und ihre Verantwortungsrolle für Bildungslandschaften. In T. Braun & K. Hübner (Hrsg.), *Perspektive Ganztag?! Ganztägige Bildung mit Kultureller Bildung kinder- und jugendgerecht gestalten* (S.77–86). Kopaed.

Schäfer, K. (2009). Herausforderungen bei der Gestaltung kommunaler Bildungslandschaften. In P. Bleckmann & A. Durdel (Hrsg.), *Lokale Bildungslandschaften: Perspektiven für Ganztagsschulen und Kommunen*. VS Verlag.

Spieß, E. (2004). Kooperation und Konflikt. In H. Schuler (Hrsg.), *Organisationspsychologie. Gruppe und Organisation* (S. 193–250). Hogrefe.

Thoms, S., Meser, K., & Neugebauer, T. (2019). Inklusive Schulen in kommunalen inklusiven Bildungslandschaften. In M. Hart-mann, M. Hummel, M. Lichtblau, J. M. Löser, & S. Thoms (Hrsg.), *Facetten inklusiver Bildung. Nationale und internationale Perspektiven auf die Entwicklung inklusiver Bildungssysteme* (S. 126–136). Klinkhardt.

Website Billenetz. (o. J.). www.billenetz.de/chronik.

Bianca Adam ist wissenschaftliche Mitarbeiterin im Projekt „Heterogenität und Inklusion gestalten – Zukunftsstrategie Lehrer*innenbildung (ZuS)“ an der Universität zu Köln. Im Rahmen ihrer Tätigkeit beschäftigt sie sich insbesondere mit der Entwicklung von E-Learning-Formaten zum Themenfeld Inklusion.

Kontakt: biancaadam@proton.me.

„Ich kann es mir (nicht) vorstellen...“ – Inklusionsorientiertes Schulleitungshandeln in herausfordernden Lagen

Benjamin Badstieber

Zusammenfassung

Der vorliegende Beitrag eröffnet eine empirische Perspektive auf die Handlungspraxis von Schulleitenden in herausfordernden Lagen im Kontext Inklusion. Durch die Analyse bestehender Umsetzungsstrategien schulischer Leitungskräfte wird ein vertieftes Verständnis für die Spezifik der Anforderungen und der Dynamiken eines inklusionsorientierten Schulleitungshandelns in herausfordernden Lagen ermöglicht. Rekurriert wird dazu auf Teile einer umfangreichen empirischen Untersuchung in Nordrhein-Westfalen. Mögliche Implikationen für die Zukunft eines inklusionsorientierten Schulleitungshandelns werden skizziert.

Schlüsselwörter

Inklusion • Schulleitung • Herausfordernde Lage • Schulentwicklung • Soziale Ungleichheit

> ... das ist nicht ein Traum ,sondern das ist ein Muss, um ordentlich arbeiten zu können. Also das sehe ich als Muss. Ich sehe aber überhaupt nicht, dass wir das kriegen. Ich kann es mir nicht vorstellen .... [Herr Braun, Leitende*r einer Gesamtschule in städtisch herausfordernder Lage]

B. Badstieber (✉)
Köln, Deutschland
E-Mail: benjamin.badstieber@uni-due.de

S. Schuppener et al. (Hrsg.), *Inklusive Schule im Sozialraum*,
https://doi.org/10.1007/978-3-658-42158-8_8

1 Einleitung

Die Ausgestaltung inklusionsorientierter Schulentwicklungsprozesse erweist sich für schulische Akteur*innen als grundlegend herausfordernd. Wie empirische Studien zeigen (vgl. Badstieber et al., 2018), werden insbesondere auch Schulleitende vor komplexe und in sich widersprüchliche Anforderungskonstellationen gestellt. Der transformatorische Anspruch schulischer Inklusion – bestehende Barrieren und (Be-)Hinderungen abzubauen und gleichberechtigte Teilhabemöglichkeiten für alle Schüler*innen in (schulischen) Bildungsorganisationen zu schaffen – stellt unabhängig vom jeweiligen Schulstandort eine Komplexitätssteigerung des ohnehin umfassenden Aufgabenportfolios der Schulleitenden dar. Angesichts zunehmend knapper Personal- bzw. Ressourcenmittel und weiterhin bestehender segregativer Strukturvorgaben des bestehenden Bildungssystems befindet sich die inklusive Schulentwicklung an sich in einer vermehrt ‚herausgeforderten Lage' (Feuser, 2017).

Ein differenzierter Blick in die deutsche Schullandschaft zeigt gleichzeitig unterschiedliche empirische Erscheinungsformen inklusionsorientierter Schulentwicklungsprozesse. Nicht nur die schulform- sondern auch die standortspezifischen Bedingungen offerieren unterschiedliche Ausgangslagen und erfordern eine jeweilige standortspezifische Ausgestaltung inklusionsorientierter Schulentwicklung. Rechtliche, bildungspolitische sowie administrative Vorgaben und Reformimpulse können in dieser Perspektive nicht einfach von den Schulleitenden übernommen werden, sondern müssen von ihnen auf Ebene der Einzelschule an die jeweiligen (sozialräumlichen) Handlungsbedingungen der Einzelschule adaptiert und kreativ ausgestaltet werden (Fend, 2008). Insbesondere hier kommt den Schulleitenden eine zentrale Schnittstellen- und Schlüsselfunktion zu (Brauckmann & Böse, 2017).

Gerade auch für Schulen in sozialräumlich deprivierter Lage potenzieren sich dabei die Herausforderungen und Notwendigkeiten einer standortsensiblen Ausgestaltung schulischer Inklusion. Empirische Studien verweisen auf eine anspruchsvolle und mitunter problematische Situation für (inklusionsorientierte) Schulentwicklungsprozesse. Vielfach belastete Schulbedingungen und Akteur*innen (hohes personales Ressourcendefizit, hohe Lehrer*innenfluktuation, vermehrter Vertretungsunterricht, erhöhte Unterrichtsausfälle aufgrund erhöhter Krankenstände, hohe Zahl von Seiten- und Quereinsteiger*innen etc.) (vgl. Serke, 2022) treffen auf eine Schüler*innenschaft, die ihrerseits ausgehend von ihren biographischen Erfahrungen und ihren sozial deprivierten Lebenslagen eine konstante und professionelle Unterstützung in Schule und Unterricht benötigen

(Steins, 2016). Die Realisierung des Rechtsanspruchs auf hochwertige inklusive Bildung für alle rückt gerade hier in den Grenzbereich des (Un-)Vorstellbaren.

Vor diesem Hintergrund möchte der vorliegende Beitrag die im Sammelband aufgeworfene Frage nach einer gelingenden inklusions- und sozialraumorientierte Schulentwicklung durch eine empirische Perspektive auf die schulleitungsseitigen Praktiken in herausfordernden Lagen ergänzen. Im Zentrum steht dabei zunächst weniger die Frage nach einer erfolgreichen Praxis, als vielmehr die Analyse bestehender Umsetzungsstrategien schulischer Leitungskräfte unter den gegebenen Bedingungen. Ziel ist es ein vertieftes Verständnis für die Spezifik der Anforderungen und die Dynamiken eines inklusionsorientierten Schulleitungshandeln in herausfordernden Lagen zu eröffnen. Rekurriert wird dazu auf Teile einer umfangreichen Studie zum Schulleitungshandeln im Kontext inklusionsorientierter Schulentwicklungsprozesse (Badstieber, 2021). Mögliche Implikationen für zukünftige inklusionsorientierte Entwicklungsimpulse für Schulen in herausfordernder Lage werden abschließend skizziert.

2 Inklusion in herausfordernden Lagen? Begriffliche Orientierungen

Die Begriffe ‚Inklusion' und ‚herausfordernde Lage' sowie die damit bezeichneten Phänomene sind vieldeutig und je nach dem zu Grunde gelegten Verständnis verschiedentlich miteinander verbunden (Köpfer, 2020; Racherbäumer & Bremm, 2021). Während die Feststellung, eine Schule befände sich in einer ‚herausfordernden Lage', vor allem auf eine Überrepräsentation von Schüler*innen in sozial benachteiligten Lebensverhältnissen und ihre sozialräumliche Segregation verweist (Rutter, 2020), lässt sich Inklusion als ein normativer Orientierungsrahmen verstehen, in dessen Zentrum die menschenrechtsbasierte Forderung nach der Überwindung eben genau solcher Prozesse bzw. Verhältnisse der Benachteiligung und Segregation unterschiedlicher Personen(-gruppen) steht (Ziemen, 2018). Mit Blick auf die Schule und den schulischen Sozialraum plädiert Inklusion für eine gleichberechtigte Teilhabe aller Menschen in allen Lebensbereichen und fokussiert dabei insbesondere die Rechte vulnerabler und marginalisierter Personen, die in besonderem Maße vom Ausschluss der Teilhabe bedroht sind. In dieser sozialwissenschaftlichen und transformatorischen Perspektive (Amrhein & Badstieber, 2021) tritt Inklusion damit auch als Zielsetzung und Prozess auf, um die mit dem Terminus ‚schwierige Lage' umrissenen gesellschaftliche (Miss-)Verhältnisse in und um Schule kritisch zu reflektieren und unter der gleichberechtigten Beteiligung aller schließlich zu überwinden.

Obwohl damit die Begriffe und Phänomene ‚Inklusion' und ‚herausfordernde Lage' unmittelbar zueinander in Beziehung stehen, zeigen die wissenschaftlichen und bildungspolitischen Diskurse, dass eine Verbindung zwischen den Phänomenbereichen und Begrifflichkeiten vielfach nicht hergestellt wurde. So wird mit Blick auf den Diskurs um Inklusion vielfach eine Verengung auf die Schule und insbesondere auf die Differenzlinie der Behinderung bzw. des sonderpädagogischen Förderbedarfs deutlich. In diesem Verständnis wird Inklusion vor allem in einer tendenziell additiven Logik als zusätzliche Möglichkeit der Beschulung von Schüler*innen mit einem sonderpädagogischen Förderbedarf an den regulären Schul- und Bildungsinstitutionen diskutiert und bildungspolitisch als sogenanntes ‚Gemeinsames Lernen' umgesetzt (Lütje-Klose, Neumann & Streese, 2017). Entgegen der internationalen Auslegungen wird Inklusion hier (eher) nicht mit Fragen sozialer Ungleichheit (im Sozialraum) verbunden (Hinz, 2013). Eine Verknüpfung der Forderung nach Inklusion mit dem Phänomen der ‚herausfordernden Lagen' ergibt sich in diesem ‚verkürzten' Verständnis wenn überhaupt indirekt über eine hohe Anzahl von Schüler*innen mit sonderpädagogischem Förderbedarf im Bereich der emotionalen und sozialen Entwicklung, die häufig in sozial benachteiligten Lebenslagen aufwachsen. In der Wissenschaft wurden diese Verkürzungen des Diskurses und der Ausgestaltung der (schulischen) Inklusion insbesondere unter dem Begriff der „Sonderpädagogisierung" kritisch reflektiert (Biermann, 2019).

3 Schulleitungshandeln in inklusionsorientierten Schulentwicklungsprozessen – Forschungs- und Diskussionsstand

Der aktuelle Forschungs- und Diskussionsstand zur inklusionsorientierten Schulentwicklung weist darauf hin, dass eine vermeintlich klare Unterscheidung von Schüler*innen mit und ohne sonderpädagogischem Förderbedarf weder theoretisch noch praktisch möglich bzw. sinnvoll erscheint (Haas & Bärmig, 2022). Die Vorstellung es ginge darum, einzelne Schüler*innen mit einem Attest ‚sonderpädagogischem Förderbedarf' nun individuell zu fördern, ohne auch den Unterricht für die weitere Schüler*innenschaft bzw. Schulgemeinschaft entsprechend der Zielvorgabe einer inklusiven Bildung zu reflektieren und zu transformieren, erweist sich nach heutigen Erkenntnissen als wenig zielführend. Vielmehr verweisen bestehende Studien darauf, dass erfolgreiche inklusionsorientierte Schulentwicklungsprozesse sich gerade dadurch auszeichnen, dass schulische Kulturen, Strukturen und Praktiken für alle Schüler*innen und schulische Akteur*innen verändert werden (Arndt & Werning, 2016). Inklusion in Schule setzt offensichtlich die Wahrnehmung und Berücksichtigung der Heterogenität aller sowie einen kritisch-sensiblen Umgang mit Kategorisierung voraus. Die Bereitstellung eines individualisierten Lernangebotes in der schulischen Gemeinschaft für alle verschiedentlich verschiedenen Schüler*innen ist demnach grundlegend bedeutsam für die Ausgestaltung inklusionsorientierter Schulen. Dies gilt auch, weil aus intersektionaler Perspektive immer wieder gezeigt werden kann, dass unterschiedliche Differenzenlinien in der schulischen Praxis gleichzeitig relevant werden und sich Benachteiligungen (etwa aufgrund von Geschlecht, Sprache, sozialer Herkunft, Behinderung etc.) überlagern (Wagner-Willi & Sturm, 2012). Mit anderen Worten: Auch Schüler*innen ohne Attest ‚sonderpädagogischer Förderbedarf‘ können von Benachteiligung und Ausgrenzung bedroht sein und haben ein Bedarf bzw. ein Recht auf ein inklusives Angebot. Und auch Schüler*innen mit einem ‚sonderpädagogischen Förderbedarf‘ profitieren erst dann von der Gemeinschaft, wenn sie nicht auf ihren ‚sonderpädagogischen Förderbedarf‘ reduziert werden und nicht die einzigen sind, die als ‚individuell‘ wahrgenommen und adressiert werden.

Schulleitenden an Schulen (in herausfordernden Lagen) kommt nach aktueller Studienlage in dementsprechenden inklusionsorientierten Schulentwicklungsprozessen eine zentrale Funktion zu. Dabei gelten die Reflexion des eigenen Leitungshandelns und ein professionalisierter, werteorientierter sowie partizipativer Führungsstil als Voraussetzung und zentrales Mittel:

> Diversity encourages us to examine our values as leaders, as the concept implies the making of conscious and unconscious judgments about who is included and welcomed and who is not (Coleman, 2006, S. 147 f.).

Gesprochen wird dabei vielfach von einem „distributed leadership“ (Badstieber & Modlenhauer, 2016), bei dem es darum geht, aus einer überzeugten und professionalisierten Perspektive auf Inklusion einen Schulentwicklungsprozess anzuleiten und gemeinsam mit der Schulgemeinschaft auszugestalten. Schulleitende müssen dabei eine Balance finden zwischen demokratischer Mitbestimmung und der Ausübung ihrer Führungskompetenz zur Durchsetzung der notwendigen Veränderungen (Kugelmass & Ainscow, 2004). Dies gilt insbesondere vor dem Hintergrund der als unzureichend wahrgenommen Ressourcenbedingungen und der weiterhin häufig der Idee inklusiver Bildung widersprechenden Strukturvorgaben des mehrgliedrigen sowie segregierenden deutschen Schulsystems. Hier müssen Schulleitende offensichtlich vielfach die paradoxen Vorgaben bearbeiten und durch diverse Strategien kompensieren (Amrhein, 2014). Neben Tätigkeiten, die den Aufbau und die Bereitstellung konkreter Handlungsvoraussetzungen für das Kollegium betreffen (z. B. Verteilung und Akquise sächlicher, räumlicher und personeller Ressourcen), zielen die Leitungsanforderungen dabei entsprechend insbesondere auf eine gemeinsame Willensbildung und Professionalisierung des Kollegiums bzw. der Schulgemeinschaft ab. Zentrale Aufgabenbereiche der Schulleitung sind demnach u. a. die Entwicklung und Kommunikation eines gemeinsamen Leitbildes, die Etablierung von Kommunikations- und Kooperationsstrukturen, der Aufbau einer konstruktiven Kultur im Umgang mit Widerständen sowie die Ermöglichung von Professionalisierungsmaßnahmen für das Kollegium (vgl. Badstieber, 2021).

Dabei lässt sich auch zeigen, dass Schulleitende diese im Kontext schulischer Inklusion aufkommenden Forderungen in unterschiedlicher Weise bearbeiten (können). Für den deutschsprachigen Raum konnte inzwischen herausgearbeitet werden, dass Schulleitende einen Entscheidungs-und Handlungsspielraum besitzen, in welcher Intensität sowie Art und Weise sie den bestehenden Rechtsanspruch schulischer Inklusion an ihrer Schule auszugestalten versuchen. Hier spielen, wie im Folgenden am Beispiel einer Schule in herausfordernder Lage noch zu zeigen sein wird, neben den individuellen Dispositionen der Schulleitenden und den institutionellen Vorgaben etwa der Schulform, vor allem auch die standortspezifischen Schulbedingungen eine zentrale Rolle.

4 Inklusionsorientiertes Schulleitungshandeln in herausfordernden Lagen – Empirische Einblicke

Was kennzeichnet nun inklusionsorientiertes Schulleitungshandeln in herausfordernden Lagen? Im Rahmen meiner Dissertation wurde eine umfangreiche Studie zum Schulleitungshandeln in inklusionsorientierten Schulentwicklungsprozessen an Schulen der Sekundarstufe I im Bundesland Nordrhein-Westfalen vorgelegt (Badstieber, 2021). Dabei zeigte sich insbesondere in der qualitativen Interviewstudie, dass sich die Voraussetzungen und das Handeln der Schulleitenden an Schulen in heraufordernder Lagen von denen an anderen Schulen unterscheiden. So konnten mittels der dokumentarischen Methode der Textinterpretation entlang von zwei Interviews im Kontrast mit zehn anderen Interviews mit Schulleitenden die Spezifik des Schulleitungshandelns in den herausfordernden Lagen exemplarisch sichtbar gemacht werden. Im Folgenden werden die Ergebnisse zusammenfassend dargestellt und anhand einzelner Interviewpassagen von ‚Herrn Braun‘ aus der Arbeit veranschaulicht. Dabei werden die für die Schulleitenden drei zentralen Spannungsfelder und Spezifika der Ausgestaltung schulischer Inklusion an Schulen in herausfordernder Lage sichtbar gemacht. Das Schulleitungshandeln wird innerhalb der paradoxen Anforderungskonstellationen der Ausgestaltung schulischer Inklusion verortet und analysiert. Eine dezidierte Analyse der Interviewpassagen findet hier nicht statt und kann in der Dissertationsschrift nachgelesen werden (Badstieber, 2021, S. 147 ff.)

4.1 (Inklusions-)pädagogische Ambitionen und ökonomische Handlungszwänge zusammenbringen

> das ist halt schon so ein Balanceakt, weil ich will die Kollegen auch nicht verprellen, die brauchen wir. Und ich kann nicht auswählen. Ich kriege keine Million Gehalt und kann sagen: ‚Du kommst, Du kommst, Du kommst!', sondern es sind die da, die da sind. Bei den Lehrkräften, ja. [Herr Braun, Leitende*r einer Gesamtschule in städtisch herausfordernder Lage]

Als erstes zentrales Kennzeichen eines Schulleitungshandelns in herausfordernder Lage lässt sich eine stark ausgeprägte ökonomische Orientierung in der Ausgestaltung inklusionsorientierter Schulentwicklungsprozesse in den Interwies herausarbeiten. Obgleich alle Schulleitenden die Akquise und Verteilung der Ressourcen als eine zentrale Herausforderung inklusiver Schulentwicklung benennen und handlungspraktisch bearbeiten, zeigt sich insbesondere bei den Schulleitenden in herausfordernder Lage eine überaus prekäre Situation. So wird vielfach deutlich, dass die Ausgestaltung inklusionsorientierter Schulentwicklung zu großen Teilen nicht vorrangig entlang potentiell denkbarer und auch von den Schulleitenden erwünschter pädagogischer Ambitionen ausgearbeitet werden, sondern vor allem auch entlang von Fragen nach einem effizienten und schonenden Einsatz der als zu geringfügig erachtete Ressourcen. Die (inklusions-)pädagogischen Ambitionen der interviewten Schulleitenden werden immer wieder von Fragen nach einer möglichen Umsetzbarkeit gebrochen bzw. konturiert und die (inklusions-)pädagogisch en Innovationsmöglichkeiten mitunter als eingeschränkt wahrgenommen. Die Handlungsmacht der Schulleitenden, die Prozesse und Entscheidungen an ihrer Schule gezielt zu steuern, sich potentiell auch anders entscheiden zu können (Giddens, 1997), zeigt sich vergleichsweise gering. Während in anderen Schulen beispielsweise die Frage nach der Verteilung der professionellen Verantwortung und des zur Verfügung stehenden Personals für Schüler*innen mit sonderpädagogischem Förderbedarf aus (inklusions-) pädagogischen und letztlich werteorientierten Entscheidungen gezielt beantwortet wird, ergeben sie sich an Schulen in herausfordernder Lage aufgrund der zu geringen (Personal-)Ressourcen für die vielen Bedarfe mitunter zwangsläufig. Auch ein sensibler, konstruktiver Umgang mit den Kolleg*innen an der Schule ist nicht (vor allem) eine explizite Werteentscheidung („Inklusive Schulentwicklung bedeutet für mich auch die Kolleg*innen in ihrer Individualität wertzuschätzen"), sondern, wie das obige Zitat zeigt, eine ressourcenbezogene Notwendigkeit, um das Kollegium nicht zu ‚verprellen'. Insgesamt zeigt sich damit eine ambivalente Perspektivierung schulischer Inklusion durch die Schulleitenden, insofern als auf der einen Seite die Unterstützung von Benachteiligung und Behinderung bedrohter Schüler*innen als ein selbstverständlicher und zwangsläufig notwendiger Bestandteil der eigenen Arbeit bearbeitet wird und diese gleichzeitig auf der anderen Seite auch als eine unzumutbare Belastung für die eigene Schule taxiert wird. Innovationen müssen von den Schulleitenden daher wohldosiert werden. So wird immer wieder ein spannungsreiches Schulleitungshandeln deutlich, bei dem es auf der eine Seite darum geht eine auch in (inklusions-)pädagogischer Perspektive ambitionierte Bildung für die Schüler*innen am Standort zu ermöglichen und für bessere Lehr-und Lernbedingungen ‚zu kämpfen' (Inklusion als ‚Kraftakt') und auf der anderen Seite den ökonomischen und sozialen Problemlagen an der Schule durch ein ressourcenbewusstes Handeln grundlegend zu begegnen.

4.2 Paradoxe Vorgaben und handlungspraktische Dilemmata bewältigen

> Deswegen haben wir jetzt auch in den letzten Jahren diese nachträglichen AOSFs, weil wir sind eine Schule im Brennpunkt mit allen Bildungsverlierern aus allen Stadtteilen hier zurzeit, das ist schon sehr, sehr schwierig und es sind sehr viele Kinder ohne Stempel, aber dennoch haben die –, haben eben viele Förderbedarf. Und die sammeln sich jetzt so hier. Das geht jetzt hier in die falsche Richtung. [Herr Braun, Leitende*r einer Gesamtschule in städtisch herausfordernder Lage]

Die grundlegend spannungsreiche Auseinandersetzung mit den Anforderungen schulischer Inklusion zeigt sich nicht ausschließlich aufgrund der potentiell bedrohlich wirkenden Ressourcenbedingungen, sondern wird vielmehr offensichtlich durch die bildungspolitischen Vorgaben und paradoxen Anforderungskonstellationen verkompliziert. Insbesondere in den Interviews mit den Schulleitenden der Schule in herausfordernder Lage wird deutlich, dass die bildungspolitische Vorgabe, Inklusion als ‚Gemeinsames Lernen' für Schüler*innen mit sonderpädagogischem Förderbedarf zu ‚übersetzen', zu erheblichen Widersprüchen im Schulleitungshandels führt. In der Handlungspraxis wird eine inklusionspädagogische Orientierung des Schulleitungshandelns dadurch erschwert, weil das bestehende Bildungssystem mit seinem (leistungs-) segregativen und kategorisierenden Charakter nicht grundlegend reformiert wird.

Denn zum einen werden alle Schüler*innen der Schulen in herausfordernder Lage als dringend förderbedürftig wahrgenommen, so dass sich die bildungspolitische Vorgabe, zwischen Schüler*innen mit und ohne Förderbedarf unterscheiden zu müssen, als wenig praktikabel erweist. Zum anderen wird durch das Festhalten am bestehenden Bildungssystem durch die Bildungspolitik die Segregation und Konzentration benachteiligter Schüler*innen an den Schulen in herausfordernder Lage eher aufrechterhalten und konserviert als transformiert. Zentrales Ergebnis dieses Prozesses ist insbesondere die zunehmende administrative Etikettierung von Schüler*innen mit einem sonderpädagogischen Förderbedarf an diesen Schulen und in der Perspektive der Schulleitenden die Fortsetzung der Entwicklung der Auslese in die ‚falsche Richtung' (siehe Zitat). Die administrativen und bildungspolitischen Vorgaben zum Gemeinsamen Lernen setzen offenbar entgegen der Zielsetzung (schulischer) Inklusion nicht eine zunehmende De-Etikettierung und De-Segregation der Schüler*innen in Gang, sondern führen zu einer vermehrt administrativ dokumentierten Etikettierung und weitergehenden Homogenisierung einer grundsätzlich benachteiligten und marginalisierten Schüler*innenschaft an den Schulen in herausfordernden Lagen. Das Schulleitungshandeln bewegt sich hier also erneut in einem Spannungsverhältnis, in dem auf der einen Seite die Etikettierungen der Schüler*innen mit einem sonderpädagogischen Förderbedarf auch von den Schulleitenden durchaus unterstützt werden, auch weil sie den Zugang zu dringend benötigten zusätzlichen (sonderpädagogischen) Ressourcen öffnen und auf der anderen Seite aber durch diese Etikettierungen die als problematisch wahrgenommene Entwicklung fortgesetzt wird (Ressourcen-Etikettierungs-Dilemma). Es zeigt sich daher als zweites zentrales Kennzeichen des Schulleitungshandelns in herausfordernder Lage die Problematik eine kohärente inklusionspädagogische Orientierung in diesen Prozessen aufzubauen und trotz der paradoxen und dilemmatischen Vorgaben der Bildungspolitik zu erhalten. Dies wird mitunter auch durch konzeptionelle und begriffliche Unschärfen deutlich, wenn z. B. in den Interviews ‚Inklusion' mal auf alle Schüler*innen, mal nur auf Schüler*innen mit Förderbedarf bezogen wird und die Zielperspektive des Schulleitungshandelns häufiger zwischen der Idee schulischer Inklusion und der Idee der Wiederherstellung einer gut (leistungs-)gemischten Schüler*innenschaft im Sinne einer Gesamtschule changiert.

4.3 Belastungen ausbalancieren und Problemlagen kommunizieren

> Also so zwei Ebenen: die interne mit einer Leitungsart, einem Führungsstil, der wertschätzend ist. Ich gebe mir Mühe, das zu tun. Das klappt nicht immer, aber das ist meine Grundhaltung. Und parallel den Kollegen klarmachen, ‚Ich sehe da eine Situation, die ist total schwierig und deswegen lehne ich mich dafür weit aus dem Fenster.' So, und dann sind ja zwei Arten von Wertschätzung: die individuelle für die Arbeit hier und die, auch zu sagen: ‚Ich traue mich, meinen Mund aufzumachen und ich nehme es nicht hin, dass wir schlecht behandelt werden'. [Herr Braun, Leitende*r einer Gesamtschule in städtisch herausfordernder Lage]

Einhergehend mit diesen spannungsreichen Dynamiken der Ausgestaltung schulischer Inklusion nehmen die Schulleitenden eine zentrale Schnittstellenposition ein. Bei dieser geht es insbesondere in Schulen in herausfordernden Lagen als drittes zentrale Kennzeichen auch darum, zwischen den Akteur*innen der eigenen Schule und den belastenden bildungspolitischen Vorgaben zu vermitteln. Das Schulleitungshandeln zeigt sich hier als eine Art ‚Puffer nach innen' und ‚Sprachrohr nach außen', in dem insbesondere die administrativen und bildungspolitischen Vorgaben vorsichtig durch eine wertschätzende und verständnisvolle Vermittlung in das Kollegium kommuniziert werden und die innerschulischen Bedarfe nach außen hin sichtbar und (politisch) verhandelbar gemacht werden. Das Schulleitungshandeln zeigt sich hier solidarisch mit den Akteur*innen der eigenen Schule und ihren Bedarfen und mitunter konfrontativ insbesondere gegenüber den bildungspolitischen Instanzen. Erlebt wird seitens der Schulleitenden eine fehlende Aufmerksamkeit für die spezifischen Problemlagen der Schule(n) in herausfordernder Lage auf Seiten der administrativen und insbesondere bildungspolitischen Entscheidungsträger. Dabei hat die Artikulation und Kommunikation von wahrgenommenen Belastungen und Problemlagen nach außen vor allem auch symbolische Bedeutung für die innerschulische Willensbildung, um dieses wahrgenommene Defizit an Aufmerksamkeit auszugleichen und die Motivationen der Akteur*innen vor Ort trotz der belastenden Bedingungen zu erhalten. In den Interviews wird deutlich, dass auch seitens der Schulleitenden die tatsächlichen Möglichkeiten der unmittelbaren Einflussnahme auf Entscheidungsprozesse der administrativen und bildungspolitischen Ebenen als überaus eingeschränkt wahrgenommen werden. Der Versuch, durch die vermehrte unmittelbare Kommunikation mit den Akteur*innen der Schulämter und der Schulaufsicht vor Ort zusätzliche Ressourcen zu generieren, wird wiederholt als ‚Frustrationsaufgabenfeld' dargestellt. Aus dieser Perspektive erweist sich nicht nur die Motivation des Kollegiums als ein mitunter belastender Kraftakt eines inklusionsorientierten Leitungshandelns an Schulen in herausfordernder Lage. Auch auf Seiten der Schulleitenden selbst dokumentiert sich eine teilweise resignative Haltung und die belastende Auseinandersetzung mit den eigenen Bedenken eines potentiell möglichen grundlegenden Scheiterns nicht nur, aber auch, im Hinblick auf die Ausgestaltung schulischer Inklusion.

5 Zumutungen als Chance? – Perspektiven inklusionsorientierten Schulleitungshandelns in herausfordernden Lagen

Die vorliegenden Analysen und Diskurse machen die Komplexität schulischen Leistungshandelns in herausfordernden Lagen deutlich. Sie fokussieren eine Gruppe von schulischen Akteur*innen, die aus einer offensichtlich benachteiligten Position heraus gleichzeitig erhöhte Anforderungen bewältigen müssen. Trotz einer „doppelte[n] Herausforderung" (Manitius & Dobbelstein, 2017) in Form von widersprüchlichen administrativen bzw. bildungspolitischen Vorgaben und prekären Ressourcenlagen, gilt es sich zu engagieren, um den bestehenden Rechtsanspruch auf eine hochwertige inklusive Bildung auszugestalten. Aus den vorgenommenen Analysen zeigt sich, dass dies nicht nur mit Blick auf die Leitungstätigkeiten gegenüber den unterschiedlichen Akteur*innen (Schüler*innen, Eltern, Lehrkräfte, Schuladministration etc.) viel gefordert ist, sondern auch insbesondere gegenüber der eigenen Person. In den Daten wird unmittelbar sichtbar, dass das Schulleitungshandeln für die Schulleitenden selbst eine psychisch höchst anspruchsvolle Tätigkeit darstellt. Um trotz der überaus widersprüchlichen, vielfach be-hindernden Bedingungen handlungsfähig zu sein und zu bleiben, ist auch eine andauernde Selbstfürsorge und -vergewisserung seitens der Schulleitenden notwendig.

Die Daten machen dabei im Hinblick auf die Ausgestaltung schulischer Inklusion die Notwendigkeit einer Umsteuerung und Intensivierung der Unterstützungsleistungen für diese Schulleitenden deutlich. Hier liegt die Verantwortung sicherlich vorrangig auf den ‚übergeordneten' Ebenen des Bildungssystems (und auch in der Wissenschaft) etwa in der Bereitstellung hinreichender Ressourcen und inklusionsorientierter Professionalisierungsangebote. Mit Blick auf das unmittelbare Schulleitungshandeln eröffnen die hier in den Interviews und an anderer Stelle berichteten Beispiele inklusionsorientierter Schulentwicklung in herausfordernder Lage neue Inspiration (Stähling & Wenders, 2021) und zeigen auch mit Blick auf die Schulleitenden selbst einen überaus relevanten Handlungs-

und Deutungsspielraum in der Ausgestaltung schulischer Inklusion auf (Badstieber, 2021). Tatsächlich wird auch in den hier skizzierte Analysen deutlich, dass gerade an den Schulen in herausfordernder Lage ein für die Ausgestaltung schulischer Inklusion zuträgliches professionelles Selbstverständnis und Kompetenzen kreiert wurden, die an anderer Stelle (z. B. Schulform des Gymnasiums) vielfach erst noch erarbeitet werden müssen. Der mitunter unzumutbaren Situation an Schulen in herausfordernder Lage wohnt offensichtlich auch, wie unter anderem auch Stähling und Wenders (2021) formulieren und praktisch zeigen, eine Kraft inne, sich im zutiefst inklusiven Sinne für und mit den benachteiligten und marginalisierten Schüler*innen zu solidarisieren und zu empowern. Sicherlich wäre diese Kraft mit deutlich erhöhter Unterstützung von ‚außen' besser zu entfalten.

Literatur

Amrhein, B. (2014). Inklusive Bildungslandschaften: Neue Anforderungen an die Professionalisierung von Schulleitung. In S. G. Huber (Hrsg.), *Jahrbuch Schulleitung 2014. Befunde und Impulse zu den Handlungsfeldern des Schulmanagements: Schwerpunkt: Inklusion – Umgang mit Vielfalt* (S. 253–267). Carl Link.

Amrhein, B., & Badstieber, B. (2021). *Mit Schulleitung gesunde, inklusive Schule gestalten.* Handlungsempfehlungen und Reflexionsimpulse für Schulentwicklungsprozesse. DGUV Information 202–111. Herausgegeben von: Deutsche Gesetzliche Unfallversicherung e. V. (DGUV).

Arndt, A.-K., & Werning, R. (2016). Was kann man von Jakob Muth-Preisträgerschulen lernen? Ergebnisse der Studie »Gute inklusive Schule«. In B. Stiftung (Hrsg.), *Inklusion kann gelingen! Forschungsergebnisse und Beispiele guter schulischer Praxis* (S. 105–140). Bertelsmann Stiftung.

Badstieber, B. (2021). *Inklusion als Transformation?! Eine empirische Analyse der Rekontextualisierungsstrategien von Schulleitenden im Kontext schulischer Inklusion.* Klinkhardt.

Badstieber, B., Köpfer, A., & Amrhein, B. (2018). Schulleitungen im Kontext inklusiver Bildungsreformen. In T. Sturm & M. Wagner-Willi (Hrsg.), *Handbuch schulische Inklusion* (S. 235–249). Budrich.

Badstieber, B., & Moldenhauer, A. (2016). Schulleitungshandeln in inklusionsorientierten Schulentwicklungsprozessen. In U. Böing & A. Köpfer (Hrsg.), *Be-Hinderung der Teilhabe. Soziale, politische und institutionelle Herausforderungen inklusiver Bildungsräume* (S. 209–219). Klinkhardt.

Biermann, J. (2019). *„Sonderpädagogisierung der Inklusion". Artikel 24 UN-BRK und die Diskurse über die Entwicklung inklusiver Schulsysteme in Nigeria und Deutschland.* Bundeszentrale für politische Bildung. www.bpb.de/shop/zeitschriften/apuz/284892/sonderpaedagogisierung-der-inklusion/.

Brauckmann, S., & Böse, S. (2017). Picking up the pieces? Zur Rolle der Schulleitung beim Turnaround-Ansätze und empirische Erkenntnisse. In V. Manitius & P. Dobbelstein (Hrsg.), *Schulentwicklungsarbeit in herausfordernden Lagen* (S. 85–103). Waxmann.

Coleman, M. (2006). Editorial: Educational leadership and diversity. *Educational Management Administration & Leadership, 34*(2), 147–149.

Fend, H. (2008). *Neue Theorie der Schule. Einführung in das Verstehen von Bildungssystemen* (2., durchgesehene Aufl.). VS Verlag.

Feuser, G. (Hrsg.). (2017). *Inklusion – Ein leeres Versprechen? Zum Verkommen eines Gesellschaftsprojekts.* Psychosozial-Verlag.

Giddens, A. (1997). *Die Konstitution der Gesellschaft: Grundzüge einer Theorie der Strukturierung* (3. Aufl.). Campus.

Haas, B. (2012). Dekonstruktion und Dekategorisierung Perspektiven einer nonkategorialen (Sonder-) Pädagogik. *Zeitschrift für Heilpädagogik, 63*(10), 404–413.

Haas, B., Bärmig, S. (2022). Inklusionsorientierte Schulentwicklungen und die Notwendigkeit einer Verallgemeinerung der Exklusionsvermeidung. In J. Frohn, A. Bengel, A. Piezunka, T. Simon, T. Dietze (Hrsg.), *Inklusionsorientierte Schulentwicklung. Interdisziplinäre Rückblicke, Einblicke und Ausblicke* (S. 129–137). Bad Heilbrunn: Verlag Julius Klinkhardt. URN: nbn:de:0111-pedocs-262210, DOI: https://doi.org/10.25656/01:26221; https://doi.org/10.35468/5983-13.

Hinz, A. (2013). Inklusion – Von der Unkenntnis zur Unkenntlichkeit!? – Kritische Anmerkungen zu einem Jahrzehnt Diskurs über schulische Inklusion in Deutschland. *Zeitschrift für Inklusion, 1.* www.inklusion-online.net/index.php/inklusion-online/article/view/26.

Köpfer, A. (2020). Artikulationen Inklusiver Bildung zwischen Strukturkritik und funktionaler Integration – Erkundungen mit Stuart Hall. *Vierteljahresschrift für wissenschaftliche Pädagogik, 93*(2), 296–310.

Kugelmass, J., & Ainscow, M. (2004). Leadership for inclusion: A comparison of international practices. *Journal of Research in Special Educational Needs, 4*(3), 133–141.

Lütje-Klose, B., Neumann, P., & Streese, B. (2017). Schulische Inklusion in Nordrhein -Westfalen (NRW) – Sieben Jahre nach Ratifizierung der UN-BRK. *Zeitschrift für Inklusion, 2.* www.inklusion-online.net/index.php/inklusion-online/article/view/416.

Manitius, V., & Dobbelstein, P. (2017). Die doppelte Herausforderung: Schulentwicklungsarbeit in herausforderndenden Lagen unterstützen. In V. Manitius & P. Dobbelstein (Hrsg.), *Schulentwicklungsarbeit in herausfordernden Lagen* (S. 9–14). Waxmann.

Racherbäumer, K., & Bremm, N. (2021). Schule in sozial benachteiligten Quartieren?! Begriffliche Perspektiven. *Journal für LehrerInnenbildung, 21*(4), 88–97. https://doi.org/10.25656/01:24362.

Rutter, S. (2020). Pädagogische Arbeit an Schulen in sozial deprivierter Lage vor dem Hintergrund eigener biografischer Erfahrungen von Lehrkräften. *Zeitschrift für Grundschulforschung, 13,* 245–259. https://doi.org/10.1007/s42278-020-00085-5Serke2022.

Serke, B. (2022). Multiprofessionelle Kooperation an inklusiven Schulen in herausfordernden Lagen aus der Sicht von Schulleitungen. In B. Serke & B. Streese (Hrsg.), *Wege der Kooperation im Kontext inklusiver Bildung* (S. 73–88). Klinkhardt.

Stähling, R., & Wenders, B. (2021). *Worin unsere Stärke besteht: Eine inklusive Modellschule im sozialen Brennpunkt.* Psychosozial-Verlag.

Steins, G. (2016). Classroom Management an Schulen in sozialräumlich deprivierter Lage unter besonderer Berücksichtigung des Lehrer-Schüler-Verhältnisses. *DDS – Die Deutsche Schule, 108*(4), 340–53.

Wagner-Willi, M., & Sturm, T. (2012). Inklusion und Milieus in schulischen Organisationen. *Zeitschrift für Inklusion, 4*. www.inklusion-online.net/index.php/inklusion-online/article/view/32/32.

Ziemen, K. (2018). *Didaktik und Inklusion*. Vandenhoeck & Ruprecht.

Benjamin Badstieber ist akademischer Rat an der Universität Duisburg-Essen. Seine Forschungsschwerpunkte sind Transformationsforschung in Schule unter Berücksichtigung von Heterogenität und Differenz, professionelle Rollen in inklusionsorientierter Schul- und Unterrichtsentwicklung sowie De-& Rekonstruktion im Förderschwerpunkt emotionale und soziale Entwicklung.

Kontakt: benjamin.badstieber@uni-due.de

Schulbegleitung und Sozialraum: Doppelte Kategorisierung statt interinstitutioneller Zusammenarbeit

Julia Gasterstädt und Katja Adl-Amini

Zusammenfassung

Schulbegleitung stellt eine Maßnahme zur Sicherung der Teilhabe an Bildung der Eingliederungshilfe oder Kinder- und Jugendhilfe dar und ist formal nicht Teil des Schulsystems. Schon aus diesem Grund bietet es sich an, über die Maßnahme Schulbegleitung auch in Hinblick auf Zusammenhänge im sozialräumlichen Kontext nachzudenken. Der Beitrag versucht dies an einem konkreten Fallbeispiel aufzuzeigen und zu diskutieren.

Schlüsselwörter

Schulbegleitung/Schulassistenz • Sozialraum • Zusammenarbeit zwischen Schule und Kinder- und Jugendhilfe • Inklusion • Behinderung

1 Einleitung

Schulbegleitungen, Schulassistenz, Integrations- oder Inklusionsassistenz usw. – die Vielfältigkeit der Bezeichnungen lässt sich als geteiltes Moment der so bezeichneten Akteursgruppe beobachten, die zunehmend auch in Regelschulen anzutreffen ist (Schneider et al., 2021). So vielfältig die Bezeichnungen, so vielfältig sind die Aufgabenfelder, die organisatorische und finanzielle Anbindung, die

J. Gasterstädt (✉)
Offenbach, Deutschland
E-Mail: gasterstaedt@uni-kassel.de

K. Adl-Amini
Frankfurt, Deutschland
E-Mail: katja.adl-amini@tu-darmstadt.de

S. Schuppener et al. (Hrsg.), *Inklusive Schule im Sozialraum*,
https://doi.org/10.1007/978-3-658-42158-8_9

Entlohnung und die Ausbildung der als Schulbegleitung Tätigen. Schulbegleitung – mit dieser Bezeichnung soll im Folgenden operiert werden – ist als sozialrechtliche Maßnahme verankert und damit nicht originär Bestandteil des Schulsystems. Schon aus diesem Grund bietet es sich an, über die Maßnahme Schulbegleitung im Kontext der Anforderung zur Entwicklung inklusiver Bildungssettings auch in Hinblick auf Zusammenhänge im sozialräumlichen Kontext nachzudenken (vgl. Einleitung in diesen Band).

Der Beitrag versucht diese Zusammenhänge aufzuzeigen und zu diskutieren. Dazu wird in einem ersten Schritt die Maßnahme Schulbegleitung in ihrer Ambivalenz kurz vorgestellt. Anschließend sollen Bezüge zum Sozialraum in Hinblick auf den Zusammenhang zwischen Schule, Schulbegleitung und Erziehungsberechtigten sowie zwischen Schule und Trägern der Sozialhilfe anhand eines Fallbeispiels aufgezeigt werden und in Hinblick auf mögliche Entwicklungspotenziale diskutiert werden. Zentral ist dabei die Beobachtung, wie die Zuschreibung von Behinderung bzw. sonderpädagogischem Förderbedarf durch die strukturelle Verantwortungslosigkeit (Freyberg & Wolff, 2005) im bzw. zwischen dem Schulsystem sowie der Kinder- und Jugendhilfe gerahmt ist.

2 Zur Ambivalenz von Teilhabeassistenz im Kontext Schule

Trotz der unterschiedlichen Bezeichnungen lässt sich mit Dworschak (2010) eine allgemeine Definition der mit Schulbegleitung bezeichneten Maßnahme formulieren. So ist Schulbegleitung zu kennzeichnen als Maßnahme,

> die Kindern und Jugendlichen überwiegend im schulischen Alltag eine Begleitung ermöglicht, die aufgrund besonderer Bedürfnisse im Kontext Lernen, Verhalten, Kommunikation, medizinischer Versorgung und/oder Alltagsbewältigung der besonderen und individuellen Unterstützung bei der Verrichtung unterrichtlicher und außerunterrichtlicher Tätigkeiten bedürfen. (Dworschak, 2010, S. 131)

Die Maßnahme ist im Kontext des Schulbesuchs von Schüler*innen mit besonderen Bedarfen an Regelschulen entstanden (Rohrmann, 2020) und als Leistung der Kinder- und Jugendhilfe (§ 35a SGB VIII) oder der Eingliederungshilfe (§ 112 SGB IX) rechtlich verankert. Die Maßnahme wird über die Träger der Eingliederungshilfe oder der Kinder- und Jugendhilfe finanziert und über entsprechende Anbieter organisiert, ist also nicht als personelle Ressource innerhalb des Schulsystems angesiedelt. Inzwischen sind Schulbegleitungen aber sowohl an Regelschulen als auch an Förderschulen zu finden. Mit der Ermöglichung von Schulbegleitungen an Förderschulen ging, so Rohrmann (2020), eine Zielverschiebung der Maßnahme mit weitreichenden Konsequenzen einher. Während es ursprünglich um die Ermöglichung des Schulbesuchs an Regelschulen ging, geht es nun um die „Ermöglichung des Schulbesuchs als ergänzende Maßnahme zur sonderpädagogischen Förderung" (Rohrmann, 2020, S. 36) der Schule. Die sich in dieser Zielverschiebung andeutende Frage der Verantwortlichkeit für die Sicherung des Schulbesuchs zwischen Schulsystem und Kinder- und Jugendhilfe bzw. Eingliederungshilfe wurde, so Rohrmann (2020) weiter, dabei eher aus verwaltungsrechtlicher denn aus fachlicher Logik bearbeitet. Es geht um die Frage, was die Schule zur Sicherung der Teilhabe zu leisten habe und wann Sozialhilfeleistungen bzw. Leistungen der Kinder- und Jugendhilfe als nachrangige Leistungen herangezogen werden können (Fegert et al., 2016).

Neben diesen Fragen der Verantwortlichkeiten finden sich in der Literatur kritische Stimmen in Hinblick auf die individuelle Unterstützungsleistung der Schulbegleitung. Rohrmann (2020) systematisiert diese zu vier zentralen Kritikpunkten, die im Folgenden kurz vorgestellt werden sollen: Als zentralen Kritikpunkte benennt Rohrmann (2020, S. 33 f.) erstens die Markierung der Schüler*innen durch die Begleitung einer weiteren erwachsene Person im schulischen Alltag als besonders, unterstützungs- oder förderbedürftig. Die Genehmigung einer Schulbegleitung als Leistung zur Teilhabe setzt die Diagnostik einer längerfristigen körperlichen, geistigen oder seelischen Behinderung voraus (Thiel, 2017), die droht Behinderung als stabiles Merkmal der Schüler*innen zu ontologisieren (Köpfer, 2019). Zweitens verweist Rohrmann (2020) auf die Schwierigkeit im schulischen Setting „zwischen dem regulären Unterrichtsgeschehen, der sonderpädagogischen Förderung und weiteren behinderungsbedingten Hilfebedarfen, die in die Zuständigkeit der Eingliederungshilfe fallen" (Rohrmann, 2020, S. 33) zu unterscheiden. Zur Klärung der konkreten Verantwortungsbereiche hat sich die Unterscheidung in Kernbereiche pädagogischer Arbeit und unterstützende Bereiche entwickelt (Schönecker & Meysen, 2017). Dabei verweisen empirische Studien darauf, dass die konkreten Aufgabenbereiche von dem Kontext der jeweiligen Einzelschule, den Vorgaben des Anbieters (z. B. zur Teilnahme an schulinternen Sitzungen), den individuellen Bedürfnissen der begleiteten Schüler*innen und den Erwartungen der Lehrkräfte unterscheiden (zu Aufgabenbereichen z. B. auch Czempiel & Kracke, 2019; Lübeck, 2019) und damit Konflikte in der Konstellation zwischen Lehrkräften und Schulbegleitungen einhergehen. So konnte im Rahmen des Projektes ‚ProFiS' (zum Überblick Heinrich et al., 2019) herausarbeitet werden, dass Schulbegleitung im Modus der Stabilisierung der regelschulischen Ordnung agieren und sich ihr Handlungsfeld vor allem an der Differenz zwischen Fähigkeitserwartungen an Schüler*innen im regelschulischen Unterricht und den konkreten Schüler*innen entfaltet (Blasse et al., 2019; Gasterstädt et al., 2022).

Des Weiteren dürfe, so Rohrmann (2020), die Orientierung an der Selbstständigkeit der begleiteten Schüler*innen im Kontext der verwaltungsrechtlichen Verantwortungsklärung zwischen Schul- und Sozialsystem keine bedeutsame Rolle gespielt haben. Damit ist verwiesen auf einerseits die im Schulkontext relevante Frage, inwiefern Kinder- und Jugendliche in der Rolle als Schüler*innen bzw. im institutionellen Setting der Schule als Assistenznehmer*innen selbstbestimmt auftreten können. Daran anschließend ist zu fragen, wie Schulbegleitungen die notwendige Autonomie der Assistenznehmer*innen unterstützen können. Hierzu diskutiert Schulze (2022), dass schulbegleiterisches Handeln als pädagogisches Handeln aufzufassen sei und verortet dieses professionstheoretisch insbesondere im Spannungsfeld von Nähe und Distanz (Helsper, 2002; Schütze, 1992). Verbunden sind damit weitere kritische Anfragen zur Unterstützung der sozialen Teilhabe begleiteter Schüler*innen sowie zu Lern- und Bildungsprozessen im Kontext von Peers, die von Erwachsenen möglicherweise als problematisch angesehen und durch die begleitende Person erschwert werden. Gedacht ist hier z. B. an die Räume zwischen Schule und Familie, die gerade auch für die Persönlichkeitsentwicklung von besonderer Relevanz sind. Die wenigen bisher vorliegenden Studien, die explizit die Perspektive von Schüler*innen auf die Maßnahme der Schulbegleitung einbeziehen, verweisen z. B. auf (widerständige) Formen der Aneignung der Maßnahme durch die begleiteten Schüler*innen (Böing & Köpfer, 2022; Köpfer, 2019; Schulze, 2022).

Als vierten Kritikpunkt verweist Rohrmann (2020) auf die differenten Logiken zwischen der Hilfeform der Eingliederungshilfe und dem Schulsystem die sich zu einem strukturellen Konflikt zwischen „der Schulordnung und dem Einsatz von Schulbegleiter*innen nach der Logik der sozialrechtlich gewährten Einzelfallhilfe“ (Rohrmann, 2020, S. 34) zuspitzen. So ergeben sich aus dem Arbeitsauftrag der Schulbegleitung als dem Schulsystem externer Berufsgruppe keine Regelungen z. B. zum Verhalten im schulischen Kontext, zu Kooperationsformen mit Lehrer*innen und zur Abstimmung der individuellen Unterstützungsleistung mit dem Bildungsauftrag der Schule. Konflikthafte Verhältnisse und Konstellationen zwischen den beteiligten Akteuren sind hier naheliegend. Im Rahmen des Projekts ‚ProFiS‘ konnte beispielsweise aufgezeigt werden, wie schulische Akteure ihre Deutungshoheit nutzen, um Ansprüche von Erziehungsberechtigten begleiteter Schüler*innen auf die tatsächliche individuelle Begleitung durch die gewährte

Schulbegleitung als illegitim erscheinen zu lassen, weil sie eine Verantwortungsübernahme der Schulbegleitung auch für andere Schüler*innen der Klasse anstreben (Gasterstädt et al., 2022).

Eine Diskussion der Maßnahme Schulbegleitung in Hinblick auf eine Sozialraumorientierung von Schule findet sich bisher nicht. Dazu sollen im Folgenden erste Sondierungen vorgestellt werden, die am Beispiel eines konkreten Falls darauf aufmerksam machen, dass mit einer kritischen Perspektive auf Schulbegleitung ein altbekanntes Problemfeld deutlich wird: das der Zusammenarbeit zwischen Schulsystem und Eingliederungshilfe bzw. Kinder- und Jugendhilfe.

3 Ein Fallbeispiel: Zur zweifachen Konstruktion von Behinderung

3.1 Kurzvorstellung: Das Projekt Anders und der Fall Jannis

Jannis ist Schüler einer reformorientierten Gesamtschule mit ausgesprochen reformpädagogischem Konzept (Unterricht ist in Fachbüros und Werkstätten als vor allem selbstgesteuertes Lernen organisiert, Verzicht auf Noten bis Klasse 7) und explizit inklusiven Schwerpunkt, der sich z. B. im Schulkonzept als explizite Offenheit für Schüler*innen des gesamten schulischen Leistungsspektrums, auch solchen mit besonderen Bedarfen, findet. Im Fall von Jannis soll ein sonderpädagogischer Förderbedarf (SPF) im Bereich der emotionalen und sozialen Entwicklung festgestellt werden. Dazu sieht das Verfahren zur Feststellung des SPF in diesem Bundesland vor, dass die am Fall beteiligten Akteure (Förderschullehrkräfte, Regelschullehrkräfte, Erziehungsberechtigte, weitere Akteure) in einem sogenannten Förderausschuss zusammenkommen und sich darüber verständigen sollen, ob sie im jeweiligen Fall der letztlich entscheidenden Schulaufsicht die Feststellung des SPF empfehlen sowie welches der geeignete Beschulungsort sei. Im Projekt „Anders – Aushandlungsprozesse sonderpädagogischen Förderbedarfs“ interessierte uns nun, warum der sonderpädagogische Förderbedarf an einer sich als inklusiv entwerfenden Schule festgestellt werden soll und wie die am Förderausschuss beteiligten Akteure dabei zu einer gemeinsamen Entscheidung kommen. Dazu haben wir in zwei Fällen die Aushandlungsprozesse in sogenannten Förderausschüssen teilnehmend beobachtet und mit den beteiligten professionellen Akteuren episodische Interviews (Flick, 2011) geführt. Vertiefende Analysen der beiden Fälle im Interpretationsstil der

Grounded Theory Methodologie (Strauss, 1998) werden an anderer Stelle veröffentlicht (Adl-Amini & Gasterstädt, i. V.). Für den Zusammenhang von Schulbegleitung und einer Orientierung im Sozialraum sollen im Folgenden Beobachtungen zum Fall Jannis als Ausgangspunkt genutzt werden, um exemplarisch darzustellen, wie zwischen den Logiken von Schulsystem und Eingliederungshilfe Behinderung konstruiert wird und vor dem Hintergrund struktureller Verantwortungslosigkeit die Logik der Bereitstellung individueller Hilfen zur Teilhabe letztlich mit der Drohung von Exklusion (in der Inklusion) einhergeht.

3.2 Schulbegleitung als *notwendige Ressource*

Im Förderausschuss von Jannis wird von allen beteiligten schulischen Akteuren darauf hingewiesen, dass aus ihrer Sicht Jannis eine Schulbegleitung brauche, um weiterhin an dieser Schule beschult werden zu können. Der Sonderpädagoge berichtet aus seiner sonderpädagogischen Begutachtung am Beginn des Förderausschusses, dass er die Feststellung des Förderbedarfs im Bereich der emotionalen und sozialen Entwicklung empfehle. Außerdem schlage er vor, dass Jannis eine Schulbegleitung bekommt. Dieser Vorschlag wird im Verlauf des Förderausschusses einerseits mit der Notwendigkeit einer Vertrauensperson für Jannis, die für ihn Kontinuität in der Dynamik im Schulalltag der Schule darstellen könne, begründet. Auch wenn empirische Ergebnisse fraglich erscheinen lassen, ob eine Schulbegleitung diese Erwartung erfüllen kann, so werden hier doch inhaltliche, am Kind und dessen Bedürfnissen orientierte Argumente deutlich. Im Verlauf des Förderausschusses tritt neben diese inhaltliche Argumentation der Verweis der Klassenlehrerin, dass die Schule schon alles getan habe und nun außerschulische Unterstützung notwendig sei, denn ohne diese zusätzliche Ressource könne der Besuch der Schule nicht sichergestellt werden. Mit dem Verfahren zur Feststellung des sonderpädagogischen Förderbedarfs sichert sich die Schule im Fall von Jannis so einerseits die Möglichkeit zu, Jannis zeitweilig vom Unterricht oder mit dem Wechsel des Schulortes zu einer Förderschule von dieser Schule auszuschließen. Das von der Schule wahrgenommene problematische Verhalten wird so mit der zeitweiligen oder potenziell auch umfänglichen Exklusion des Schülers bearbeitbar. Gleichzeitig markiert die Schule im Rahmen des Förderausschusses so gegenüber den Erziehungsberechtigten und den Mitarbeiter*innen des Jugendamtes, dass diese angedrohte Exklusion nur über zusätzliche Unterstützung vermieden werden könne.

Diese Logik der Generierung zusätzlicher Ressourcen für die Sicherstellung der Teilhabe an Bildung wird schon länger als Begründung für die steigende Anzahl an Schulbegleitungen an Regelschulen bzw. im Kontext sogenannter inklusiver Beschulung herangezogen und kritisiert (z. B. AGJ, 2014). Hier wäre auch interessant zu Fragen, inwiefern diese Entwicklung im Zusammenhang mit der Entwicklung von Modellen systemischer Zuweisung sonderpädagogischer Lehrkräftestunden an Regelschulen steht. Denn sofern inklusive Bildung im Modus ‚inklusiver Beschulung' – man könnte auch formulieren Integration – von Schüler*innen an Regelschulen umgesetzt wird, steht die systembezogene Zuweisung von sonderpädagogischen Lehrkräftestunden in einem Widerspruch zur am Individuum ausgerichteten Maßgabe ‚inklusiver Beschulung'. Zu vermuten wäre, dass Schulen diesen Widerspruch durch den Versuch bearbeiten, vermehrt auf die Ressource Schulbegleitungen zurückzugreifen, um damit den Modus der Integration in einem ansonsten nicht inklusiven Schulsystem gewährleisten zu können (vgl. dazu auch Lindmeier & Polleschner, 2014). Schulbegleitung erscheint hier nicht als „Türöffner" (Czempiel & Kracke, 2019) für die Aufnahme von Schüler*innen mit SPF an allgemeinen Schulen, sondern als Bedingung für die Vermeidung von Exklusion. Deutlich werden so Grenzziehung zu dem, was Schule als ihrem Verantwortungsbereich sieht. Im Fall von Jannis verläuft diese Grenzziehung in Hinblick auf als unangemessen wahrgenommenes Verhalten und dessen Bearbeitung (vgl. Becker et al., i. D.).

3.3 Eltern als Vermittler

Ein weiterer wichtiger Aspekt wird deutlich, wenn man das Beobachtungsprotokoll nach der Zuschreibung der Rolle der Eltern/Erziehungsberechtigten befragt. Diese hätten aus der Perspektive der schulischen Akteure die Aufgabe, das Jugendamt und die Schule zusammenzubringen. Fast schon vorwurfsvoll weist die Sonderpädagog*in den Vater darauf hin, dass sie ihm schon vor drei Monaten dazu geraten habe, sich an das Jugendamt zu wenden, um Unterstützung zu beantragen und entschuldigend antwortet der Vater, dass ihm das aufgrund der schwerwiegenden Erkrankung zweier Geschwister von Jannis nicht möglich gewesen sei. Die Eltern werden, so könnte man auch sagen, hier für die Erfüllung der Bedürfnisse der Schule (mehr Ressourcen) verantwortlich gemacht. Damit wird auch im Fall von Jannis deutlich, was wir an anderer Stelle als ‚doppelte' Elternarbeit (Gasterstädt et al., 2022) jener Erziehungsberechtigten herausgearbeitet haben, deren Kinder nicht den schulischen Fähigkeitserwartungen (Weisser, 2018) entsprechen. Als Aspekt struktureller Verantwortungslosigkeit zwischen

Schulsystem und Eingliederungshilfe bzw. Kinder- und Jugendhilfe erscheint hier, dass die fehlende Integration der Hilfesysteme sowie die Regelungen der Antragstellung jene für die Organisation von Hilfe verantwortlich machen, die dann selbst zu Adressat*innen der Hilfe werden sollen.

3.4 Zweifache Kategorisierung

Schulbegleitung ist eine zu allen schulischen Maßnahmen nachrangige Leistung – das spielt nicht nur für die Frage der Verantwortungsübernahme für die Gewährleistung des Rechts auf inklusive Bildung eine zentrale Rolle, sondern macht auch deutlich, dass die Feststellung eines sonderpädagogischen Förderbedarfs nicht die Gewährung einer Schulbegleitung garantiert bzw. für die Gewährung der Schulbegleitung kein festgestellter SPF notwendig ist (Thiel, 2017). Im Fall von Jannis wird aber deutlich, wie die Schule das Verfahren zur Feststellung eines SPF nutzt, um Ressourcen zu generieren und die in der strukturellen Verantwortungslosigkeit (vgl. Freyberg & Wolff, 2005) zwischen Schul- und Sozialsystem bedingten Probleme zu bearbeiten. Für Jannis geht damit eine zweifache Kategorisierung als ‚behindert' einher – als sonderpädagogisch förderbedürftig sowie als Adressat behinderungsbedingter Hilfen zur Teilhabe an Bildung. Auch wenn diese Kategorisierungen anderen Kriterien der Zuschreibung folgen (Blasse et al., 2019; Thiel, 2017), teilen sie einerseits ein medizinisches, defizitorientiertes und individualistisches Verständnis von Behinderung (vgl. für den schulischen Kontext Gasterstädt et al., 2020a; für Schulbegleitung Dworschak, 2017) und erscheinen dabei kontingent bzw. von einer Reihe von Faktoren abhängig – nicht zuletzt dem Entscheidungsspielraum der Verantwortlichen. Dafür spricht auch, dass es in beiden Prozessen der Zuschreibung einer Behinderung an eindeutigen Kriterien mangelt. Darüber hinaus kann es als nicht intendierter Effekt systemischer Ressourcenzuweisung als Lösung des Etikettierungs-Ressourcen-Dilemmas (Füssel & Kretschmann, 1993) verstanden werden, wenn damit eine Verschärfung der mit der Stigmatisierung und Belastung für betroffenen Schüler*innen und deren Erziehungsberechtigte einhergeht.

4 Perspektiven zur Entwicklung von Schulbegleitung im Kontext sozialräumlicher Orientierungen von Schulentwicklung

Welche Überlegungen in Hinblick auf Schulbegleitung und Sozialraumorientierung lassen sich nun aus diesen Beobachtungen zum Fall Jannis ziehen? Dazu sollen abschließend zwei Aspekte angeführt werden. Erstens sollten Überlegungen zur Weiterentwicklung der Maßnahme Schulbegleitung verstärkt jene Friktionen, Problematiken und nicht-intendierten Effekte bedenken, die aus der Überschneidung der Logiken des Schulsystems und der Eingliederungshilfe bzw. Kinder- und Jugendhilfe in konkreten Situationen entstehen. Beispielsweise wird in der Diskussion um Schulbegleitung häufig das sozialrechtliche Hilfedreieck zwischen Leistungsträger, -erbringer- und -bezieher*in herangezogen (Lübeck, 2020), dass allerdings nur einen Bruchteil der Komplexität der Maßnahme Schulbegleitung thematisieren kann, weil es schlicht den eigentlichen Einsatzort der Schule und deren Regeln, Routinen und Normalitätserwartungen außer Acht lässt. Die Komplexität und – wie aufgezeigt – auch ein Großteil der mit Schulbegleitung einhergehenden Problematiken entstehen in der Überschneidung dieser Logiken. Dazu braucht es zweitens sowohl im Kontext wissenschaftlicher Beobachtung als auch in der konkreten Weiterentwicklung der Maßnahme interdisziplinäre bzw. interinstitutionelle Perspektiven und Kooperationen im Sozialraum, um die Integration von Hilfe- und Unterstützungsleistungen zu gewährleisten (vgl. Freyberg & Wolff, 2005). Andernfalls bleibt es den Erziehungsberechtigten der begleiteten Schüler*innen überlassen, den organisatorischen Mehraufwand der Koordination unterschiedlicher Hilfe-, Assistenz- und Unterstützungssysteme zu leisten. Darüber hinaus werden als eine Perspektive zur Weiterentwicklung der Maßnahme der Schulbegleitung im Sinne des Anspruchs inklusiver Bildung sogenannte Pool-Modelle diskutiert (Gasterstädt et al., 2020b), die allerdings in ihrer konkreten Umsetzung sehr unterschiedliche Formen annehmen. Es finden sich Pool-Modelle mit denen die einzelfallbezogene Begleitung mehrerer Schüler*innen mit der Bündelung der Maßnahmen und der Zusammenarbeit der Schule mit einem Anbieter sichergestellt wird, um so eine zuverlässliche und flexible Begleitung der Schüler*innen zu erreichen (Lindmeier, 2016). In anderen Pool-Modellen wird die Maßnahme in einer Region nur durch einen Anbieter abgedeckt, womit Friktionen durch eine Vielzahl unterschiedlicher Anbieter vermieden werden sollen (Gasterstädt et al., 2020b). In einem dritten Pool-Modell soll die schulische Einzelfallhilfe von einer personenbezogenen Leistung zu einer systemischen Ressource auf Ebene der Einzelschule entwickelt werden (Grüter et al., 2022). Letzteres Modell bietet damit die Möglichkeit, unabhängig von einer formalen Feststellung eines Bedarfes, zusätzliche Unterstützung in der Schule zu gewährleisten bzw. systembezogen zu verankern. Auch wenn dieses zuletzt benannte Modell das Potenzial hat, eine zweifache Kategorisierung, wie im Fall von Jannis, zu vermeiden, bleibt das Problem der unzureichenden Zusammenarbeit zwischen Schule und Eingliederungshilfe/Kinder- und Jugendhilfe unbearbeitet. In Hinblick auf den Anspruch der Sozialraumorientierung wären aber die strukturelle Etablierung der Kooperation zwischen Schule und Eingliederungshilfe/Kinder- und Jugendhilfe eine notwendige Voraussetzung. Dazu zählen insbesondere Verständigungen über eine gemeinsame Zielvorstellung von inklusiver Bildung im Sinne eines schulkritischen und systembezogenen Ansatzes, die eine koordinierte Antragstellung und Gewährung von Hilfen in individuellen Fällen sowie eine grundständige Ausstattung von Schule mit zusätzlichen pädagogischen Fachkräften ermöglichen sollte (Lindmeier & Polleschner, 2014, S. 201). Damit zusammenhängend ist die Entwicklung eines Behinderungsbegriffs gefordert, der dem sozio-kulturellen Modell bzw. dem menschenrechtlichen Modell von Behinderung (Waldschmidt, 2005) folgend den Fokus auf die Beeinträchtigung von Teilhabe bzw. die Reflexion von Teilhabebarrieren legt und notwendige Unterstützungsleistung weitestgehend mit Verzicht auf stigmatisierende Diagnoseverfahren zur Verfügung stellt.

Literatur

Adl-Amini, K., & Gasterstädt, J. (i. V.). *Passende Probleme zu vorhandenen Lösungen – Die Feststellung von SPF zwischen Kontingenz und (inszenierter) Notwendigkeit.*

AGJ, A. f. r. K.-u. J. (2014). Schulbegleitung allein kann kein inklusives Schulsystem gewährleisten. Diskussionspapier der Arbeitsgemeinschaft für Kinder- und Jugendhilfe – AGJ. *Gemeinsam leben, 4,* 230–232.

Becker, J., Gasterstädt, J., Helbig, J., & Urban, M. (i. D.). Diskursive und organisationale Konstruktionen von Verhaltensstörungen. Empirische Zugänge zur funktionalen Bedeutung der Pathologisierung und Normalisierung störenden Verhaltens. In J. Golle, S. Wittig, R. Mayer, & R. Parade (Hrsg.), *Schule und Pathologisierung.* Beltz Juventa.

Blasse, N., Budde, J., Demmer, C., Gasterstädt, J., Heinrich, M., Lübeck, A., Rißler, G., Rohrmann, A., Strecker, A., Urban, M., & Weinbach, H. (2019). Zwischen De/Kategorisierung und De/Professionalisierung – Komplexe Spannungen professionellen Handelns in der schulischen Inklusion. *Qualifizierung für Inklusion, 1*(1), o. S. https://doi.org/10.21248/qfi.15.

Böing, U., & Köpfer, A. (2022). Schulassistenz aus der Sicht von Schüler/-innen mit Assistenzerfahrung. In M. Laubner, B. Lindmeier, & A. Lübeck (Hrsg.), *Schulbegleitung in der inklusiven Schule. Grundlagen und Praxishilfen Grundlagen und Praxis* (3. Aufl., S. 130–139). Beltz.

Czempiel, S., & Kracke, B. (2019). Kann das jeder? Welche Rolle spielt die Qualifikation von Schulbegleiter/innen für die Tätigkeiten und die Zusammenarbeit mit Lehrer/innen? Eine explorative Studie. *Qualifizierung für Inklusion, 1*(1). www.pedocs.de/volltexte/2020/20933/pdf/Czempiel_Kracke_2019_1_QfI_Kann_das_jeder.pdf.

Dworschak, W. (2010). Schulbegleiter, Integrationshelfer, Schulassistent. Begriffliche Klärung einer Maßnahme zur Integration in die Allgemeine Schule bzw. die Förderschule. *Teilhabe, 49*(3), 131–135.

Dworschak, W. (2017). Zur Gewährung von Schulbegleitung. Wer erhält in welchem Umfang eine Schulbegleitung? In M. Laubner, B. Lindmeier, & A. Lübeck (Hrsg.), *Schulbegleitung in der inklusiven Schule: Grundlagen und Praxishilfen* (S. 37–49). Beltz.

Fegert, J. M., Schönecker, L., & Meysen, T. (2016). *Schulbegleitung als Beitrag zur Inklusion. Bestandsaufnahme und Rechtsexpertisee.* Baden-Württemberg Stiftung gGmbh. https://www.bwstiftung.de/uploads/tx_news/Schulbegleiter_web.pdf.

Flick, U. (2011). Das Episodische Interview. In G. Oelerich & H.-U. Otto (Hrsg.), *Empirische Forschung und Soziale Arbeit* (1. Aufl., S. 273–280). VS Verlag/Springer Fachmedien.

Füssel, H.-P., & Kretschmann, R. (1993). *Gemeinsamer Unterricht für behinderte und nichtbehinderte Kinder: Pädagogische und juristische Voraussetzungen.* Gutachten im Auftrag der Max-Traeger-Stiftung.

Gasterstädt, J., Kistner, A., & Adl-Amini, K. (2020a). Die Feststellung sonderpädagogischen Förderbedarfs als institutionelle Diskriminierung? Eine Analyse der schulgesetzlichen Regelungen. *Zeitschrift für Inklusion, 4.* https://www.inklusion-online.net/index.php/inklusion-online/article/view/551.

Gasterstädt, J., Strecker, A., & Urban, M. (2020b). Die Organisation von Schulbegleitung in Pool-Modellen: Lösung oder Problem? In M. Grosche, J. Decristan, K. Urton, N. Jansen, G. Bruns, & B. Ehl (Hrsg.), *Sonderpädagogik und Bildungsforschung – Fremde Schwestern?* (S. 151–156). Klinkhardt.

Gasterstädt, J., Strecker, A., & Urban, M. (2022). Konflikte in der komplexen Konstellation von Familie, Schule und Schulbegleitung: Elternarbeit zwischen struktureller Verantwortungslosigkeit und inklusivem Anspruch. *Zeitschrift für Inklusion, 1.* www.inklusion-online.net/index.php/inklusion-online/article/view/652/474.

Grüter, S., Guth, T., & Goldan, J. (2022). Von der Schulbegleitung zur Systemischen Schulassistenz im Kreis Soest. Aufgabenbereiche und multiprofessionelle Kooperation im Fokus. In B. Serke & B. Streese (Hrsg.), *Wege der Kooperation im Kontext inklusiver Bildung* (S. 147–159). Kohlhammer.

Heinrich, M., Blasse, N., Budde, J., Demmer, C., Gasterstädt, J., Lübeck, A., Rißler, G., Rohrmann, A., Weinbach, H., & Wolf, J. (2019). Professionalisierung durch Fallarbeit für die inklusive Schule. In G. Ricken & S. Degenhardt (Hrsg.), *Vernetzung, Kooperation, Sozialer Raum – Inklusion als Querschnittaufgabe* (S. 159–181). Klinkhardt.

Helsper, W. (2002). Lehrerprofessionalität als antinomische Handlungsstruktur. In M. Kraul, W. Marotzki, & C. Schweppe (Hrsg.), *Biographie und Profession* (S. 64–102). Klinkhardt.

Köpfer, A. (2019). Rekonstruktion behinderungsbedingter Differenzproduktion in inklusionsorientierten Schulen. In J. Budde, A. Dlugosch, P. Herzmann, L. Rosen, A. Panagiotopoulou, T. Sturm, & M. Wagner-Willi (Hrsg.), *Inklusionsforschung im Spannungsfeld von Erziehungswissenschaft und Bildungspolitik* (S. 143–164). Budrich.

Lindmeier, B. (2016). Schulassistenz – können Poolmodelle die Entwickelung inklusiver Schulstrukturen fördern. In T. Sturm, A. Köpfer, & B. Wagener (Hrsg.), *Bildungs- und Erziehungsorganisationen im Spannungsfeld von Inklusion und Ökonomisierung* (S. 344–353). Kohlhammer.

Lindmeier, B., & Polleschner, S. (2014). Schulassistenz. Ein Beitrag zu einer inklusiven Schule oder zur Verfestigung derzeitiger Schulstrukturen? *Gemeinsam leben, 4*, 195–205. http://www.beltz.de/fachmedien/paedagogik/zeitschriften/gemeinsam_leben/article/Journal.html?tx_beltz_journal[article]=27512&cHash=ffc185cf06c99a46cd685d96b0ccef86.

Lübeck, A. (2019). *Schulbegleitung im Rollenprekariat: Zur Unmöglichkeit der „Rolle Schulbegleitung" in der inklusiven Schule (24)*. Springer.

Lübeck, A. (2020). Schulbegleitung in der inklusiven Schule. *Behindertenpädagogik, 59*(1), 7–28.

Rohrmann, A. (2020). Zu Wechselwirkungen zwischen Menschen mit Behinderungen und Barrieren durch Eingliederungshilfe in der Schule. *Behindertenpädagogik, 59*(1), 29–46.

Schneider, K., Klemm, K., Kemper, T., & Goldan, J. (2021). *Vierter Bericht zur Evaluation des Gesetzes zur Förderung kommunaler Aufwendungen für die schulische Inklusion in Nordrhein- Westfalen* (Translator, Trans.; Editor, Hrsg.^Eds.). www.landtag.nrw.de/portal/WWW/dokumentenarchiv/Dokument/MMV17-6210.pdf.

Schönecker, L., & Meysen, T. (2017). Zwischen Baum und Borke? Rechtsfragen der Praxis in der Schulbegleitung. *RdJB Recht der Jugend und des Bildungswesens, 65*(2), 173–191.

Schulze, K. C. (2022). Schulbegleitung im Spannungsfeld von Nähe und Distanz – Eine Einzelfallanalyse zum Umgang mit paradoxen Strukturen pädagogischen Handelns. In M. Laubner, B. Lindmeier, & A. Lübeck (Hrsg.), *Schulbegleitung in der inklusiven Schule. Grundlagen und Praxishilfen. Grundlagen und Praxis* (3. Aufl., S. 100–109). Beltz.

Schütze, F. (1992). Sozialarbeit als „bescheidene" Profession. In D. Bernd, W. Ferchhoff, & F.-O. Radtke (Hrsg.), *Erziehen als Profession: Zur Logik professionellen Handelns in pädagogischen Feldern* (S. 132–170). Leske Budrich.

Strauss, A. L. (1998). *Grundlagen qualitativer Sozialforschung. Datenanalyse und Theoriebildung in der empirischen soziologischen Forschung* (2. Aufl.). Fink.

Thiel, S. (2017). Die Beantragung und Bewilligung von Schulassistenz. In M. Laubner, B. Lindmeier, & A. Lübeck (Hrsg.), *Schulbegleitung in der inklusiven Schule. Grundlagen und Praxishilfen. Grundlagen und Praxis* (3. Aufl., S. 28–36). Beltz.

von Freyberg, T., & Wolff, A. (2005). *Störer und Gestörte. Band 1: Konfliktgeschichten nicht beschulbarer Jugendlicher* (S. 11-21). Brandes & Apsel.

Waldschmidt, A. (2005). Disability Studies: Individuelles, soziales und/oder kulturelles Modell von Behinderung? *Psychologie und Gesellschaftskritik, 29*(1), 9–31.

Weisser, J. (2018). Inklusion, Fähigkeiten und Disability Studies. In T. Sturm & M. Wagner-Willi (Hrsg.), *Handbuch schulische inklusion* (S. 93–110). Budrich.

Julia Gasterstädt ist Professorin für Erziehungswissenschaft mit dem Schwerpunkt Inklusion und Schulentwicklung an der Universität Kassel. Ihre Arbeitsschwerpunkte fokussieren die Herstellung und (pädagogische) Bearbeitung von Differenz in Schule, das Verhältnis zwischen Schule und Familie sowie Fragen der Transformation von Schule in Hinblick auf Inklusion und Exklusion.

Kontakt: gasterstaedt@uni-kassel.de.

Katja Adl-Amini ist Assistenzprofessorin an der Technischen Universität Darmstadt. Ihre Arbeitsschwerpunkte sind inklusiver Unterricht, Professionalisierung von Lehrkräften und Differenzherstellung im Schulkontext.

Kontakt: katja.adl-amini@tu-darmstadt.de.

Partizipation an (inklusiver) Schulentwicklung in herausfordernder Lage. Einblicke aus Sicht von Schüler*innen

Nico Leonhardt

Zusammenfassung

Die aktive Einbeziehung von Schüler*innen im Schulalltag ist ein wesentliches Ziel inklusiver Pädagogik. Der mit den UN-Kinderrechten in Bezug stehende Anspruch scheint jedoch in schulischer Praxis vor umfangreichen Umsetzungsschwierigkeiten zu stehen. Der vorliegende Beitrag zeigt auf, welche Herausforderungen und Barrieren von Schüler*innen an einer Sekundarschule in einem Stadtteil in herausfordernder Lage gesehen werden und diskutiert diese in Bezug zum fachwissenschaftlichen Diskurs im Kontext inklusiver Schulentwicklung.

Schlüsselwörter

Partizipation • Schulentwicklung • Schüler*innenperspektiven • Herausfordernde Lage

1 Einleitung

Partizipation ist einer der zentralen Grundbegriffe (inklusiver) Bildung und ‚erfreut' sich im aktuellen Diskurs einer hohen Beliebtheit. Eine konkrete Definition fällt jedoch schwer, da es sich vielmehr um ein sehr vielschichtiges Verständnis handelt. Der folgende Beitrag legt diesem sehr heterogenen Begriff ein Verständnis zugrunde, welches „eng mit den menschenrechtlichen Verpflichtungen

N. Leonhardt (✉)
Universität Leipzig, Leipzig, Deutschland
E-Mail: nico.leonhardt@uni-leipzig.de

S. Schuppener et al. (Hrsg.), *Inklusive Schule im Sozialraum*,
https://doi.org/10.1007/978-3-658-42158-8_10

der Inklusion“ (Feige, 2022, S. 46) und den Menschenrechten an sich verbunden ist. So stellen beispielsweise die Kinderrechte ein wesentliches Fundament dieses Begriffs dar, in denen sich neben Schutz- und Versorgungsrechten auch im Besonderen Partizipationsrechte wie im Artikel 12 finden lassen. Darin wird u. a. festgelegt:

> Die Vertragsstaaten sichern dem Kind, das fähig ist, sich eine eigene Meinung zu bilden, das Recht zu, diese Meinung *in allen das Kind berührenden Angelegenheiten frei zu äußern, und berücksichtigen die Meinung* des Kindes angemessen und entsprechend seinem Alter und seiner Reife. (Reisenauer, 2020, S. 7, Herv. d. A.).

Kritische Analysen der Umsetzbarkeit bzw. der Anwendung in einem strukturell machtvollen Raum wie Schule, lassen sich im aktuellen Diskurs selten finden (vgl. Leonhardt et al., 2023). Offen bleibt zumeist, welche konkreten Fähigkeiten, Erfahrungen oder Lebenswelten in bisher üblichen partizipativen Formaten nahezu vorausgesetzt werden und inwieweit beispielsweise die soziale und/oder kulturelle Herkunft der Schüler*innen Auswirkungen auf die Ausübung partizipationsorientierter Prozesse haben.

Der folgende Beitrag legt – dieses Desiderat aufgreifend – den Fokus auf die Gestaltung partizipativer (Entwicklungs-)Prozesse im Kontext von Schulen in sogenannter herausfordernder Lage und bezieht sich dabei auf Forschungsergebnisse aus dem Projekt ‚InSide‘[1].

Nach einem Einblick in die theoretischen Diskurse um Partizipation und (inklusive) Schulentwicklung werden Barrieren und Voraussetzungen herausgearbeitet, die bei der Umsetzung partizipativer Maßnahmen aus der Sicht von Schüler*innen einer Sekundarschule eine Rolle spielen. Abschließend werden Rückschlüsse auf (inklusive) Schulentwicklungsprozesse aufgezeigt.

2 Zum Verständnis von Partizipation

Wie eingangs beschrieben findet der Partizipationsbegriff eine sehr breite und vielfältige Anwendung und genießt in der Gesellschaft als normative Setzung eine hohe Akzeptanz (vgl. Hauser & Nell-Tuor, 2019). So

---

[1] InSide steht für „Inklusion im Sozialraum – Partizipative kinderrechtsbasierte Schulentwicklung durch Schüler*innenaktive Forschung“ (www.inside-projekt.de). Im Projekt wird das übergreifende Ziel verfolgt, die Gelingensbedingungen inklusiver Schule (in herausfordernder Lage) mit expliziter Sozialraumorientierung zu untersuchen.

> existieren zahlreiche Definitionen von Partizipation wie Mitbestimmung, Mitwirkung, Mitsprache, Teilhabe, Teilnahme, Beteiligung und Einflussnahme, die häufig (und teils verkürzend) synonym zum Partizipationsbegriff verwendet werden (Büker & Hüpping, 2022, S. 172 nach Reisenauer, 2020).

Ziele und Ausrichtungen sind dabei sehr verschieden (Büker & Hüpping, 2022, S. 172 nach Reisenauer, 2020). Das Wort in seiner Bedeutung bezieht sich im Ursprung auf den lateinischen Begriff ‚particeps'. Seine beiden Bedeutungsteile pars (Teil) und capere (ergreifen, nehmen) verweisen auf die deutsche Übersetzung ‚Teilhabe' (vgl. Hanslmeier-Prockl, 2009, S. 62). Diese Übersetzung, die sich beispielsweise auch in der deutschen Fassung der UN-Behindertenkonvention wiederfindet, stellt jedoch eine Verkürzung dar, weil dabei die umfänglichere Bedeutung des international gebräuchlichen Partizipationsbegriffs verloren geht (vgl. Wocken, 2020). Liebel (2020, S. 105) kritisiert weiterhin, dass im deutschen Kontext häufig von ‚beteiligt sein' gesprochen wird, „als seien sie [die Kinder und Jugendlichen] eine Art Verfügungsmasse im Beteiligungsspiel". Partizipation kann vielmehr als „Einbindung von Individuen in Entscheidungs- und Willensbildungsprozesse" (Reichenbach, 2006, S. 54) und als Erweiterung von Handlungsmöglichkeiten (vgl. Schnitzer & Mörgen, 2019) beschrieben werden.

Es wird also deutlich, dass die konkrete Umsetzung oder die Nutzung von partizipativen Ansätzen keineswegs kontextfrei zu betrachten ist. Vielmehr sind Möglichkeiten, aktive Entscheidungen zu treffen, sowohl von personellen als auch kontextuellen/sozialen Aspekten abhängig, sodass sie von Menschen auch im ungleichen Maße genutzt werden können (vgl. Bernasconi, 2017). Darüber hinaus zeigt sich in der Praxis mit Kindern und Jugendlichen (und insbesondere im Feld Schule), dass partizipative Elemente in vielschichtiger Art zum Einsatz kommen und dabei Ermächtigung versprechen, meist jedoch „nur auf symbolische[r], scheinhafte[r] oder dekorative[r]" Ebene verbleiben (Liebel, 2020, S. 105). So zeigen u. a. Rieker et al. (2016) auf, dass die Beteiligung von Kindern und Jugendlichen oft auf Bereiche beschränkt bleiben, die sich wenig mit den Zuständigkeiten von Erwachsenen überschneiden und Partizipation so meist als ‚instrumenteller Charakter' verkommt (vgl. Reisenauer, 2020).

„Aus wissenschaftlicher Perspektive besteht Konsens zumindest dahingehend, dass sich Partizipation von Kindern nicht in künstlichen, in Partizipationsmodellen speziell konzipierten, aber von der sozialen Realität weitgehend separierten Kontexten abspielen darf", welche die „Macht- und Kontrollbefugnisse von Erwachsenen letztlich unberührt [lässt]" (Burger et al., 2016, S. 31).

Die Beteiligung von Kindern und Jugendlichen muss vielmehr zu realen Veränderungen führen; erst dann kann von einer *entscheidungsrelevanten* Partizipation gesprochen werden. Darüber hinaus besteht zudem laut Tiedecken (2020, S. 20) die Gefahr, dass Partizipation auch „eine zentrale Ressource der Ermöglichung von Herrschaftsregimen ist".

Im Bereich der Schule ist der Partizipationsbegriff z. B. durch Verordnungen und Gesetze fest etabliert und verankert (vgl. Feige, 2022), aber auch einer starken Ambivalenz ausgesetzt. So wird Partizipation auf der einen Seite als wichtige Voraussetzung für Teilhabe am Bildungssystem – im Sinne einer pädagogischen Begründung – gesehen und im Rahmen des Bildungsverständnisses für die Entwicklung von Schüler*innen positiv hervorgehoben. Auf der anderen Seite stellen Partizipationsbestrebungen insbesondere Strukturen, Kulturen und Praktiken (und damit auch Machtverhältnisse) in Schule infrage. Das bedeutet in der Praxis, dass die bloße Existenz von Beteiligungsformaten (Schülersprecher*innen, Klassenrat etc.) nicht automatisch „Mitwirkungsmöglichkeiten und Durchsetzungskraft" garantiert und Partizipation „im schlimmsten Fall ohne Relevanz" bleibt oder sogar Sanktion nach sich zieht (Feichter, 2020, S. 27). Liebel (2020) verweist auch auf Studien, die belegen, dass konkrete Praktiken meist auf ritualisierender Ebene verbleiben und Partizipation so konterkariert wird. Partizipationsbestrebungen scheinen demnach stark geprägt von den systemimmanenten (Macht-)Strukturen, wodurch sich auch die Frage stellt, inwieweit sich die Ideen und Ansprüche von Partizipation mit Entwicklungsfragen in Schule verknüpfen lassen. Um dieser Frage nachzugehen, soll im Folgenden zunächst geklärt werden, wie sich der aktuelle Diskurs im Themenfeld (inklusiver) Schulentwicklung darstellt, um danach auf konkrete (Forschungs)Desiderata eingehen zu können.

3 Partizipation im Kontext von (inklusiver) Schulentwicklung

3.1 Zur Bedeutung inklusiver (und partizipativer) Schulentwicklung

Schulen stehen unter dem stetigen (Handlungs-)Druck von Reformbestrebungen. Gleichzeitig steht dem eine lang tradierte Struktur und Vorstellung von Schule gegenüber, die sich hin zu einer (scheinbar) festen ‚Grammatik' entwickelt hat (vgl. Feichter, 2020). Dennoch hat sich zunehmend die Perspektive durchgesetzt, Schulentwicklung als einen systematisch angelegten Lernprozess zu begreifen zur Verbesserung der Schulqualität (vgl. Rolff, 2007). Dabei sollen vor allem auf den Ebenen der Unterrichts-, Personal- und Organisationsentwicklung neue Kompetenzen aufgebaut werden (Rolff, 2007). Schule steht demnach vor der Aufgabe, sich insgesamt als eine lernende Organisation zu begreifen, welche diesem Anspruch dann gerecht wird, wenn „sie ein Entwicklungsbedürfnis feststellt und relevante Entwicklungsziele identifiziert, die eigenen vorhandenen Ressourcen sichtbar macht, ihre aktuellen Überzeugungen, Wissensbestände, Fähigkeiten sowie vergangene Lernerfahrungen reflektiert, für die Zielerreichung prüft und sich aktiv aufmacht, Wissen und Fähigkeiten in Richtung der Entwicklungsziele zu erweitern" (Montag Stiftung Jugend und Gesellschaft, 2015, S. 14). Somit stellt sich Schulentwicklung als ein fortlaufender „(Selbst-)Evaluations- und Reflexionsprozess" dar, bei dem Steuerungsfragen mit einbezogen werden (Moser, 2017a, S. 106).

In der Vergangenheit entwickelten sich im Bereich der Schulentwicklungsforschung zwei unterschiedliche Perspektiven. Einerseits eine nach innen, auf die Ebene der Einzelschule gerichtete und anderseits eine nach außen gerichtete Perspektive auf Systementwicklung insgesamt.

Im deutschsprachigen Raum liegen bisher nur wenige inklusive Schulentwicklungsinstrumente vor. Ein prominentes Beispiel ist der Index für Inklusion (Booth & Ainscow, 2017). Dieser ist jedoch laut Moser (2017b, S. 128) bisher auch „nicht hinreichend empirisch und theoretisch nachvollziehbar begründet". Außerdem kommen in den verschiedenen Bundesländern noch weitere sehr unterschiedliche Instrumente zum Einsatz, welche auch auf sehr unterschiedlichen Verständnissen von Inklusion aufbauen und so sehr differente Implikationen von Schulentwicklungsprozessen zur Folge haben. Eine systematische Überprüfung existierender inklusiver Schulentwicklungsinstrumente steht bisher aus und oft bleibt auch die theoretische Basis der Instrumente unklar. Weiterhin fehlen meist Anknüpfungspunkte an die Erkenntnisse der Integrationsbewegung/die Integrationserfahrungen (Görtler, 2017).

3.2 Rolle von (Schüler*innen-)Partizipation in Schulentwicklungsinstrumenten

Insbesondere die Perspektive der Schüler*innen in diesem Schulentwicklungsprozess scheint bisher keine nennenswerte Rolle zu spielen, wie eine Dokumentenanalyse im Projekt InSide bestätigt. Im Rahmen des InSide-Projektes wurde diese Analyse vor der eigentlichen Erhebungsphase von aktuell[2] in Deutschland angewandten Schulentwicklungsinstrumenten durchgeführt, um den derzeitigen Stand und mögliche Desiderata hinsichtlich der Kategorien ‚Schüler*innenpartizipation' und ‚Sozialraumorientierung' zu ermitteln und darzustellen. Dies bildete u. a. die Grundlage für den weiteren Forschungsprozess.[3]

Durch diese Dokumentenanalyse wurde deutlich, dass sich das zuvor beschriebene und sehr differente Partizipationsverständnis auch in den jeweiligen Instrumenten niederschlägt. Es werden mitunter sehr unterschiedliche Ansätze und Ziele verfolgt, Schüler*innen ihr Recht auf Partizipation zu gewähren. Während sich einige Instrumente auf die Unterrichtsebene beschränken, erweitern wiederum andere den Fokus auf die Schule als Ganzes bzw. die Schulgemeinschaft (in sehr unterschiedlichen Facetten). Die Instrumente unterscheiden sich auch darin, ob prozesshafte Reflexionen (wie z. B. beim Index für Inklusion) oder klar abrechenbare Fragebögen/Abfragen genutzt werden, um Partizipation zu adressieren. Oftmals wird lediglich das übergreifende Ziel verfolgt, Partizipation zu stärken bzw. Schule partizipativ weiterzuentwickeln, wenngleich dabei völlig offen bleibt, was das im Konkreten heißt und was jeweils unter Partizipation im Speziellen verstanden wird. Mit Bezug zu den Darstellungen in Abschn. 2, kann dies zu vielen offenen Fragen führen, auch weil, eine gemeinsame Erarbeitung eines geteilten Partizipationsverständnis nicht Teil dieser Schulentwicklungsinstrumente ist. Dem folgend wird ebenso die Leerstelle deutlich, welche Barrieren oder Voraussetzungen für ein Gelingen von Partizipationspraktiken bedacht und reflektiert werden sollten. Dies spiegelt die generelle Diffusität des Umgangs mit dem Anspruch (und Recht) auf Partizipation wider.

So soll nun dieser Gedanke aufgegriffen und mit Bezug zur Erhebung im Projekt ‚InSide' diskutiert werden, was zunächst eine Darstellung des methodischen Zugangs zum Datenmaterial voraussetzt.

---

[2] Stand Juli 2021.

[3] Eine ausführliche Darstellung der Ergebnisse der Dokumentenanalyse wäre an dieser Stelle nicht zielführend und würde den möglichen Umfang des Beitrags überschreiten. Eine systematisierte Übersicht zu den Ergebnissen finden sich auf der Projekthomepage: www.inside-projekt.de.

4 Methodische Herangehensweise und Forschungsbezug zum InSide-Projekt

Das genannte Forschungsprojekt gliedert sich im Forschungsprozess in drei Teile (vgl. Einleitung in diesem Band), wobei sich die hier genutzten Daten auf den dritten Projektteil beziehen. Dort werden Erkenntnisse und Beispiele aus Sicht und in Zusammenarbeit mit Schüler*innen zu partizipativen Schulentwicklungsmöglichkeiten für eine Handreichung unter der folgenden Fragestellung aufbereitet:

> *Welche subjektiven Vorstellungen haben Kinder und Jugendliche von inklusions- und sozialraumorientierter Schulentwicklung und wie lassen sich diese in einem kinderrechtsbasierten Konzept zur partizipativen Schulevaluation und -entwicklung ausgestalten?*

Forschungsmethodisch handelt es sich um ein mehrschrittiges Verfahren, in welchem (trotz pandemiebedingter Situation[4]) versucht wurde Schüler*innen so stark wie möglich aktiv einzubeziehen (siehe Abb. 1).

Aus einer grundlegenden Fragebogenerhebung zu Schüler*innensichtweisen zum eigenen Sozialraum und zu Partizipationserfahrungen ergaben sich Thesen, welche dann mit Schüler*innen in unterschiedlichen Klassenstufen und in unterschiedlichen Formaten zur Diskussion gestellt wurden und dabei teils aufeinander aufbauend erweitert wurden.

Angelehnt an den sogenannten ‚mosaic approach' fügen sich verschiedene Erhebungsformate zu einem Erkenntnisgewinn durch Systematisierung und Kategorisierung zusammen. Dieser Ansatz bzw. forschungsmethodische Rahmen ermöglicht es, forschungsmethodische Vielfalt (Schütz & Böhm, 2021) zuzulassen. Dabei sollen verschiedene Ausdrucksformen genutzt werden, um „ein reales Bild der kindlichen Lebenswelt nachzuzeichnen" (Schütz & Böhm, 2021, S. 174). Die Stärke liegt darin „verschiedene traditionelle qualitative [und/oder quantitative] Forschungsmethoden mit partizipativen innovativen Methoden" zu kombinieren. Die folgende Tab. 1 zeigt die jeweils genutzten Methoden, die im Erkenntnisprozess kombiniert wurden.

---

[4] Ursprünglich sollte eine aktive Forscher*innengruppe aus Schüler*innen in den Prozess einbezogen werden bzw. diesen im Sinne partizipativer Forschung gestalten. Da jedoch die pandemische Lage und die damit zusammenhängenden Maßnahmen während der Hauptphase keinen langfristigen Zugang zum Forschungsfeld zuließen, konnte die Erhebung ‚nur' im Rahmen von aufeinander folgenden partizipationsorientierten Einzelprojekten stattfinden.

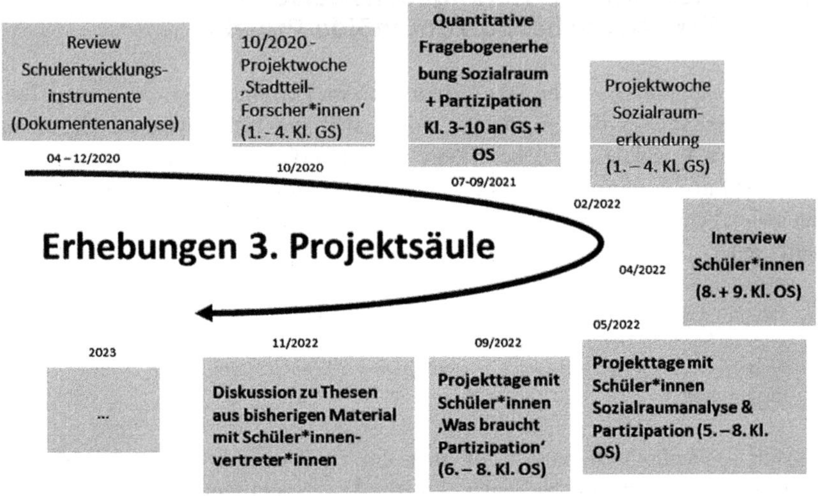

Abb. 1 Erhebungsmomente in der 3. InSide-Projektsäule

Die erhobenen und anschließend systematisierten (subjektiven) Schüler*innenvorstellungen wurden an einer Sekundarschule (Oberschule) in herausfordernder Lage aufgenommen. Die in qualitativen Settings erhobenen Daten wurden jeweils (inhaltsanalytisch) kategorienbildend zusammengefasst und in einer abschließenden Diskussion mit Klassen- und Schulsprecher*innen diskutiert, sodass auch in die Auswertung Schüler*innenperspektiven einfließen konnten. Die Fragebogendaten wurden mittels SPSS ausgewertet und sollen in diesem Beitrag deskriptiv einbezogen sowie dem qualitativen Material gegenübergestellt werden. Eine finale Analyse ist derzeit in Bearbeitung, weshalb die folgenden Darstellungen nur einen ersten systematisierten Einblick geben können, welche Barrieren, Voraussetzungen und Möglichkeiten es hinsichtlich von Partizipationsmöglichkeiten in herausfordernder Lage gibt. Dabei soll sich auch nur auf Erkenntnisse aus dem Sekundarschulbereich (Schüler*innen der Klassenstufen 5–10) bezogen werden (in der Abb. 1 hervorgehoben)[5].

[5] Die abschließenden Erhebungen im Grundschulbereich erfolgen noch in 2023.

Tab. 1 Darstellung Erhebungs- und Auswertungssetting

Methode	Kurzbeschreibung	Auswertung
Fragebogenerhebung (Sozialraumanalyse & Partizipation an der Schule)	Quantitative Erhebung von Sichtweisen auf Partizipation von Schüler*innen an der Schule (N = 187, Klassenstufe …)	SPSS
Interview mit Schüler*innen	Qualitative Erhebung von Sichtweisen auf Partizipation von zwei Schüler*innen an der Schule (N = 2, Klassenstufe 9 & 10)	Audiotranskript – Kategorienbildung
Gruppendiskussionen mit Visualisierung	Qualitative Erhebung von Sichtweisen auf Partizipation in der Schule Diskussionen mittels Kleingruppendiskussionen zu verschiedenen Aspekten von Partizipation. Festhalten von Notizen und Einzelaussagen auf einem Flipchart. (N = ca. 80, Klassenstufe 5–8)	Schriftmaterial/Flipcharts – geclustert/Kategorienbildung
Podcast- und Legefilmerstellung	Projektförmige Erhebung und Auswertung im Rahmen einer Projektwoche an der Schule zum Thema Partizipation. Anhand verschiedener Aspekte wurden diskutiert, was Partizipation braucht. (N = 4, Klassenstufe 6–8)	Audiotranskript – Kategorienbildung
Thesengeleitete Gruppendiskussion	Anhand einzelner Thesen, die sich aus den bisherigen Ergebnissen ergeben, wurde auswertend mit den Klassen- und Schulsprecher*innen der Schule diskutiert. (N = 10, Klassenstufe 5–10)	Notizen zur Validierung

5 Partizipation in herausfordernder Lage ermöglichen – Erkenntnisse aus Schüler*innensicht im Sekundarschulbereich

Durch die Analyse der Daten wird deutlich, dass Schüler*innen einen sehr differenzierten und vielfältigen Blick auf Mitbestimmungsmöglichkeiten in der Schule haben und auch sehr umfangreiche Wünsche und Bedarfe benennen können. Die Sichtweisen der Schüler*innen werden im Folgenden entlang fünf wesentlicher Aspekte dargestellt:

Schule als Lebensraum erkennen und realisieren

Als Wünsche wurden vielfach Aspekte genannt, die unter der Zielvorstellung einer *‚Schule als Lebensraum'* zusammengefasst werden können. So wünschen sich viele Schüler*innen beispielsweise einen Aufenthaltsraum für Pausen/ Freistunden, eine Bibliothek, einen Automaten für ‚Hygieneartikel', sauberere Toiletten usw. Diese Aspekte zielen darauf ab, dass die Schüler*innen Schule nicht nur als reinen Lern- sondern auch als Lebensraum begreifen. Gleichzeitig stimmen in der Fragebogenerhebung nur 42,2 % der Schüler*innen „Ich gehe gerne zur Schule" zu/eher zu. Hier scheint Schule noch nicht als ein solcher Wohlfühlort zu fungieren. Betrachtet man dazu noch das Item „In diesem Schuljahr hatte ich schon mal Angst in die Schule zu gehen", welches von immerhin 26,8 % bejaht wird (stimmt zu/eher zu)[6], scheint Schule hier der genannten Zielrichtung (noch) nicht zu entsprechen.

Strukturen für alle ermöglichen

Insbesondere in den Gruppendiskussionen wird deutlich, dass Mitbestimmung überwiegend als exklusive Aufgabe von Klassen- und Schulsprecher*innen angesehen wird. Eigene Verantwortungen und Möglichkeiten werden eher weniger gesehen. Aus Sicht vieler Schüler*innen scheinen Prozesse auch auf diese Einzelpersonen konzentriert zu sein, weshalb auch weniger eigene Mitbestimmungsmöglichkeiten für sich erkannt werden. In der Fragebogenerhebung haben auch in drei verschiedenen Bereichen jeweils weniger als die Hälfte der Schüler*innen angegeben, mitbestimmen zu können[7]. Gleichzeitig werden

[6] Als häufigster Angstauslöser werden Versagensangst/schlechte Leistungen genannt (30,5 %).

[7] Beim Aufstellen von Regeln im Unterricht – stimme zu 17,6 %, stimme eher zu 19,6 %; Gestaltung Klassenzimmer – stimme zu 18,1 %, stimme eher zu 24,3 %; Gestaltung Schulhof – stimme zu 17,3 %, stimme eher zu 25,3 %.

mehrfach Wünsche nach Strukturen und Praktiken geäußert, die einen regelmäßigen Austausch für alle ermöglichen würden, wie z. B. Klassenbesprechungen, Wochentagebuch, Schulversammlung für alle, eine gemeinsame Stunde gegen Stress usw.

Transparente Strukturen schaffen

Dies verknüpft sich stark mit den Hinweisen, dass vielen Schüler*innen Prozesse nicht klar sind und somit auch der Einblick in den Umgang mit z. B. abgefragten Wünschen fehlt. So wird beschrieben, dass es z. B. eine Abfrage zu Gestaltungswünschen des Schulhofs gab, jedoch nicht klar ist, was danach mit diesen ‚Stimmen' passiert ist. Weitere Absprachen scheinen in diesem Fall mit den Klassen- und Schulsprecher*innen geführt worden zu sein. Viele der Schüler*innen können nicht benennen, welche Strukturen und Praktiken an der Schulen derzeit bestehen.

Partizipation braucht Selbstwirksamkeitserfahrungen

Die beschriebene Einschätzung, eher weniger mitbestimmen zu können, wird unter anderem von den Schüler*innen damit begründet, dass Wünsche und Bedarfe aus deren Sicht nicht berücksichtigt werden und ‚sich sowieso nichts verändert'. Es werden verschiedene Situationen und Beispiele skizziert, die bei den Schüler*innen eher Frustrationserfahrungen ausgelöst haben, u. a. weil keine Veränderungen spürbar/sichtbar wurden. Sie scheinen Mitbestimmung eher selten mit Selbstwirksamkeitserfahrungen zu verknüpfen, was die Motivation sich weiter zu beteiligen, stark beeinflusst und nachhaltigen Anstrengungen der Lehrkräfte kontraproduktiv entgegenwirkt. Hinzu kommt, dass nur 42,4 % der Schüler*innen dem Item „In der Schule kann ich meine Meinung frei äußern" zustimmen/eher zustimmen. So scheint die Basis zu fehlen, dass alle ihre Stimme einbringen können und dies zu wahrnehmbaren Veränderungen führen.

Pädagogische Beziehung als Grundvoraussetzung partizipativer Bestrebungen erkennen

Insbesondere das zuletzt genannte Item aus dem Fragebogen wird mit sehr unterschiedlichen pädagogischen Beziehungen innerhalb der Schule in Verbindung gebracht. So wird in den Gruppendiskussionen deutlich, dass Schüler*innen Partizipationsmöglichkeiten sehr stark von der jeweiligen Lehrkraft abhängig machen. Dabei beschreiben sie im Speziellen Aspekte auf der Beziehungsebene. So werden einerseits Lehrkräfte benannt, bei denen die Schüler*innen das Gefühl haben, sich anvertrauen zu können, was sie klar als Voraussetzung für Mitbestimmung benennen. Andererseits werden Lehrkräfte beschrieben, bei denen die individuelle Stimme der Kinder und Jugendlichen nicht gehört wird. Dabei spielen für die Schüler*innen insbesondere kollektivierende (und/oder beschämende) Praktiken, wie beispielsweise kollektive Bestrafungen aufgrund individueller Regelverstöße, eine zentrale Rolle. Dies führt zu dem Gefühl der Schüler*innen, sich nicht einbringen zu können (und folglich auch nicht zu wollen). Als Grund wird in den Diskussionen u. a. Angst genannt, sich bei einer Lehrkraft frei zu äußern. Dies deckt sich auch mit den Ergebnissen der Fragebogenerhebung. Hier stimmen dem Item „In der Schule gibt es einen Erwachsenen, dem ich vertrauen kann und dem ich meine Probleme erzählen kann" 42,6 % der Schüler*innen nicht/eher nicht zu. So haben immerhin fast die Hälfte der Schüler*innen nicht das Gefühl, sich jemandem in der Schule anvertrauen zu können. Darüber hinaus werden im Fragebogen u. a. Klassenlehrer*innen (43,2 %), Sozialarbeiter*innen (36,5 %) und Fachlehrer*innen (25,7 %) am häufigsten als Personen benannt, an die man sich wenden kann. Die Vertrauenslehrer*in wird mit lediglich 5,4 % nur sehr selten als Ansprechperson benannt. In den Gruppendiskussionen benennen die Schüler*innen mehrheitlich ‚Vertrauen' als grundsätzliche Basis für gelingende Partizipation. Ein weiterer genannter Aspekt ist der Wunsch nach einem dialogischen Miteinander. So wünschen sie sich von den Lehrkräften, dass sie als Schüler*innen nicht nur ‚abgefragt' werden, sondern dass Beziehungen auf gegenseitigem Interesse und Wertschätzung beruhen.

6 Implikationen für (inklusive) Schulentwicklung

Mit Blick auf die dargestellten Erhebungsergebnisse wird deutlich, dass Partizipation in sehr unterschiedlicher Form verstanden, praktiziert und erlebt wird. Weiterhin werden durch die Schüler*innensichtweisen verschiedene Barrieren und Voraussetzungen sichtbar. Dies deckt sich mit den Darstellungen von Höke (2020, S. 232 mit Bezug auf Ruppin, 2018), wo verdeutlicht wird, dass „das Interesse von Kindern [und Jugendlichen] an Partizipation nicht einfach vorausgesetzt werden kann" und „die Realisierung von Partizipation nicht voraussetzungsfrei" ist.

Die Notwendigkeit der Klärung eines geteilten Partizipationsverständnisses
An der untersuchten Sekundarschule scheint bisher keine gemeinsame Klärung bzw. Erarbeitung eines geteilten Partizipationsverständnisses stattgefunden zu haben. Im Gegenteil wird deutlich, dass partizipative Bestrebungen sich überwiegend auf einzelne Projekte beschränken und etablierte Strukturen ebenso keiner transparenten Verflechtung mit Schulentwicklungsprozessen folgen, die

den Schüler*innen gleichsam und niedrigschwellig zugänglich sind. Reichenbach (2006, S. 58) macht deutlich, dass eine solche fehlende Klärung eines geteilten Verständnisses dazu führen kann, dass Partizipation „im Nimbus des fraglos Guten und Anzustrebenden" verharrt (zitiert aus Piezunka, 2020, S. 83). Beck und Meusburger (2023, S. 65) zeigen ebenfalls, dass es nicht um die reine Etablierung von Partizipationsformaten gehen kann, „sondern auch zu berücksichtigen [ist], dass diese Angebote unterschiedlich genutzt werden, in Abhängigkeit von individuellen Voraussetzungen und dem Bildungskontext, in dem sich die Schülerinnen und Schüler bewegen". Angebote müssen auch „erkannt und angenommen werden, damit sie zu tatsächlich gelebter Beteiligung führen" (Beck & Meusburger 2023, S. 65).

Auswirkungen fehlender Transparenz und vereinzelte Verantwortungsabgabe
An der untersuchten Schule scheinen fehlende Transparenz und Verantwortungsabgabe (an Klassen- und Schulsprecher*innen) dazu zu führen, dass eben dieses Erkennen und Annehmen von Partizipation verhindert werden. Dabei scheint auch der Blick auf individuelle Bedürfnisse (und Stimmen) verloren zu gehen, was u. a. zu Frustrationserlebnissen seitens der Schüler*innen führt. Reichenbach (2006, S. 58) weist auch auf die Gefahr hin, dass Schüler*innen nicht als eine kollektive Gruppe anzusehen sind, weil es sonst weniger zu einer „Abflachung von Hierarchien" kommt, sondern mehr zu einer Verantwortungsabgabe, wo „einzelne Gruppenmitglieder [...] offenbar mehr als andere zu sagen haben und somit mehr [...] informellen Einfluss besitzen". Mit Blick auf weitere Studien begünstigt eben diese Verantwortungsabgabe u. a. Schüler*innen mit privilegierter Herkunft, die sich tendenziell häufiger in solchen mitbestimmenden Rollen wiederfinden (z. B. vgl. Beck & Meusburger, 2023 oder hinsichtlich Begünstigung/Behinderung durch sprachliche Voraussetzungen auch Schnitzer & Mörgen, 2019). Hierzu bedarf es einer Orientierung von Schulentwicklungsprozessen an den individuellen Lebenswelten der Schüler*innen[8]. Dies gerät insbesondere in Schulen in herausfordernder Lage in den Fokus, wo die Gefahr immanenter scheint, dass durch die Begünstigung Einzelner, Viele aus dem Blick geraten und somit als ‚nicht Gehörte' außen vor bleiben. Piezunka (2020, S. 88) weist darauf hin, dass mit Blick auf die Praxis, „pädagogische Fachkräfte situationsspezifisch [und habitussensibel] reflektieren [sollten], inwiefern alle bzw. diejenigen, die vom Entscheidungsprozess betroffen sind, die

[8] Deinet & Reutlinger (in diesem Band) zeigen Möglichkeiten und Notwendigkeiten auf sich unter Nutzung eines relativen (Sozial-)Raumverständnisses der Lebenswelt von Schüler*innen zu nähern.

Möglichkeit haben zu partizipieren". Sie legt in ihren Darstellungen den Fokus auf die Bedeutung pädagogischer Beziehungen für partizipative Prozesse. Mit Bezug zu den Reckahner Reflexionen[9] stellt sie fest, dass die „Wahrnehmung der Interessen und Perspektiven von Kindern und Jugendlichen eine Grundvoraussetzung ist, damit Partizipation in pädagogischen Settings gelingen kann" und dass diesbezüglich Schüler*innen in pädagogischen Beziehungen als „Subjekte ernstgenommen und angehört werden" (Piezunka, 2020, S. 87) sollen.

Macht als Analysekategorie in Schulentwicklungsprozessen

Bezüglich der dargestellten Schüler*innensichtweisen, wird deutlich, dass diese insbesondere ‚Vertrauen' als zentrale Komponente erachten. An den Aussagen der Schüler*innen ist zu erkennen, dass pädagogische Beziehungen auch in Bezug zu machtvollen Kulturen und Praktiken gedacht werden sollten. Es zeigt, dass Schüler*innen eingebunden sind in „spezifische Macht- und Ordnungsverhältnisse" (Höke, 2020, S. 232), die als Analysekategorie in Schulentwicklungsprozessen bisher eine Leerstelle markieren. Für eine nachhaltige Etablierung des Rechts auf Partizipation kommen Pädagog*innen nicht um eine Reflexion des eigenen (machtvollen) professionellen Handelns herum, was stets auch im Sinne einer Habitussensibilität (vgl. Sander, 2014 sowie Weitkämper & Rutter in diesem Band) auf die eigenen kulturellen und sozialen Prägungen abzielen sollte. In Bezug zu pädagogischen Beziehungen ist Partizipation in Schule stets auch als Aushandlung „generationaler Ordnungen" und Verantwortung(sumverteilungen) zu denken, was im traditionellen Erwachsenen-Kinder-Verhältnis zu wesentlichen Spannungen führen kann[10]. Heinzel (2019, S. 283) „betont die Notwendigkeit einer dialogischen Vermittlung von Generationenperspektiven, die Reflexion des Verhältnisses von vermittelnden und aneignenden Generationen und die Notwendigkeit einer professionellen Ethik". Dabei ist es wichtig zu verstehen, dass es stets auch um eine „Erziehung der Mächtigen zu einem echten Teilhabe-Lassen gehen muss" und immer kritisch reflektiert werden sollte „wessen Teilhabe/Partizipation eingefordert wird und [...], von wem diese Forderung ausgeht" (Boger, 2019, S. 5).

---

[9] https://paedagogische-beziehungen.eu/

[10] Hierzu beispielsweise die Auseinandersetzung zum Begriff ‚Adultismus' bei Liebel (2020).

7 Ausblick

Insgesamt werden an den Darstellungen und Diskussionen der Schüler*innenperspektiven verschiedene Barrieren und Voraussetzungen deutlich, die insbesondere an Schulen in herausfordernder Lage weniger durch Kompetenzen und/oder (privilegierten) Bedingungen aus der eigenen Lebenswelt ‚kompensiert' werden können. Für inklusive Schulentwicklungsprozesse zeichnen sich dabei verschiedene offene Fragen ab, die es stärker zu fokussieren gilt. Düber et al. (2018) weisen z. B. mit ihrem Konzept der ‚barrierefreien Partizipation' darauf hin, dass es eben diesen Blick braucht, der auf den Abbau von Partizipationshindernissen zielt. Auch wenn sie sich dabei stark an der UN-Behindertenrechtskonvention orientieren, ist Barrierefreiheit hier nicht zu verstehen „als Rücksichtnahme auf Kompetenzdefizite von Personen" sondern vielmehr als eine „grundlegende demokratische Forderung nach gleichen Rechten und Chancen" (ebd., S. 254). Und dabei muss Partizipation auch der Verschiedenheit der Beteiligten gerecht werden, wobei es auch um die „Stärkung der Artikulationsfähigkeit und der Durchsetzungsfähigkeit" der Beteiligten gehen sollte (ebd., S. 255). Selbstwirksamkeitserfahrungen spielen dabei eine ganz zentrale Rolle, die einen Abbau struktureller Barrieren voraussetzt, wie es anhand des beschrieben Datenmaterials offensichtlich wird.

Hieran anschließend bleibt zu betonen, dass Partizipation nicht ein ‚Mittel zum Zweck', sondern vielmehr ein zu gewährendes Recht darstellt (vgl. Reitz, 2020). Diesem Ansatz folgend braucht es Überlegungen, welche Faktoren zur Etablierung partizipativer Strukturen, Kulturen und Praktiken in der Institution Schule nötig sind. Auch Lundy (2007, S. 931) weist kritisch darauf hin, dass es eine viel stärkere Analyse braucht über die „circumstances in which children are asked to participate in decision making". Zur Umsetzung des Artikels 12 der UN-Kinderrechtskonvention beschreibt sie die vier wesentlichen Faktoren voice, space, audience und influence – also das Recht der eigenen Stimme (voraussetzungslos) Ausdruck zu verleihen und dafür die notwendigen ‚Räume' zur Verfügung zu haben sowie das Recht, dass die Stimme auch angehört wird und darüber hinaus auch zu realen Veränderungen führt (vgl. Lundy, 2007).

Will partizipative Schulentwicklung wirklich der Ausbildung eines „demokratischen Habitus" von Schüler*innen dienen (Höke, 2020, S. 232 nach Edelstein, 2009) und gemäß dem Anspruch der KMK (2006) einer realen Emanzipation entsprechen, sollte dieser Abbau von exkludierenden und machtvollen Barrieren stärker in den Fokus geraten. Eine solche Analyse, so sollte es dieser Beitrag zeigen, kann nicht ohne Schüler*innen gedacht werden, deren Perspektiven genau diesen Bezug sehr differenziert herzustellen vermögen.

Literatur

Bernasconi, T. (2017). Schülermitwirkung in an Inklusion orientierten Schulen. In U. Böing & T. Bernasconi (Hrsg.), *Inklusive Schulen entwickeln. Impulse für die Praxis* (S. 207–216). Kinkhardt.

Beck, M. & Meusburger, K. (2023). Bedingungen von Mitbestimmung. In G. Quenzel, M. Beck, & S. Jungkunz (Hrsg.), *Bildung und Partizipation. Mitbestimmung von Schülerinnen und Schülern in Deutschland, Österreich und der Schweiz* (S. 65–86). Budrich.

Boger, M.-A. (2019). Wer partizipiert an wessen Bildung? – Einsatzpunkte einer universalismuskritischen Bildungstheorie. *Zeitschrift für Bildungsforschung und Entwicklungspädagogik, 42*(3), 4–10.

Booth, T., & Ainscow, M. (2017). *Index Für Inklusion: Ein Leitfaden Für Schulentwicklung.* Beltz.

Büker, P., & Hüpping, B. (2022). Als Sozialforscher*innen die eigene Schule evaluieren und mitgestalten: Kindersichten auf ein partizipatives Setting in der Grundschule. In M. Grüning, S. Martschinke, J. Häbig, & S. Ertl (Hrsg.), *Mitbestimmung von Kindern. Grundlagen für Unterricht, Schule und Hochschule* (S. 172–192). Beltz Juventa.

Burger, K., Karabasheva, R., Zermatten, J., & Jaffé, P. (2016). Kinderrechte, Kindeswohl und Partizipation: Empirische Befunde aus einer multimethodischen Studie. In R. Mörgen, P. Rieker, & A. Schnitzer (Hrsg.), *Partizipation von Kindern und Jugendlichen in vergleichender Perspektive. Bedingungen – Möglichkeiten – Grenzen* (S. 15–38). Beltz.

Düber, M., Rohrmann, A., & Windisch, M. (2018). Barrierefreie Partizipation. Herausforderungen für die Soziale Arbeit. In J. Stehr, R. Anhorn, & K. Rathgeb (Hrsg.), *Konflikt als Verhältnis – Konflikt als Verhalten – Konflikt als Widerstand. Widersprüche der Gestaltung Sozialer Arbeit zwischen Alltag und Institution* (S. 253–264). SpringerVS.

Edelstein, W., Frank, S., & Sliwka, A. (Hrsg.) (2009). *Praxisbuch Demokratiepädagogik: Sechs Bausteine für die Unterrichtsgestaltung und den Schulalltag.* Beltz.

Feichter, H. (2020). Die Grammatik der Schule als Partizipationshindernis. Organisationstheoretische und schulkulturelle Überlegungen. In S. Gerhartz-Reiter & C. Reisenauer (Hrsg.), *Partizipation und Schule. Perspektiven auf Teilhabe und Mitbestimmung von Kindern und Jugendlichen* (S. 25–40). Springer.

Feige, J. (2022). Das Recht auf Partizipation in der Bildung – Eine kinderrechtliche Perspektive. In M. Grüning, S. Martschinke, J. Häbig, & S. Ertl (Hrsg.), *Mitbestimmung von Kindern. Grundlagen für Unterricht, Schule und Hochschule* (S. 40–55). Beltz Juventa.

Görtler, S.-C. (2017). Instrumente der inklusiven Schulentwicklung. In V. Moser & M. Egger (Hrsg.), *Inklusion und Schulentwicklung. Konzepte, Instrumente, Befunde* (S. 144–161). Kohlhammer.

Hanslmeier-Prockl, G. (2009). *Teilhabe von Menschen mit geistiger Behinderung. Empirische Studie zu Bedingungen der Teilhabe im Ambulant betreuten Wohnen in Bayern.* Klinkhardt.

Hauser, S., & Nell-Tuor, N. (2019). Sprache und Partizipation – Eineiige Zwillinge oder zwei ungleiche Geschwister? In S. Hauser & N. Nell-Tuor (Hrsg.), *Sprache und Partizipation im Schulfeld* (S. 9–17). Hep.

Heinzel, F. (2019). Zur Doppelfunktion der Grundschule, dem Kind und der Gesellschaft verpflichtet zu sein – Die generationenvermittelnde Grundschule als Konzept. *Zeitschrift für Grundschulforschung, 12,* 275–287.

Höke, J. (2022). „Und die Kinderkonferenz, die haben wir abgeschafft". Möglichkeiten kindlicher Beteiligung im Zusammenspiel von Handlungsstrategien der Erwachsenen und Kinderperspektiven in einer partizipativ arbeitenden Grundschule. *Die Deutsche Schule, 112*(2), 229–244.

KMK (Sekretariat der Ständigen Konferenz der Kultusminister der Länder in der Bundesrepublik Deutschland). (2006). Erklärung der Kultusministerkonferenz vom 03.03.2006 zur Umsetzung des Übereinkommens der Vereinten Nationen über die Rechte des Kindes. www.kmk.org/fileadmin/veroeffentlichungen_beschluesse/2006/2006_03_03-Rechte-des-Kindes-UN.pdf.

Leonhardt, N., Goldbach, A., Staib, L., & Schuppener, S. (2023). *Macht in der Schule. Wissen – Sichtweisen – Erfahrungen. Texte in Leichter Sprache, Einfacher Sprache und Fachsprache.* Klinkhardt.

Liebel, M. (2020). *Unerhört. Kinder und Macht.* Beltz Juventa.

Lundy, L.(2007). 'Voice' is not enough: Conceptualising Article 12 of the United Nations Convention on the Rights of the Child. *British Educational Research Journal, 33*(6), 927–942.

Montag Stiftung Jugend und Gesellschaft (Hrsg.). (2015). *Inklusion auf dem Weg. Das Trainingshandbuch zur Prozessbegleitung, Sonderdrucke und Sonderveröffentlichungen.* Deutscher Verein für Öffentliche und Private Fürsorge 53. Lambertus.

Moser, V. (2017a). Theoretische Grundlagen der Schulentwicklung. In. V. Moser & M. Egger (Hrsg.), *Inklusion und Schulentwicklung. Konzepte, Instrumente, Befunde* (S. 98–111). Kohlhammer.

Moser, V. (2017b). Schulentwicklung Inklusion: Konzepte und Befunde. In V. Moser & M. Egger (Hrsg.), *Inklusion und Schulentwicklung. Konzepte, Instrumente, Befunde* (S. 127–143). Kohlhammer.

Piezunka, A. (2020). Gestaltung Pädagogischer Beziehungen: Partizipation ermöglichen. In I. Boban & A. Hinz (Hrsg.), *Inklusion und Partizipation in Schule und Gesellschaft. Erfahrungen, Methoden, Analysen* (S. 82–92). Beltz Juventa.

Reichenbach, R.(2006). Diskurse zwischen Ungleichen. Zur Ambivalenz einer partizipativen Pädagogik. In C. Quesel & F. Oser (Hrsg.), *Die Mühen der Freiheit. Probleme und Chancen der Partizipation von Kindern und Jugendlichen* (S. 39–61). Rüegger.

Reisenauer, C. (2020). Kinder- und Jugendpartizipation im schulischen Feld – 7 Facetten eines vielversprechenden Begriffs. In S. Gerhartz-Reiter & C. Reisenauer (Hrsg.), *Partizipation und Schule. Perspektiven auf Teilhabe und Mitbestimmung von Kindern und Jugendlichen* (S. 3–22). Springer.

Reitz, S. (2020). Das Recht auf Partizipation – Menschenrechtliche Handlungsnotwendigkeiten im Bildungsbereich. In I. Boban & A. Hinz (Hrsg.), *Inklusion und Partizipation in Schule und Gesellschaft. Erfahrungen, Methoden, Analysen* (S. 33–48). Beltz Juventa.

Rieker, P., Morgen, R., Schnitzer, A., & Stroezel, H. (2016). *Partizipation von Kindern und Jugendlichen. Formen, Bedingungen sowie Möglichkeiten der Mitwirkung und Mitbestimmung in der Schweiz.* Springer.

Rolff, H.-G. (2007). *Studien zu einer Theorie der Schulentwicklung.* Beltz.

Ruppin, I. (Hrsg.). (2018). *Kinder und Demokratie.* Beltz Juventa.

Sander, T. (Hrsg.). (2014). *Habitussensibilität. Eine neue Anforderung an professionelles handeln.* SpringerVS.

Schnitzer, A., & Mörgen, R. (2019). "Das ist eben so, dass Schüler kommen, die diskutieren können" – Die Bedeutung sprachlicher Fähigkeiten für (schulische) Partizipationsmöglichkeiten. In S. Hauser & N. Nell-Tuor (Hrsg.), *Sprache und Partizipation im Schulfeld* (S. 18–38). Hep.

Schütz, S., & Böhm, E. (2021). Forschungsmethodische Vielfalt. Der Mosaic Approach. In I. Hedderich, J. Reppin, & C. Butschi (Hrsg.), *Perspektiven auf Vielfalt in der frühen Kindheit. Mit Kindern Diversität erforschen* (2., durchgesehene Aufl., S. 172–186). Klinkhardt.

Tiedecken, P. (2020). Inklusion und Partizipation. Oder: Von der Unmöglichkeit mitzumachen, ohne sich vereinnahmen zu lassen. In I. Boban & A. Hinz (Hrsg.), *Inklusion und Partizipation in Schule und Gesellschaft* (S. 18–32). Beltz.

Wocken, H. (2020). Inklusive Momente in Bildungsprozessen. Kritik einer bildungstheoretischen Grundlegung der schulischen Inklusion. *Zeitschrift für Inklusion, 4*. www.inklusion-online.net/index.php/inklusion-online/article/view/588/428.

Nico Leonhardt ist wissenschaftlicher Mitarbeiter am Institut für Förderpädagogik der Universität Leipzig. Seine Arbeits- und Forschungsschwerpunkte sind Inklusive Schulentwicklung und Sozialraumorientierung, Inklusionssensible Hochschulentwicklung, Leichte Sprache, Partizipative Forschung und Lehre.

Kontakt: nico.leonhardt@uni-leipzig.de.

Wie kommunale Institutionen und Berufskollegs in NRW in herausfordernden Lagen gemeinsam inklusive Entwicklungsprozesse gestalten können – Bildungspartnerschaften als gelingendes Kooperationsformat

Francesco Ciociola und Gina Friedrichs

Zusammenfassung

Bildungspartnerschaften als Kooperationsformat zwischen Berufskollegs und öffentlichen Bibliotheken leisten einen wichtigen Beitrag zur Förderung inklusiver Entwicklungsprozesse von Schüler*innen. Bisher gibt es dazu kaum empirische Untersuchungen. Die hier vorgestellte Studie eruiert auf Basis von qualitativen Expert*inneninterviews und einer ergänzenden Fragebogenerhebung bei Schüler*innen mögliche Gelingensbedingungen für erfolgreiche Bildungspartnerschaften. Als relevant wurden die Bedingungen *Akzeptanz, konstante und transparente Strukturen, Evaluation sowie inhaltliche Fachlichkeit* beschrieben. Diese gilt es nun in die Praxis zu implementieren.

Schlüsselwörter

Berufskolleg • Öffentliche Bibliothek • Kooperation • Bildungspartnerschaften • Inklusive Schule

F. Ciociola (✉)
Witten, Deutschland
E-Mail: francesco.ciociola@uni-siegen.de

G. Friedrichs
Menden, Deutschland
E-Mail: g.friedrichs@menden.de

S. Schuppener et al. (Hrsg.), *Inklusive Schule im Sozialraum*,
https://doi.org/10.1007/978-3-658-42158-8_11

1 Ausgangsüberlegung

Allgemeinbildende und soziale Basiskompetenzen, die für die spätere berufliche Laufbahn notwendig sind, werden selten im Curriculum von Berufskollegs berücksichtigt. Berufskollegs und Lehrkräfte können die individuellen Bedarfe der äußerst heterogenen Schüler*innenschaft nicht immer umfassend genug auffangen (Euler, 2016). Außerschulische Institutionen, wie öffentliche Bibliotheken, können im Rahmen von Bildungspartnerschaften an dieser Stelle Unterstützung leisten und neue soziale Räume öffnen, um die Bedarfe zu decken. Daraus resultiert die Forschungsfrage (F): *Wie können Bildungspartnerschaften als Kooperationsform zwischen Berufskollegs und öffentlichen Bibliotheken erfolgreich gestaltet und aufrechterhaltet werden?*

2 Das Berufskolleg in NRW als inklusives System im Sozialraum?

Das Berufskolleg in NRW lässt sich als Schulform der Sekundarstufe II zuordnen, zu der Fachschulen, Fachoberschulen, Berufsfachschulen und Berufsschulen gehören und „ist mit den beruflichen Schulen in anderen Bundesländern vergleichbar" (Ministerium für Schule und Weiterbildung des Landes Nordrhein-Westfalen [MSW NRW], 2016). Konkret kann an einem Berufskolleg in NRW von einem Hauptschulabschluss nach Klasse 9 bis hin zu der Allgemeinen Hochschulreife jeder Abschluss erworben werden. Dabei orientieren sich alle Bildungsgänge „[…] an Arbeits- und Geschäftsprozessen […], die Bestandteile des beruflichen Alltags sind" (MSW NRW, 2016, S. 11). Berufsbezogener Unterricht über alle Bildungsgänge hinweg kann somit, neben den allgemeinbildenden Fächern, als ein Schwerpunkt des Berufskollegs definiert werden. Demzufolge wird mit jedem erworbenen Abschluss an einem Berufskolleg auch eine berufliche Qualifizierung entwickelt (MSW NRW, 2016).

2.1 Bildungsgangdidaktik am Berufskolleg

Die berufliche Bildung und die damit einhergehende Bildungsgangdidaktik lassen den Lehrkräften seit Einführung der Lernfeldorientierung deutlich mehr Freiheiten in didaktischen Entscheidungen (Sloanne, 2007). In der Bildungsgangdidaktik ist es von Relevanz, das einzelne Individuum zu beachten, damit ein „kontinuierliches Wechselspiel zwischen den jungen Erwachsenen und der aktuellen Gesellschaft ausgehandelt werden“ kann (Busian & Ciociola, 2023, S. 2). So wird ein Raum geschaffen, in dem Jugendliche sich individuell entfalten können. Diese Individualität ist im Curriculum jedoch bis heute nicht implementiert (Busian & Ciociola, 2023). Die Curricula der verschiedenen Bildungsgänge in den Anlagen besitzen keine gesetzliche Normierung. Nichtsdestotrotz werden in den Curricula jeweils bereichsspezifische Kompetenzziele formuliert, die für den späteren Beruf relevant sind (Busian & Ciociola, 2023). Die Kompetenzorientierung soll das Niveau der erworbenen Qualifikationen im Sinne des Deutschen Qualifikationsrahmen für lebenslanges Lernen (DQR) zuordnen können (Frehe & Kremer, 2018). Dabei wird vernachlässigt, dass die Didaktik der dualen Berufsausbildung genauso relevant wie die Beachtung von individueller Förderung hinsichtlich der Basiskompetenzen ist (Frehe & Kremer, 2018). Nach einer inklusiven Didaktik soll das Individuum als Akteur*in seines*ihres eigenen beruflichen Bildungswegs betrachtet werden. Notwendige Schlüsselthemen können dann jedem Individuum entsprechend adaptiert werden (Frehe & Kremer, 2018). Dazu gehört bspw. die Beratung und Begleitung der Schüler*innenschaft vor und während einer Berufswahl. Das Unterrichten auf Basis einer inklusiven Didaktik und Methodik könnte der Schüler*innenschaft einen sicheren und strukturierenden Rahmen bieten (Frehe & Kremer, 2018).

2.2 Herausforderungen von Inklusion am Berufskolleg in NRW

Ein herausfordernder Aspekt ist die Definition des Inklusionsbegriffs. Im Kontext beruflicher Bildung wird oftmals von einem, ‚engen Inklusionsverständnis‘ und einer damit verbundenen Begrenzung/Fokussierung auf Menschen mit Behinderung ausgegangen (Euler, 2016). Zwar existieren Verordnungen hinsichtlich der Neuausrichtung der Inklusion in Schulen (Bildungsportal des Landes NRW, 2019), jedoch beziehen sich diese weitestgehend auf allgemeinbildende Schulen (Euler, 2016). Das hauptsächliche Problem sind hierbei die rechtlichen Vorgaben, denn die Lern- und Entwicklungsverzögerungen der Schüler*innen verlieren mit dem Übergang zum Berufskolleg ihren Status (Euler, 2016).

Die Beschreibung der unterschiedlichen Bildungsgänge am Berufskolleg in NRW weist auf eine äußerst hohe Heterogenität hin. Aus diesem Grund bedarf es eines neuen Konzeptes des gemeinsamen Unterrichtens am Berufskolleg, indem die „[…] äußere Differenzierung […]“ (Euler, 2016, S. 29) durch eine „[…] innere Differenzierung […]“ (Euler, 2016) ersetzt wird. Durch die

Entfaltung jedes Individuums entsprechend der eigenen Stärken und Voraussetzungen, können kulturelle und strukturelle Herausforderungen folgen (Euler, 2016). Dies gleicht sich mit dem Begriffsverständnis der inklusiven Umsetzung von ‚gleicher Bildungsmöglichkeiten für alle Menschen' nach der UN-Behindertenrechtskonvention (BMAS, 2011), in den Bereichen Bildung (Artikel 24), Arbeit und Beschäftigung (Artikel 27) und Teilhabe am kulturellen Leben sowie an Erholung, Freizeit und Sport (Artikel 30). Angelehnt daran versteht Aguayo-Krauthausen (2023, S. 15) unter Inklusion, „dass jeder Mensch in seiner Individualität als Teil der Gesellschaft akzeptiert wird und gleichberechtigt sowie selbstbestimmt die Möglichkeit hat, vollumfänglich an ihr teilzuhaben". Damit einhergehend ist vor allem ein strukturelles Umdenken von Institutionen und Bildungsangeboten notwendig.

3 Die Bibliothek als dritter Ort

3.1 Bibliotheken als Begegnungsstätte

Bibliotheken in ihrer heute bekannten Form existieren erst seit den 1960er Jahren, als sich die Freihandaufstellung durchsetzen konnte. Seit 1970 entwickeln sie sich so, dass sie sich zunehmend an den Wünschen der Kund*innen orientieren und eine Rolle als unabhängige Kultur- und Bildungseinrichtung einnehmen (Fühles-Ubach, 2012). Wenngleich die Ausleihzahlen von Print- und Onlinemedien sinken, wachsen doch die Besucherzahlen. Barth (2015, S. 427) definiert die öffentliche Bibliothek als einen der „ganz wenigen kostenlosen Aufenthaltsorte ohne Konsumzwang". Auch Hauke (2019) betont den freien Zugang zu Bibliotheken als wichtigen „Gegenpol zur Kommerzialisierung" (Hauke, 2019, S. XI) in fast allen Lebensbereichen. Neue Bibliothekskonzepte rücken immer mehr den Menschen an sich in den Mittelpunkt. Angebote wie Lesezirkel oder Makerspaces geben Bürger*innen, die auch weniger buchaffin sind, aber doch lernen und ihr Wissen weitergeben wollen, Raum, sich zu vernetzen und mit Gleichgesinnten auszutauschen (Hauke, 2019). Bibliotheken entwickeln sich zu ‚Dritten Orten', also Orten zwischen dem eigenen Zuhause und der Arbeitsstelle. Auch als außerschulische Lernorte rücken Bibliotheken immer mehr in den Mittelpunkt. Neben ihrem breiten Lern- und Bildungsangebot bieten sie außerdem Raum fürs Arbeiten, sowohl allein als auch in der Gruppe. Im Gegensatz zu Volkshochschulen oder Bildungszentren werden keine Kursgebühren erhoben und es besteht ein flexibler und kostengünstiger Zugang zu Medien und Räumlichkeiten

(Stang, 2018). Mit Angeboten zur Informations- und Medienkompetenzentwicklung sowie Beratungsangeboten zur Informationsrecherche nehmen Bibliotheken eine wichtige Funktion im Bildungsbereich ein (Stang, 2018). Als Bildungsinstitutionen begleiten öffentliche Bibliotheken die Übergänge von der Kindheit bis ins Erwachsenenalter (Marci-Boehncke, 2018).

3.2 Inklusion und Bildungspartnerschaften

Bibliotheken haben die Intention, mit ihren Angeboten einen niedrigschwelligen Zugang zu Wissen zu schaffen. Der Zugang zu ihnen ist kostenlos. So betont Janssen (2019) beispielsweise, dass „eine Bibliothek der Zukunft auch eine inklusive Bibliothek sein sollte, die passende Literatur oder Veranstaltungsformate in leichter Sprache für Menschen mit kognitiven Beeinträchtigungen oder Lernschwierigkeiten" bereithält (Janssen, 2019, S. 135). Medien in diversen Sprachen oder zum Deutsch lernen lassen sich ebenso in den Beständen wiederfinden. Solche Angebote sowie der kostenfreie Zugang zur Bibliothek entsprechen der Inklusionsdefinition Aguayo-Krauthausens (2023), denn sie erlauben und bestärken Menschen, unabhängig von „Merkmalen wie der sozialen und kulturellen Herkunft, der Geschlechtsidentität, der Sexualität, der Hautfarbe, der Religion und auch der Behinderung" (Aguayo-Krauthausen, 2023, S. 15) die Bibliothek als Raum zu nutzen. Damit tragen Bibliotheken auch zur gesellschaftlichen Teilhabe bei.

Der Begriff der Inklusion fokussiert sich im gesellschaftlichen Diskurs immer noch sehr eng auf Menschen mit Behinderungen. Dabei sind auch andere marginalisierte Gruppen wie sozial benachteiligte Personen zu berücksichtigen. Diese Zielgruppen sind durch herkömmliche Projekte oft nur schwer zu erreichen (Aguayo-Krauthausens, 2023). Weiterhin richten sich Angebote zur Leseförderung und Vermittlung von Medienkompetenz überwiegend an Kinder und Jugendliche. Marginalisierte Gruppen, vor allem an Berufskollegs, werden dabei häufig vernachlässigt, einerseits weil es ältere Jugendliche und junge Heranwachsende sind und andererseits, weil an Berufskollegs potenziell mehr marginalisierte Gruppen zu finden sind.

Hier können Kooperationen zwischen Berufskollegs und öffentlichen Bibliotheken ansetzen und den Fokus konkret auf Schüler*innen von Berufskollegs übertragen. Als Abgänger*innen der weiterführenden Schulen, sind sie junge Erwachsene und haben einen anderen Informationsbedarf als bspw. Kinder oder Erwachsene. Diesen müssen Bibliotheken bei ihrem Portfolio berücksichtigen.

Die Kooperation zwischen Berufskollegs und öffentlichen Bibliotheken im Rahmen einer vertraglich festgelegten Bildungspartnerschaft leistet einen ersten Schritt, um diese Bedarfe zu ermitteln und zu stillen. Über die Qualität der realisierten Bildungspartnerschaften zwischen Schulen im Allgemeinen und Bibliotheken gibt es bislang wenig empirische Untersuchungen (Marci-Boehncke, 2018). Inzwischen sind beispielsweise, bezogen auf eine möglichst inklusive Gestaltung berufsbildender Schulen, Bemühungen zu konstatieren, bspw. das Zuweisen von Mitteln für multiprofessionelle Teams und für außerschulische Kooperation (MSW NRW, 2017). Neuere internationale Studien weisen darauf hin, dass für ein inklusives Berufskolleg unter anderem die Elternarbeit und Kooperationen mit außerschulischen Instituten relevante Indikatoren sind (Peng et al., 2022). Eine kommunale Institution, die beide Indikatoren verbindet, sind Bibliotheken.

4 Kooperation zwischen Berufskollegs und öffentlichen Bibliotheken als Beispiel gelingender Bildungspartnerschaften

Die beschriebenen Herausforderungen in den Systemen *Berufskolleg* und *Bibliothek* heben die Notwendigkeit von funktionierenden Kooperationen im umgebenen Sozialraum besonders hervor. Städtische Berufskollegs liegen oftmals in Stadtteilen in herausfordernder Lage und werden nachmittags zu beliebten Treffpunkten der Schüler*innen. Gleichzeitig sollte das Berufskolleg und die unmittelbare Umgebung einen eigenen sicheren Sozialraum für die Schüler*innen darstellen (Ganzert, 2020).

Öffentliche Bibliotheken pflegen Kontakte zu verschiedenen lokalen Schulen. In NRW können Schulen und Kultureinrichtungen vertraglich eine längere Zusammenarbeit festlegen, die sogenannten *Bildungspartnerschaft*. Durch gemeinsam festgelegte Ziele, Aktivitäten und organisatorische Rahmenbedingungen können die Kooperationspartner*innen voneinander profitieren (Bildungspartner NRW, 2018). Im Falle von Bildungspartnerschaften zwischen Berufskollegs und Bibliotheken, könnten letztere *außerschulische Lernorte* darstellen, indem die Bibliotheks-Angebote sowohl bekannt gemacht, als auch fachlich in die Unterrichtsplanung von Berufskollegs miteinbezogen werden (Marci-Boehncke, 2018, S. 76). Die Erarbeitung eines bestimmten Themas oder die Einführung in ein neues Unterrichtsthema könnte bspw. in den Räumlichkeiten der Bibliothek stattfinden und somit einen ersten Kontakt für Schüler*innen zu Bibliotheken bieten, da die wenigsten Familien von Hause aus öffentliche Bibliotheken nutzen (Rittel, 2016).

Hermann (2015) stellt in ihrer Analyse über die Relevanz der öffentlichen Bibliotheken Berlins für Zielgruppen der beruflichen Aus- und Weiterbildung fest, dass Auszubildende nur zwei Prozent der Nutzer*innenschaft der öffentlichen Bibliotheken abdecken und demnach deutlich unterrepräsentiert sind. Weiterhin nutzen Auszubildende und Schüler*innen, die nicht mehr die allgemeinbildenden Schulen besuchen, öffentliche Bibliotheken hauptsächlich für die Freizeitgestaltung und nicht als Arbeitsortersatz (Hermann, 2015).

Für eine erfolgreiche Bildungspartnerschaft müssen Bibliotheken als Kooperationspartner*innen wissen, wie Schulen organisiert sind und an welchen Stellen sich Chancen für die Zusammenarbeit bieten. Um den Bibliotheksbesuch auf die Lehrinhalte abzustimmen, bietet sich ein sogenanntes *Spiralcurricular* an. Dieses ist ein didaktisches Lehrprinzip und ordnet den Lernstoff so an, dass die zu vermittelnden Inhalte zunehmend komplexer werden und sich das Wissen aufbauend entwickelt. So soll jede Person, unabhängig davon, welchen konkreten Verlauf die Bildungsbiographie nimmt, die passenden Angebote für sich erhalten (Marci-Boehncke, 2018). Viele Klassenführungen und Bibliotheksbesuche orientieren sich derzeit am Medienkompetenzrahmen NRW (2022), der folgende Punkte umfasst: a) Bedienen und Anwenden, b) Informieren und Recherchieren, c) Kommunizieren und Kooperieren, d) Produzieren und Präsentieren, e) Analysieren und Reflektieren, f) Problemlösen und Modellieren. Auch Bildungspartnerschaften orientieren sich an den Medienkompetenzrahmen NRW (2022).

5 Forschungsmethodik

5.1 Studiendesign, Erhebungsinstrumente und Stichprobenbeschreibung

Bei der vorliegenden Studie „OptiBi – Optimierungsprozesse von Bildungspartnerschaften an berufsbildenden Schulen" handelt es sich um ein Mixed-Method-Querschnittsdesign mit qualitativen Expert*inneninterviews und einer Fragebogenerhebung, um die Gelingensbedingungen für erfolgreiche Bildungspartnerschaften zwischen Berufskollegs und öffentlichen Bibliotheken zu eruieren. Dafür wurden drei Führungskräfte aus Bibliotheken, zwei Schulleitungen und zwei Lehrkräfte an Berufskollegs interviewt. Sowohl die Bibliotheken, als auch die Berufskollegs befinden sich im Sauerland und im Ruhrgebiet. Basierend auf

Tab. 1 Interviewfragen

1. Gibt es bei Ihnen eine Bildungspartnerschaft und wie sieht diese aus?
2. Wie sieht eine gelingende Bildungspartnerschaft aus?
   a) Was wird davon umgesetzt?
   b) Wo sehen Sie noch Entwicklungspotenzial
3. Inwiefern fördern Bildungspartnerschaften die individuellen Bedarfe der äußerst heterogenen Schüler*innenschaft am Berufskolleg?
4. Inwiefern unterstützen Bibliotheken Berufskollegs, Inhalte zu vermitteln, die nicht im Curriculum verankert sind?
5. Wie nachhaltig sind Ihrer Meinung nach die Bildungspartnerschaften und woran machen Sie das fest?
6. Werden durch Bildungspartnerschaften neue soziale Räume geöffnet?

den angesprochenen Spiralcurricula und dem Medienkompetenzplan demonstriert Tab. 1 die Interviewfragen. Insgesamt wurden sechs offene Fragen gestellt.

Um eine möglichst breite Sichtweise der Schüler*innenschaft miteinbeziehen zu können, fand im Anschluss eine Fragebogenerhebung statt. Dafür wurde ein Fragebogen an zwei Berufskollegs eingesetzt. Der Fragebogen beschäftigt sich mit der Verbesserung (außer-)schulischer Angebote von Bibliotheken. Sinn dieser Umfrage ist zum einen die Ermittlung der Bekanntheit des Bibliotheksangebots. Zum anderen sollen die Wünsche der Schüler*innen bei der zukünftigen Angebotsgestaltung, auch im Rahmen von Bildungspartnerschaften, berücksichtigt werden. Im Sinne der Standardisierung befindet sich zu Beginn des Fragebogens ein Anschreiben an die Schüler*innen, in dem das Ziel der Umfrage erklärt und Hinweise zum Beantworten definiert werden. Größtenteils besteht der Fragebogen aus Multiple-Choice-Fragen, bei denen aus vorgegebenen Antwortmöglichkeiten ausgewählt werden kann. Außerdem gibt es Fragen, die eine Einschätzung auf einer fünfstufigen Likert-Skala ermöglichen.

Die rekrutierte Stichprobe setzt sich aus insgesamt 157 Schüler*innen im Alter zwischen 16 und 32 Jahren zusammen ($M = 19{,}2$ Jahre, $SD = 1{,}86$). Das Geschlechterverhältnis ist mit 113 weiblichen, 38 männlichen und sechs diversen Teilnehmenden äußerst unausgewogen. Ausgewogen vertreten sind hingegen die besuchten Bildungsgänge. So besuchten 25 Schüler*innen den Bildungsgang Allgemeine Hochschulreife (AHR) Fachrichtung Erziehungswissenschaft, 21 Schüler*innen die AHR Fachrichtung Sport und 18 Schüler*innen die AHR Fachrichtung Gesundheit. Jeweils 22 Schüler*innen absolvierten den Bildungsgang Fachhochschulreife (FHR) Fachrichtung Erziehungswissenschaft und Fachrichtung Gesundheit und 17 Schüler*innen die FHR Fachrichtung Sport. 14 Schüler*innen absolvierten zur Erhebungszeit die Ausbildung zum*r Kinderpfleger*in und 18 Schüler*innen die Ausbildung zum*r Erzieher*in.

5.2 Durchführung und Auswertungsstrategie

Die Expert*inneninterviews wurden im Zeitraum zwischen Juni und August 2022 durchgeführt. Die Gelingensbedingungen wurden nach dem Prinzip der qualitativen Inhaltsanalyse nach Mayring kategorisiert. Auf Wunsch der Expert*innen und im Sinne der Anonymität wurden die Tonaufnahmen anschließend gelöscht. Die Fragebogenerhebung mit den Schüler*innen fand zwischen Juli bis September 2022 statt. Die tatsächliche durchschnittliche Bearbeitungszeit betrug 18 min, weswegen sich der Fragebogen unproblematisch in den Unterricht integrieren ließ.

6 Ergebnisse

6.1 Ergebnisse des Expert*inneninterviews

Die Aussagen der Expert*innen bzgl. Gelingensbedingungen und Entwicklungspotenzialen in Bildungspartnerschaften lassen sich hauptsächlich in vier verschiedenen Kategorien zuordnen, die der Tab. 2 zu entnehmen sind. Unterstützend dazu werden die wörtlichen Zitate der Expert*innen zur Kenntnis kursiv gekennzeichnet.[1]

6.2 Ergebnisse der Fragebogenerhebung

Die Erhebung ergab, dass ein kleiner Teil der Schüler*innenschaft bisher an Klassenführungen in der Bibliothek teilgenommen hat und mit dem Angebot vertraut ist. Es lohnt sich somit, Gründe der Schüler*innen einer Nichtnutzung von Büchereien zu erfahren. Als häufigsten Grund gaben die Schüler*innen an, keine Zeit für einen Bibliotheksbesuch zu haben (27,2 %), eng gefolgt von der

---

[1] Die Aussagekraft der Expert*inneninterviews sind nur gering. Es wurden lediglich sechs Fragen gestellt, die bewusst auf Gelingensbedingungen von Bildungspartnerschaften abzielten. Zudem wurde in einigen Interviews oft vom Thema abgewichen.

Tab. 2 Ergebnisse der Expert*inneninterviews

Akzeptanz & persönliche Motivation	In 75 % der Fälle besteht eine vertraglich festgelegte Bildungspartnerschaft, die in Form von Klassenführungen durch die Bibliotheken gelebt wird. Diese Bibliotheksführungen dienen entweder der ersten Orientierung oder werden zu bestimmten Themen, z. B. Rechercheschulungen, durchgeführt. Alle Interviewpartner*innen sind sich einig, dass Bildungspartnerschaften durch Motivation von beiden Partnerseiten gelingen
Konstante & transparente Strukturen	Feste Ansprechpersonen und regelmäßiger Kontakt werden als notwendig erachtet, damit die Kooperation langfristig und *„keine Eintagsfliege"* (Transkript 4, Z.14) ist. So würden beide Seiten voneinander profitieren und der Kontakt bleibt nachhaltig
Evaluation	Potenzial besteht noch in der Evaluation der vorhandenen Bildungspartnerschaften. Evaluationen finden nicht statt, obwohl diese vertraglich festgelegt sind
Inhaltliche Fachlichkeit	Bildungspartnerschaften werden eindeutig als Ergänzung zum Lehrplan gesehen, indem Führungen z. B. thematisch gestaltet oder Themen wie Rechercheschulungen oder Medienkompetenzentwicklung, aufgenommen werden, die im Lehrplan keinen Platz finden Alle Interviewpartner*innen empfinden Bildungspartnerschaften zwischen Bibliotheken und Berufskollegs als *„enormen Schub für die Schülerinnen und Schüler" (Transkript 2, Z.8)*, da diese, z. B. durch Klassenführungen, Einblicke in eine Einrichtung gewährt bekommen, die sonst nicht stattfinden würden. Die Schüler*innen lernen so die Vielfalt des Bibliotheksangebots kennen und können den Bestand für ihren individuellen Bedarf nutzen, sei es zum Lernen oder für die Freizeit

Begründung, gewünschte Medien auf einem anderen Weg schneller erhalten und konsumieren zu können (22,4 %). Weitere Gründe sind, dass Schüler*innen es bevorzugen, ihre Medien selbst zu kaufen (13,7 %) und dass ihnen das Angebot der Bücherei nicht bekannt ist (12,3 %). Zudem wurden die Gründe unattraktive Räumlichkeiten, schlechte Erreichbarkeit und zu teure Jahresgebühr (alle unter 5 %) genannt.

Dementsprechend wurden wünschenswerte außerschulische Angebote ermittelt, um das Bibliotheksprogramm in Zukunft mehr auf die befragte Zielgruppe ausrichten und sie besser integrieren zu können. So äußerten 87 Schüler*innen (55,4 %) den Wunsch nach Angeboten zu aktuellen Themen, 50 davon (31,9 %) zu politischer Bildung, z. B. im Rahmen bevorstehender Wahlen. 47 Schüler*innen (30 %) wünschen sich Angebote zum Thema *Fake News* und 37 (23,6 %) zum Thema *Nachhaltigkeit*. Im Rahmen der Bildungspartnerschaften als Kooperationsformat zwischen Berufskollegs und öffentlichen Bibliotheken sind vor allem die Themenwünsche der Schüler*innen für Klassenführungen in Bibliotheken interessant. Hierbei wünschen sich 45,8 % der Schüler*innen, über die allgemeine Nutzung der Bibliothek informiert zu werden. 40,1 % stimmen in dieser Studie der Aussage zu, dass Klassenführungen interaktiv sein sollen. 36,3 % erwarten, dass sie nach einer Klassenführung den Bestand der Bücherei besser kennen. 29,9 % stimmen der Aussage zu, dass sie durch Klassenführungen zu weiteren Bibliotheksbesuchen motiviert werden möchten. Abb. 1 demonstriert im Folgenden die Themenwünsche für Klassenführungen.

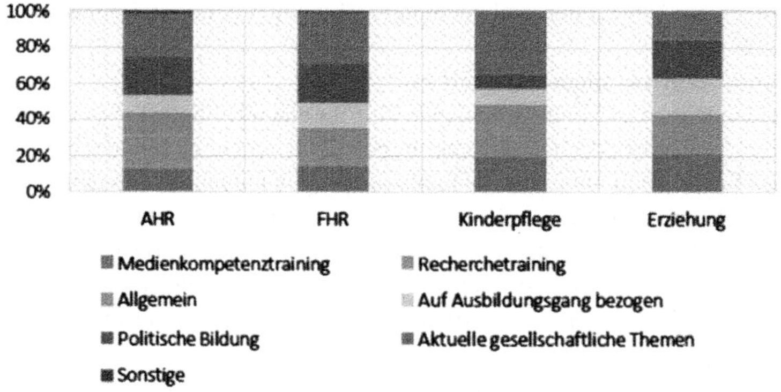

Abb. 1 Themenwünsche für Klassenführungen

In allen Bildungsgängen wünschen sich die Schüler*innen Klassenführungen, die auf aktuelle gesellschaftliche Themen bezogen sind. Im Bereich der Kinderpflege ist das Interesse an gesellschaftlichen Themen am höchsten (38 %). Interesse an politischer Bildung besteht im Gegensatz zu der allgemeinen und fachlichen Hochschulreife sowie zu der Ausbildung als Erzieher*in hingegen wenig (4 %). Weiterhin interessieren sich hauptsächlich die Ausbildungsgänge der Kinderpflege (20 %) und Erziehung (21 %) für Medienkompetenztraining. Die angehenden Erzieher*innen legen im Vergleich zu den anderen Bildungsgängen mehr Wert auf eine Klassenführung, die Bezug zum Ausbildungsgang hat (42,4 %). 64 Schüler*innen (40,8 %) wünschen sich zudem, dass Klassenführungen digital angeboten werden.[2]

7 Diskussion

Bildungspartnerschaften zwischen Bibliotheken und Berufsschulen öffnen neue Räume, da Schüler*innen z. B. durch Klassenführungen oftmals einen ersten Kontakt zu Bibliotheken bekommen. Schüler*innen ist das Medien- und Veranstaltungsangebot der Bibliothek oft nicht in seiner ganzen Vielfalt bekannt, was auch die Auswertung der quantitativen Umfrage bestätigt. Weiterhin ergibt die Auswertung, dass der Ort Bibliothek immer noch stark mit Lesen in Verbindung gebracht wird und er aus Zeit- und Interessensmangel nicht aufgesucht wird. Aus diesem Grund fordern die Expert*innen eine breitere Publikation von Bildungspartnerschaften und eine damit einhergehende höhere intrinsische Motivation bei Lehrkräften und Akzeptanz dieses Kooperationsformates.

Akzeptanz & persönliche Motivation

Das fehlende Interesse und die fehlende Zeit für einen Bibliotheksbesuch spiegeln sich auch im Update des IFLA Trend Report 2021 wider, da die jüngere Generation der Bevölkerung moderne Technologien und den damit verbundenen Service erwartet. Wenn Bibliotheken diesen nicht bieten können, besteht die Gefahr, dass sich die Zielgruppe von der Bibliothek abwendet (International Federation of Library Associations and Institutions, 2022). Hierbei spiegelt sich die persönliche Motivation und der Wunsch der Expert*innen wider, dass Bildungspartnerschaften

[2] Bei der Fragebogenerhebung resultiert ein erhebliches Ungleichgewicht zwischen den männlichen, weiblichen und diversen Teilnehmenden. Der Fragebogen eignet sich nicht für statistische Analysen, sondern wurde lediglich konzipiert, um ein möglichst breites und vollständiges Meinungsbild der Schüler*innen bezogen auf Gelingensbedingungen für Bildungspartnerschaften zu eruieren.

inhaltlich qualitativ hochwertiger Fachlichkeit bedürfen. Zudem sollten digitale Angebote stark in den Vordergrund gestellt werden. So ergab die Befragung im Rahmen der eigenen Studie, dass digitale Services wie die Onleihe24 oder Social Media Accounts weitgehend unbekannt sind. Um Klassenführungen interessant zu gestalten, sollte ebenfalls auf den Wunsch der Schüler*innen Rücksicht genommen werden, digitale und partizipative Elemente, z. B. über Apps auf Tablets oder Smartphones, einzubauen. Durch das Erreichen einer intrinsische Motivation der Schüler*innenschaft bzgl. einer Akzeptanz der Bildungspartnerschaften, kann die in der Theorie beschriebene Herausforderung der heterogenen Bildungsgänge verringert und der damit verbundenen Forderung nach gemeinsamen Unterrichtsstrukturen (vgl. Euler, 2016) nachgegangen werden. Durch Bildungspartnerschaften kann gemeinsamer, bildungsgangübergreifender Unterricht in einem neuen Sozialraum ermöglicht werden, unabhängig ob dieser Sozialraum nun an einem ‚dritten Ort' wie die Bibliothek oder an der Schule selbst entsteht.

Konstante & transparente Strukturen

Bildungspartnerschaften haben die Chance, das Vorurteil, Bibliotheken seien nur' Orte des Lesens zu entkräftigten. Die Bibliothek präsentiert sich durch Angebote als *‚Dritter Ort'* – als Lern- und Aufenthaltsort – mit Angeboten und Veranstaltungen, in denen das Lesen nicht primär im Vordergrund steht, aber trotzdem die Lust daran geweckt und gefördert wird. Solche Angebote können auch zu gesellschaftlich aktuellen n Themendurchgeführt werden. So setzt sich das Projekt „#dubisthier – Mit Zivilcourage gegen Hass im Netz" der Bücherhallen Hamburg zum Beispiel mit der zunehmenden Hassrede im Netz und der daraus resultierenden Debattenkultur auseinander. Mit Veranstaltungen wie Lesungen, Debatten oder interaktiven Workshops wurden die Teilnehmenden über das Thema informiert und ermutigt, in Zukunft selbst Zivilcourage im digitalen Raum zu zeigen und Gegenrede zu praktizieren (Gärtner, 2022). Auch im Rahmen der Befragung unter den Berufsschüler*innen wird deutlich, dass Veranstaltungen zu diesen Themen wünschenswert sind. Diese können in Zusammenarbeit mit den Lehrkräften erarbeitet werden, sodass auch hier neue Möglichkeiten der Sozialraumkooperation möglich sind. Durch konstante und transparente Strukturen von Bildungspartnerschaften kann das in der Theorie beschriebene Phänomen, dass Berufskollegs in herausfordernder Lage nachmittags oftmals als Treffpunkt für Jugendliche fungieren (vgl. Ganzert, 2020), zum Vorteil gemacht werden. In diesem Fall wären sowohl die Jugendlichen, als auch ein Ort bereits ‚vorhanden', um einen neuen Sozialraum in einem gewohnten Umfeld zu gründen, indem für Jugendlich ansprechende Angebote aus den Bildungspartnerschaften durchgeführt werden.

Evaluation & inhaltliche Fachlichkeit
Am besten wirken Bildungspartnerschaften nachhaltig, indem die neuen Räume auch nach Klassenführungen und Angeboten von den Schüler*innen in ihrer Freizeit oder zum Lernen genutzt werden und somit als außerschulischer sozialer Raum wahrgenommen werden. Damit Bildungspartnerschaften auch gepflegt werden, bedarf es Engagement sowohl vonseiten der Berufskollegs, wie auch der Bibliothek. Feste Ansprechpartner*innen sind dabei von Vorteil. Zukünftig wünschen sich die Expert*innen vor allem kontinuierliche Evaluierungsgespräche um die Angebote anzupassen und laufend zu entwickeln, dessen Entwicklungsprozesse dann wiederum transparent in die Öffentlichkeit implementiert werden können.

Zusammenfassend lässt sich sagen, dass vor allem durch Angebote, die nicht dem schulischen Lernen entsprechen, Schüler*innen zu weiteren Bibliotheksbesuchen animiert werden, um den Raum Bibliothek nachhaltig zu nutzen und in ihren Alltag zu integrieren. Dabei eignen sich Angebote, die Berufskollegs selbst nicht bieten können. Gleichzeitig profitiert von diesem Kooperationsformat auch das Berufskolleg, da curriculare Inhalte berufsweltorientiert und praxisnah vermittelt werden können. Diese Studie hat gezeigt, wie nachhaltig und fruchtbar Bildungspartnerschaften zwischen Berufskollegs und öffentlichen Bibliotheken sein können. Gleichermaßen konnten Gelingensbedingungen und Entwicklungspotenziale herausgearbeitet werden, die es nun gilt in weiteren empirischen Untersuchungen zu evaluieren und anschließend in die Praxis zu implementieren.

Literatur

Aguayo-Krauthausen, R. (2023). *Wer Inklusion will, findet einen Weg. Wer sie nicht will, findet Ausreden.* Rowohlt Polaris.

Barth, R. (2015). *Die Bibliothek als dritter Ort.* BuB Forum Bibliothek und Information. https://b-u-b.de/detail/die-bibliothek-als-dritter-ort.

Bildungspartner NRW. (2018). Vorteile einer Bildungspartnerschaft. www.bildungspartner.schulministerium.nrw.de/Bildungspartner/Material/Vorteile_einer_Bildungspartnerschaft.pdf.

Bildungsportal des Landes Nordrhein-Westfalen. (2019). Eckpunkte zur Neuausrichtung der Inklusion in der Schule. www.schulministerium.nrw.de/docs/Schulsystem/Inklusion/Kontext/Eckpunkte-Inklusion/index.html.

Bundesministerium für Arbeit und Soziales [BMAS]. (2011). *Übereinkommen der Vereinten Nationen über die Rechte von Menschen mit Behinderungen [UN-BRK]. Artikel 24, 27 und 30.* Hausdruckerei BMAS.

Busian, A., & Ciociola, F. (2023). Bildungsgangdidaktik zwischen objektiven und subjektiven Anforderungen. In N. Göddertz & A. Karber (Hrsg.), *Wege zu einer Didaktik der Sozialpädagogik*. Verlag Barbara Budrich.

Euler, D. (2016). Inklusion in der Berufsausbildung. Bekenntnisse – Erkenntnisse – Herausforderungen – Konsequenzen. In A. Zoyke & K. Vollmer (Hrsg.), *Inklusion in der Berufsbildung: Befunde – Konzepte – Diskussionen*. (S. 27–42). Bundesinstitut für Berufsbildung.

Frehe, P., & Kremer, H.-H. (2018). Didaktik der Ausbildungsvorbereitung als (eine) Didaktik beruflicher Bildung? In T. Tramm, M. Casper, & T. Schlömer (Hrsg.), *Didaktik der beruflichen Bildung – Selbstverständnis, Zukunftsperspektiven und Innovationsschwerpunkte* (S. 237–256). Wbv Media.

Fühles-Ubach, S. (2012). Die Bibliothek und ihre Nutzer. In K. Umlauf & S. Gradmann (Hrsg.), *Handbuch Bibliothek. Geschichte, Aufgaben, Perspektiven* (S. 228–245). J. B. Metzler.

Ganzert, D. (2020). *Communities of Hustling. Die Bewältigung urbaner Marginalisierung als Kunst sich zu arrangieren*. Springer.

Gärtner, C. (2022). Mit Zivilcourage gegen Hass im Netzt: Das Projekt „#dubisthier“: Eine starke Kooperation der Bücherhallen Hamburg und des Vereins „ichbinhier“. *Bibliothek und Information, 74*(1), 44–47.

Hauke, P. (2019). *Öffentliche Bibliothek 2030: Herausforderungen – Konzepte – Visionen*. Bock und Herchen.

Hermann, E. (2015). Öffentliche Bibliotheken als Agenten der Beruflichen Aus- und Weiterbildung. *Bibliotheksdienst,* 49(3–4), 313–322. https://doi.org/10.1515/bd-2015-0039.

International Federation of Library Associations and Institutions. [IFLA]. (2022). IFLA TREND REPORT 2021 UPDATE. Den Haag, Niederlande. https://repo-sitory.ifla.org/handle/123456789/1830.

Janssen, E. (2019). Die inklusive Bibliothek: Lesen in leichter Sprache. In *Öffentliche Bibliothek 2030: Herausforderungen – Konzepte – Visionen* (S. 135–144). Bock und Herchen.

Marci-Boehncke, G. (2018). Das Spiralcurriculum als Eckpfeiler. In R. Stang & K. Umlauf (Hrsg.), *Lernwelt öffentliche Bibliothek. Dimensionen der Verortung und Konzepte* (S. 70–80). De Gruyter Saur (Lernwelten).

Medienkompetenzrahmen NRW. (2022). www.schul-ministerium.nrw/medienkompetenzrahmen-nrw.

Ministerium für Schule und Weiterbildung des Landes Nordrhein-Westfalen [MSW NRW]. (2016). *Bildungsplan zur Erprobung für die Bildungsgänge der Ausbildungsvorbereitung, die zu beruflichen Kenntnissen, Fähigkeiten und Fertigkeiten sowie beruflicher Orientierung und zu einem dem Hauptschulabschluss gleichwertigen Abschluss führen (Bildungsgänge der Anlage A APO-BK). Fachbereich Gesundheit/Erziehung und Soziales*. www.berufsbildung.nrw.de/cms/up-load/ausbildungsvorbereitung/gesundheit_erziehung_soziales/av_ges-erz-soz_sozial-gesundheit.pdf.

Ministerium für Schule und Weiterbildung des Landes Nordrhein-Westfalen [MSW NRW]. (2017). *Handreichung für den Besuch des Bildungsgangs Ausbildungsvorbe-reitung am allgemeinen Berufskolleg von Schülerinnen und Schülern mit Bedarf an sonderpädagogischer Unterstützung im Förderschwerpunkt Geistige Entwicklung*. https://www.berufsbildung.nrw.de/cms/upload/inklusion/handreichung-av-foerderschwerpunkt-geistige-entwickung.pdf. Zugegriffen: 06. Sep. 2023.

Peng, X., Sun, X., & He, Z. (2022). Influence mechanism of teacher support and parent support on the academic achievement of secondary vocational students. *Frontiers in Psychology, 13,* 863740. https://doi.org/10.3389/fpsyg.2022.86374.

Rittel, J. (2016): BIPARCOURS am Berufskolleg. Einführung in die Bibliotheksbenutzung mit App & Co. *o-bib. Das offene Bibliotheksjournal, 3*(4), 83–96. https://doi.org/10.5282/O-BIB/2016H4S83-96.

Sloane, P. F. E. (2007). Bildungsgangarbeit in beruflichen Schulen – Ein didaktischer Geschäftsprozess? *Zeitschrift für Berufs- und Wirtschaftspädagogik, 1003*(4), 481–496.

Stang, R. (2018). Erwachsene im Fokus. Kooperationsfeld Erwachsenenbildung/Weiterbildung. In: R. Stang & K. Umlauf (Hrsg.), *Lernwelt öffentliche Bibliothek. Dimensionen der Verortung und Konzepte* (S. 178–188). De Gruyter Saur (Lernwelten).

Francesco Ciociola ist Doktorand und wissenschaftlicher Mitarbeiter an der Universität Siegen. Seine Arbeits- und Forschungsschwerpunkte sind psychische Grundbedürfnisse im Jugendalter im internationalen Vergleich, inklusive Didaktiken an berufsbildenden Schulen sowie Stress und Resilienz bei Kindern und Jugendlichen.

Kontakt: francesco.ciociola@uni-siegen.de.

Gina Friedrichs ist Fachangestellte und Bildungsbeauftragte im Medien- und Informationsdienst in der Dorte-Hilleke-Bücherei Menden. Zudem absolviert sie ein Fernstudium in Bibliothekswissenschaften an der Fachhochschule Potsdam. Ihr Arbeitsschwerpunkt liegt in der Organisation von Bildungspartnerschaften mit weiterführenden Schulen, darunter auch Berufsschulen.

Kontakt: g.friedrichs@menden.de.

Schnittstellen zwischen Schule und außerschulischen Akteur*innen in der Prävention islamistischer Radikalisierung

Yannick von Lautz, Eike Bösing und Mehmet Kart

Zusammenfassung

Unsicherheiten in der Erkennung islamistischer Radikalisierung stellen Lehrkräfte und Schulsozialarbeitende vor Herausforderungen, die einer gemeinsamen Einschätzung und Problembearbeitung mit außerschulischen Akteur*innen der Radikalisierungsprävention bedürfen. Die Ergebnisse der vorliegenden qualitativen Interviewstudie (n = 25) mit Expert*innen der Präventionsarbeit zeigen Schnittstellen, Konfliktlinien und Potenziale der fallbezogenen Zusammenarbeit vor dem Hintergrund divergierender Professionslogiken auf.

Schlüsselwörter

Schule • Pädagogik • Prävention • Islamismus • Radikalisierung

Y. von Lautz (✉)
IU Internationale Hochschule, Köln, Deutschland
E-Mail: yannick.von-lautz@iu.org

E. Bösing
Universität Vechta, Vechta, Deutschland
E-Mail: eike-matthias.boesing@uni-vechta.de

M. Kart
IU Internationale Hochschule, Bremen, Deutschland
E-Mail: mehmet.kart@iu.org

S. Schuppener et al. (Hrsg.), *Inklusive Schule im Sozialraum*,
https://doi.org/10.1007/978-3-658-42158-8_12

1 Einleitung

Schule ist neben der Familie *die* zentrale Sozialisationsinstanz für Kinder und Jugendliche, die von allen Personen eines Jahrgangs gemeinsam verbindlich besucht werden muss. Aufgrund ihrer Sonderstellung als institutionelle Instanz, die nahezu alle Kinder und Jugendlichen erreicht, sowie als Ort des Demokratielernens und der politischen Bildung wird Schule auch im Kontext der Radikalisierungsprävention große Bedeutung zugeschrieben (Behr et al., 2021). Lehrkräfte und Schulsozialarbeitende sind unter Umständen mit den Aufgaben konfrontiert, mutmaßliche islamistische Radikalisierungstendenzen frühzeitig zu erkennen und werden in Clearingprozesse einbezogen. An die Fachkräfte werden dabei Präventionsanforderungen gestellt, die sie kaum allein bewältigen können. Es ist dementsprechend unabdingbar, dass sich schulische und außerschulische Akteur*innen miteinander vernetzen, um gemeinsam bedarfsorientierte Präventionsarbeit zu gestalten.

Der vorliegende Beitrag analysiert und diskutiert Bedingungen gelingender Kooperation zwischen schulischen und außerschulischen Akteur*innen im Feld der Radikalisierungsprävention auf Grundlage der Untersuchungen des Forschungsprojektes ‚Distanz' (Strukturelle Ursachen der Annäherung an und Distanzierung von islamistischer Radikalisierung – Entwicklung präventivpädagogischer Beratungsansätze). Leitende Fragestellungen sind dabei:

- Wo liegen die Schnittstellen zwischen schulischen und außerschulischen Akteur*innen im Feld der Radikalisierungsprävention?
- Welche Herausforderungen nehmen die Akteur*innen in der Erkennung und der gemeinsamen Bearbeitung des Phänomens wahr?
- Wie sind Prozesse interprofessioneller Kooperation auszugestalten unter der Herausforderung divergierender Professionslogiken?

2 Theoretische Grundlagen und Forschungsstand

Islamistische Radikalisierungstendenzen von Schüler*innen stellen anspruchsvolle Anforderungen an die pädagogische Arbeit von Lehrkräften und Schulsozialarbeitenden und versetzen Schule ebenso auf struktureller Ebene in eine herausfordernde Situation. Als zugehörige Herausforderungen werden im Folgenden komplexe Problemkonstellationen verstanden, die „hohe Anstrengungen abverlangen" und die schulische Bildungs- und Erziehungsarbeit „bei unzureichenden Problemlöseansätzen in Schwierigkeiten oder in eine kritische Lage, letztlich auch zum *Failing* oder Scheitern" bringen können (Holtappels et al., 2017, S. 18, Herv. i. O.). In Bezug auf die islamistische Radikalisierung kann sich ein solches Scheitern etwa in der Hinwendung zu verfassungsfeindlichen Einstellungen darstellen, die potenziell in der Befürwortung und – in der höchsten Eskalationsstufe – bis hin zur Anwendung islamistisch motivierter Gewalt führen können (Moghaddam, 2005; Silber & Bhatt, 2007). Sozialwissenschaftliche Betrachtungen islamistischer Radikalisierung sind jedoch nicht auf den Aspekt der Verfassungsfeindlichkeit beschränkt; vielmehr sehen sie im Islamismus einen Sammelbegriff für verschiedene politische Auffassungen, „die im Namen des Islam die Errichtung einer allein religiös legitimierten Gesellschafts- und Staatsordnung anstreben" (Pfahl-Traughber, 2011, o. S.).

Empirische Befunde weisen auf individuelle, soziale, materielle und politische Risikofaktoren hin (Srowig et al., 2018), die eine Identifikation mit islamistischen Ideologien und Gruppen initiieren können (Silber & Bhatt, 2007). Auch der Sozialraum kann sich durch Kontexteffekte und Umfeldbedingungen negativ auf die Bewohner*innen und ihre Handlungsmöglichkeiten auswirken (Alisch, 2018; Kurtenbach, 2021). Von besonderer Bedeutung können Jugendphasen in der Hinwendung zum Islamismus sein (Frank & Scholz, 2023), was im vergangenen Jahrzehnt in zahlreichen Ausreisen vor allem junger, in Deutschland sozialisierter Menschen in die Bürgerkriegsgebiete Syrien und Irak resultierte (Bundeskriminalamt et al., 2016).

Im Sinne einer frühzeitigen Radikalisierungsprävention wird in die Schule als institutionelle Instanz große Hoffnung gesetzt, da sie nahezu alle Kinder und Jugendlichen erreicht. Erfahrungen, die in der Schule gemacht werden, haben einen signifikanten Einfluss auf die weitere Lebensgestaltung ebenso wie auf das Selbstkonzept und Selbstvertrauen von Schüler*innen und Schulabgänger*innen (Horstkemper & Tillmann, 2008). Neben leistungsorientierten Qualifikations- und Allokationselementen spielt die soziale Integrationsfunktion von Schule eine wichtige Rolle bei der Stärkung sozialer Bindungen und sozialer Identitätsbildung (Fend, 2009). Hummrich und Kramer (2017, S. 12) nehmen in ihrer Arbeitsdefinition schulischer Sozialisation in den Blick, dass Schule „in Wechselwirkung mit der Person, aber auch mit anderen Sozialisationsinstanzen wie der Familie, den Freunden und außerschulischen Institutionen [tritt]". An letzterer Schnittstelle können Herausforderungen in Prozessen der interprofessionellen und institutionsübergreifenden Zusammenarbeit entstehen, in der Zuständigkeiten und Ansätze fortlaufend verhandelt und legitimiert werden (Bauer, 2014; Vollmer, 2016).

Wie die Daten des Forschungsverbundes ‚Mapping und Analyse von Präventions- und Distanzierungsprojekten im Umgang mit islamistischer

Radikalisierung' (MAPEX) zeigen, fokussieren diverse Akteur*innen auf den Schulbereich. So waren im Jahr 2020 74 % der Präventionsprojekte in Deutschland im Handlungsfeld Schule verortet, 94 % davon im Bereich der universellen Prävention (Behr et al., 2021). Während universelle Prävention durch Empowerment und die Stärkung von demokratischen Kompetenzen einer Hinwendung zu jeglichen Extremismen vorbeugt, richtet sich selektive Prävention an Zielgruppen, die spezifische Risikofaktoren aufweisen. Indizierte Prävention adressiert wiederum Menschen, die sich bereits radikalisiert haben und in entsprechenden Problemlagen befinden. Eine weitere etablierte Einteilung der Präventionsansätze orientiert sich am Interventionszeitpunkt (primäre, sekundäre und tertiäre Prävention; zur Übersicht und Diskussion der Präventionstrias siehe: Ceylan & Kiefer, 2018). In wissenschaftlichen Untersuchungen wurde bisher nur wenig Augenmerk auf die institutionsübergreifenden und interprofessionellen Bedingungen selektiver bzw. sekundärer und indizierter bzw. tertiärer Prävention gelegt. Mit gesondertem Blick auf die Schule greift der vorliegende Beitrag dieses Desiderat auf.

3 Datengrundlage und Methodik

Die Datengrundlage des Beitrages bildet eine qualitative Interviewstudie ($n = 25$) mit Expert*innen aus zivilgesellschaftlichen und staatlichen, (sicherheits)behördlichen Institutionen im Handlungsfeld der Radikalisierungsprävention. Das Erkenntnisinteresse liegt auf dem innerhalb der jeweiligen Institutionen und Projekten sowie in der Beratungsarbeit erworbenen Deutungswissen der Interviewpartner*innen. Die verwendeten Leitfäden wurden in einem Praxisworkshop und durch den Projektbeirat aus Wissenschaft und Präventionspraxis kritisch auf ihre Gegenstandsangemessenheit und Anwendbarkeit geprüft. Bei der Auswahl der Expert*innen wurde hinsichtlich der institutionellen Anbindung, Professionen, regionalen Verortung und der Arbeitsschwerpunkte auf eine möglichst diverse Stichprobe gesetzt. Zur Analyse wurde mit der Qualitativen Inhaltsanalyse nach Mayring (2015) gearbeitet und ein deduktiv erstelltes Kategoriensystem im zirkulären Ablauf durch induktive Kategorien erweitert.

Anteilig fließen zudem die Ergebnisse einer quantitativen teilstandardisierten Bedarfserhebung, die im Rahmen der wissenschaftlichen Begleitung zweier Präventionsprojekte durchgeführt wurde, in den Beitrag ein. Hierin wurden Herausforderungen und Bedarfe im Kontext religiöser Vielfalt und (vermeintlicher) islamistischer Radikalisierung im Schulalltag abgefragt. Die nicht-repräsentative Stichprobe umfasst 168 pädagogische Mitarbeitende an Schulen der Stadt Köln, wobei überwiegend Lehrkräfte (73,8 %) und Schulsozialarbeitende (16,1 %) erreicht wurden. Weitere Details zur Studie finden sich im Beitrag von Bösing et al. im vorliegenden Sammelband.

4 Schnittstellen mit außerschulischen Akteur*innen der Radikalisierungsprävention

Aus der Interviewstudie geht hervor, dass sich im Handlungsfeld Schule mehrere Schnittstellen zu außerschulischen Akteur*innen der Radikalisierungsprävention ergeben.

Prominente Beispiele der Integration externer Präventionsakteur*innen in den Schulalltag sind die bundesweit etablierten Programme *Respekt Coaches* sowie das Netzwerk *Schule ohne Rassismus – Schule mit Courage,* in denen projektbezogen universelle Prävention umgesetzt wird. An konkreten Risikofaktoren orientierte und dezidiert selektive Projekte sind seltener in den regulären Schulbetrieb integriert, da eine offensive Zuschreibung von Risikobelastungen bereits bestehenden Stigmata verstärken kann. Besonders kritisch kann das Banner der Islamismusprävention auf muslimische und muslimische gelesene Schüler*innen wirken, indem es ein Gefährdungspotenzial aufgrund der (vermeintlichen) religiösen Orientierung suggeriert (Jukschat & Leimbach, 2019; Leimbach, 2023). Ebenso verhält es sich bei der Zuschreibung von Gefährdungspotenzialen aufgrund der sozialen Herkunft oder anhand sozioökonomischer Kriterien. Die selektiven Angebote kommen daher vielmehr punktuell nach einem konkreten Vorfall oder bezüglich einer konkreten Problemlage in der Schule zum Einsatz, entweder direkt bei der Zielgruppe von Schüler*innen oder indirekt in Form einer Sensibilisierung von Lehrkräften bzw. der Schulsozialarbeitenden.

Um Schüler*innen nicht nur als Träger*innen von Defiziten zu betrachten, die sich bspw. anhand problembehafteter Äußerungen und Verhaltensweisen bemerkbar machen, kann eine Analyse des Sozialraumes zu einem umfassenderen Verständnis der Kontextfaktoren beitragen, an denen die Präventionsarbeit selektiv anknüpfen kann (Ceylan & Kiefer, 2018). Wenn im Umfeld der jeweiligen Schulen gesellschaftliche Spannungen auftreten, beispielsweise eine naheliegende Moscheegemeinde zu einem sicherheitsbehördlichen Beobachtungsobjekt wird mit

> hohe[r] Polizeipräsenz, die dann wiederum dazu führt, dass Menschen, die in der Nähe wohnen oder arbeiten, dass die teilweise sehr feindlich gegenüber der Moschee eingestellt sind, auch sehr viele islamfeindliche Äußerungen tätigen gegenüber den Menschen, die zu der Moschee gehen (Interview 16, 16),

dann kann es das Ziel der Präventionsarbeit an Schulen sein, die Anfeindungen aber auch die islamistischen Aktivitäten zu thematisieren. Dadurch sollen die Belastungen der Schüler*innen durch etwaige Anfeindungen oder gegebenenfalls auch Rekrutierungsversuche von islamistischen Akteur*innen besser verstanden werden und unter anderem dem Potenzial einer Co-Radikalisierung (Schneider et al., 2020) in Folge der rechten Agitation der Nährboden entzogen werden. Trotz dieser von mehreren Fachkräften dargestellt Relevanz sozialräumlicher Bedingungen für Hinwendungsprozesse werden sozialräumlich orientierte Ansätze selten explizit in selektive oder indizierte Präventionsarbeit integriert (Bösing et al., im Druck).

Schnittstellen der Zusammenarbeit mit indizierten Präventionsmaßnahmen ergeben sich aus einer Kontaktaufnahme von Lehrkräften und Schulsozialarbeitenden zu einer Beratungsstelle oder verlaufen entlang der individuellen Stabilisierungsprozesse von Primärbetroffenen, in denen Berater*innen das Unterstützungssystem Schule aktivieren. Die Handlungsbereiche der Präventionsakteur*innen sind allerdings nicht statisch, sondern variieren im Bezug zur Schule stark je nach konzeptioneller Ausrichtung des Projektes (eine Tätigkeit in mehreren Feldern ist möglich), der Steuerung durch mittelgebende Institutionen, und gegebenenfalls auch je nach Selbstverständnis und Expertise der Projektmitarbeitenden und/oder Leitbild des Trägers. So werden von einigen maßgeblich im Bereich der selektiven und indizierten Prävention verorteten Projekten auf Anfrage universell-präventive Bildungsveranstaltungen an Schulen durchgeführt.

Weitere zentrale Akteur*innen im Handlungsfeld der Radikalisierungsprävention sind Sicherheitsbehörden, die bei Vorliegen besonderer Vorkommnisse, wie einer (vermeintlichen) islamistischen Radikalisierung, teils direkt durch Lehrkräfte und Schulsozialarbeitende, teils in formal geregelten Verfahren zu einer Fallklärung hinzugezogen werden. Auch das Jugendamt wird von Lehrkräften und Schulsozialarbeitenden gegebenenfalls in Clearingverfahren involviert, in denen Hilfebedarfe und Unterstützungsmöglichkeiten eruiert werden. Es begleitet dabei direkt Primärbetroffene oder indirekt ihre Familienmitglieder. Die Kommunikationsprozesse können gleichermaßen andersherum seitens des Jugendamtes oder der Sicherheitsbehörden in Richtung schulischer Fachkräfte gesteuert werden, meist mit der Bitte um Informationsweitergabe zu einem klärungsbedürftigen Sachverhalt.

5 Herausforderungen in der Erkennung islamistischer Tendenzen[1]

In den qualitativen Interviews heben die Akteur*innen der Präventionsarbeit die Bedeutung der Regelstrukturen, insbesondere der Schule, hervor, um Anzeichen für eine Radikalisierung frühzeitig zu erkennen. Indes unterstreichen die Ergebnisse der explorativen quantitativen Befragung von Lehrkräften und Schulsozialarbeitenden prävalierende Unsicherheiten und Herausforderungen im Umgang mit dem Phänomen islamistischer Radikalisierung. 57,4 % der Befragten weisen auf einen Fortbildungsbedarf für die Mitarbeiter*innen ihrer Schulen zu Themen rund um islamistische Radikalisierung im Schulalltag hin. Als Schwerpunkt der Interessen benennen davon 52,6 % den Umgang mit (befürchteter) Radikalisierung und radikalen Äußerungen. 34,2 % geben einen Fortbildungsbedarf zur Erkennung von Radikalisierung an.

Bereits an terminologischen Unsicherheiten zeigen sich kritische Aspekte der intendierten frühzeitigen Erkennung im Schulkontext. Da Islamismus kein einheitlich definierter Begriff ist, stehen Lehrkräfte und Schulsozialarbeitende vor der Herausforderung, zunächst ein konkretes Problem vor dem Hintergrund gesellschaftlich geltender Verhältnisse zu identifizieren. Betrachtet man Islamismus aus einer an der Verfassung orientierten Perspektive, richtet er sich als Form des politischen Extremismus gegen die freiheitlich demokratische Grundordnung. In der höchsten Eskalationsstufe sind hier Bedrohungslagen durch dschihadistische Gewalt und Terror zu nennen (Bundesamt für Verfassungsschutz, 2022). Damit wird das komplexe Phänomen jedoch auf Verfassungsfeindlichkeit reduziert und ideologische Elemente bleiben gegebenenfalls außen vor, wie in der islamistischen Szene prävalierende Opfernarrative und den gesellschaftlichen Zusammenhalt konterkarierende Wertvorstellungen. Sofern keine eindeutige Bekennung zu einer islamistischen Gruppe vorliegt, ist es daher strittig, anhand welcher Indikatoren islamistische Tendenzen frühzeitig festgemacht werden sollen respektive unter Beachtung der im Grundgesetz verankerten Religionsfreiheit überhaupt können.

Die Ergebnisse der quantitativen Erhebung weisen in diesem Zusammenhang auf die Gefahren einer Stigmatisierung muslimisch gelesener Schüler*innen hin. Zum Beispiel, wenn Unsicherheiten von Lehrkräften und Schulsozialarbeitenden im Umgang mit religiösen Praktiken (wie dem Gebet oder Ess-, Trink-, und

[1] Die Ergebnisse zu den Punkten 5 und 6 werden anteilig in Form eines journalistischen Sachtextes auf den Seiten der Bundeszentrale für politische Bildung dargestellt (siehe: von Lautz et al., 2022, 22. Oktober).

Kleidungsgewohnheiten) dazu führen, dass fälschlicherweise eine islamistische Radikalisierung vermutet wird. Stereotypisierungen von Schüler*innen aufgrund ihrer sozialen Herkunft oder ihrer (vermeintlichen) soziokulturellen Merkmale können darin resultieren, dass Lehrkräfte und Schulsozialarbeitende anhand der gelesenen Ethnizität eine (vermeintliche) religiöse Zugehörigkeit suggerieren. Einige Fachkräfte schreiben Jugendliche in diesem Zuge gedanklich bestimmten Gruppen zu und grenzen ein christliches ‚Wir' von einem islamischen ‚Ihr' ab. Mechanismen einer solchen ‚Fremd-Machung' und Abgrenzung von Gruppen und Individuen werden als *Othering* bezeichnet (Hummrich, 2017, S. 346) und zeigen sich auch partiell in der Bedarfserhebung. Mehrfach unterscheiden die Befragten zwischen ‚den Muslimen' und ‚den Deutschen'. Eine Fachkraft expliziert dies beispielsweise durch ihre Wahrnehmung: „Muslime […] nehmen ihre Religion viel ernster, als dass das deutsche junge Erwachsene tun" (Fragebogen, 44).

Ebenso kritisch verhält es sich mit der Einschätzung menschen- und verfassungsfeindlicher Äußerungen muslimisch gelesener Schüler*innen. In der quantitativen Erhebung werden stellenweise Aussagen und Einstellungen voreilig in direktem Bezug zu islamistischen Tendenzen verortet, die sich auch im Querschnitt der Gesamtgesellschaft wiederfinden (Zick, 2021). Hierzu können antisemitische Aussagen wie „Juden sind Verbrecher" (Fragebogen, 59) und „Israel hat kein Recht auf sein Land" (Fragebogen, 59) oder Sexismus und LGBTQI*-Feindlichkeit zählen. So berichten Lehrkräfte und Schulsozialarbeitende davon, dass in der Schüler*innenschaft eine „(scheinbar) religiös begründete Ablehnung andere[r] Lebenswelten, insbesondere im Bereich (Homo-)Sexualität, Ehen, Beziehungen" besteht (Fragebogen, 13). Obgleich die geschilderten Äußerungen und Verhältnisse pädagogische Interventionen verlangen, ist fraglich, inwiefern in diesen Fällen die (vermeintliche) Anforderung, Islamismus zu erkennen, nicht eher stigmatisierend wirkt und Ungleichheiten im Schulsystem reproduziert. Insbesondere dann, wenn gesamtgesellschaftlichen Problemlagen spezifischen Gruppen zugeschrieben werden. Vor dem Hintergrund oftmals vorschnell und unpräziser Verwendungen von Begrifflichkeiten und Zuschreibungen im Kontext (vermeintlich) islamistischer Radikalisierung, legt die Analyse nahe, dass im Schulkontext nicht eine frühzeitige Beurteilung islamistischer Tendenzen erfolgen sollte, sondern vielmehr eine Früherkennung des Unterstützungsbedarfes im Umgang mit religiösen Praktiken sowie menschen- und verfassungsfeindlichen Äußerungen.

6 Herausforderungen in der gemeinsamen Problembearbeitung

In der Bearbeitung islamistisch begründeter Problemlagen stehen Lehrkräfte in einem ambivalenten Verhältnis zu ihren Schüler*innen. Auf individueller Ebene haben sie den pädagogischen Auftrag, die Entwicklung jedes einzelnen Schutzbefohlen zu unterstützen. Gleichzeitig tragen sie die Verantwortung für die Entwicklungen der Mitschüler*innen und der Atmosphäre im Klassenzimmer und unterliegen gegebenenfalls ministeriell angeordneten Meldepflichten.

Ein*e behördliche*r Akteur*in beschreibt den formalen Prozess von Meldeverfahren bei Verdacht islamistischer Radikalisierung angesichts der staatlich-strukturellen Anbindung von Schule wie folgt: „Spätestens, wenn die Schulleitung gefragt wird, was sie machen sollen, dann kriegen sie früher oder später halt gesagt, dass sie sich bei uns melden sollen, und ich betone sollen. Es ist quasi vorgeschrieben in dieser Schulbehördenstruktur" (Interview 9, 22).

Demgegenüber mahnen zivilgesellschaftliche Beratungsstellen, ein frühes Einschalten der Sicherheitsbehörden abzuwägen bzw. bei klärungsbedürftigen Sachverhalten eine sensible Vorgehensweise zu wählen:

> „[Es] hat sich immer rausgestellt, wenn irgendwo dann die Alarmglocken so doll geläutet wurden und dann direkt der Staatsschutz bei der [...] Schule auftaucht, du bist stigmatisiert, du hast die Rolle. Diese Menschen haben schon ganz viel, womit sie stigmatisiert werden. Dann kommt noch öffentlich in deine Schule der Staatsschutz rein" (Interview 5, 80).

Entsprechende Interventionen sollten aus Sicht der Berater*innen vermieden werden, da dies gegebenenfalls „Positionen, die junge Menschen eventuell annehmen: ‚Aufgrund meiner Religion [...] fahre ich gerade voll gegen die Wand' [bestätigt] [...] da gehen die voll in diese jeweilige Gruppe, die das vorher schon prophezeit hatte [...]. Es wird zur self-fulfilling prophecy" (Interview 5, 76).

Die Berater*innen zeigen aber auch Verständnis für das Bedürfnis der Lehrkräfte nach einer frühzeitigen Fallklärung durch Sicherheitsbehörden, da die „Fachkräfte auch unter einem enormen Druck [stehen], letztendlich nicht den nächsten Terroristen zu übersehen" (Interview 5, 76). Ein Druck, der einerseits durch von außen herangetragenen Erwartungen und andererseits durch reale Bedrohungsszenarien entsteht: „Letztens beispielsweise hatten wir einen Fall, der seinem Lehrer gesagt hat, dass er ähnlich wie Samuel Paty enden werde“ (Interview 17, 12).[2] Ein*e sicherheitsbehördliche*r Akteur*in erklärt, dass Ermittlungen, die gegebenenfalls auch an Schulen stattfinden, ein begründeter Begleitumstand etwaiger Bedrohungen sein können:

> „Sobald mal was passiert, also einer von den Fällen, in denen wir hier arbeiten in irgendeine Gewalttat verwickelt ist, dann interessiert das nachher keinen mehr, wie sensibel wir vorher waren und auf was wir alles geachtet haben, sondern dann wird halt die gesamte Gesellschaft danach schreien, [...] warum die Sicherheitsbehörden da nicht vernünftig hingeguckt haben“ (Interview 13, 14).

An den unterschiedlichen Perspektiven auf das Handlungsfeld Schule zeichnen sich deutliche Konfliktlinien zivilgesellschaftlicher Beratungsstellen und Sicherheitsbehörden ab (von Lautz et al., 2023). Inmitten etwaiger Überlegungen der außerschulischen Akteur*innen über Zuständigkeiten und Vorgehensweisen in der Fallarbeit können Lehrkräfte und Schulsozialarbeitende entscheidende Impulse zu einer tendenziell repressiven oder maßgeblich am Wohlergehen der Primärbetroffenen orientierten Rahmung klärungsbedürftiger Vorkommnisse setzen. Andersherum nehmen auch die Beratungsstellen Kontakt zu Schulen auf, die möglicherweise keine Kenntnis von der Radikalisierung ihrer Schüler*innen haben. In der indizierten Präventionsarbeit sehen die Berater*innen oftmals gerade in der Schule einen Schlüssel zur Erschließung von Zukunftsperspektiven und sozialen Stabilisierung der Primärbetroffenen: „Es ist sehr, sehr wichtig, dass er sich reintegriert in dem sozialen Setting. Und es ist sehr wichtig, dass man auch dieses Setting für ihn findet. Und es hilft ihm, sich einzufinden [...] in die Schule“ (Interview 24, 73).

Professionsübergreifend berichten die außerschulischen Akteur*innen von Herausforderungen im Zugang zu Schulen. Mehrere Berater*innen haben den Eindruck, als Anwält*innen der Jugendlichen gegenüber der Schule als Institution sowie der „Lehrerschaft als einheitliches Bollwerk gegen einzelne Schüler“ (Interview 9, 88) auftreten zu müssen. Die Stabilisierung der Primärbetroffenen im System Schule wird von Lehrkräften sowie auch auf institutioneller Ebene oftmals dadurch gehindert, „dass, wenn Schulen merken, da ist jemand extremistisch in ihrer Schule [...]. Dann wollen sie sich dieses Problems entledigen. Und da finde ich werden manche Institutionen ihrer gesellschaftlichen Verantwortung nicht gerecht“ (Interview 1, 87).

---

[2] Der französische Geschichtslehrer Samuel Paty wurde am 16. Oktober 2020 Opfer eines islamistischen Mordanschlages. Zuvor hatte er im Unterricht mit seinen Schüler*innen das Thema Meinungsfreiheit unter Bezugnahme auf sogenannte Mohammed-Karikaturen diskutiert.

7 Wie kann die Zusammenarbeit gelingen?

Multiprofessionelle Kooperation hat orientiert an Bauer (2014, S. 273) zum Ziel, „der drohenden Fragmentierung der adressatInnenbezogenen Problembearbeitung, eine koordinierte Bearbeitungsstrategie entgegenzusetzen". Positive Potenziale der multiprofessionellen Bearbeitung von Klärungssachverhalten könnten sich in diesem Sinne durch eine Etablierung standardisierter Verfahren (Vollmer, 2016) im Umgang mit islamistischen Tendenzen im Schulkontext entfalten.

Wie die Unsicherheiten der Lehrkräfte und Schulsozialarbeitenden im Umgang mit religiösen Praktiken, provokativen Äußerungen und potenziell islamistischen Haltungen zeigen, bedarf es an niedrigschwelligen Möglichkeiten der Fallklärung. Es ist fraglich, ob und wenn ja, wie der Ansatz, Lehrkräfte zum Clearing zu befähigen, die Herausforderung in der multiprofessionellen Bearbeitung des Phänomens überwinden kann – nicht nur vor dem Hintergrund des besonderen Dienstverhältnisses der Zielgruppe zum Staat, sondern auch im Hinblick auf die zahlreichen originären Aufgaben und beschränkten Ressourcen im Schulalltag. Um Spannungen aus dem Nexus Schule, zivilgesellschaftliche Beratung und sicherheitsbehördliche Ermittlung zu nehmen, wäre es denkbar, dass eine weitestgehend unabhängige Instanz, der alle beteiligten Akteur*innen vertrauen, personenbezogene Informationsflüsse koordiniert. Durch eine standardisierte und transparente Fallkoordination würden einerseits die bisweilen „große[n] Vorbehalte, aber auch im Grunde Vertrauensfragen" (Interview 18, 85) seitens zivilgesellschaftlicher Akteur*innen gegenüber den Arbeitsweisen von Sicherheitsbehörden begrenzt und gleichfalls die Klärung von Sicherheitsfragen gewährleistet. Eine entsprechende Stelle müsste jedoch erst geschaffen werden.

Wenn wiederum Berater*innen an Lehrkräfte und/oder Schulsozialarbeitende herantreten, um die Primärbetroffenen im schulischen Umfeld zu stabilisieren, erweist sich eine deutliche Kommunikation der Zielvorstellungen und Darstellungen der meist umfangreichen Arbeitsaufträge von Präventionsakteur*innen als sinnvoll. Ein transparenter Austausch zu den jeweiligen Ressourcen und leistbaren Aufgaben trägt zu einem besseren gegenseitigen Verständnis bei. Aus Sicht der Berater*innen zeigen sich die Stärken der multiprofessionellen Zusammenarbeit, wenn alle Beteiligten gewillt sind, wertvolle Informationen über biographische und soziale Hintergründe zusammenzutragen. Auf diese Weise können gemeinsam Hilfebedarfe geklärt und Maßnahmen konzipiert werden, die die jeweiligen Bedarfe der Primärbetroffenen sowie des gegebenenfalls stark belasteten (schulischen) Umfeldes anvisieren.

8 Fazit

Die Analyse der qualitativen Interviews zeigt ein weitgefächertes Handlungsfeld der Prävention islamistischer Radikalisierung im Schulkontext auf. Es werden dabei Schnittstellen zu universell auf Empowerment und die Stärkung von demokratischen Kompetenzen abzielenden Projekten, als auch an Risikofaktoren und manifesten Problemlagen orientierten (Interventions-)Maßnahmen festgestellt. Weitere im Feld maßgeblich interventiv agierende außerschulische Akteur*innen sind Jugendämter sowie Sicherheitsbehörden.

In der quantitativen Befragung benannte Unsicherheiten im Umgang mit religiöser Vielfalt und religiösen Konflikten verdeutlichen einen Fortbildungs- und Unterstützungsbedarf von Lehrkräften und Schulsozialarbeitenden. Herausforderungen in der frühzeitigen Erkennung islamistischer Tendenzen liegen dabei bereits in der unklaren Definition des Islamismus-Begriffes begründet. So können keine konsistenten Indikatoren vorgewiesen werden, anhand derer sich eine frühzeitige Erkennung des Phänomens operationalisieren ließe. Vielmehr birgt die Erkennung des Phänomens durch im Schulkontext tätige Fachkräfte enorme Stigmatisierungspotenziale. Voreilige Schlüsse zu den Verhaltensweisen praktizierender Muslim*innen sowie muslimisch gelesener Menschen können *Otheringprozesse* befeuern und durch Diskriminierung gar antagonistisch wirken. Anforderungen an Lehrkräfte und Schulsozialarbeitende islamistische Tendenzen zu erkennen, sollten daher sehr bedacht formuliert werden. Eine stärkere Ausrichtung der Präventionsarbeit am sozialräumlichen Gefüge von Schulen kann einen wichtigen Beitrag leisten, die kontextuellen Risikobelastungen von Schüler*innen zu verstehen und ihnen in zielgruppengerechten Angeboten entgegenzuwirken – anstelle voreilig Schüler*innen als Träger*innen der Probleme zu adressieren.

Besteht Verdacht auf eine islamistische Radikalisierung von Schüler*innen oder befinden sich diese bereits in konkreten Problemlagen, so stehen Lehrkräfte unter Druck, ihren pädagogischen Auftrag mit den eigenen und gesamtgesellschaftlichen Sicherheitsinteressen in Einklang zu bringen. Die Problembearbeitung erfordert verschiedene außerschulische Präventionsakteur*innen, die oftmals divergierende Professionslogiken aufweisen. Dabei wirken insbesondere auch Spannungen zwischen Zivilgesellschaft und Sicherheitsbehörden auf Clearingverfahren, in denen Konfliktlinien hervortreten können. Zur Wahrung der originären Aufgaben im Schulalltag und der Entlastung aller Beteiligten im Zuge der multiprofessionellen Zusammenarbeit, wäre die Etablierung standardisierter und transparenter Clearingverfahren für das Handlungsfeld Schule sinnvoll – bestenfalls koordiniert durch eine mit den hierfür nötigen Ressourcen ausgestatte Stelle, die in ihrer Funktion von allen beteiligten Akteur*innen respektiert und unterstützt wird.

Literatur

Alisch, M. (2018). Sozialräumliche Segregation: Ursachen und Folgen. In E. Huster, J. Boeckh, & H. Mogge-Grotjahn (Hrsg.), *Handbuch Armut und soziale Ausgrenzung* (S. 503–522). Springer VS. https://doi.org/10.1007/978-3-658-19077-4_22.

Bauer, P. (2014). Kooperation als Herausforderung in multiprofessionellen Handlungsfeldern. In S. Faas & M. Zipperle (Hrsg.), *Sozialer Wandel. Herausforderungen für Kulturelle Bildung und Soziale Arbeit* (S. 273–286). Springer Fachmedien. https://doi.org/10.1007/978-3-658-04166-3_21.

Behr, H. H., Kulaçatan, M., & Sitzer, P. (2021). Extremismusprävention in der Schule am Beispiel des Präventionstheaters. In MAPEX-Forschungsverbund (Hrsg.), *Radikalisierungsprävention in Deutschland. Mapping und Analyse von Präventions- und Distanzierungsprojekten im Umgang mit islamistischer Radikalisierung* (S. 83–114). MAPEX.

Bösing, E., von Lautz, Y., Kart, M., & Stein, M. (2023). Einflüsse von Sozialisationsinstanzen und strukturellen Bedingungen auf Deradikalisierungs- und Distanzierungsprozesse junger Menschen im Kontext islamistischer Radikalisierung. In J. Langner, M. Zschach, J. Häring, S. Hohnstein, P. Sauermann, M. Schott, & I. Weigelt (Hrsg.), *Jugend und islamistischer Extremismus. Pädagogik im Spannungsfeld von Radikalisierung und Distanzierung* (S. 234-261). Budrich.

Bösing, E., von Lautz, Y., & Stein, M. (im Druck). Herausforderungen und Bedarfe im Umgang mit religiöser Vielfalt und religiös begründeten Konflikten im Schulalltag. In S. Schuppener, N. Leonhardt, & R. Kruschel (Hrsg.), *Inklusive Schule im Sozialraum. Entwicklungsprozesse durch Kooperation und Interprofessionalität in herausfordernder Lage* (S. XY). Springer VS.

Bundeskriminalamt, Bundesamt für Verfassungsschutz & Hessisches Informations- und Kompetenzzentrum gegen Extremismus. (2016). *Analyse der Radikalisierungshintergründe und -verläufe der Personen, die aus islamistischer Motivation aus Deutschland in Richtung Syrien oder Irak ausgereist sind* (zweite Forstschreibung). www.bka.de/SharedDocs/Downloads/DE/Publikationen/Publikationsreihen/Forschungsergebnisse/2016AnalyseRadikalisierungsgruendeSyrienIrakAusreisende.html.

Bundesamt für Verfassungsschutz. (2022). *Verfassungsschutzbericht 2021*. Bundesministerin des Innern und für Heimat.

Ceylan, R., & Kiefer, M. (2018). *Radikalisierungsprävention in der Praxis. Antworten der Zivilgesellschaft auf den gewaltbereiten Neosalafismus*. Springer VS. https://doi.org/10.1007/978-3-658-15254-3.

Fend, H. (2009). *Neue Theorie der Schule. Einführung in das Verstehen von Bildungssystemen* (2. durchgesehene Aufl.). VS Verlag.

Frank, A., & Scholz, A. F. (2023). *Islamismus in der Jugendphase. Eine rekonstruktive Studie zu Radikalisierungsprozessen*. Budrich.

Holtappels, H. G., Webs, T., Kamarianakis, E., & von Ackeren, I. (2017). Schulen in herausfordernden Problemlagen – Typologien, Forschungsstand und Schulentwicklungsstrategien. In V. Manitius & P. Dobbelstein (Hrsg.), *Schulentwicklungsarbeit in herausfordernden Lagen* (S. 17–25). Waxmann. https://doi.org/10.25656/01:21381.

Horskemper, M., & Tillmann, K.-J. (2008). Sozialisation in Schule und Hochschule. In K. Hurrelmann, M. Grundmann, & S. Walper (Hrsg.), *Handbuch Sozialisationsforschung* (7. vollst. überarb. Aufl., S. 290–305). Beltz.

Hummrich, M. (2017). Diskriminierung im Erziehungssystem. In A. Scherr, A. El-Mafaalani, & G. Yüksel (Hrsg.), *Handbuch Diskriminierung* (S. 337–352). Springer VS. https://doi.org/10.1007/978-3-658-10976-9_14.

Hummrich, M., & Kramer, R.-T. (2017). *Schulische Sozialisation* (Basiswissen Sozialisation Band 5). *Springer VS*. https://doi.org/10.1007/978-3-531-19057-0.

Jukschat, N., & Leimbach, K. (2019). Radikalisierung als hegemoniales Paradigma. Eine empiriebasierte kritische Bestandsaufnahme. *BEHEMOTH – A Journal on Civilisation, 12*(2), 11–23.

Kurtenbach, S. (2021). *Radikalisierung und Raum. Forschungsstand zur Untersuchung räumlicher Einflüsse auf Radikalisierungsanfälligkeit*. Institut für interdisziplinäre Konflikt- und Gewaltforschung (IKG) der Universität Bielefeld/Fachbereich Sozialwesen der FH Münster. https://doi.org/10.4119/unibi/2953901.

Leimbach, K. (2023). *Doing Radikalisierung. Eine rekonstruktive Untersuchung der Extremismusprävention*. Beltz Juventa.

Mayring, P. (2015). *Qualitative Inhaltsanalyse. Grundlagen und Techniken* (12., überarb. Aufl.). Beltz.

Moghaddam, F. M. (2005). The staircase to terrorism: A psychological exploration. *American Psychologist, 60*(2), 161–169. https://doi.org/10.1037/0003-066X.60.2.161.

Pfahl-Traughber, A. (9. September 2011). *Islamismus – Was ist das überhaupt? Definition – Merkmale – Zuordnungen*. https://www.bpb.de/themen/islamismus/dossier-.islamismus/36339/islamismus-was-ist-das-ueberhaupt/.

Schneider, V., Pickel, S., & Pickel, G. (2020). Gesellschaftliche Integration, Radikalisierung und Co-Radikalisierung. In G. Pickel, O. Decker, S. Kailitz, A. Röder, & J. Schulze Wessel (Hrsg.), *Handbuch Integration* (S. 1–13). Springer VS. https://doi.org/10.1007/978-3-658-21570-5_79-1.

Silber, M. D., & Bhatt, A. (2007). *Radicalization in the West. The homegrown threat*. NYPD Intelligence Division. https://www.ojp.gov/ncjrs/virtual-library/abstracts/radicalization-west-homegrown-threat.

Srowig, F., Roth, V., Pisoiu, D., Seewald, K., & Zick, A. (2018). *Radikalisierung von Individuen: Ein Überblick über mögliche Erklärungsansätze* (PRIF Report, 6/2018). Leibniz-Institut Hessische Stiftung Friedens- und Konfliktforschung (HSFK). https://www.hsfk.de/fileadmin/HSFK/hsfk_publikationen/prif0618.pdf.

Vollmer, A. (2016). Interprofessionelle Kooperation. In M. Dick, W. Marotzki, & H. A. Mieg (Hrsg.), *Handbuch Professionsentwicklung* (S. 251–262). Klinkhardt. https://doi.org/10.36198/9783838586229.

von Lautz, Y., Bösing, E., Stein, M., & Kart, M. (21. November 2022). *Die Bedeutung der Schule für die Prävention von islamistischer Radikalisierung und Deradikalisierung.* Bundeszentrale für politische Bildung. www.bpb.de/themen/infodienst/515495/die-bedeutung-der-schule-fuer-die-praevention-von-islamistischer-radikalisierung-und-deradikalisierung/.

von Lautz, Y., Bösing, E., Kart, M., & Stein, M. (2023). Verschränkungen sicherheitsorientierter und (sozial)pädagogischer Zugänge und Arbeitsweisen in der Prävention islamistischer Radikalisierung. *Soziale Probleme, 34*(1), 27–43.

Zick, A. (2021). Menschenfeindlicher Rassismus und Ungleichwertigkeitszuschreibungen. In A. Zick & B. Küpper (Hrsg.), *Die geforderte Mitte. Rechtsextreme und demokratiegefährdende Einstellungen in Deutschland 2020/2021* (S. 141–166). Dietz.

Yannick von Lautz ist wissenschaftlicher Mitarbeiter an der IU Internationale Hochschule am Standort Köln. Seine Arbeitsschwerpunkte sind islamistische Ideologien, Prozesse der (De)Radikalisierung und Ansätze der Prävention.

Kontakt: yannick.von-lautz@iu.org

Eike Bösing ist wissenschaftlicher Mitarbeiter an der Universität Vechta. Seine Arbeitsschwerpunkte liegen in den Bereichen Präventionsforschung, Islamismus und (De)Radikalisierung.

Kontakt: eike-matthias.boesing@uni-vechta.de

Mehmet Kart ist Professor für Soziale Arbeit an der IU Internationale Hochschule. Seine Arbeitsschwerpunkte liegen in den Bereichen Islamismus und Prävention von islamistischen Einstellungen sowie Flucht und Migration.

Kontakt: mehmet.kart@iu.org

Herausforderungen und Bedarfe im Umgang mit religiöser Vielfalt und religiös begründeten Konflikten im Schulalltag

Eike Bösing, Yannick von Lautz und Margit Stein

Zusammenfassung

Lehrkräfte und Schulsozialarbeiter*innen erleben vielfältige Konflikte im Schulalltag, die als religiös begründet wahrgenommen werden. Auf Basis einer Fragebogenerhebung an Schulen aller Schularten in der Stadt Köln werden diese exploriert sowie Schlussfolgerungen für die Weiterentwicklung der Schule als Lern- und Erfahrungsraum im Kontext religiöser Pluralität getroffen. Die Ergebnisse weisen auf deutliche Fort- und Weiterbildungsbedarfe hin, um über kulturelle, sozio-ökonomische und religiöse Unterschiede hinweg in der Schule gesellschaftliche Kohäsion zu fördern.

Schlüsselwörter

Schule • Religion • Pädagogik • Prävention • Radikalisierung

E. Bösing (✉) · M. Stein
Universität Vechta, Vechta, Deutschland
E-Mail: eike-matthias.boesing@uni-vechta.de

M. Stein
E-Mail: margit.stein@uni-vechta.de

Y. von Lautz
IU Internationale Hochschule, Köln, Deutschland
E-Mail: yannick.von-lautz@iu.org

S. Schuppener et al. (Hrsg.), *Inklusive Schule im Sozialraum*,
https://doi.org/10.1007/978-3-658-42158-8_13

1 Einleitung

In die Schule wird die Erwartung gesetzt, über kulturelle, sozio-ökonomische und religiöse Unterschiede hinweg eine integrierende und gesellschaftlich kohäsive Funktion zu erfüllen, da sie als einzige Sozialisationsinstanz von allen Kindern und Jugendlichen eines Jahrgangs besucht werden muss (Fend, 2008; Tillmann, 2010). Demgegenüber stehen Tendenzen schulischer und sozialräumlicher Segregation, von denen besonders städtische Regionen betroffen sind. Pädagog*innen sind dabei mit steigenden Anforderungen im Umgang mit Diversität und der Gestaltung eines positiven Lernumfeldes für alle Schüler*innen konfrontiert. Eine besondere Herausforderung stellt der Umgang mit als religiös begründet wahrgenommenen Konflikten im Schulalltag dar. So berichten Lehrkräfte von verschiedensten Ungleichwertigkeitsvorstellungen, die sich bei Schüler*innen zeigen und religiös konnotiert seien (DEVI e. V., 2021). Damit zusammenhängende Unsicherheiten haben mittlerweile Einzug in (fach)öffentliche Diskurse genommen, was sich insbesondere im Zuge einer geplanten „Anlauf- und Dokumentationsstelle konfrontative Religionsbekundung“, sowie der kritischen Auseinandersetzungen damit ausdrückte (Bachner, 2022; Claim, o. D.; Schindler, 2021).

Der vorliegende Beitrag widmet sich der Perspektive von Lehrkräften und Schulsozialarbeiter*innen auf diese Konflikte. Auf Basis einer Fragebogenerhebung in der Stadt Köln, die in die wissenschaftliche Begleitung eines Programms zur Radikalisierungsprävention eingebettet ist, wurden 168 Lehrkräfte bzw. Schulsozialarbeitende unter anderem zu ihren Erfahrungen mit subjektiv wahrgenommenen religiös begründeten Konflikten und (vermeintlicher) religiös begründeter Radikalisierung im Schulalltag befragt. Neben den Herausforderungen wurden zudem Fort- und Weiterbildungsbedarfe erhoben. So sollen Schlussfolgerungen für die Weiterentwicklung der Schule als Lern- und Erfahrungsraum im Kontext religiöser Pluralität getroffen werden.

2 Theoretischer Hintergrund und Forschungsstand zu religiös begründeten Konflikten in der Schule

Gesellschaftliche Sozialisationsprozesse laufen oftmals innerhalb von Institutionen ab. Die Schule übernimmt hier eine Sonderrolle, da sie einerseits aufgrund gesetzlicher Regelungen besucht werden muss und andererseits staatlicher Zugriff besteht, wodurch Sozialisation (politisch) beeinflusst werden kann (Tillmann,

2010). Schule bildet einen Erfahrungsraum für Vielfalt, indem sie in der heterogenen Gesellschaft Kinder und Jugendliche unterschiedlichster Biographien, kultureller, sozioökonomischer und auch religiöser Hintergründe sowie verschiedener kognitiver und sozialer Fähigkeiten zusammenbringt. Als zentrale Sozialisationsinstanz wird ihr deshalb über das Thematisieren von Extremismen, das Vermitteln und Einüben demokratischer Kompetenzen und universaler Werte eine wichtige Rolle in der Radikalisierungsprävention zugeschrieben (Bösing et al., 2023; Ceylan & Kiefer, 2018; El-Mafaalani et al., 2016). Die vielfältigen Potenziale werden jedoch durch sozialräumliche Segregationstendenzen, also die Ungleichverteilung der Bevölkerung nach sozialen oder ethnischen Merkmalen (Farwick, 2012) und unter anderem damit einhergehende Bildungsbenachteiligungen massiv beeinträchtigt. So kommen Helbig und Jähnen (2018) zu dem Ergebnis, dass soziale Segregation in deutschen Städten weiterhin zunimmt, wobei hier insbesondere Kinder, bzw. Familien mit Kindern betroffen sind. Die Autor*innen zeigen zudem städteübergreifend auf, „dass die Ausländeranteile zwischen 2014 und 2017 dort am stärksten angestiegen sind, wo die meisten armen Menschen wohnen" (Helbig & Jähnen, 2019, S. I). Auch wenn schulische Segregation nicht allein auf residentielle Segregation zurückzuführen ist (Radke, 2007; Stošić, 2015; Mayer & Koinzer, 2019), stellt sie eine Folge sozialräumlicher Ungleichverteilungen der Bevölkerung dar (Morris-Lange et al., 2013), wodurch zunehmend sozial homogener werdende Schüler*innenschaften entstehen. Teilweise übersteigt die schulische noch die residentielle Segregation. In Schulen in benachteiligten Wohngebieten zeigt sich „oft eine stärkere Konzentration von sozialen Problemen als im Wohnumfeld" (Baur & Häussermann, 2009, S. 358).

Pädagogische Mitarbeitende sind in der Gestaltung eines positiven Lern- und Lebensumfeldes mit steigenden Anforderungen im Umgang mit Diversität konfrontiert. Dabei sind es insbesondere, teilweise auch in öffentlichen Diskursen (Schulz, 2022; Thiel, 2022) kontrovers diskutierte, als religiös begründet wahrgenommene Konflikte, die Herausforderungen für die Pädagog*innen mit sich bringen. In den letzten Jahren wird unter den Begriffen der „konfrontativen Religionsausübung" bzw. „-bekundung" (siehe etwa Kiefer, 2021; DEVI e. V., 2021) ein weites Feld von als provokativ wahrgenommenen Verhaltensweisen muslimischer Schüler*innen gefasst, welches als religiös motiviert und stellenweise als eine Art Vorstufe des Islamismus gedeutet wird. Die problematisierten schulischen Konfliktfelder sind breit gefächert und reichen von Konflikten um „religiöse Kleidung", „Forderungen von Gebetszeiten und -räumen", der „Beanspruchung von Sonderrechten" bis zu „Anpassungsdruck", der auf Mitschüler*innen ausgeübt werde (DEVI, 2021, S. 16), etwa in Bezug auf religiöse Praktiken wie das Fasten (Kiefer, 2021). Unter anderem der Islamwissenschaftler Götz Nordbruch (2021a, b, 2022) formuliert Kritik an der Verwendung des Begriffs ‚konfrontative Religionsausübung bzw. -bekundung'. So stand dieser ursprünglich „für den Versuch, Radikalisierungsprozesse in ihren unterschiedlichen Ausdrucksformen wahrzunehmen und dabei zugleich verschiedene Grade von Konflikthaftigkeit zu unterscheiden" (Nordbruch, 2021a, b, o. S.). Mittlerweile handele es sich jedoch um einen politisch aufgeladenen Begriff, der synonym für islamistische Radikalisierung verwendet werde. Pädagog*innen liefen Gefahr, jegliches provokatives Fehlverhalten muslimischer Jugendlicher als Hinweis auf mögliche Radikalisierung zu deuten. Die pädagogischen Dimensionen der Problembearbeitung würden dabei zugunsten schulrechtlicher und sicherheitspolitischer Perspektiven vernachlässigt (Nordbruch, 2021b). Besonders problematisch sind in diesem Zusammenhang Prozesse des ‚Otherings', etwa wenn in Bezug auf Ethnizität und Religiosität eine Homogenisierung der Jugendlichen vorgenommen wird, durch die ein christliches ‚Wir' gegenüber einem islamischen ‚Ihr' konstruiert wird (Hummrich, 2017, S. 346). Es gilt zu berücksichtigen, dass Islamismus kein einheitlich definiertes Phänomen ist. Es handelt sich um einen Sammelbegriff für verschiedenste religiös-politische Bewegungen und Gruppen „die im Namen des Islam die Errichtung einer allein religiös legitimierten Gesellschafts- und Staatsordnung anstreben" (Pfahl-Traughber, 2011, o. S.) und die Unterwerfung der Individuen unter festgelegte religiöse Regeln fordern (Fouad & Said, 2020). Radikalisierung beschreibt dabei einen relationalen Prozess der Veränderung des Denkens und Handelns von Personen oder Gruppen, der sowohl mit Gewalthandlungen einhergehen, jedoch auch ausschließlich auf kognitiver Ebene verlaufen kann (Neumann, 2013; Abay Gaspar et al., 2018). Dementsprechend ist bezüglich der Zuschreibung von Radikalisierungstendenzen Sensibilität erforderlich.

3 Studie zur Wahrnehmung religiöser Vielfalt und religiös begründeter Konflikte im Schulalltag

In der von den Autor*innen durchgeführten Bedarfserhebung zu Fort- und Weiterbildungen im Themenkomplex Religion und Radikalisierung werden Herausforderungen und Bedarfe von pädagogischen Mitarbeitenden an Kölner Schulen erhoben. Die Erhebung findet im Rahmen des BMBF geförderten Verbundprojekts ‚Strukturelle Ursachen der Annäherung an und Distanzierung von islamistischer Radikalisierung – Entwicklung präventiv-pädagogischer Beratungsansätze‘ (Projekt ‚Distanz‘)[1] statt.

3.1 Stichprobe und Studiendesign

Die quantitative Befragung der Kölner Schulen wurde schriftlich und online durchgeführt. Die Verbreitung des Fragebogens erfolgte zunächst über die zuständigen Dezernate, über die Schulen mit Primarstufe, Sekundarstufen I & II, Gesamtschulen sowie Förderschulen zur Teilnahme angefragt wurden. Darüber hinaus wurden diese sowie alle der Stadt Köln gelisteten Berufsschulen und -kollegien sowie Schulen in privater und kirchlicher Trägerschaft direkt von den Forschenden kontaktiert, wodurch insgesamt 268 Schulen bzw. Standorte zur Teilnahme angefragt wurden. Im Erhebungszeitraum vom 01.05.2022 bis 31.07.2022 gingen Fragebögen von 168 pädagogischen Mitarbeitenden ein (65 männlich, 102 weiblich, 1 divers). Die befragten Personen sind zwischen 28 und 64 Jahre alt (Ø 45,8 Jahre) und arbeiteten zum Zeitpunkt der Erhebung zwischen einem und 38 Jahren im Schulbetrieb (Ø 14,8 Jahre). Mit 125 Personen (74,4 %) sind dies überwiegend Lehrkräfte, 14 Personen (8,3 %) sind als Schulleitungen tätig, davon zwei in Doppelfunktion als Lehrkraft. Als zweitgrößte Gruppe wurden mit 27 Personen (16,1 %) Schulsozialarbeitende erreicht, außerdem zwei Respekt Coaches[2] (1,2 %) und zwei sonstige pädagogische Mitarbeitende (1,2 %). Mit 44 % arbeiten die meisten der befragten Personen an Berufs(fach)schulen oder Berufskollegien, 31 % sind an Gymnasien und 17,3 % an Realschulen tätig. Die übrigen verteilen sich auf Grundschulen (5,4 %), Förderschulen (2,4 %), Weiterbildungskollegien (1,8 %), Gesamtschulen (1,2 %) sowie Hauptschulen (0,6 %).

Die Kölner Stadtbezirke unterscheiden sich in sozioökonomischer Hinsicht teilweise erheblich. So lag im Jahr 2021 der Anteil der Leistungsberechtigten nach SGB II im Bezirk Lindenthal bei 4,3 %, gefolgt vom Bezirk Innenstadt (5,9 %), Rodenkirchen (8,7 %), Nippes (10,0 %), Ehrenfeld (11,9 %), Porz (16,7 %), Chorweiler (16,8 %), Mühlheim (19,4 %) und Kalk mit 21,4 %. Noch deutlicher werden die Differenzen bei den Leistungsberechtigten Kindern unter 15 Jahre (zwischen 5,7 % in Lindenthal und 30,4 % in Kalk). Auch hinsichtlich

[1] Projekthomepage: https://www.forschungsverbund-deradikalisierung.de/.

[2] Bei JMD Respekt Coaches handelt es sich um ein bundesweites Präventionsprogramm, das in Schulen an über 270 Standorten umgesetzt wird (https://www.lass-uns-reden.de/).

der Bevölkerungsanteile mit Migrationshintergrund zeigen sich Segregationstendenzen (Amt für Stadtentwicklung & Statistik, 2021). Die meisten Befragten arbeiteten zum Zeitpunkt der Erhebung an einer Schule aus dem Bezirk Innenstadt (28,6 %), gefolgt von Mülheim (22,0 %), Ehrenfeld (11,3 %), Kalk und Lindenthal (je 10,1 %), Porz (8,3 %), Nippes (4,2 %), Rodenkirchen (1,2 %) und Chorweiler (0,6 %). Sechs Personen (3,6 %) machten keine Angaben. Demnach ist der Rücklauf räumlich sowie bezüglich der Schulformen ungleich verteilt. Weiterhin legen die hohen Werte bezüglich der Erfahrung mit islamistischer Radikalisierung im Schulalltag die Vermutung nahe, dass möglicherweise vorwiegend Personen an der Befragung teilgenommen haben, die bereits Erfahrungen mit den Phänomenen haben, bzw. entsprechende Fort- und Weiterbildungsbedarfe identifizieren. Somit ist die Erhebung nicht repräsentativ.

3.2 Erhebungsinstrument

Der Fragebogen umfasst unter anderem soziodemographische Daten, Angaben zur Schule und Tätigkeiten der Befragten. Es werden Erfahrungen zu religiös begründeten Konflikten, Konflikten im Zusammenhang mit religiösen Praktiken sowie (vermeintlicher) islamistischer Radikalisierung mit geschlossenen und offenen Fragen erhoben. Die offenen Fragen wurden anschließend zur statistischen Auswertung codiert. Um explorativ die von den Fachkräften wahrgenommenen und gedeuteten Herausforderungen zu erheben, werden die Themenbereiche abgefragt, ohne vorherige Konzeptionierungen der Begriffe vorzugeben. Zudem wurden Fort- und Weiterbildungsbedarfe bezüglich der Themenbereiche erfragt. Der Fragebogen wurde in einem Pretest mit Lehrkräften (n = 6) ausführlich diskutiert und anschließend modifiziert.

4 Religiöse Vielfalt und religiös begründete Konflikte im Schulalltag aus Fachkraftsicht

4.1 Wahrnehmung religiös begründeter Konflikte

40,6 % der befragten Personen geben an, religiös begründete Konflikte zwischen Schüler*innen wahrzunehmen. Dabei lässt sich kein signifikanter Zusammenhang mit der sozialräumlichen Verortung (Stadtbezirke) der Schulen feststellen ($p = ,401$, $n = 143$). Die deskriptiven Auswertungen (Tab. 1) zeigen, dass die Fachkräfte überwiegend interreligiöse Konflikte (42,6 %) wahrnehmen. Die

Tab. 1 Codierungen der religiös begründeten Konflikte (Mehrfachnennung möglich)

Konfliktthema	Prozent der Fälle
Interreligiöse Konflikte	42,6 %
Konflikte in Bezug auf Religiosität und religiöse Praktiken	27,7 %
Antisemitismus	23,4 %
Sexismus	14,9 %
Intrareligiöse Konflikte	12,8 %
Ablehnung/Abwertung von LGBTQI*	6,4 %
Konflikte um Anerkennung und Gleichberechtigung der Religionen	6,4 %
‚Herkunftsland'-bezogene Konflikte	6,4 %
Sonstiges	17,0 %

Schilderungen der Konfliktthemen sind dabei vielfältig, so werde etwa „die eigene Religion [.] überhöht, bzw. die der Andersreligiösen/Andersdenkenden ‚runtergemacht'" (Fragebogen, 80) oder „Minderheiten beschimpft/bedroht" (Fragebogen, 86). Darüber hinaus problematisieren die Pädagog*innen Konflikte um Religiosität und religiöse Praktiken (27,7 %). Hierunter fassen die Befragten unter anderem Konflikte zwischen – hier im Unterschied zu den interreligiösen Konflikten ausschließlich explizit muslimisch gelesenen – Schüler*innen über den Grad der Religiosität, Kleidung oder Fastenregeln. So werde

> „[v]or allem in der Fastenzeit [.] der Glaube und die Religiosität unter muslimischen Schülerinnen und Schülern sehr thematisiert und zum Teil provokativ nach außen getragen. Muslimische Mitschüler, die nicht fasten, werden unter Druck gesetzt oder ausgegrenzt, als Ungläubige diffamiert." (Fragebogen, 81)

23,4 % der Personen, die religiös begründete Konflikte im Schulalltag wahrnehmen, benennen Antisemitismus als Konfliktthema. Dies wird stellenweise mit Bezügen zum ‚Herkunftsland' verbunden. Eine befragte Person berichtet beispielsweise „Schüler*innen die aus Konfliktregionen geflüchtet sind, bringen Glaubensvorstellungen mit, mit denen sie anecken. Unter anderem z. B. Hass auf Menschen jüdischer Religion, den sie nicht begründen können" (Fragebogen, 63).

4.2 Herausforderungen bezüglich religiöser Praktiken

Mit 44,4 % gibt nahezu die Hälfte der befragten Fachkräfte an, im Schulalltag Herausforderungen im Zusammenhang mit religiösen Praktiken zu begegnen;

Tab. 2 Codierungen der Herausforderungen im Kontext religiöser Praktiken (Mehrfachnennung möglich)

Herausforderungen	Prozent der Fälle
Fasten/Ramadan	45,3 %
Gebetszeiten und -räume	34,0 %
Religiöse Feste und Feiertage	9,4 %
Kleidung	7,5 %
Diskriminierungen von Schüler*innen und Lehrer*innen[3]	7,5 %
(Nichtteilnahme am) Sport- und/oder Schwimmunterricht	5,7 %
Missionierungsversuche	1,9 %
Sonstiges	30,2 %

ein signifikanter Zusammenhang zwischen der Wahrnehmung der Fachkräfte und dem Stadtbezirk der Schule lässt sich hier ebenfalls nicht feststellen ($p = ,148$, $n = 133$). Die meisten wahrgenommenen Herausforderungen (Tab. 2) werden dabei im Zusammenhang mit dem Ramadan und Fasten (45,3 % der Befragten) sowie mit Gebetszeiten und -räumen (34 % der Befragten) geschildert. Im Kontext des Fastenmonat Ramadan werden unter anderem eingeschränkte Leistungsfähigkeiten der Schüler*innen, z. B. „körperliche Schwächen" (Fragebogen, 63) und Konzentrationsprobleme, jedoch vereinzelt auch von fastenden Schüler*innen „eingeforderte Rücksichtnahme" (Fragebogen, 123) sowie mangelnde Sensibilität von Lehrkräften problematisiert. Bezüglich der Herausforderungen im Kontext von Gebetszeiten und -räumen verweisen die Befragten sowohl auf einen Mangel an geeigneten Räumlichkeiten, als auch auf Konflikte, etwa aufgrund von kollidierenden Unterrichts- und Gebetszeiten. Eine befragte Fachkraft berichtet diesbezüglich beispielsweise, dass „viele muslimische SuS [.] beten [möchten], da dieses für sie eine religiöse Pflicht darstellt. Hierzu fehlen häufig geeignete Räumlichkeiten" (Fragebogen, 103). Herausforderungen betreffen jedoch auch Konflikte mit grundsätzlichen Vorgaben der Schule: „Vereinzelt wird mittags an versteckten Stellen gebetet. Das ist in unserer Schule nicht erlaubt" (Fragebogen, 36).

[3] Im Kontext der religiösen Praktiken werden vereinzelt (überwiegend geschlechtsbezogene) Diskriminierungen benannt. Zwar wird dies nicht als religiöse Praxis aufgefasst, hier im Sinne der Vollständigkeit dennoch aufgeführt.

4.3 Erfahrungen mit radikalen islamistischen Aussagen oder Einstellungen

Ein Drittel der Befragten (31,3 %) geben an, bereits Erfahrungen mit radikalen islamistischen Aussagen und/oder Einstellungen im Schulkontext gemacht zu haben, wobei kein signifikanter Zusammenhang zum Stadtbezirk besteht ($p = ,829$, $n = 128$).

Die Herausforderungen wurden hier ebenfalls mit einer offenen Fragestellung erhoben und nachträglich codiert. Die Zuordnung der Vorfälle zu dem Bereich islamistischer Radikalisierung erfolgte durch die Befragten. Von den 31,3 %, die bereits entsprechende Erfahrungen gemacht haben, geben 25,7 % an, dass es sich um Ablehnungshaltungen gegenüber Nicht-Muslim*innen handele. Weitere 25,7 % der Befragten berichten Erfahrungen im Zusammenhang mit Antisemitismus, gefolgt von Sexismus (22,9 %) (Tab. 3). Die seitens der Fachkräfte problematisierten Konfliktfelder bilden eine große Bandbreite ab. So werde etwa „der Wahlkampf von Erdogan [.] von Schülern positiv geschildert" (Fragebogen, 25) oder ein „Schüler konnte/wollte meinem Unterricht nicht mehr folgen, weil wir in Philosophie über die Nicht-Existenz von Gott gesprochen haben" (Fragebogen, 145). Darüber hinaus berichtet eine Fachkraft:

> „Im Religionsunterricht hat mich ein Schüler verflucht, weil ich gesagt habe, dass der Islam die jüngste der monotheistischen Religionen sei. Die Bibel, die Tora und der Koran seien von Menschen aufgeschrieben worden, worauf der Schüler laut rief: alles Lüge, der Koran sei vom Himmel gefallen. Kein Mensch hätte den geschrieben." (Fragebogen, 44)

Andere Befragte legen Zusammenhänge zu fundamentalistischen Einstellungen bzw. radikal-islamistischen Aussagen und Einstellungen nahe, so gebe es etwa „ISIS Fürsprecher" (Fragebogen, 41) in der Schule oder Äußerungen eines Schülers, „Ungläubige seien nicht besser als „‚Hunde' = ‚unrein'" (Fragebogen, 102). Überwiegend handelt es sich jedoch um Schilderungen von Ablehnungshaltungen, ohne dass eine unmittelbare Situation skizziert wird, die Radikalisierungstendenzen zugeordnet werden kann. So wird etwa von „Frauenfeindlichkeit, Probleme mit Respekt gegenüber Frauen und Autorität generell" (Fragebogen, 138) oder „Intoleranz anderen Meinungen gegenüber" (Fragebogen, 11) berichtet.

Tab. 3 Codierungen der Erfahrungen mit radikalen islamistischen Aussagen oder Einstellungen (Mehrfachnennung möglich)

Konfliktthema	Prozent der Fälle
Ablehnung von Nicht-Muslim*innen	25,7 %
Antisemitismus	25,7 %
Sexismus	22,9 %
Ablehnung/Abwertung von LGBTQI*	14,3 %
Positiver Bezug auf extremistische Gruppen	14,3 %
Kleidung	11,4 %
Ablehnung von Nicht_Muslim*innen	8,6 %
Missionierungsversuche	8,6 %
Strenge Religionsauslegung	8,6 %
Sonstiges	25,7 %

4.4 Fort- und Weiterbildungsbedarfe

Die Mehrheit der Befragten (90 %, Zustimmungswerte 4–6 zusammengefasst; Skala von 1 = ‚stimme überhaupt nicht zu' bis 6 = ‚stimme voll und ganz zu') schätzt die Schüler*innenschaft ihrer Schule als religiös vielfältig ein. Der Umgang mit religiöser Vielfalt wird sowohl bei den Schüler*innen (57 %), als auch bei den Mitarbeiter*innen (49 %) häufig als relevantes Thema erachtet. Die Fachkräfte geben an, sich überwiegend (71 %) sicher im Umgang mit religiöser Vielfalt zu fühlen (Abb. 1). Von den Befragten identifizieren 51,6 % Fortbildungsbedarfe für die Mitarbeitenden der Schule zu Themen im Kontext religiöser Vielfalt, wobei sich bzgl. der Stadtbezirke keine signifikanten Zusammenhänge ergeben ($p = ,896$). Die präferierten Themen der Fachkräfte für Fort- und Weiterbildungen lassen sich in den allgemeinen Umgang mit Religion in der Schule (47,6 %), Informationen über Radikalisierung und Prävention (33,3 %), allgemeine Informationen über verschiedene Religionen (31,0 %) sowie den Umgang mit religiös begründeten Konflikten in der Schule (16,7 %) einteilen.

Auch das Thema islamistische Radikalisierung ist aus Perspektive der Befragten oftmals im Schulkontext relevant. So stimmen 41 % der Befragten ($n = 115$) der Aussage zu, dass der Umgang mit radikal-islamistischen Aussagen und Einstellungen die Mitarbeiter*innen der Schule beschäftigt. Bzgl. der Schüler*innen stimmen mit 31 % noch knapp ein Drittel der befragten Fachkräfte

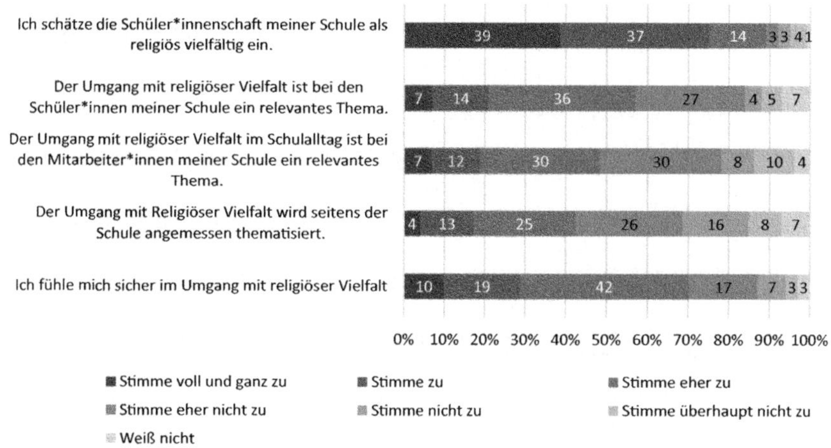

Abb. 1 Zustimmung zu ausgewählten Items bzgl. religiöser Vielfalt in der Schule (gerundet, in Prozent, n = 122)

zu. 34 % sind der Meinung, dass der Umgang mit radikal-islamistischen Aussagen und Einstellungen seitens ihrer Schule angemessen thematisiert wird (Abb. 2). Über die Hälfte der Pädagog*innen (57,4 %) identifizieren für die Mitarbeiter*innen ihrer Schulen einen Fortbildungsbedarf zu Themen rund um islamistische Radikalisierung im Schulalltag, ohne dass sich signifikante Zusammenhänge mit dem Stadtbezirk der Schule zeigen ($p = ,549$). Dabei sind den Befragten thematisch vorwiegend der Umgang mit (befürchteter) Radikalisierung und radikalen Äußerungen (52,6 %), das Erkennen von Radikalisierung (34,2 %) und theoretische oder geschichtliche Aspekte des Islamismus (18,4 %) als Inhalte für die Fort- und Weiterbildungen wichtig.

5 Diskussion und Fazit

Lehrkräfte und Schulsozialarbeiter*innen erleben vielfältige Herausforderungen im Schulalltag, die als religiös begründet wahrgenommen werden. Trotz deutlicher Segregationstendenzen im Untersuchungsgebiet lassen sich anhand der vorliegenden Studie keine signifikanten Zusammenhänge mit der sozialräumlichen Verortung der Schulen feststellen. Aufgrund der oben skizzierten Limitationen der Befragung ist dieses Ergebnis jedoch nur begrenzt aussagekräftig.

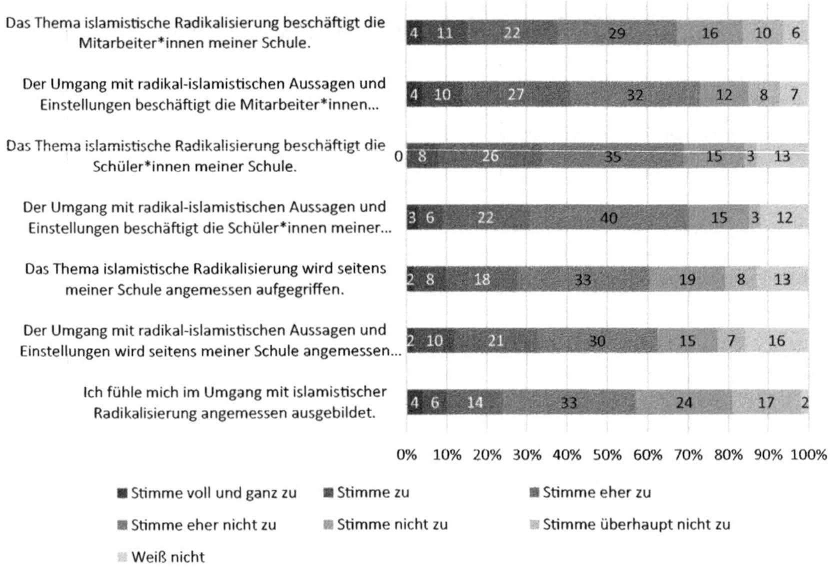

Abb. 2 Zustimmung zu ausgewählten Items bzgl. islamistischer Radikalisierung in der Schule (gerundet, in Prozent, n = 115)

Die geschilderten Konflikte umfassen unter anderem Auseinandersetzungen zwischen den Schüler*innen, die unterschiedlichen religiösen oder ethnischen Gruppen angehören. Zudem ergeben sich Reibungspunkte, in denen schulische Vorgaben und religiöse Praktiken kollidieren. Eine besondere Herausforderung bilden jedoch als radikal-islamistisch wahrgenommene Aussagen und Einstellungen. Hier zeigt sich ein breites Bild von Erfahrungen im Schulalltag, das von gruppenbezogenen Ablehnungshaltungen bis hin zu explizitem positivem Bezug auf extremistische Gruppen reicht. Die Ergebnisse müssen auch an dieser Stelle zurückhaltend interpretiert werden.

In der Schule spiegeln sich gesellschaftliche Realitäten wider, wie etwa politische Polarisierungen. Dabei handelt es sich – wie auch die vorliegende Studie verdeutlicht hat – nicht notwendigerweise um geschlossene Ideologien, sondern um beispielsweise dogmatische Religiosität, Wahrheitsansprüche oder Antipluralismus. In vielen Schilderungen wird weder ein unmittelbarer Zusammenhang zu politisch-religiösen Weltanschauungen dargestellt, noch lassen die Daten Rückschlüsse auf gefestigte Ideologien zu. Islamismus ist dagegen ein komplexes Phänomen, dass sich nicht auf einzelne Ideologeme reduzieren lässt (Seidensticker, 2014; Fouad & Said, 2020). Anhand der im Rahmen der Studie erhobenen Skizzierungen von als radikal-islamistisch wahrgenommenen Vorfällen können somit zwar Herausforderungen im Schulalltag identifiziert werden, jedoch können keine Aussagen darüber getroffen werden, inwiefern es sich hierbei um Radikalisierungsfälle handelt.

Zudem ist zu beachten, dass gerade im Kontext religiöser Äußerungen und vermeintlicher (oder tatsächlicher) Radikalisierungstendenzen neben religiösen Überzeugungen und Praktiken ebenfalls identitäts- und teilhabebezogene Aspekte eine Rolle spielen können (Frank & Scholz, 2023; Korucu & Nordbruch, 2020). Entsprechende Vorfälle sollten also auch aus diesen Perspektiven pädagogisch bearbeitet werden. Dagegen steht besonders in der Auseinandersetzung mit Islamismus eine Tendenz der Vermengung sicherheitsorientierter und pädagogischer Ansprüche, durch die subjektorientierte und auf Teilhabe sowie die Förderung selbstbestimmter Lebensentwürfe ausgerichtete pädagogische Maßnahmen zugunsten von Sicherheitsinteressen in den Hintergrund rücken (Schumacher, 2018; von Lautz et al., 2023). Damit gehen Stigmatisierungsgefahren von als muslimisch wahrgenommenen Schüler*innen einher, wenn diese unter Generalverdacht gestellt und diffuse Gefährdungslagen konstruiert werden (Leimbach, 2023; Schau et al., 2020). Auch in der vorliegenden Studie zeigen sich Otheringprozesse, etwa in der generellen Zuschreibung, dass provokatives und ggf. jugendtypisches Verhalten religiös bzw. islamistisch motiviert sei, wenn die Schüler*innen muslimisch gelesen werden. Über diese Zuschreibung wird eine Sonderstellung konstruiert, mit der eine Stigmatisierung der Jugendlichen einhergeht (Nordbruch, 2021b). Dass Provokation und Grenzüberschreitungen zwar problematisch sind, jedoch auch jugendtypisches Verhalten darstellen, rückt dabei in den Hintergrund. Ein alarmistischer Umgang mit (vermeintlichen) Radikalisierungstendenzen kann hingegen die Problematiken noch verschärfen (Bösing et al., 2023). Verschiedene Aussagen weisen deutliche Otheringprozesse auf, in denen etwa (gelesene) Religionszugehörigkeit und (gelesene) Ethnizität vermengt werden und ein ‚deutsches Wir' von einem ‚muslimischen Ihr' abgegrenzt wird und wenn etwa konstatiert wird, dass „gerade Muslime [...] Ressentiments gegenüber ihrer Religion [wittern]. Sie nehmen ihre Religion viel ernster als das deutsche junge Erwachsene tun" (Distanz_44). Religiosität stellt also auch im Schulkontext einen relevanten Diskriminierungsgrund dar. Gerade muslimische Schüler*innen, die sichtbar und offen religiöse Zugehörigkeit zeigen, erleben verstärkt Diskriminierung und Rassismus durch Mitschüler*innen und Lehrkräfte (Mühe, 2020). Die Mechanismen der Ungleichbehandlung können dabei gravierende Auswirkungen auf die psychische Verfassung und schulische Leistungen der Betroffenen haben (Fereidooni, 2011; Yeboah, 2017).

Demgegenüber geben in der vorliegenden Studie die Befragten überwiegend an, dass sie ihre Schule als religiös vielfältig einschätzen (90 %) und sich im Umgang mit religiöser Vielfalt sicher fühlen (71 %). Auch Lindner und Strutzenberger-Reiter (2018) kommen in ihrer Studie zu dem Ergebnis, dass Lehrkräfte oftmals eine offene Grundhaltung gegenüber religiöser Diversität postulieren. Gleichzeitig sei der „Umgang mit religiöser Diversität abhängig vom Wissen und den Erfahrungen der einzelnen Lehrperson“ (S. 319), wobei kaum Unterstützungsmöglichkeiten vorhanden seien. So unterstreichen die vorliegenden Ergebnisse die Notwendigkeit, gesellschaftliche Kohäsion auch im Kontext Schule verstärkt zu fördern, indem Pädagog*innen Handlungssicherheiten im Umgang mit Heterogenität und Ungleichheitsverhältnissen entwickeln. Sie können zur Weiterentwicklung der inklusiven Schule dahingehend gestärkt werden, Konfliktpotenziale positiv zu nutzen und Pluralität zu gestalten. Wichtig erscheint dabei eine Perspektive, in der die Konflikte nicht nur als herausforderndes Verhalten von Schüler*innen verstanden, sondern vielmehr hinsichtlich der zugrunde liegenden Machtverhältnisse und Auseinandersetzungen um Anerkennung in der pluralen Gesellschaft betrachtet werden. Auch eine sozialräumliche Öffnung der Schule kann hier unterstützen, der gesellschaftlichen Verantwortung als Bildungs- und Sozialisationsinstanz ganzheitlich gerecht zu werden. Hierbei bietet sich auch eine Zusammenarbeit mit außerschulischen (Präventions)Akteur*innen an. Die sozialen Räume – verstanden als Interaktionsräume, die von den Akteur*innen fortlaufend wiederhergestellt werden müssen – sind dabei durch bestimmte soziale Praxis geprägt (Kessl & Reutlinger, 2022). So spiegeln sich einerseits raum- oder stadtteilbezogene Ressourcen und Herausforderungen auch in der Schule wider, andererseits kann Schule eine aktive Akteurin in der (Re)Konstruktion und Mitgestaltung der Sozialräume darstellen, um jenseits individualisierter Problemwahrnehmungen und -bearbeitung auf strukturelle Bedingungen Einfluss zu nehmen. Dazu ist es notwendig, dass Fachkräfte *„das Tun von Menschen und deren soziale Praxis sozialräumlich deuten und verstehen können“* (Kessl & Reutlinger, 2022, S. 37; Hervorhebungen i. O.). Als Akteurin im Sozialraum sollten also die ermöglichenden kulturellen, sozialen und politischen Bedingungen des sozialen Raumes verstanden und gezielt aktiviert bzw. begrenzende Bedingungen abgebaut werden.

Literatur

Abay Gaspar, H., Daase, C., Deitelhoff, N., Junk, J., & Sold, M. (2018). Was ist Radikalisierung? Präzisierung eines umstrittenen Begriffs. In *PRIF Report,* 18(5), HSFK.

Amt für Stadtentwicklung und Statistik. (2021). *Kölner Stadtteilinformationen. Zahlen 2021.* https://www.stadt-koeln.de/mediaasset/content/pdf15/statistik-standardinformationen/k%C3%B6lner_stadtteilinformationen_zahlen_2021.pdf.

Bachner, F. (24. Januar 2022). Neuköllner Projekt „in vielfacher Hinsicht problematisch": Wissenschaftler kritisieren geplante Berliner Stelle für „konfrontative Religionsbekundung". *Tagesspiegel.* https://www.tagesspiegel.de/berlin/wissenschaftler-kritisieren-geplante-berliner-stelle-fur-konfrontative-religionsbekundung-4778689.html.

Baur, C., & Häussermann, H. (2009). *Ethnische Segregation in deutschen Schulen. Leviathan, 37*(3), 353–366. https://doi.org/10.1007/s11578-009-0053-2

Bösing, E., von Lautz, Y., Kart, M., & Stein, M. (2023). Einflüsse von Sozialisationsinstanzen und strukturellen Bedingungen auf Deradikalisierungs- und Distanzierungsprozesse junger Menschen im Kontext islamistischer Radikalisierung. In J. Langner, M. Zschach, M. Schott & I. Weigelt (Hrsg.), *Jugend und islamistischer Extremismus. Pädagogik im Spannungsfeld von Radikalisierung und Distanzierung (234–261).* Budrich.

Ceylan, R., & Kiefer, M. (2018). *Radikalisierungsprävention in der Praxis. Antworten der Zivilgesellschaft auf den gewaltbereiten Neosalafismus.* Springer VS. https://doi.org/10.1007/978-3-658-15254-3.

Claim – Allianz gegen Islam- und Muslimfeindlichkeit. (o. D.). *Was ist konfrontative Religionsbekundung? „Es ist ja schon das Wort ‚Allah'". Stellungnahme zum Neuköllner Projekt „Anlauf- und Dokumentationsstelle konfrontative Religionsbekundung".* www.claim-allianz.de/content/uploads/2022/01/stellungnahme-neukoellner-registerstelle-konfrontative-religionsbekundung.pdf?x85648.

DEVI. (2021). *Anlauf- und Dokumentationsstelle konfrontative Religionsbekundung. Vorabversion vorgelegt für das Bezirksamt Neukölln.* Berlin. https://demokratieundvielfalt.de/wp-content/uploads/2021/12/DEVI_Broschuere_Anlauf_und_Dokumentationsstelle_konfrontative_Religionsbekundung_A4_ICv2_03c-doppelseiten.pdf.

El-Mafaalani, A., Fathi, A., Mansour, A., Müller, J., Nordbruch, G., & Wöeciak, J. (2016). *Ansätze und Erfahrungen der Präventions- und Deradikalisierungsarbeit.* (HSFK-Report, 6/2016). Hessische Stiftung Friedens- und Konfliktforschung. https://nbn-resolving.org/urn:nbn:de:0168-ssoar-46683-7

Farwick, A. (2012). Segregation. In F. Eckardt (Hrsg.), *Handbuch Stadtsoziologie* (S. 381–419). VS Verlag. https://doi.org/10.1007/978-3-531-94112-7.

Fend, H. (2008). *Neue Theorie der Schule. Einführung in das Verstehen von Bildungssystemen* (2. Aufl.) VS Verlag. https://doi.org/10.1007/978-3-531-91788-7.

Fereidooni, K. (2011). Schule – Migration – Diskriminierung. Ursachen der Benachteiligung von Kindern mit Migrationshintergrund im deutschen Schulwesen. VS Verlag. https://doi.org/10.1007/978-3-531-92632-2.

Fouad, H., & Said, B. (2020). Islamismus, Salafismus, Dschihadismus. Hintergründe zur Historie und Begriffsbestimmung. In S. Hößl, L. Jamal, & F. Schellenberg (Hrsg.), *Politische*

Bildung im Kontext von Islam und Islamismus (S. 74–98). Bundeszentrale für politische Bildung.

Frank, A., & Scholz, A. F. (2023). *Islamismus in der Jugendphase. Eine rekonstruktive Studie zu Radikalisierungsprozessen.* Budrich.

Helbig, M., & Jähnen, S. (2018). *Wie brüchig ist die soziale Architektur unserer Städte? Trends und Analysen der Segregation in 74 deutschen Städten.* WZB Discussion Paper P 2018-001. Wissenschaftszentrum Berlin für Sozialforschung gGmbH. https://bibliothek.wzb.eu/pdf/2018/p18-001.pdf.

Helbig, M., & Jähnen, S. (2019). *Wo findet „Integration" statt? Die sozialräumliche Verteilung von Zuwanderern in den deutschen Städten zwischen 2014 und 2017.* Discussion Paper P 2019-003. Wissenschaftszentrum Berlin für Sozialforschung gGmbH. https://bibliothek.wzb.eu/pdf/2019/p19-003.pdf.

Hummrich, M. (2017). Diskriminierung im Erziehungssystem. In A. Scherr, A. El-Mafaalani, & G. Yüksel (Hrsg.), *Handbuch Diskriminierung* (S. 337–352). Springer VS. https://doi.org/10.1007/978-3-658-10976-9.

Kessl, F., & Reutlinger, C. (2022). Sozialräumliche Praxis und Sozialraumarbeit. In F. Kessl & C. Reutlinger (Hrsg.), *Sozialraum. Eine elementare Einführung* (S. 33–56). Springer Fachmedien. https://doi.org/10.1007/978-3-658-29210-2.

Kiefer, M. (2021). *Konfrontative Religionsausübungen von muslimischen Schülerinnen und Schülern. Analysen & Argumente*, Nr. 425. Konrad-Adenauer-Stiftung. https://www.kas.de/documents/252038/11055681/Konfrontative+Religionsaus%C3%BCbungen+von+muslimischen+Sch%C3%BClerinnen+und+Sch%C3%BClern.pdf/10f1d796-c532-f113-b2d0-b99e2b8a5878?version=1.1&t=1612269123060.

Korucu, C., & Nordbruch, G. (2020). Islamismus als Herausforderung im Unterricht – Ansätze der politischen Bildung und der Präventionsarbeit. In J. B. Schmitt, J. Ernst, D. Rieger, & H.-J. Roth (Hrsg.), *Propaganda und Prävention. Forschungsergebnisse, didaktische Ansätze, interdisziplinäre Perspektiven zur pädagogischen Arbeit zu extremistischer Internetpropaganda* (S. 477–488). Springer VS. https://doi.org/10.1007/978-3-658-28538-8_24.

Leimbach, K. (2023). *Doing Radikalisierung. Eine rekonstruktive Untersuchung der Extremismusprävention.* Beltz Juventa.

Lindner, D., & Strutzenberger-Reiter, E. (2018). Religiöse Diversität aus Perspektive von Lehrkräften. In A. Lehner-Hartmann, T. Krobath, K. Peter, & M. Jäggle (Hrsg.), *Inklusion in/durch Bildung?* (S. 305–324). V&T unipress GmbH. https://doi.org/10.14220/978 3737008471.305.

Mayer, T., & Koinzer, T. (2019). Schulwahl und Bildungsungleichheit – Ein holistisches Modell zur Erklärung von Segregation und Bildungsdisparitäten bei der Einzelschulwahl. *Pädagogische Rundschau, 73*(3), 265–279. https://doi.org/10.3726/pr032019.0025

Morris-Lange, S., Wendt, H., & Wohlfahrt, C. (2013). *Segregation an deutschen Schulen. Ausmaß, Folgen und Handlungsempfehlungen für bessere Bildungschancen.* SVR GmbH. www.stiftung-mercator.de/content/uploads/2020/12/SVR_Studie_Bildungssegregation_Juli_2013.pdf.

Mühe, N. (2020). Stigmatisierung junger Muslim/innen in der Schule. In J. Willems (Hrsg.), *Religion in der Schule. Pädagogische Praxis zwischen Diskriminierung und Anerkennung* (S. 119–136). Transcript. https://doi.org/10.1515/9783839453551-007.

Neumann, P. (2013). Radikalisierung, Deradikalisierung und Extremismus. *Aus Politik und Zeitgeschichte, 63*(29–31), 3–10.

Nordbruch, G. (2021a). *„Konfrontative Religionsausübung" als Synonym für Islamismus?* https://www.ufuq.de/aktuelles/konfrontative-religionsausuebung-als-synonym-fuer-islamismus/.

Nordbruch, G. (2021b). *„Konfrontative Religionsbekundung"?! Pädagogische Zugänge zu Konflikten jenseits von religiösem Othering und Alarmismus.* www.ufuq.de/aktuelles/konfrontative-religionsbekundung-paedagogische-zugaenge-zu-konflikten-jenseits-von-religioesem-othering-und-alarmismus/.

Nordbruch, G. (2022). *„Konfrontative Religionsbekundung"?! Konjunktur eines Begriffs und Möglichkeiten der pädagogischen Bearbeitung.* www.bpb.de/themen/infodienst/509856/konfrontative-religionsbekundung/#footnote-target-1.

Pfahl-Traughber, A. (2011). *Islamismus – Was ist das überhaupt? Definition – Merkmale – Zuordnungen.* https://www.bpb.de/themen/islamismus/dossier-islamismus/36339/islamismus-was-ist-das-ueberhaupt/.

Radke, F.-O. (2007). Segregation im deutschen Schulsystem. In W.-D. Bukow, C. Nikodem, E. Schulze, & E. Yildiz (Hrsg.), *Was heißt hier Parallelgesellschaft? Zum Umgang mit Differenzen* (S. 201–212). VS Verlag. https://doi.org/10.1007/978-3-531-90743-7.

Schau, K., Jakob, M., & Milbradt, B. (2020). (Präventive) Arbeit mit heterogenen Zielgruppen zwischen Stigmatisierung und Homogenisierung. Herausforderungen in der außerschulischen Arbeit im Kontext Islam und Islamismus. In S. E. Hößl, L. Jamal, & F. Schellenberg (Hrsg.), *Politische Bildung im Kontext von Islam und Islamismus* (S. 224–245). Bundeszentrale für politische Bildung.

Schindler, F. (28. Dezember 2021). Religiöses Mobbing an Schulen? Grüne und Linke halten Studie für antimuslimisch. *Welt.* www.welt.de/politik/deutschland/article235899704/Berlin-Religionsstreit-an-Schulen-Gruene-und-Linke-halten-Studie-fuer-antimuslimisch.html.

Schuhmacher, N. (2018). Ein neues Bild der Prävention? Zur Tendenz der „Versicherheitlichung" im pädagogischen Feld. In M. Glaser, A. Frank, & M. Herding (Hrsg.), *Gewaltorientierter Islamismus im Jugendalter. Perspektiven aus Jugendforschung und Jugendhilfe* (2. Sonderband Sozialmagazin, S. 158–166). Beltz Juventa.

Schulz, A. (25. Januar 2022). Konflikte seien bloß „religiös codiert": Experten widersprechen Neuköllner Schul-Studie. *Tagesspiegel.* https://www.tagesspiegel.de/berlin/experten-widersprechen-neukollner-schul-studie-6854146.html.

Seidensticker, T. (2014). *Islamismus: Geschichte, Vordenker, Organisationen.* Beck.

Stošić, P. (2015). Horizontale Segregation im deutschen Schulsystem. In L. Fölker, T. Hertel, & N. Pfaff (Hrsg.), *Brennpunkt(-)Schule. Zum Verhältnis von Schule, Bildung und urbaner Segregation* (S. 29–48). Budrich. https://doi.org/10.2307/j.ctvdf0dt8.

Thiel, T. (04. Januar 2022). Der Koran im Klassenzimmer. In *Frankfurter Allgemeine Zeitung.* www.faz.net/aktuell/feuilleton/debatten/berlin-strenggläubige-muslime-bestimmen-die-regeln-an-schulen-17713949.html.

Tillmann, K.-J. (2010). *Sozialisationstheorien. Eine Einführung in den Zusammenhang von Gesellschaft, Institution und Subjektwerdung.* Rowohlt-Taschenbuch.

von Lautz, Y., Bösing, E., Kart, M., & Stein, M. (2023). Verschränkungen sicherheitsorientierter und (sozial)pädagogischer Zugänge und Arbeitsweisen in der Prävention islamistischer Radikalisierung. *Sozialmagazin, 34*(1), 27–43.

Yeboah, A. (2017). Rassismus und psychische Gesundheit in Deutschland. In K. Fereidooni (Hrsg.), *Rassismuskritik und Widerstandsformen* (S. 143–161). Springer VS. https://doi.org/10.1007/978-3-658-14721-1_9.

Eike Bösing ist wissenschaftlicher Mitarbeiter an der Universität Vechta. Seine Arbeitsschwerpunkte liegen in den Bereichen Präventionsforschung, Islamismus und (De)Radikalisierung.

Kontakt: eike-matthias.boesing@uni-vechta.de

Yannick von Lautz ist wissenschaftlicher Mitarbeiter an der IU Internationale Hochschule am Standort Köln. Seine Arbeitsschwerpunkte sind islamistische Ideologien, Prozesse der (De)Radikalisierung und Ansätze der Prävention.

Kontakt: yannick.von-lautz@iu.org

Margit Stein ist Professorin für Allgemeine Pädagogik an der Universität Vechta. Ihre aktuellen Forschungsschwerpunkte liegen in den Bereichen der Jugendforschung, der Forschung zur Werteentwicklung und religiösen Entwicklung und u. a. im Bereich des religiös begründeten Extremismus sowie der Flucht- und Migrationsforschung.

Kontakt: margit.stein@uni-vechta.de

Good Practice Einblicke und Reflexionen aus der Praxis

„Wie fängt man an?" Inklusive und sozialraumorientierte Schule in herausfordernder Lage neu etablieren – Herausforderungen, Erfahrungen und Erkenntnisse der Leipziger Modellschule (LEMO)

Gerlind Große und Almut Krapf

Zusammenfassung

Ausgehend von aktuellen Herausforderungen, die an das deutsche Bildungssystem gestellt werden, hat sich eine Initiative gegründet, die eine inklusive und sozialraumorientierte Gemeinschaftsschule mit gebundenem Ganztagsangebot auf den Weg gebracht hat: die Leipziger Modellschule. Die Besonderheit liegt darin, dass die LEMO bewusst in einem Stadtteil mit besonderen sozioökonomischen Bedarfen platziert wurde und sich für Chancengerechtigkeit engagiert. Leitlinien und Herausforderungen während der Gründung und der Anfangszeit werden in diesem Erfahrungsbericht beschrieben.

Schlüsselwörter

Schulgründung • Inklusion • Sozialraumorientierung • Gemeinschaftsschule mit gebundenem Ganztagsangebot

G. Große (✉)
Fachbereich Sozial- und Bildungswissenschaften, Fachhochschule Potsdam, Potsdam, Deutschland
E-Mail: gerlind.grosse@leipzigermodellschule.de

A. Krapf
Erziehungswissenschaftliche Fakultät, IPDEPB | GSD Sport, Universität Leipzig, Leipzig, Deutschland
E-Mail: krapf@uni-leipzig.de

S. Schuppener et al. (Hrsg.), *Inklusive Schule im Sozialraum*,
https://doi.org/10.1007/978-3-658-42158-8_14

1 Auf große Reise gehen...

Als Schule in der Gründungsphase[1] und der Anfangszeit fühlt man sich manchmal wie ein kleines Segelboot auf hoher stürmischer See: Im ersten Jahr als kleine inklusive Schule in freier Trägerschaft – mit 50 Kindern und 11 Lernbegleitenden an Bord – mussten manche Klippen umschifft werden. Bildlich gesprochen ist die ‚MS LEMO' nach den Sommerferien 2022 mit frischer Mannschaft, aufgetakelt und mit gutem Wind in das zweite Schuljahr gestartet. Tatsächlich haben Eltern und Kinder der Leipziger Modellschule (LEMO) gemeinsam ein ausrangiertes Boot renoviert und es steht nun in einem Sandmeer auf der Schulwiese. Es wurde auf den Namen ‚LEMO Ferre 1' getauft und es ist ein Hinweis darauf, dass die LEMO eine große Reise vorhat.

Im vorliegenden Artikel werden wesentliche Elemente des sich immer weiterentwickelnden Konzepts kurz vorgestellt und die Herausforderungen und Gelingensbedingungen für eine inklusive und sozialraumorientierte Schule in freier Trägerschaft auf Grundlage der bisherigen Erfahrungen analysiert.

2 Selbstverständnis der Leipziger Modellschule

Das Bildungssystem in Deutschland steht vor vielfältigen Herausforderungen im Hinblick auf Bildungsgerechtigkeit, Inklusion, Sozialraumorientierung, Digitalisierung und Gesundheit, um die wichtigsten zu nennen. Ausgehend von aktuellen gesellschaftlichen Herausforderungen, die gerade für Kinder und Jugendliche enorm sind, ist die LEMO darauf ausgerichtet, Bildungsprozesse zu begleiten, die auf Lebenskompetenzen für die Zukunft ausgerichtet sind. Die Leipziger Modellschule ist ein Modellprojekt für die Entwicklung einer Schule der Zukunft, das sich sowohl am innovativen Manifest ‚Zukunft der Bildung' (Mohr & Stövhase, 2021) als auch am OECD-Lernkompass 2030 (OECD, 2020) orientiert. So z. B. mit Blick auf die Klimakrise und die Frage: „Wie wollen Kinder und Jugendliche das Klima schützen?" (vgl. WWF-Deutschland Projektbericht, 2009) aber auch auf das Potenzial und die Grenzen der Digitalisierung. Die Mediatisierung von Sozialräumen ist eine „neue Sozialisationsbedingung für Herauswachsende"

[1] Gründer*innen-Initiative aus Personen unterschiedlicher Bereiche: Professorin frühkindliche Entwicklung, Juniorprofessorin für Bewegung und Gesundheitsförderung im Primarbereich, Erzieher*innen, Lehrer*innen, Medienpädagog*innen, ehem. Schulleiterin, freischaffende Texterin und Yogalehrerin, Unternehmensberater, Geschäftsführer einer Jugendhilfeeinrichtung und Lehramtsstudierende

(Brüggen & Wagner, 2017, S. 211), was vermehrt aber noch unzureichend in Bildungspraxis und -theorie beachtet wird.

Eine Initiative aus Gründer*innen hat sich zusammengeschlossen, um eine inklusive und sozialraumorientierte Gemeinschaftsschule auf den Weg zu bringen. Sie soll Lösungsvorschläge für die aktuellen Herausforderungen des Schul- und Bildungssystems modellhaft in einem Reallabor entwickeln. Dabei soll ganzheitliche Bildung in einer gesunden Lern- und Lebenswelt gewährleistet werden. Hierbei ist auch ausschlaggebend, dass die Rechte und Bedürfnisse der Kinder und Jugendlichen beachtet werden. Die Orientierung an wissenschaftlichen Erkenntnissen und der Einsatz zeitgemäßer Technologien ist ebenso im Schulkonzept verankert wie die Orientierung auf eine Gemeinschaft. Denn nach Stähling und Wenders (z. B. 2021) wird durch professionelle Solidarität, Gemeinschaftsorientierung und sinngebendes Lernen ein Lernsetting geschaffen, das Chancen für alle Lernenden bietet. Die Leipziger Modellschule setzt sich so für Chancengerechtigkeit ein und möchte einen Impuls in die lokale Bildungslandschaft bringen – speziell indem sie die Bedarfe und Besonderheiten des Stadtteils aufgreift.

3 Relevante Rahmenbedingungen der LEMO

Nach vier Jahren Vorbereitungszeit und enorm viel Engagement startete die Schule 2021 mit zwei altersgemischten Stammgruppen mit insgesamt 48 Kindern und Jugendlichen. Mittelfristig soll die Schule bis auf drei Züge pro Jahrgang aufwachsen.

Die Leipziger Modellschule ist eine Stadtteil- und Angebotsschule. Sie nimmt Schüler*innen aus dem ganzen Stadtgebiet nach einem vorgegebenen Verteilungsschlüssel auf. Schüler*innen aus dem Grundschulbezirk und aus Leipzig-Grünau haben Vorrang.

Die Verortung im Leipziger Stadtteil Grünau-Mitte bringt besondere Herausforderungen und erhöhte soziale Bedarfe mit sich (vgl. Sozialraumanalyse von Kruschel & Putschli in diesem Band): Hier brechen über 25 % der Schüler*innen die Schule ohne Abschluss ab (Stadt Leipzig Bildungsreport, 2021a, S. 107), die Kriminalitätsrate ist im Vergleich zum städtischen Durchschnitt im oberen Drittel (Stadt Leipzig, 2021b) und vergleichsweise viele Familien benötigen Unterstützung. Fast 50 % der unter 15-Jährigen beziehen Sozialgeld (Stadt Leipzig Bildungsreport, 2021a, S. 27). Gefragt sind daher Bildungskonzepte, die diesen sozialräumlichen Herausforderungen mit integrierenden, stärkenden und partizipativen Methoden begegnen. Der Ausgleich von Benachteiligung muss durch individuelle Förderung, qualitätsvolle frühkindliche Bildung, berufliche Orientierung und Begabungsförderung umgesetzt werden.

Neben den besonderen Rahmenbedingungen des Stadtteils, bringen auch die Anforderungen an eine Gemeinschaftsschule mit gebundenem Ganztagsangebot in freier Trägerschaft Bedingungen mit sich.

Schulen in freier Trägerschaft in Sachsen müssen zunächst ab dem Start eine dreijährige Wartefrist durchlaufen, bevor sie die vorgesehene Finanzierung durch den Freistaat erhalten. Dadurch sind Handlungsspielräume und Ressourcen zu Beginn stark eingeschränkt. Die Finanzierung dieser ersten drei Jahre erfolgt über Fremdkapital, wie beispielsweise ein Bankdarlehen. An der Leipziger Modellschule ist es der Anspruch, dass jedes Kind unabhängig von der finanziellen Situation der Familie die Schule besuchen kann. Deshalb ist das Schulgeld nach Einkommen gestaffelt und es gibt Patenschaften externer und interner Unterstützer*innen, die das Schulgeld übernehmen.

In der Leipziger Modellschule als Gemeinschaftsschule lernen alle Schüler*innen gemeinsam (z. B. Wiechmann, 2009). Die inklusive Schulkultur lässt sich im ganzen Schulleben wiederfinden (vgl. Baumert & Werning, 2013; Hinz & Boban, 2013). Die LEMO ist eine von wenigen Gemeinschaftsschulen mit Sekundarstufe II in Sachsen, was durch eine Schulgesetzänderung 2020 möglich geworden ist (davor gab es vereinzelt Gemeinschaftsschulen ohne Oberstufe in Sachsen, die als Schulversuche nach § 15 Schulgesetz von 2005 galten). Sie arbeitet als gebundene Ganztagsschule, wie auch die KMK empfiehlt (KMK, 2015, S. 4) und umfasst die Primarstufe (Klasse 1–4), die Sekundarstufe I (Klasse 5–10), sowie zukünftig die Sekundarstufe II (Abitur), um individuelle Lernbiografien ohne Brüche zu ermöglichen. Etliche Forschungsarbeiten belegen, dass Inklusion am ehesten in integrativen und selektionsvermeidenden Schulsystemen gelingt (z. B. Baumert & Vierbuchen, 2018; Brugger-Paggi, 2015; Blanck et al., 2013; Hartung et al., 2021); bspw. wenn eine zu zeitige Festlegung des Bildungswegs vermieden wird, stattdessen das gemeinsame Lernen verlängert wird und am Ende der allgemeinen Schulpflicht unterschiedliche Abschlusszertifikate vergeben werden (Klemm & Preuß-Lausitz, 2011, S. 12). Außerdem erachtet die KMK im Rahmen des Ganztags die Kooperation mit öffentlichen und freien Trägern der Kinder- und Jugendhilfe sowie außerschulischen Partnern in der Region und im Gemeinwesen als begrüßenswert, während sie sich für eine Öffnung zum sozialen, kulturellen und betrieblichen Umfeld ausspricht (KMK, 2015, S. 9). Damit spielt das Ganztagsangebot auch eine wesentliche Rolle für die Sozialraumorientierung.

4 Sozialraumorientierung und Erläuterung zum Inklusionsverständnis

Die Sozialraumorientierung ist im Konzept der LEMO verankert: Es ist wichtig, eine Schule mit den Schüler*innen, deren Familien, aber auch mit den Bürger*innen des Stadtteils gemeinsam zu gestalten, um den Lebensweltbezug als Bildungspotenzial nutzen zu können. Sozialraumorientierung heißt, dass die Schule sich nach innen für und nach außen in den Stadtteil öffnet (Buhren, 1997; Hopf, 1992). Es bedeutet aber auch, dass sich das Konzept und die Angebote der Schule an den Bedarfen des Stadtteils orientieren (Deinet, 2008). Es entstehen dadurch wechselseitige, unterstützende Beziehungen zwischen Schule und Gemeinwesen. Dazu zählt z. B. die gemeinsame Nutzung von Räumlichkeiten auf dem zukünftigen Campus[2], Angebote für lebenslanges Lernen, Möglichkeiten zum Peer-Tutoring sowie zum generationenübergreifenden Lernen.

Bildung unter einer sozialräumlichen Perspektive betrachtet, kann nur dann erfolgreich sein, wenn sie über die Schule hinaus den Blick auf die Vielfalt der non-formalen und informellen außerschulischen Bildungsorte öffnet und diese in einen Wirkungszusammenhang bringt (Mack, 2013). Lernen soll überall dort stattfinden, wo Kinder und Jugendliche sich mit ihrer Lebenswelt auseinandersetzen: freiwillig und selbstgesteuert, initiiert oder beiläufig. Somit findet Lernen an unterschiedlichen Orten (z. B. in Parkanlagen, auf Sportplätzen, in Jugendzentren und Altenheimen) und mit verschiedenen Menschen statt (z. B. mit der Familie, bei Freund*innen und Kontakten mit fremden Menschen). Und wie oben bereits erwähnt: in mediatisierten Sozialräumen als weiterer Sozialisationsinstanz.

Dafür ist es wichtig, dass die Lernenden Relevanz und Sinn des Lerngegenstandes erkennen (Stefanou et al., 2004). Deshalb sind selbstgesteuertes (Deci & Ryan, 1994; Zimmerman, 2002) und phänomenbasiertes (Mattila & Silander, 2015) Lernen wichtige Prinzipien für die pädagogische Arbeit in der Leipziger Modellschule. Bildungsprozesse sind effektiver, nachhaltiger und umfassender, wenn sie aus einer intrinsischen Motivation der Lernenden entstehen (Wentzel et al., 2009). Phänomenorientiertes Lernen bedeutet, dass ganzheitliche Phänomene der realen Welt als vollständige Einheiten, in ihrem realen Kontext und aus verschiedenen Perspektiven (verschiedener Schulfächer) untersucht werden. Das Lernen am Phänomen stellt den Lebensweltbezug schulischer Inhalte her. Schulische Inklusion setzt diesen Lebensweltbezug sogar voraus, nicht nur im Sinne guter Bildung, sondern auch bezogen auf ihre Sozialisationsfunktion

[2] Die Schulräume befinden sich bislang in einer Etage eines Einkaufscenters; der neue Schulcampus soll direkt daneben entstehen.

und ihren Demokratieerhaltungsanspruch. Phänomenbasiertes Lernen kann man daher auch als innere Schulöffnung fokussiert auf Sozialraumorientierung denken (vgl. Mack et al., 2003, S. 224). Eine neue Lehr- und Lernkultur ist durch Partnerschaft sowie Dialog vor Ort geprägt und zwar mit all denen, die für das Lehren und Lernen verantwortlich sind (Czerwanski, 2001, S. 114) und soll Ausgrenzungsprozessen entgegenwirken. Der vielfältige Nutzen von Netzwerkbildung für den Bildungs- und Entwicklungserfolg von Kindern ist zudem wissenschaftlich belegt: „Je reicher und vielfältiger die Beziehungen der Kinder und Jugendlichen zu ihren verschiedenen Lebenswelten und vor allem zu den Erwachsenen sind, desto positiver wird ihre Entwicklung verlaufen" (Vreugdenhil, 2009, S. 146). Der soziale Raum bietet enorme Potenziale, wenn sich Lernen am Gemeinwesen orientiert (Hopf, 1992, S. 17 f.): Sozialraumorientiertes Lernen hat das Potenzial

- die Kluft zwischen schulischem Lernen und gesellschaftlichem Leben abzubauen,
- Generationen und Kulturen zusammenzuführen,
- der übermäßigen Aufsplitterung in Lebenswelten und Subkulturen entgegenzuwirken,
- Schule zum Lebensraum für Kinder, Jugendliche und Erwachsene zu machen,
- Platz für Lernen und Wohlfühlen schaffen,
- Lernorte, Lernformen und Lernziele zu vernetzen und so die Trennung von schulischem und außerschulischem Lernen zu überwinden,
- die Vernetzung von Erziehungs- und Bildungsinstitutionen zu provozieren und hat damit einen positiven Kosten-Nutzen-Effekt,
- das Lernen in Sinnzusammenhang über organisatorische Zwänge zu stellen,
- sinnvollem Lernen Raum und Zeit zu schaffen,
- Schulen zu einem unverwechselbaren Profil zu verhelfen,
- der politischen und kulturellen Verarmung entgegenzuwirken, und
- Alternativen zu problematischen Freizeitpraktiken zu bieten, ohne die Freizeit zu pädagogisieren.

Schule kann als Impulsgeber einen physischen und sozialen Raum sowie einen organisatorischen Rahmen dafür bereitstellen und Ressourcen dem Gemeinwesen offen anbieten. Die konkreten Angebote sollen dabei partizipativ mit den Bürger*innen gemeinsam gestaltet werden.

Folgende Konzeptbausteine haben zum Ziel sozialraumorientiertes Lernen zu entwickeln:

- Lernen durch Engagement (Reinders, 2016) ermöglicht es den Lernenden, nach ihren Interessen und Fähigkeiten an der Gestaltung ihrer engeren und weiteren Sozialräume teilzunehmen. Hierbei werden sinnstiftende Projekte mit schulexternen Akteuren, wie z. B. gemeinnützigen Einrichtungen, Läden, Krankenhäusern, Betrieben, etc., als Kooperationspartnern realisiert. So setzen die Schüler*innen der Leipziger Modellschule gemeinnützige Projekte mit lokalen Partnern um und engagieren sich für soziale, ökologische, politische oder kulturelle Themen in ihrem Umfeld. Eine enge Verzahnung dieser Erfahrungen mit dem schulischen Unterricht erlaubt effektives Lernen und dient der Persönlichkeitsentwicklung – abseits von Auswendiglernen und Leistungsdruck (Waterman, 1997);
- Lernen an Dritten Orten als fester Bestandteil des Curriculums (z. B. Besuche in der Bibliothek, Inspirata, Museen, Zoo oder im Botanischen Garten);
- Gartenschule (Anlegen und Bewirtschaftung eines Gemüsegartens im Stadtteil);
- Kooperation mit den Familien und Einbezug der Familien in das Schulleben (z. B. das offene Eltern-Café und Arbeitsgruppen, die durch Eltern organisiert sind);
- Synergie-orientierte Kooperation mit Kindertageseinrichtungen, Schulen und anderen Bildungseinrichtungen, verschiedenen gemeinnützigen Angeboten und Vereinen;
- Öffnung des Campus in den Stadtteil mit stadteiloffenen Angeboten im LernKulturLab[3], Bürgergarten, in der Mensa und im Sportbereich;
- Einbezug von Bürger*innen in das Schulleben z. B. als Lesepat*innen, Frühstückspat*innen oder auch in generationenübergreifenden Angeboten, z. B. in der offenen Werkstatt;
- Stadtteiloffene Kreativ- und Kulturprojekte mit den Kooperationspartner*innen;
- Deutsch als Zweitsprache-Unterricht (perspektivisch ab Jahr 2025);
- Gebundener Ganztag, um allen Kindern vielfältige, ganzheitliche Bildungserfahrungen zu ermöglichen;

[3] Das LernKulturLab (neben der Schule) wurde vor der Schulöffnung in einem Baucontainer gegründet, der durch Kinder- und Jugendliche des Stadtteils im Rahmen eines Förderprojekts gestaltet wurde (Regenbogenbemalung außen, Sitzgelegenheiten und Verkaufsküche innen) und erste Nachbarschaftsprojekte stattfanden (z. B. Workshop zum Bau von Gartenmöbeln aus Euro-Paletten).

- Intensive Zusammenarbeit mit Sozialarbeiter*innen, Schulpsycholog*innen und (perspektivisch) mit Kindertageseinrichtungen und Familienzentren.

Erläuterungen zum Inklusionsverständnis
In der Leipziger Modellschule sollen sich alle Lernenden, auch die mit besonderen Bedarfen, gut bilden können. Dies ist Ausgangspunkt und wesentlicher Grundsatz des Konzeptes der Leipziger Modellschule und fördert zugleich das soziale Miteinander und die Chancengleichheit. Wichtig sind dafür zum einen Lernbegleiter*innen als authentische Bezugspersonen, aber auch die Einbindung in ein lokales Bildungsnetzwerk und das Selbstverständnis der Schule als Familienzentrum, denn der familiäre Raum mit den primären Bezugspersonen ist wichtiger Partner in allen Bildungsprozessen. Ausgehend vom sogenannten weiten Inklusionsbegriff (vgl. Boban & Hinz, 2009) lesen wir Inklusion als die Möglichkeit der Teilhabe an Bildung für alle Kinder und Jugendlichen, wie bereits im einleitenden Teil des Buches erläutert. Inklusion soll in der Leipziger Modellschule durch gemeinsames, aber individualisiertes Lernen umgesetzt werden. Tempo und Maß der Wissensaneignung werden immer vom Lernenden selbst bestimmt.

5 Herausforderungen und Erfahrungen mit Sozialraumorientierung und inklusivem Setting

Kann eine Schule in freier Trägerschaft und unter den oben beschriebenen Rahmenbedingungen tatsächlich dem Anspruch genügen, sozialraumorientierte Schule gerade in einem herausfordernden Stadtviertel zu sein? Diese Frage betrifft nicht nur die Finanzierung von Schulgeld für wirtschaftlich benachteiligte Familien. Unsere bisherigen Erfahrungen zeigen: Wie zu erwarten, haben sich zu Beginn eher Familien mit bildungsaffinem Hintergrund aus der ganzen Stadt angemeldet. Durch Kooperation mit einem Träger der Jugendhilfe, der im Viertel selbst ansässig ist, wurde dieser Tendenz jedoch entgegengewirkt. Bereits von Beginn an stammte ein hoher Anteil (40 %) der Schüler*innen aus dem Stadtviertel. Darunter viele Schüler*innen, die Unterstützung nach SGB VIII erhalten.

Um die Schule als Option für die Schulwahl der ansässigen Familien ins Bewusstsein zu rücken, braucht es besondere Anstrengungen, wie z. B. den Aufbau von Kooperationen zu den benachbarten Kindertageseinrichtungen. Hemmschwellen müssen abgebaut werden und es braucht niedrigschwellige

Angebote, um mit den anwohnenden Familien bereits vor Schuleintritt in Kontakt zu kommen – zum Beispiel durch Vorstellung der Schule bei Elternabenden in den Kitas, Einladung der Nachbarschaft zum Sommerfest und zum Tag der offenen Tür sowie Spielenachmittage zum Kennenlernen. Weiterhin wird die geplante Kindertageseinrichtung der LEMO eine weitere Hürde abbauen. Kitas sind mehrheitlich in freier Trägerschaft und den Eltern ist diese Form vertraut. Wohingegen Schulen in freier Trägerschaft eher die Ausnahme sind und durch das zu erhebende Schulgeld einen exklusiven Anspruch suggerieren. Durch die geplante LEMO – KiTa kann somit eine breitere Elternschaft im Viertel erreicht werden.

Gerade in Stadtteilen und Quartieren mit niedrigem Sozialindex kommen der Schule neben ihrer edukativen Funktion zusätzlich kompensatorische und präventive Aufgaben zu. Nach dem ganzheitlichen Bildungsverständnis, welches der LEMO zugrunde liegt, ist es selbstverständlich, dass diese Förderung, Erziehung und Bildung in allen Bereichen auch Aufgabe der Schule ist.

Voraussetzung für das Gelingen von Inklusion sind – neben den räumlichen Anpassungen – auch die entsprechende Expertise des multiprofessionellen Teams und ausreichende zeitliche Ressourcen. Damit verbunden sind diagnostische und didaktische Kompetenzen der Lernbegleiter*innen, sowie angepasste Lernarrangements und adäquate personelle und materielle Ressourcen für die Bewältigung des Schulalltags. All diese Aspekte sind in der Anfangszeit für Schulen in freier Trägerschaft enorme Herausforderungen. Sie schränken die Umsetzung dieses Ziels zunächst ein und sind ohne ehrenamtliche Arbeit nicht zu verwirklichen.

Daher müssen Schulen in freier Trägerschaft bei der Zusammenstellung der ersten Gruppen ganz besonders achtgeben, dass die Bedürfnisse der Schüler*innen und die Ressourcen der Schule im Gleichgewicht sind. Kennenlerngespräche mit den Bezugspersonen und Schüler*innen sind dafür nicht ausreichend. Es braucht eine mehrtägige Beobachtung im Gruppensetting und eine zusätzliche Kooperation mit der abgebenden Schule oder Kita hinsichtlich einer Übergangsgestaltung. Zu beachten ist auch, dass einige Schüler*innen mit besonderen Bedarfen eine zusätzliche individuelle Schulbegleitung (mit Beantragungsprozedere) benötigen, um das Bildungsangebot für sich nutzen zu können. Nicht bei allen kann diese notwendige Ressource ausreichend schnell gewährleistet werden.

Ein weiteres Entwicklungsfeld ist das Arbeiten in multiprofessionellen Teams mit jeweils mehreren Pädagog*innen in einer Gruppe. Eine gute Beziehung zur*m Lernbegleiter*in und die positive Unterstützungserwartung sind für den Lernprozess der Schüler*innen erwiesenermaßen förderlich (Hattie et al., 2013). Es ist ganz wichtig, hier für gute Klarheit über die Rollenverteilung, die jeweiligen Aufgaben und Verantwortungsbereiche der einzelnen Professionen zu sorgen, damit keine Verantwortungsdiffusion entsteht und Prozesse sinnvoll ineinandergreifen. Diese Definitionen der Rollen und Aufgaben von Lehrpersonen und Pädagog*innen, sowie weiterer Begleitender – aber auch der Rollen und Aufgaben der Führungskräfte – sind eine stetige Bemühung. Wöchentliche Meetings der Stammgruppenteams und des Großteams, regelmäßige Supervision, sowie gelegentliche Teambuildingmaßnahmen und externe Prozessbegleitung (Schulentwicklungsbegleitung) sind vor allem in den Anfangsjahren unabdingbar.

Eine Herausforderung auf einer ganz anderen Ebene betrifft das Material für das selbstgesteuerte, individuelle Lernen, welches wir als Grundlage für gelingende Inklusion ansehen. Was dringend benötigt wird, ist ein Pool an ausgearbeiteten Handreichungen mit mehrfacher Differenzierung für Themen und Projekte mit der Zuordnung der curricularen Inhalte.

6 Learnings für Schulgründungen und Schulentwicklungsprozesse

Schule für den Sozialraum zu sein, bedeutet für uns, ganz aktiv Kontakte zu Einrichtungen und Akteuren aus dem Viertel aufzubauen und zu pflegen. Ziel der Leipziger Modellschule ist es, praktisch erprobte Lösungsvorschläge für die Herausforderungen des Schulsystems zu entwickeln. Insofern ist es wichtig, immer wieder innezuhalten, zu evaluieren und die entstandenen Erfahrungen daraufhin zu analysieren, welche Learnings sich hieraus für andere Schulen oder auch für nötige systemische Änderungen ergeben.

Lernbegleiter*innen aus dem ersten Schuljahr haben sich für unsere interne Evaluation bereiterklärt, ihre subjektive Wahrnehmung in qualitativen leitfadengestützten, aber offenen Interviews zurückzumelden. Neben diesen Daten gehen auch die Ergebnisse von Prozessbegleitungstreffen zwischen Gründer*innen und Pädagog*innen, sowie Reflexionen der Beteiligten Gründer*innen in die folgende Aufstellung ein.

Die Netzwerkarbeit ist Grundlage für gemeinsame Projekte, Lernen an dritten Orten und die Wahrnehmung der Schule als Akteur im Quartier. Nur diese Offenheit „für unterschiedliche Einflüsse und Entwicklungen“ bei der Netzwerkbildung wird einer Schule mit gesamtgesellschaftlichem Anspruch gerecht (Baumheier & Warsewa, 2009, S. 20). Im Moment werden diese Aufgaben nur ehrenamtlich von einzelnen Gründer*innen abgedeckt und sollen weiter ausgebaut werden. Es ist aber eine Aufgabe, die für jede Schule – staatlich oder in freier Trägerschaft – einen Zusatzaufwand darstellt, der derzeit nicht durch stabile Ressourcen abgedeckt ist. Die Sozialraumorientierung fing mit kleinen Schritten an (Kooperationen mit anliegenden Läden; Besuche in Stadtteilläden, Bibliotheken, Bäcker und Altenheime etc.) und wird sich weiterentwickeln und die Netzwerke ausbauen und festigen.

Lernen in verschiedenen sozialen Räumen, welches durch die Prinzipien der Selbststeuerung und Interessensorientierung geleitet wird, ist nicht immer planbar, kann aber sehr gut begleitet werden und schafft ein völlig neues Lernsetting. Die vorgegebene Rahmenstruktur lässt wesentlich mehr Freiraum und Mitbestimmung zu. Dies setzt Prozesse in Gang, die sich bei Pädagog*innen und Schüler*innen sehr unterschiedlich auswirken können und reflektiert werden müssen. Aufseiten der Lernbegleiter*innen kann es beispielsweise zu Gefühlen von Kontrollverlust, Orientierungsbedürfnis oder Überforderung kommen und seitens der Schüler*innen können ebenfalls Gefühle von Orientierungslosigkeit, Entgrenzung und auch Verweigerungsverhalten auftreten. Wir finden diese Beobachtungen sehr wichtig, da sie offenbar häufig in Schulen mit freieren Konzepten (i.e. selbstgesteuerten Lernprozessen) am Anfang auftreten, aber wenig publik gemacht und reflektiert werden. Wichtig ist hier, sich bewusst zu machen, wie groß die Veränderung der jeweiligen Haltung auf beiden Seiten ist. Diese Prozesse müssen sorgsam begleitet werden. Nur dann können aus Lehrkräften (die gelernt haben, wie Lernziele zu definieren sind und Unterrichtseinheiten minutiös vorgeplant werden) Lernbegleiter*innen werden, die Prozesse beobachten, reflektieren und partizipativ steuern. Nur so können aus Schüler*innen (die zunächst gelernt haben, dass Lernen bedeutet, Aufgaben abzuarbeiten, Arbeitsblätter auszufüllen, Vorgaben zu durchschauen und sich an Anforderungen für Noten anzupassen) Lernende werden, die ihren Lern- und Bildungsweg mehr und mehr selbst steuern, sich selbst Ziele setzen, die zu ihren individuellen Fähigkeiten und Interessen passen.

In diesem neuen Lernsetting ist für alle Beteiligten wichtig zu wissen, dass zunächst eine funktionale Gruppe entstehen muss, in der sich die Schüler*innen wohlfühlen und die eine passende Lernkultur lebt. Konkret heißt das – besonders in der Anfangsphase – wenn alles neu ist: Erst die Gemeinschaft, dann das inhaltliche Lernen. Es hat wenig Sinn, den Fokus auf Inhalte zu legen, solange noch Unklarheiten über Regeln und Umgangsformen herrschen oder negative Gruppendynamiken viel Aufmerksamkeit bei Schüler*innen und Pädagog*innen binden. Beim fächerverbindenden, phänomenbasierten Projektunterricht, welches von lebensweltlichen Themen und Projekten ausgeht, braucht es zunächst viel Engagement und Geduld aller Beteiligten, um erste Erfolge auszumachen. Auch erst dann kann das Schulgebäude gegen den öffentlichen und nahen Sozialraum getauscht werden. Ist diese Voraussetzung geschaffen, geht es darum, eine Lernkultur zu entwickeln, die Lernen als etwas Wertvolles und Selbstbestimmtes erfahrbar macht. Anstatt der Inhaltsvermittlung einzelner Fächer besteht der Schullalltag in der Leipziger Modellschule deshalb aus fächerverbindenden Lernzeiten und Projektzeiten, Draußentagen und Projektwochen sowie soziokulturellen Ganztagsangeboten.

Ein Zuhause für die LEMO: Besonders im ersten Jahr ist sehr deutlich geworden, wie wichtig gute Räume und die örtliche Umgebung für die sozialen Prozesse sind. Durch die schwierige Pandemielage und unerwartete Verzögerungen beim Ausbau der Schulräume mussten wir zunächst für ein dreiviertel Jahr auf verschiedene Interimslösungen zurückgreifen. Nach dem Einzug in unsere eigenen Räume wurde deutlich, wie wichtig das Gefühl des Ankommens in den neuen Schulräumen und damit auch im neuen Sozialraum ist. Der Prozess hat begonnen. Es bedarf einer notwendigen Portion Anstrengungsbereitschaft, Problemlösungsverhalten aber auch Beziehungsarbeit aller Beteiligten, um eine neue Schule zu gründen; auch im außerschulischen Netzwerk. Das große Engagement, das es dafür braucht, nährt sich aus Wertschätzung und gemeinsamen Erlebnissen. Gemeinsam steuern wir unser Bildungsschiff weiter in die Zukunft.

Literatur

Baumert, B., & Vierbuchen, M. C. (2018). Eine Schule für alle–Wie geht das? Qualitätsmerkmale und Gelingensbedingungen für eine inklusive Schule und inklusiven Unterricht. *Zeitschrift für Heilpädagogik, 69*(11), 526–541.

Baumert, J., & Werning, R. (2013). Inklusion entwickeln: Leitideen für Schulentwicklung und Lehrerbildung. In J. Baumert, V. Masuhr, J. Möller, T. Riecke-Baulecke, H.-E. Tenorth, & R. Werning (Hrsg.), *Inklusion. Forschungsergebnisse und Perspektiven* (Bd. 146, S. 38–55). Oldenbourg.

Baumheier, U., & Warsewa, G. (2009). Vernetzte Bildungslandschaften: Internationale Erfahrungen und Stand der deutschen Entwicklung1. In P. Bleckmann & A. Durdel (Hrsg.), *Lokale Bildungslandschaften: Perspektiven für Ganztagsschulen und Kommunen* (S. 19–36). VS Verlag. https://doi.org/10.1007/978-3-531-91857-0_2.

Blanck, J. M., Edelstein, B., & Powell, J. J. (2013). *Gelingensbedingungen der inklusiven Schule. Vergleiche innerhalb von Gruppen und institutionelle Gelingensbedingungen. Vielversprechende Perspektiven für die Ungleichheitsforschung*. Wissenschaftszentrum Berlin für Sozialforschung.

Boban, I., & Hinz, A. (2009). Der Index für Inklusion: Lernen und Teilhabe in der Schule der Vielfalt entwickeln. *Sozial Extra, 33*(9–10), 12–16.

Brugger-Paggi, E. (2015). Etappen auf dem Weg zu einer inklusiven Schule. Herausforderungen und Gelingensbedingungen–Das Beispiel Südtirol. In D. Blömer, M. Lichtblau, A.-K. Jüttner, K. Koch, M. Krüger, & R. Werning (Hrsg.), *Perspektiven auf inklusive Bildung: Gemeinsam anders lehren und lernen* (S. 23–33). Springer Fachmedien.

Brüggen, N., & Wagner, U. (2017). Medienaneignung und sozialraumbezogenes Medienhandeln von Jugendlichen. In D. Hoffmann, F. Krotz, & W. Reißmann (Hrsg.), *Mediatisierung und Mediensozialisation. Prozesse-Räume-Praktiken* (S. 211–228). Springer VS.

Buhren, C. G. (1997). *Community education.* Waxmann.

Czerwanski, A. (2001). Kooperation in Schule und Kommune – oder: Was hat regionale Schulentwicklung in Kanada mit Deutschland zu tun? In H. Dörbert & C. Ernst (Hrsg.), *Finanzierung und Öffnung von Schule* (S. 100–123). Schneider.

Deci, E. L., & Ryan, R. M. (1994). Promoting self-determined education. *Scandinavian Journal of Educational Research, 38*(1), 3–14.

Deinet, U. (2008). Sozialraumorientierung und Raumaneignung. In T. Coelen & H.-U. Otto (Hrsg.), *Grundbegriffe Ganztagsbildung: Das Handbuch* (S. 724–731). VS Verlag. https://doi.org/10.1007/978-3-531-91161-8_72.

Hartung, J., Zschoch, E., & Wahl, M. (2021). Inklusion und Digitalisierung in der Schule: Gelingensbedingungen aus der Perspektive von Lehrerinnen und Lehrern sowie Schülerinnen und Schülern. *MedienPädagogik: Zeitschrift für Theorie Und Praxis Der Medienbildung, 41,* 55–76.

Hattie, J., Beywl, W., & Zierer, K. (2013). *Lernen sichtbar machen* (überarb. deutschsprachige Ausg). Schneider-Verl. Hohengehren.

Hinz, A., & Boban, I. (2013). Ganztagsschulentwicklung auf der Basis des Index für Inklusion – Ein Forschungs- und Entwicklungsprojekt mit Schulen im Land Sachsen-Anhalt. *Zeitschrift für Inklusion, 2.* https://www.inklusion-online.net/index.php/inklusion-online/article/view/10.

Hopf, A. (1992). *Schulen öffnen sich.* Diesterweg.

Klemm, K., & Preuss-Lausitz, U. (2011). *Auf dem Weg zur schulischen Inklusion in Nordrhein-Westfalen. Empfehlungen zur Umsetzung der UN-Behindertenrechtskonvention im Bereich der allgemeinen Schulen.* Ministerium für Schule und Weiterbildung des Landes Nordrhein-Westfalen. https://www.schulministerium.nrw/sites/default/files/documents/NRW_Inklusionskonzept_2011__-_neue_Version_08_07_11.pdf.

Kultusministerkonferenz (2015). *Ganztagsschulen in Deutschland.* https://www.kmk.org/fileadmin/pdf/PresseUndAktuelles/2015/352-KMK-TOP-Ganztagsschulbericht.pdf.

Mack, W. (2013). Lokale Bildungslandschaften und Inklusion. In V. Moser (Hrsg.), *Die inklusive Schule. Standards für die Umsetzung* (2. Aufl., S. 42–50). Kohlhammer.

Mack, W., Raab, E., & Rademacker, H. (2003). *Schule, Stadtteil, Lebenswelt: Eine empirische Untersuchung.* VS Verlag. https://www.springer.com/de/book/9783810037862.

Mattila, P., & Silander, P. (2015). *How to create the school of the future – Revolutionary thinking and design from Finland.* University of Oulu.

Mohr, M., & Stövhase, S. (2021). *Manifest Zukunft der Bildung.* von https://www.manifest-zukunft-bildung.de/.

OECD. (2020). *OECD Lernkompass 2030.* https://www.oecd.org/education/2030-project/contact/OECD_Lernkompass_2030.pdf.

Reinders, H. (2016). *Service Learning: Theoretische Überlegungen und empirische Studien zu Lernen durch Engagement.* Beltz Juventa.
Stähling, R., & Wenders, B. (2021). *Worin unsere Stärke besteht: Eine inklusive Modellschule im sozialen Brennpunkt* (Originalausgabe). Psychosozial-Verlag.
Stadt Leipzig. (2021a). *Bildungsreport.* https://www.leipzig.de/news/news/bildungsreport-leipzig-2021a-aktuelle-analyse-zur-leipziger-bildungslandschaft.
Stadt Leipzig. (2021b). *Öffentliche Ordnung und Infrastruktur. Straftaten: Straftaten insgesamt.* https://statistik.leipzig.de/statdist/map.aspx?cat=13&rub=1&item=195.
Stefanou, C. R., Perencevich, K. C., DiCintio, M., & Turner, J. C. (2004). Supporting autonomy in the classroom: Ways teachers encourage student decision making and ownership. *Educational Psychologist, 39*(2), 97–110. 10/fs7vv8.
Vreugdenhil, K. (2009). Warum Kinder zum Lernen auch das Gemeinwesen brauchen. In P. Bleckmann & A. Durdel (Hrsg.), *Lokale Bildungslandschaften – Perspektiven für Ganztagsschulen und Kommunen* (S. 145–158). VS Verlag.
Waterman, A. S. (1997). An overview of service-learning and the role of research and evaluation in service-learning programs. In A. S. Waterman & National Youth Leadership Council (Hrsg.), *Service-learning: Applications from the research.* L. Erlbaum Associates.
Wentzel, K. R., Miele, D. B., & Miele, D. B. (2009). Handbook of motivation at school. *Routledge.* https://doi.org/10.4324/9780203879498-15
Wiechmann, J. (2009). Gemeinschaftsschule – Ein neuer Begriff in der Bildungslandschaft. *Zeitschrift für Pädagogik, 55*(3), 409–429.
WWF Deutschland. (2009). *Projektbericht: Wie wollen Kinder und Jugendliche das Klima schützen?* https://www.ufu.de/wp-content/uploads/2017/04/Klima-WWF_Projektbericht_2009.pdf.
Zimmerman, B. J. (2002). Becoming a Self-Regulated Learner: An Overview. *Theory Into Practice, 41*(2), 64–70.

Gerlind Große ist Professorin für Frühkindliche Bildungsforschung mit Schwerpunkt Praxisentwicklung und Transfer und Mitgründerin der Leipziger Modellschule.
Kontakt: gerlind.grosse@leipzigermodellschule.de

Almut Krapf ist Diplomsportlehrerin und Juniorprofessorin an der Universität Leipzig. Ihre Arbeitsschwerpunkte sind Bewegung und Gesundheitsbildung in der multiprofessionellen Organisation Schule. Sie ist Mitgründerin der Leipziger Modellschule.
Kontakt: krapf@uni-leipzig.de

Stärkung sozialraumbezogener Familienorientierung in Bildungsinstitutionen. Kritisch-reflexive Perspektiven auf Familiengrundschulzentren

Björn Hermstein und Markus N. Sauerwein

Zusammenfassung

Mit den Familiengrundschulzentren wird in NRW die Stärkung von Familienorientierung in Bildungsinstitutionen forciert. Dahinter steht der Versuch, die Ressourcen des Sozialraums für erweiterte Formen der Familienarbeit im Primarbereich aufzuschließen. Mit diesem neuen Element kommunaler Bildungslandschaften soll die Bildungsorientierung in benachteiligten Familien optimiert und folglich die Bildungschancen der Kinder verbessert werden. Den weitreichenden Hoffnungen stehen aber gewisse Risiken gegenüber, die in diesem Beitrag unter einer kritisch-reflexiven Perspektive diskutiert werden.

Schlüsselwörter

Bildungslandschaft • Bildungschancen • Familie • Grundschule • Sozialraum

B. Hermstein (✉)
Stadt Oberhausen, Oberhausen, Deutschland
E-Mail: bjoern.hermstein@gmx.de

M. N. Sauerwein
Psychologie und Bildungsforschung Institut für Sozialpädagogik, TU Dortmund, Dortmund, Deutschland
E-Mail: markus.sauerwein@ites-werkstatt.de

S. Schuppener et al. (Hrsg.), *Inklusive Schule im Sozialraum*,
https://doi.org/10.1007/978-3-658-42158-8_15

1 Einleitung

Bildungsungleichheiten sowie deren Kompensation sind ein bildungspolitisches Dauerthema (siehe Stanat et al., 2022; Berkemeyer et al., 2017). Während die soziale Herkunft in entsprechenden Studien als ‚Risiko' oder relevanter Prädiktor für den Bildungserfolg herausgearbeitet wird (Becker, 2009; Maaz et al., 2011), setzen die bildungspolitischen Reformen zumeist auf Schulebene und/oder über die Kinder- und Jugendhilfe an, insbesondere in der Kooperation beider Systeme, wie etwa bei Ganztagsschulen. Familien werden bei diesen Reformen jedoch eher randständig einbezogen. In den vergangenen Jahren ist hier jedoch eine Verlagerung zu konstatieren. Der neunte Familienbericht der Bundesregierung widmet ein eigenes Kapitel familienbezogenen Infrastrukturen, die an Bildungsinstitutionen für Kinder und Jugendliche angesiedelt sind (Sachverständigenkommission des 9. Familienberichts, 2021). Dabei werden einerseits die enormen Potenziale von solchen familienorientierten Angeboten hervorgehoben, andererseits aber auch die Risiken sozialer Selektivität solcher Infrastrukturleistungen und möglicher funktioneller Überforderungen von kindbezogenen Bildungsorten diskutiert.

Derzeit wird mit den Familiengrundschulzentren (FGZ) in Nordrhein-Westfalen durch staatliche Förderung und Stiftungsinitiative ein neues institutionelles Element im Schul-, Kinder- und Jugendhilfesystem etabliert, dessen Leistungspotenziale sich genau in diesem Spannungsfeld entfalten sollen. FGZ seien ein Schlüssel, so die offiziell formulierte Hoffnung, um die Bildungschancen von Kindern zu verbessern, insbesondere in sozioökonomisch herausfordernden Kontexten (Wübben Stiftung, 2022). Als wichtigste Mittel gelten dabei eine nachhaltige und niedrigschwellige Gestaltung der Familienarbeit an Grundschulen sowie eine gelingende Kooperation zwischen Schulen und weiteren Bildungsakteuren im Sozialraum. Auf landespolitischer Ebene kann das Konzept bereits jetzt als Erfolg verstanden werden. Startete im Jahr 2019 die ‚Initiative FGZ NRW' mit insgesamt zehn Initiativkommunen, beteiligen sich inzwischen 26 Kommunen mit unterdessen über hundert Grundschulen. Dieser Erfolg ist umso verblüffender, liegen doch kaum Forschungsbefunde von Grundschulzentren vor und mit Blick auf Familienzentren in der Kita, können auch Skepsis angebracht sein, stellen aktuelle Arbeiten eine oftmals defizitäre Perspektive auf Elternschaft (insbesondere aus weniger privilegierten Herkunftsmilieus) in der Umsetzung heraus (Geib et al., 2021; Prigge et al., 2021). Diese kritische Perspektive findet sich jedoch nicht in der aktuellen Rezeption. Konturiert werden kann eine mögliche kritisch-reflexive Perspektive in Bezug auf Bildungslandschaften, die gute Elternschaft oftmals als an formellen Bildungszielen inklusive der entsprechenden Fördermöglichkeiten darstellen (vgl. hierzu auch: Prigge et al., 2021).

Die tatsächlichen Potenziale der in FGZ organisierten Familienbildung sind bis dato aber ebenso ungeklärt wie die Frage, welche Zielsetzungen die Praxisseite mit der Einrichtung von FGZ, abseits offizieller Programmbeschreibungen, verfolgt. Ebenfalls offen ist, ob die eingesetzten Mittel und Organisationsweisen zur effektiven Zielerreichung beitragen. Um einen ersten Überblick in Anbetracht des anzunehmenden Facettenreichtums im Praxisfeld der FGZ zu gewinnen, wird mit dem vorliegenden Beitrag ein erster kritisch-reflexiver Sondierungsversuch unternommen.

2 Institutionen der gesellschaftlichen Integration von Schule: Ganztagsschule, Sozialraum und Bildungslandschaften

Gerade weil kaum Publikationen zu FGZ vorliegen, Parallelen zum Ganztagsschuldiskurs und Bildungslandschaften aber deutlich hervortreten, scheint uns ein Rekurs auf die entsprechenden Diskussionen hilfreich, der ergänzt wird um Arbeiten aus den Familienzentren an Kitas.

2.1 Ganztagsschule

Die jüngst im Zuge der Initiative zur Einrichtung von FGZ formulierten Hoffnungen erinnern auch an die Diskurse um die Einführung von Ganztagsschulen vor rund 20 Jahren. Die Einführung von Ganztagsschulen kann als Reaktion auf bildungs-, familien- und arbeitsmarktpolitische Herausforderungen gedeutet werden (Berkemeyer et al., 2013). Neben einer besseren Vereinbarkeit von Beruf und Familie, stand die Hoffnung im Raum qua ganztägiger Angebote Bildungsungleichheiten kompensieren zu können (Holtappels, 2010). Auch wenn empirisch nicht nachgewiesen werden konnte, dass fachbezogene Kompetenzen von Ganztagsschulen kompensiert werden (zusammenfassend: Sauerwein et al., 2019), können jedoch informelle Selektionshürden bei der Teilnahme an außerunterrichtlichen Angeboten partiell abgebaut werden, insbesondere im Vergleich zu durch Eltern organisierten außerschulischen Aktivitäten (Hakim & Züchner, 2021; Züchner & Arnoldt, 2011). Gleichwohl können innerhalb von Ganztagsschulen Praktiken der Differenzierung beobachtet werden, in dem Kinder bei

Defizitzuschreibungen den Kooperationspartnern der Kinder- und Jugendhilfe zug werden (Rother, 2019; Zipperle, 2015). Mehr oder minder implizit verknüpft ist mit der Einführung von Ganztagsschulen, ähnlich wie im Fall der FGZ (siehe unten), eine Defizitkonstruktion von Familie respektive Elternschaft, insbesondere im Feld der Erziehungsleistungen und der Nutzung von (hochkulturellen) Bildungsgelegenheiten durch sozial benachteiligte Kinder (Fritzsche & Rabenstein, 2009).

2.2 Sozialraum und Bildungslandschaften

Bildungslandschaften sollen die Verknüpfung von formaler, non-formaler und informeller Bildung sicherstellen., Verwirklichung soll diese seit etwa zwei Jahrzehnten diskutierte Idee durch die auf Anerkennung der jeweiligen Stärken fußenden Kooperation von Schulen, Kinder- und Jugendarbeit, Kitas, Vereinen und Verbänden finden (Brüggemann et al., 2023; Fahrenwald, 2020; Mack, 2020; Spies & Wolter, 2018, 2020). In der Praxis firmieren Schulen oftmals als die zentralen Orte und Akteure der Bildungslandschaft (Coelen et al., 2022). Schule als verhältnismäßig stark institutionalisierte Bildungsinstitution ist verlässlich adressierbar und erreicht nahezu alle Kinder im Sozialraum. Tradierte Verständnisse, die Kinder- und Jugendhilfe sei ausschließlich für die Bearbeitung von sozialen Problemen zuständig (Graßhoff & Sauerwein, 2020; Zipperle, 2015) und Entlastungswünsche der Lehrkräfte erschweren die konkrete Zusammenarbeit, die zudem oftmals auf die Betreuungsbedarfe der Eltern reduziert wird (Gosse, 2020; Graßhoff et al., 2019; Sauerwein & Graßhoff, 2020). In der Praxis zeichnet sich zudem eine Orientierung an formaler Bildung ab, die folglich entgegen der ursprünglichen Idee weniger von einer Verschränkung verschiedener Lernformen ausgeht. Bildung und Gerechtigkeit wird nur von der Hälfte der Kommunen benannt. Stattdessen spielen Fragen der Standortattraktivität eine ebenso gewichtige Rolle, wodurch jedoch Ungleichheiten verschärft werden können (Sauerwein et al., 2022; Gumz & Thole, 2020; Prigge et al., 2021).

2.3 Familienzentren in der Kita

Auch wenn Familienzentren in der Kita schon über den Aspekt der Bildungslandschaften mit inkludiert sind, ist eine kurze gesonderte Darstellung angemessen, liegen hier doch Befunde zu möglichen unerwünschten Praktiken vor. Auch in Familienzentren an der Kita, in denen seit dem Kitajahr 2006/07 in NRW alltagsnahe Bildungs- und Unterstützungsangebote für Eltern und Kinder bereitgestellt werden, geht es um die Verknüpfung unterschiedlicher Leistungen, (Geib et al., 2021). Vorstellungen von Bildungs- und Erziehungspartnerschaften, die Fachkräfte und Eltern gemeinsam zum Wohle des Kindes bilden (Betz et al., 2021), scheinen konzeptionell Überschneidungen anzubieten. In beiden Fällen kann es, neben durchaus auch gelungenen Umsetzungsformen zu einer Inferiorisierung von Eltern kommen, zumeist mit sogenanntem bildungsfernem Hintergrund. Pädagogische Fachkräfte scheinen sich gegenüber Eltern durch eine Idealvorstellung respektive Normalitätskonzeption von Erziehung und Bildung zu positionieren, die eher einer Mittelschichtssozialisation entspricht und somit die Idee einer vermeintlichen Partnerschaft tendenziell konterkariert.

3 Familienbildung als Brückeninstitution zwischen Familien- und Bildungssystem

Bisher werden Formen und Prozesse der Familienbildung kaum als Bestandteile kommunaler Bildungslandschaften thematisiert, obschon ein weites, auch rechtlich abgesichertes Feld der Familienarbeit existiert. Über die Feststellung der gemeinsamen Erziehungsverantwortung von Schule und Familie, speziell der Erziehungsberechtigten, hinaus sind in den Schulgesetzen der Länder die wechselseitigen Anforderungen sowie die eingerichteten Verkehrsformen im Zusammenwirken von Familie und Schule geregelt (Kirk, 2012). Die im Einklang mit dem Bild der Erziehungs- und Bildungspartnerschaft zwischen Familie (resp. Erziehungsberechtigten) und Schule stehenden gesetzlich verlangten Informations- und Beteiligungsrechte (von Erziehungsberechtigten) sowie -pflichten (von Schulen) sind institutionelle Elemente von Elternbildung. Sie stellen auf die Kultivierung der Familie als entwicklungsförderndes Sozialisationsumfeld ab (Textor, 2007). FGZ werden gleichwohl im weiteren Kontext der Familienbildung verortet, da durch sie Familie nicht allein als Erziehungsinstanz gestärkt werden soll, sondern durch gemeinsame Angebote neue Erfahrungswelten und noch nicht aktivierte Beziehungskonstellationen zwischen den Generationen einer Familie erschlossen werden sollen.

Bisherige Forschungen zu Angeboten der Eltern- und Familienbildung im frühkindlichen und Primarbereich zeigen grundsätzlich ihre durchaus ambivalenten Folgen. Bauer und Bittlingmayer (2005, S. 263) diskutieren die empirisch nachweisbaren sozioökonomischen Unterschiede im Nachfrageverhalten nach und der sozial disparaten Erreichbarkeit von Erziehungsberechtigten als „Präventionsdilemma“. Demnach werden Informations- und „Kursangebote häufig nur von solchen Elterngruppen angenommen, die ohnehin bereits für die Probleme des Erziehungsalltags sensibilisiert sind“. Eine Studie von Wilke et al. (2014) bestätigt zwar die sozial disparate Teilnahme an Angeboten zur Stärkung von Erziehungskompetenzen, konnte aber auch zeigen, dass zielgruppenspezifische Rekrutierungsstrategien und Angebotsqualitäten zur Mobilisierung von Eltern mit Migrationshintergrund und sozialen Benachteiligungen potenziell beitragen können.

Generell gilt es aber als anerkannt, dass Familienbildung im Allgemeinen sowie ein enger Austausch zwischen Erziehungsberechtigten und Bildungseinrichtungen von enormer Relevanz sind, um kooperativ Synergien zum Wohle der Kinder zu produzieren (Hartung, 2020). Aussichtsreich erscheint die Stärkung von Erziehungs- und Bildungspartnerschaften insbesondere aufgrund der empirisch belegten und durch Familienarbeit potenziell reduzierbaren primären und sekundären Herkunftseffekte, den durch beschleunigte gesellschaftliche Wandlungsprozesse gestiegenen elterlichen Orientierungsbedarfen, die nachgewiesene Wirksamkeit elterlicher Lernbegleitung sowie der Steigerungen von Lernfreude und Wohlbefinden im Falle eines verstärkten Engagements von Eltern in Bildungsinstitutionen (Walper, 2021). Entsprechend hoch sind die Erwartungen an eine zielgruppenadäquate Entwicklung von Schulen als Bildungsorte für Familien, beispielsweise durch den Ausbau multiprofessioneller Teams.

Zu bedenken ist aber, dass Familienbildungskonzepte und speziell Elternbildungsprogramme immer auch normativ gerahmt und damit in der Machtdimension zu analysieren sind. Ihnen unterliegen bisweilen Zuschreibungen problematischer Elternschaft und ungenügender Gesundheits- und Erziehungskompetenzen, weshalb sie, insbesondere wenn Familien aus deprivierten sozialen Lagen die Zielgruppe bilden, tendenziell zur Pathologisierung benachteiligter Familien beitragen können (Marzinzik & Kluwe, 2009). Umgekehrt wird Familienbildung in der öffentlichen Darstellung zuweilen deutlich überschätzt. Insbesondere wenn Bildungseinrichtungen Familien im Sinne ihrer Erziehungs- und Bildungsvorstellungen kolonisieren und dadurch Spielräume der (durchaus begründeten) Verweigerung von Angeboten einschränken. Eine weitere Form sind parentokratische Tendenzen die elterlichen Mitwirkungsrechte, die dann zu Ansprüchen der direkten Gestaltung von Schule und Unterricht anwachsen (Sacher, 2012).

Beide Spielarten eines unausgewogenen Zusammenwirkens im Kontext des Gedankens einer entwicklungsförderlichen Bildungs- und Erziehungspartnerschaft verdeutlichen die Konflikte zwischen Institutionen- und Adressat*innenperspektive im Hinblick auf die Frage, welche Aspekte familialer

Bildung und Modi der Kooperation wessen Bedarfen eigentlich gerecht werden (Betz, 2015). Somit besteht stets das Risiko einer den eigentlichen Zielen von bedarfsorientierter Familienbildung entgegenlaufenden einseitigen Funktionalisierung von an formellen Bildungsinstitutionen organisatorisch angesiedelten familienbezogenen Angeboten, angetrieben durch institutionell geförderte Prozesse der Etikettierung und familienzentrierten Verantwortungszuschreibungen (etwa für mangelhafte Lernergebnisse). Gerade wenn die Erwartung eines Abbaus von Bildungsbenachteiligungen durch Familienarbeit in primär kindbezogenen Bildungsinstitutionen formuliert wird, sollte zur Vermeidung der angesprochenen nichtintendierten Effekte eine besondere konzeptionelle Sensibilität gegenüber teilweise undifferenziert verwendeten Kategorien wie den ‚schwer erreichbaren Eltern und Familien' kultiviert werden.

4 Familiengrundschulzentrum – was es ist und was es soll

Die Debatte um FGZ wird derzeit von programmatischen Zuschreibungen und Sinngebungen der institutionellen Unterstützungsstrukturen geprägt, z. B.: „Als FGZ* entwickelt sich eine Grundschule zum Ort der Begegnung, Beratung und Bildung für Kinder und Familien. Die Schulen öffnen sich für die Eltern und den Stadtteil, bauen Erziehungs- und Bildungspartnerschaften aus" (Wübben Stiftung, 2022, S. 8). Durch die stärkere Einbindung von Familien in Schulen soll der Lernerfolg von Schüler*innen sichergestellt werden. Eltern wiederum sollen Unterstützung erfahren und über niedrigschwellige Angebote besser erreicht werden (Hackstein et al., 2022). Ihnen wird ein hohes Potenzial bei dem Abbau herkunftsbedingter Disparitäten zugeschrieben (BMFSFJ, 2021; Hackstein et al., 2022). Positiv konnotiert sind Kooperationen zwischen Lehrkräften, Erzieher*innen und Sozialpädagogen*innen, um Kinder sowie Familien ganzheitlich zu unterstützen. Vorhandene Strukturen wie die Schulsozialarbeit und Ganztagsangebote sollen die Etablierung von FGZ unterstützen. Die Angebote für Eltern und Kinder sollen niedrigschwellig konzipiert sein, etwa in Form offener Elterncafés und Beratungsangebote vor Ort. Mithilfe dieser Angebote können Gespräche „über Bildungs- und Erziehungsfragen und damit die Chance, Mütter und Väter in der Begleitung der Bildungslaufbahn ihres Kindes zu stärken" (Hackstein et al., 2022, S. 6) initiiert werden.

Drei programmatische Aspekte werden gemeinhin hervorgehoben (Hackstein et al., 2022):

Familienorientierung (frühzeitige Förderung von lern- und entwicklungsbegünstigenden Parenting-Aktivitäten), Kooperationsorientierung (ganzheitliche Unterstützung von Kindern und Familie durch multiprofessionelles Zusammenwirken in und außerhalb von Schule) und Sozialraumorientierung (Erschließung öffentlicher und zivilgesellschaftlicher Infrastrukturen für die schulische Arbeit und wohnortnahe Familienbildung).

Somit gehen FGZ über bisherige Konzeptionen von Ganztagsschulen hinaus und adressieren nicht einzelne Schüler*innen, sondern die gesamte Familie.

5 FGZ – kritisch-konstruktive Perspektiven entwicklungsorientierter Erforschung

Als relativ neue Form der familien- und sozialraumorientierten Erweiterung schulischer Funktionserwartungen sind FGZ noch weitgehend unerforscht. Neben vielen weiteren Fragestellungen ist bislang ungeklärt, auf welchen Aspekten von Familienbildung die tatsächlich realisierten Angebote in FGZ abstellen, welche Dimensionen von Bildung faktisch adressiert werden und inwiefern FGZ imstande sind, strukturelle Effekte auf die drei wesentlichen Bezugsinstitutionen (Schule, Familie und den Sozialraum) zu evozieren. Auch mögliche nicht intendierte Folgen sowie das womöglich implizit vorgetragene Bild von nur niedrigschwellig zu erreichenden Familien als defizitäre Bildungsakteure sind bislang nicht untersucht, ebenso wenig wie die organisationsstrukturellen, professionellen und kulturellen Auswirkungen auf die Schulorganisation.

Diese zahlreichen offenen Fragen können auf Grundlage des derzeitigen Forschungsstandes nicht erschöpfend beantwortet werden. Ausgehend von einer grundsätzlichen Befürwortung des Konzepts der FGZ, das nicht zuletzt durch das wachsende familien- und bildungspolitische Engagement in NRW bis dato als institutionelle Erfolgsgeschichte zu bezeichnen ist, möchten wir anschließend an kritisch-reflexiv Perspektivierungen der gegenwärtig beobachtbaren Entwicklungen von FGZ für Risiken unerwünschter Folgeeffekte sensibilisieren, insbesondere vor dem Hintergrund eines zunehmenden Ausbaus von FGZ. Zur Illustrierung werden verfügbare Materialien wie Homepage-Auftritte, Ausschussvorlagen und Evaluationsberichte exemplarisch herangezogen. Unsere Diskussion orientiert sich dabei an den drei zentral ins Feld geführten Funktionserwartungen, die FGZ öffentlichkeitswirksam zugeschrieben werden: (Steigerungen von) Familien-, Kooperations- und Sozialraumorientierung.

5.1 FGZ und die Gefahr schulischer Externalisierung von Familienorientierung

Nicht zuletzt der auch in der Erziehungswissenschaft breit rezipierte soziologische Neo-Institutionalismus (Koch & Schemmann, 2009) macht darauf aufmerksam, dass institutionelle Neuerungen in Organisationen weniger an zielbezogenen Effizienzkriterien gemessen werden, sondern angesichts kulturell heterogener wie normativ unübersichtlicher Umwelterwartungen häufig vornehmlich dem Zweck der Legitimationssicherung dienen. Strukturanpassungen wie die Eingliederung eines Familiengrundschulzentrums in die Schulorganisation wirken daher vor allem auf die formale Fassadenstruktur, tangieren den operativen Kern der Organisation, ihre Aktivitätsstruktur, hingegen allenfalls peripher, sondern fördern vielmehr die Status-Quo-Reproduktion. Diese theoretischen Einsichten aufgreifend wäre zu prüfen, ob und inwiefern FGZ tatsächlich zur Förderung von Familienorientierung beitragen. Oder im Fall nicht-intendierter horizontaler Arbeitsteilung zur organisatorisch-institutionellen Externalisierung familienorientierter Aktivitäten in Schulen führen.

Dass Formen der Externalisierung ein durchaus realistisches Szenario bilden, lässt sich anhand der konkreten Angebotsgestaltung in einer ausgewählten Kommune mit insgesamt sechs FGZ plausibilisieren. Lediglich ein FGZ einer Schule hält ein Modul vor, welches explizit Fortbildungsangebote für Lehrkräfte, weiteres pädagogisches sowie Verwaltungspersonal beinhaltet. Zwar weisen auch einige weitere Schulen in ihren Darstellungen des FGZ daraufhin, dass diese eine Brückenfunktion zwischen Elternhaus und Schule einnehmen und einen gemeinsamen Ort von Eltern, Kindern und Lehrer*innen bilden sollen. Diese Ansprüche schlagen sich bisher aber nicht breitenwirksam in der Angebotsstrukturierung nieder, obwohl es ernstzunehmende Hinweise gibt, dass gemeinsame berufsbegleitende Weiterbildungsaktivitäten von Fachkräften aus Schulpädagogik und Jugendhilfe die Kooperationsorientierung stärkt (Stange, 2009).

In ihrer Funktion als kompetente Ansprechpartner*innen für familienbezogene Angelegenheiten stellen FGZ den operativ-pädagogischen Kernstrukturen von Schule, vertreten durch Lehr- und OGS-Kräfte, Schulleitung und Schulsozialarbeit, neue Adressierungsoptionen bereit. Diese bergen potenziell Freiheiten und Entlastung im eigenen pädagogischen Kerngeschäft, behindern aber eine schulweite Diffusion eines vertieften wie differenzierten Verständnisses für familiale Beratungs- und Bildungsbedarfe potenziell. Gerade die Programmierung von FGZ auf niedrigschwellige Angebote für vermeintlich schwer erreichbare, tendenziell als bildungsfern etikettierte Familien kann übergreifende Externalisierungsprozesse verstärken, eben in einer sozioökonomisch-stratifikatorischen

Weise. Während im FGZ dann die Expertise zum Umgang mit und Bedarfen von (sprachlich und kulturell) nur niedrigschwellig erreichbaren Familien gesammelt wird, sind die übrigen schulischen Organisationseinheiten von diesen Aufgaben weitgehend befreit. Insofern solche desintegrativ wirkenden Externalisierungsprozesse tatsächlich stattfinden, ist weniger von nachhaltigen bildungswirksamen und ungleichheitsabbauenden Effekten von FGZ, sondern bestenfalls von Legitimationszuwächsen, unter Umständen sogar zum Preis verschärfter, weil nun strukturell adressierbaren Defizitorientierungen und Etikettierungsroutinen auszugehen. Womöglich kann auch das Verstehen für die Situation benachteiligter Familien konterkariert werden, ist doch nun institutionell ein niedrigschwelliges Angebot vorhanden, welches aus Sicht der Institution vom Adressat*innenkreis nur richtig zu nutzen ist.

5.2 FGZ als Hemmnis der Kooperationsorientierung angesichts prekarisierter Kooperationsbedingungen

Kooperation als Form des handelnden Zusammenwirkens verschiedener Akteure wird in den offiziellen Darstellungen zu FGZ als Schlüsselkategorie vorausgesetzt. Häufig wird im etwas substanzlosen Lob der Kooperation (u. a. Rother et al., 2021) übersehen, wie voraussetzungsreich das aneinander ausgerichtete soziale Handeln eigentlich ist. Grundsätzlich besteht in Kooperationen ein wechselseitiges Abhängigkeitsverhältnis und somit nicht allein die eigenen Kooperationsinteressen den Fortlauf der Interaktionen bestimmen (Esser, 2000; Schimank, 2010). Kooperation basiert entsprechend auf Interdependenzen, wobei sich die Akteure jeweils für von anderen Akteuren kontrollierten Ressourcen (Geld, Anerkennung, professionelle Beratung) interessieren (Hermstein, 2021).

Auch kann ein zu hoher Aufwand einen schleichenden Motivationsverlust evozieren, wie das nachfolgende Zitat einer Lehrkraft verdeutlicht:

> „Ja. Die Konferenzen [...]: Bericht aus dem Familienzentrum und Abfrage von Wünschen. Was man noch so für Kinder tun könnte. Und da ich schon so lange arbeite, habe ich da Frust mit. Und ich habe ... Ich sehe es auch so, dass man Eltern einfach alles irgendwie abnimmt und die nichts mehr irgendwie machen müssen. […] Natürlich, damit es den Kindern nützt, damit wir gewährleisten können, dass es gemacht wird, wenn wir meinen, dass das ist. Aber, ich bin der Meinung, Eltern müssen auch mal was machen für ihre Kinder"(Born et al., 2019, S. 182).

Die Einrichtung spezieller FGZ-Stellen erhöht sicherlich zunächst den Kommunikations- und Kooperationsaufwand innerhalb und außerhalb der Schule und verkompliziert einmal die Akteurskonstellation und Anforderungen. Damit einher geht die Herausforderung einer im Optimal transparenten Klärung von Rollenerwartungen. Da Rollenkonflikte und unklare Erwartungen die Leistungspotenziale von FGZ beeinträchtigen können, bedarf es neben präzise formulierten und evaluierbaren Qualitätskriterien und Kooperationsverträgen auch (kommunaler und schulinterner) steuernder Kontrollinstanzen sowie zentraler Akteure als Multiplikatoren (Hackstein et al., 2022). Diese qualitätssichernden Steuerungskreise sind wie die Praktiker*innen selbst dazu aufgefordert, reflexiv die Sinnhaftigkeit von Kooperation für die Kinder und Jugendlichen zu hinterfragen.

5.3 FGZ als Risiko einer lebensweltorientierten Sozialraumentwicklung

Dem Anspruch nach sollen FGZ die Vernetzung der Schule mit sozialen Infrastrukturen des Sozialraums fördern, hier insbesondere mit Blick auf die zielgruppenadäquate Erschließung familienorientierter Bildungs- und Beratungsressourcen. Zugleich sollen FGZ auch dem schulischen Umfeld gegenüber Angebote unterbreiten, wodurch die Grundschule auch für formell außenstehende Familien als adressierbare Institution der sozialräumlichen Entwicklung gestärkt werden soll. FGZ werden als Medium der an den Lebenswelten der Familien orientierten Sozialraumentwicklung durch Schule konzipiert.

Gerade durch solch ehrgeizige Zielsetzungen wird der Blick für die damit einhergehenden Herausforderungen, von denen wir hier nur ausgewählte ansprechen können, getrübt. Zunächst sind einmal die bestehenden sozialräumlichen Netzwerkstrukturen an Schulen zu berücksichtigen, die etwa im Rahmen von Schulprojekten oder OGS-Angeboten entwickelt und verstetigt wurden. Diese nachhaltigen, an ermittelten Bedarfen ausgerichteten Kopplungen in den Sozialraum sind ihrerseits häufig an die konkreten Lebenswelten von Kindern und auch Familien angepasst. Insofern im Rahmen der programmatischen Ausgestaltung der FGZ auf lernorientierte Bezugnahmen auf bestehende Strukturen sowie auf methodisch angeleitete Lebensweltanalysen (Grimm & Deinet, 2009) verzichtet wird, werden Chancen einer im Hinblick auf familiäre Bedarfe ausgerichteten lebensweltnahen Sozialraumorientierung verwirkt. Eine allzu starke institutionenzentrierte Angebotsgestaltung im FGZ birgt sogar das Risiko einer Verinselung von Beziehungsstrukturen, nämlich insofern das FGZ sozialräumliche Ressourcen substituiert, eine alternative Lebenswelt konstruiert und somit den Schulort anstelle des Sozialraums setzt (siehe auch: Brüschweiler & Falkenreck, 2019), also gerade nicht zur familienorientierten Sozialraumentwicklung beiträgt. Erfahrungen der Bildungslandschaften, die oftmals sehr schulzentriert auf formelle Bildung ausgerichtet sind, können hier ein dem intendierten Sinn entgegenlaufendes Beispiel darstellen (Gumz & Thole, 2020).

6 Schluss und Ausblick

Im Kontext der Etablierung von FGZ zeigt sich die voranschreitende Bedeutung des Werts einer familienorientierten Entwicklung von Schule, vorangetrieben durch Ansätze einer an den sozialräumlichen Lebenswelten ausgerichteten Familienbildung. FGZ sind entsprechend ein Versuch, unterschiedliche Bildungspraktiken der Eltern (Lareau, 2011; de Moll, 2020) auszugleichen und sind somit als Fortsetzung vorangehender bildungspolitischer Reformen zu begreifen. Die Ausrichtung auf eine bildungsnahe Mittelklasse-Familie als Normalvorstellung ist im pädagogischen Programm bereits angelegt. Dies zeigen auch die hier vorgenommenen kursorischen Einblicke. Konzeptionell rücken Jugendhilfe und Schule stärker zusammen, sodass FGZ als Fortführung der Idee der Ganztagsbildung (Coelen, 2002) verstanden werden können, nun stärker reflexiv verknüpft mit ökosystemischen Vorstellungen menschlicher Entwicklung, wie sie etwa Bronfenbrenner (1981) theoretisch ausgearbeitet hat.

Zugleich zeigt sich ein Amalgieren zwischen Kolonialisierung der familialen Lebenswelten (Habermas, 1995) auf der einen und einer konsequent niedrigschwelligen – ebenso wie alltagsweltlich zu konturierenden – Angebotsstruktur auf der anderen Seite. Jenseits der derzeitigen, bisweilen euphemistischen Darstellungen über Familiengrundschulzentren zeigen die Erfahrungen um Bildungslandschaften und der Ganztagsschuldiskurs exemplarisch, dass allzu hohe Erwartungen, insbesondere hinsichtlich einer breitenwirksamen Reduzierung von Bildungsungleichheiten, eher vorsichtig formuliert werden sollten. Gleichwohl verstehen wir diese Bedenken nicht als Grundsatzkritik an FGZ, sondern als Einladung an Praktiker*innen zur kritischen Reflexion sowie an Forschende zur Analyse von womöglich implizit an Eltern herangetragene Erwartungen einer ‚concerted cultivation' (Lareau, 2011), womit letztlich eine (formell) bildungsorientierte Alltagsgestaltung gemeint ist.

Auf institutioneller Ebene ist mit Kessel und Richter (2021) auf die Mehrdimensionalität und Widersprüchlichkeit von Institutionalisierungsprozessen im

Pädagogischen hinzuweisen. Die fortschreitende Verschränkung von pädagogischen Institutionen wie der Kinder- und Jugendhilfe, Einrichtungen der Erwachsenenbildung und der Schule kann als De- und Re-Institutionalisierung verstanden werden. De-Institutionalisierung, weil bisherige Aufgaben, Praktiken und Verständnisse transformiert werden, die in der bisherigen Institution nicht hinreichend berücksichtigt wurden; Re-Institutionalisierung, weil mit institutionellen Innovationen letztlich eine andere Institution entsteht, die mitunter nahezu funktional äquivalent ist, damit aber auch neue Herausforderungen und Friktionen mit sich bringt. Offen ist, inwiefern FGZ de- und/oder re-institutionalisierend wirken.

In diesem Beitrag wurden die Entwicklungsperspektiven von und durch FGZ kritisch-reflexiv entlang von theoretischen Einsichten und Forschungsbefunden diskutiert. Die Potenziale von FGZ ernst nehmend sollten zukünftige empirische Analysen auch im Sinne einer zielgerichteten (Nach-)Steuerung sowie familienorientierten Optimierung von FGZ ein Augenmerk auf mögliche ‚nicht-intendierte Fehlentwicklungen' gelegt werden. Weitere Schritte wären Untersuchungen des faktischen Nutzungsverhaltens nach Intensität und familialer Konstellation, zu Veränderungen familialer Inklusion in das Schulleben und den Sozialraum sowie zu innerschulischen Effekten, z. B. hinsichtlich einer veränderten Schulkultur durch FGZ. Somit können auch differenzsensible Fortbildungsangebote für Praktiker*innen geschaffen werden.

Literatur

Bauer, U., & Bittlingmayer, U. H. (2005). Wer profitiert von Elternbildung? *ZSE : Zeitschrift für Soziologie der Erziehung und Sozialisation, 25*(3), 263–280. https://doi.org/10.25656/01:5674

Becker, R. (2009). Entstehung und Reproduktion dauerhafter Bildungsungleichheiten. In R. Becker (Hrsg.), *Lehrbuch der Bildungssoziologie* (1. Aufl., S. 85–130). VS Verlag.

Berkemeyer, N., Bos, W., Hermstein, B., Abendroth, S., & Semper, I. (2017). *Chancenspiegel – Eine Zwischenbilanz. Zur Chancengerechtigkeit und Leistungsfähigkeit der deutschen Schulsysteme seit 2002.* Bertelsmann Stiftung.

Berkemeyer, N., Bos, W., Manitius, V., Hermstein, B., & Khalatbari, J. (2013). *Chancenspiegel 2013. Zur Chancengerechtigkeit und Leistungsfähigkeit der deutschen Schulsysteme.* Bertelsmann Stiftung.

Betz, T. (2015). *Das Ideal der Bildungs- und Erziehungspartnerschaft. Kritische Fragen an eine verstärkte Zusammenarbeit zwischen Kindertageseinrichtungen, Grundschulen und Familien.* Bertelsmann Stiftung

Betz, T., Bollig, S., Cloos, P., Krähnert, I., & Zehbe, K. (2021). Kinder, Eltern, pädagogische Fachkräfte: Programmatiken und Praktiken institutioneller Verhältnisverschiebungen zwischen Familie und Kindertageseinrichtung. In Sektion Sozialpädagogik und Pädagogik der frühen Kindheit (Hrsg.), *Familie im Kontext kindheits- und sozialpädagogischer Institutionen* (1. Aufl., S. 85–99). Beltz Juventa.

BMFSFJ. (2021). *Neunter Familienbericht. Eltern sein in Deutschland – Ansprüche, Anforderungen und Angebote bei wachsender Vielfalt.* Drucksache 19/27200.

Born A., Klaudy E. K., Micheel B., Risse T., & Stöbe-Blossey, S. (2019). *Familienzentren an Grundschulen Abschlussbericht zur Evaluation in Gelsenkirchen.* IAQ-Forschungsbericht.

Bronfenbrenner, U. (Hrsg.). (1981). *Die Ökologie der menschlichen Entwicklung. Natürliche und geplante Experimente* (1. Aufl.). Klett-Cotta.

Brüggemann, C., Hermstein, B., & Nikolai, R. (Hrsg.). (2023). *Bildungskommune. Bedeutung und Wandel von Kommunalpolitik und -verwaltung im Bildungswesen.* Beltz.

Brüschweiler, B., & Falkenreck, M. (2019). Bildungsorte und Bildungslandschaften. In F. Kessl & C. Reutlinger (Hrsg.), *Handbuch Sozialraum. Grundlagen für den Bildungs- und Sozialbereich* (2. Aufl., S. 1–15) Springer VS.

Coelen, T. (2002). Ganztagsbildung – Ausbildung und Identitätsbildung von Kindern und Jugendlichen durch die Zusammenarbeit von Schulen und Jugendeinrichtungen. *Neue Praxis, 32,* 53–66.

Coelen, T., Hemmerich, S., Jestädt, H., Klepp, S., Million, A., & Zinke, C. (2022). Bildungslandschaften in Campus-Form aus schulischer Perspektive. *DDS – Die Deutsche Schule 2022, 1,* 46–60. https://doi.org/10.31244/dds.2022.01.05.

Moll, F. de. (2020). Soziales Milieu und familiale Bildungspraxis in der Grundschulzeit. In T. Betz, S. Bischoff, & F. de Moll (Hrsg.), *Leitbilder guter Kindheit und ungleiches Kinderleben* (1. Aufl., S. 117–134). Beltz Juventa.

Esser, H. (2000). *Soziologie. Spezielle Grundlagen – Band 3: Soziales Handeln.* Campus.

Fahrenwald, C. (2020). Verantwortung (neu) lernen im Rahmen interorganisationaler Kooperationssettings zwischen Hochschule, Schule und Gemeinde. In C. Fahrenwald, N. Engel, & A. Schröer (Hrsg.), *Organisation und Verantwortung. Jahrbuch der Sektion Organisationspädagogik* (1. Aufl., S. 95–110). Springer Fachmedien.

Fritzsche, B., & Rabenstein, K. (2009). „Häusliches Elend" und „Familienersatz": Symbolische Konstruktionen in Legitimationsdiskursen von Ganztagsschulen in der Gegenwart. In J. Ecarius, C. Groppe, & H. H. Malmede (Hrsg.), *Familie und öffentliche Erziehung. Theoretische Konzeptionen, historische und aktuelle Analysen* (1. Aufl., S. 183–202). VS Verlag.

Geib, F., Hambacher, C., Hartmann, M., Kerle, A., Kubandt, M., & Seitz, S. (2021). Zwischen Hierarchisierungen und Praktiken des Ein- und Ausschlusses. Empirische Perspektiven auf die (Zusammen-)Arbeit mit Familien in der Frühpädagogik. In Sektion Sozialpädagogik und Pädagogik der frühen Kindheit (Hrsg.), *Familie im Kontext kindheits- und sozialpädagogischer Institutionen* (1. Aufl., S. 113–126). Beltz Juventa.

Gosse, K. (2020). Pädagogisch betreut: *Die offene Kinder- und Jugendarbeit und ihre Erziehungsverhältnisse im Kontext der (Ganztags-)Schule (1. Aufl.). Transformation des Sozialen – Transformation Sozialer Arbeit.* Springer Fachmedien.

Graßhoff, G., Haude, C., Bebek, C., Schütz, A., & Idel, T.-S. (2019). Die andere Seite der Bildung? Versuch einer Ordnungsbestimmung von außerunterrichtlichen Angeboten an Ganztagsschulen. *Neue Praxis, 2,* 147–162.

Graßhoff, G., & Sauerwein, M. (2020). Schule und Sozialpädagogik. In T. Hascher, T.-S. Idel, & W. Helsper (Hrsg.), *Handbuch Schulforschung* (S. 599–613). Springer Fachmedien Wiesbaden.

Grimm, M., & Deinet, U. (2009). Öffnung von Schule – Methoden sozialräumlich orientierter qualitativer Lebensweltanalysen und ihre Anwendungsmöglichkeiten in Unterrichtsprojekten. In U. Deinet (Hrsg.), *Methodenbuch Sozialraum* (S. 129–153). VS Verlag.

Gumz, H., & Thole, W. (2020). Bildungslandschaften – Inhalte, Strukturen und die Idee von Bildung. Bildungslandschaften im empirischen Blick – zentrale Befunde eines Forschungsvorhabens. *Forum Jugendhilfe, 1–2020,* 37–43.

Habermas, J. (1995). *Theorie des kommunikativen Handelns* (Bd. 2). Suhrkamp.

Hackstein, P., Micheel, B., & Stöbe-Blossey, S. (2022). *Familienorientierung von Bildungsinstitutionen: Potenziale von Familienzentren im Primarbereich.* IAQ-Report 2022 | 09.

Hakim, A.-M., & Züchner, I. (2021). Non-formale Bildung in und außerhalb von Schule – Angleichung herkunftsspezifischer Bildungschancen durch Ganztagsschulbesuch ? In H. G. Holtappels, N. Fischer, S. Kielblock, B. Arnoldt, & J. M. Gaiser (Hrsg.), *Individuelle Förderung an Ganztagsschulen* (S. 70–95). Beltz Verlagsgruppe.

Hartung, S. (2020). Familienbildung und Elternbildungsprogramme. In U. Bauer, U. H. Bittlingmayer, & A. Scherr (Hrsg.), *Handbuch Bildungs- und Erziehungssoziologie* (S. 1–14). Springer Fachmedien.

Hermstein, B. (2021). Unterstützungsleistungen im Schulsystem. Kritik und theoretische Präzisierungen zu einer Denkfigur der Schulentwicklung. In T. Webs & V. Manitius (Hrsg.), *Unterstützungssysteme für Schulen. Konzepte, Befunde und Perspektiven* (S. 39–59). wbv.

Holtappels, H. (2010). Die Entwicklung von Ganztagsschulen. Konzeptionen, Organisation und pädagogische Gestaltung. In H. Buchen, L. Horster, & H.-G. Rolff (Hrsg.), *Ganztagsschule: Erfolgsgeschichte und Zukunftsaufgabe* (S. 7–18). RAABE.

Kessel, F., & Richter, M. (2021). Zur Institutionalisierung der Kinderund Jugendhilfe: Annäherung an die Perspektiven einer (De-)Institutionalisierungsforschung. *Zeitschrift für Soziologie der Erziehung und Sozialisation, 41*(1), 10–22.

Kirk, S. (2012). Elternmitwirkung im schulrechtlichen Rahmen der Ländergesetzgebung. In W. Stange, R. Krüger, A. Henschel, & C. Schmitt (Hrsg.), *Erziehungs- und Bildungspartnerschaften. Grundlagen und Strukturen von Elternarbeit* (S. 182–189). Springer VS.

Koch, S., & Schemmann, M. (2009). *Neo-Institutionalismus in der Erziehungswissenschaft. Grundlegende Texte und empirische Studien* (Bd. 6, 1. Aufl.). VS Verlag.

Lareau, A. (2011). *Unequal Childhoods. Class, Race and Family Life.* University of California Press.

Maaz, K., Baumert, J., & Trautwein, U. (2011). Genese sozialer Ungleichheit im institutionellen Kontext der Schule: Wo entsteht und vergrößert sich soziale Ungleichheit? In H.-H. Krüger, U. Rabe-Kleberg, R.-T. Kramer, & J. Budde (Hrsg.), *Bildungsungleichheit revisited. Bildung und soziale Ungleichheit vom Kindergarten bis zur Hochschule* (2. Aufl., S. 69–102). VS Verlag.

Mack, W. (2020). Bildungslandschaften. In P. Bollweg, J. Buchna, T. Coelen, & H.-U. Otto (Hrsg.), *Handbuch Ganztagsbildung* (S. 1311–1322). Springer Fachmedien.

Marzinzik, K., & Kluwe, S. (2009). Normativität in der Elternbildung. In U. H. Bittlingmayer, D. Sahrai, & P.-E. Schnabel (Hrsg.), *Normativität und Public Health* (S. 389–405). VS Verlag.

Prigge, J., Gumz, H., & Simon, S. (2021). Ungleiche Perspektiven auf Familien in und zwischen Bildungsinstitutionen. In Sektion Sozialpädagogik und Pädagogik der frühen Kindheit (Hrsg.), *Familie im Kontext kindheits- und sozialpädagogischer Institutionen* (1. Auf., S. 127–140). Beltz Juventa.

Rother, P. (2019). *Sortieren als Umgang mit Bildungsbenachteiligung. Orientierungen pädagogischer Akteure in einem kooperativen Ganztags-Setting (Studien zur ganztägigen Bildung).* Beltz Juventa.

Rother, P., Bebek, C., Haude, C., Idel, T.-S., Graßhoff, G., & Sauerwein, M. (2021). Ganztags-Settings als Arenen „multiprofessioneller" Diskurse und Praktiken. In K. Kunze, D. Petersen, M. Fabel-Lamla, J.-H. Hinzke, A. Moldenhauer, L. Peukert, C. Reintjes, K. te Poel, & G. Bellenberg (Hrsg.), *Studien zur Professionsforschung und Lehrerbildung. Kooperation – Koordination – Kollegialität: Befunde und Diskurse zum Zusammenwirken pädagogischer Akteur*innen an Schule(n)* (S. 209–226). Julius Klinkhardt.

Sacher, W. (2012). Erziehungs- und Bildungspartnerschaften in der Schule: Zum Forschungsstand. In W. Stange, R. Krüger, A. Henschel, & C. Schmitt (Hrsg.), *Erziehungs- und Bildungspartnerschaften. Grundlagen und Strukturen von Elternarbeit* (S. 232–243). Springer VS.

Sachverständigenkommission des 9. Familienberichts (2021). *Neunter Familienbericht: Eltern sein in Deutschland – Ansprüche, Anforderungen und Angebote bei wachsender Vielfalt.* BMFSFJ.

Sauerwein, M. N., Thieme, N., & Chiapparini, E. (2019). Wie steht es mit der Ganztagsschule? Ein Forschungsreview mit sozialpädagogischer Kommentierung. *Soziale Passagen, 11*(1), 81–97. https://doi.org/10.1007/s12592-019-00318-0

Sauerwein, M., Gumz, H., & Deinet, U. (2022). Ganztagsschule und Jugendarbeit: Stolpersteine und Chancen der Zusammenarbeit. *Tanorama, 2,* 26–29.

Schimank, U. (2010). *Handeln und Strukturen. Einführung in die akteurtheoretische Soziologie* (Grundlagentexte Soziologie, 4., völlig überarb. Aufl.). Juventa-Verlag

Spies, A., & Wolter, J. (2018). Das Konstrukt der Bildungslandschaft als Maßstab für (Grund)Schulentwicklungsprozesse. *Bildung und Erziehung, 71,* 274–291.

Spies, A., & Wolter, J. (2020). Die Bildungslandschaft als Rahmenkonstrukt einer (pädagogischen) Verantwortungsgemeinschaft für Schulentwicklungsprozesse. In C. Fahrenwald, N. Engel, & A. Schröer (Hrsg.), *Organisation und Verantwortung. Jahrbuch der Sektion Organisationspädagogik* (1. Aufl, S. 139–154). Springer Fachmedien.

Stanat, P., Schipolowski, S., Schneider, R., Sachse, K. A., Weirich, S., & Henschel, S. (Hrsg.) (2022). *IQB-Bildungstrend 2021. Kompetenzen in den Fächern Deutsch und Mathematik am Ende der 4. Jahrgangsstufe im dritten Ländervergleich.* Waxmann

Stange, W. (2009). Weiterbildung als strategischer Ansatz zur Verbesserung der Kooperation von Schule und Jugendhilfe: Gemeinsame Qualifizierung von Fachkräften aus Schule und Jugendhilfe in Tandemkursen. In A. Henschel, R. Krüger, C. Schmitt, & W. Stange (Hrsg.), *Jugendhilfe und Schule. Handbuch für eine gelingende Kooperation* (S. 449–469). Springer VS.

Textor, M. R. (2007). Familienbildung. In J. Ecarius (Hrsg.), *Handbuch Familie* (S. 366–386). VS Verlag.

Walper, S. (2021). *Eltern und Schule – Chancen der Zusammenarbeit besser nutzen!* https://doi.org/10.25656/01:23443.

Wilke, F., Hachfeld, A., Höhl, H.-U., & Anders, Y. (2014). Welche Familien erreichen Angebote zur Familienbildung? Eine Analyse der Teilnehmerstruktur am Beispiel des modularen Projekts Chancenreich. *Empirische Sonderpädagogik, 6*(3), 195–210. https://doi.org/10.25656/01:9930

Wübben Stiftung. (2022). Familiengrundschulzentren. *impaktmagazin* . Düsseldorf.

Zipperle, M. (2015). *Jugendhilfeentwicklung und Ganztagsschule. Empirische Ergebnisse zu Herausforderungen und Chancen.* Beltz Juventa.

Züchner, I., & Arnoldt, B. (2011). Schulische und außerschulische Freizeit- und Bildungsaktivitäten. Teilhabe und Wechselwirkungen. In N. Fischer, H. Holtappels, E. Klieme, T. Rauschenbach, L. Stecher, & I. Züchner (Hrsg.), *Ganztagsschule: Entwicklung, Qualität, Wirkungen. Längsschnittliche Befunde der Studie zur Entwicklung von Ganztagsschulen (StEG)* (S. 267–290). Beltz Juventa.

Björn Hermstein leitet den Fachbereich „Bildungssystementwicklung für den Bereich Schule“ bei der Stadt Oberhausen. Seine Arbeitsschwerpunkte sind die kommunale Bildungsplanung, Fragen der Bildungsgerechtigkeit und die Bildungssoziologie.

Kontakt: bjoern.hermstein@gmx.de

Markus Sauerwein ist Professor für Theorie und Empirie Empirie der Sozialpädagogik an der TU Dortmund, Fakultät Erziehungswissenschaft, Psychologie und Bildungsforschung Institut für Sozialpädagogik, Erwachsenenbildung und Pädagogik der frühen Kindheit.

Kontakt: markus.sauerwein@ites-werkstatt.de

Mit Eltern ‚Brücken bauen' – Sozialraumorientierte Unterstützungsstrukturen für eine gelingende Elternkooperation in Basel

Nico Leonhardt und Robert Kruschel

Zusammenfassung

Elternkooperation ist ein zentraler Baustein inklusiver und sozialraumorientierter Bildungsarbeit. Zumeist wird insbesondere in Stadtteilen in herausfordernder Lage diese Zusammenarbeit als problemorientiert betrachtet und eingeschätzt. Im Beitrag soll jedoch ein Programm vorgestellt werden, welches einen stark sozialraum- und an der Lebenswelt der Eltern orientierten Ansatz verfolgt. Die sogenannten Brückenbauerinnen nehmen dabei innerhalb der Bildungslandschaften in Basel-Stadt eine vermittelnde und unterstützende Rolle ein zwischen den Eltern und der Institution Schule.

Schlüsselwörter

Bildungslandschaften • Elternkooperation • Sozialraumorientierung • Interkulturelle Vermittlung

Für eine bessere Lesbarkeit wird in diesem Beitrag der Begriff ‚Eltern' verwendet. Damit gemeint sind aber auch Erziehungs- bzw. Obsorgeberechtigte.

N. Leonhardt (✉)
Institut für Förderpädagogik, Universität Leipzig, Leipzig, Deutschland
E-Mail: nico.leonhardt@uni-leipzig.de

R. Kruschel
Leipzig, Deutschland
E-Mail: robkru@icloud.com

S. Schuppener et al. (Hrsg.), *Inklusive Schule im Sozialraum*,
https://doi.org/10.1007/978-3-658-42158-8_16

1 Einleitung

Familiäre Ressourcen stehen in einem engen Zusammenhang mit der (Re-) Produktion von Bildungs(un)gerechtigkeit. Diese wurde durch die Entwicklungen während der Corona-Pandemie nochmals verstärkt deutlich (Huebener et al., 2021). Mit Blick auf inklusive Schulentwicklungsprozesse sind Eltern daher wichtige Akteure. Gleichzeitig sind sowohl die „Aufgaben von Eltern […] zunehmend anspruchsvoller geworden" als auch „die Anforderungen an schulisches Lernen und die Schule als allgemeinbildende Institution" (Walper, 2021, S. 343). Elternkooperation ist meist noch eher in einem informierenden und hierarchisierten und weniger in einem anerkennenden Modus gestaltet, welcher auch die lebensweltlichen, sozialen und kulturellen Bedingungen von Eltern berücksichtigt (Kruschel & Leonhardt, 2022; Werning & Avci-Werning, o. J.). Insbesondere in Stadtteilen in herausfordernder Lage sind Wahrnehmungen auf Eltern meist eher *problemorientiert* und *vorurteilsbehaftet* (Kruschel et al., 2023). Für eine inklusive und sozialraumorientierte Schule ist es jedoch wichtig, Eltern als elementare Akteure anzuerkennen, „die es zu erreichen und einzubinden gilt" (Kruschel & Leonhardt, 2022, S. 75). Schwaiger und Neumann (2011) verweisen beispielsweise auf drei Aspekte für eine *gelingende* Kooperation mit Eltern:

- Berücksichtigung der Lebenswelten der Eltern und damit verschiedene Kooperationsangebote,
- präventive Zusammenarbeit mit Eltern und eine
- elternfreundliche Schulkultur.

Im Rahmen eines Programms der Jacobs Foundation und verschiedener Kantone wurden in der gesamten Schweiz im Zeitraum 2012 bis 2018 sozialräumlich vernetzte Bildungslandschaften etabliert[1]. Im Rahmen dieser Bildungslandschaften-Initiative wurden unterschiedliche Projekte und Programme entwickelt, insbesondere um von Bildungsungerechtigkeit betroffene Schüler*innen stärker zu erreichen (Kruschel & Leonhardt, 2022). Eines der daraus hervorgegangenen Konzepte ist das Programm der *‚Brückenbauerinnen'*[2], welches das Ziel verfolgt im Rahmen von anerkennender und gelingender Elternkooperation die oben genannten Aspekte stärker in den Fokus zu rücken. Dabei wurde der Frage

[1] Das Projekt wird inzwischen durch die Stiftung éducation21 begleitet. Mehr Informationen: www.bildungslandschaften.ch.

[2] Es handelt sich bisher ausschließlich um Frauen, weshalb in diesem Beitrag die weibliche Form verwendet wird. Konzeptionell ist das Programm aber nicht auf Frauen fokussiert.

nachgegangen, wie Eltern besser erreicht, ein Dialog mit ihnen aufgebaut sowie erhalten werden kann und sie in ihrer Rolle als Eltern gestärkt werden können. Die Brückenbauerinnen sind ausgebildete (interkulturelle) Vermittlerinnen in der Schnittstelle zwischen Eltern und Schule und selber gut im Sozialraum vernetzt. Nach einer ersten Pilotphase in einem Stadtteil wurde das Projekt ab Januar 2022 auf ganz Basel erweitert und ist inzwischen verstetigt. Alle Primarschulen können nun von dem vom Kanton finanzierten Projekt profitieren (HEKS, 2022).

Das Projekt wirkt zielorientiert auf insgesamt drei Ebenen:

1. Eltern: Stärkung und Befähigung durch Information und ressourcenorientierte Begleitung
2. Kinder: Erhöhung der Chancengerechtigkeit durch verbesserte Elternzusammenarbeit
3. Fachpersonen: Vermittlung von Hintergrundwissen, Stärkung der interkulturellen Kompetenz

Die Teilnahme an dem Projekt ist für Eltern kostenlos. Angeboten wird eine Unterstützung derzeit (Stand: Mai 2022) in den Sprachen Albanisch, Amharisch, Arabisch, Deutsch, Englisch, Französisch, Kroatisch, Italienisch, Kurdisch, Mandinka, Mazedonisch, Portugiesisch, Russisch, Spanisch, Tamilisch, Tigrinya und Türkisch.

In einem Gespräch mit Irene Zwetsch und einer Brückenbauerin werden im Folgenden wesentliche Rahmenbedingungen und Aspekte der Arbeit skizziert und abschließend in den aktuellen Diskurs eingeordnet. Das Gespräch wurde im Rahmen des Forschungsprojekts ‚InSide'[3] bei einer Erhebungsreise im Juni 2021 aufgenommen und anschließend transkribiert[4].

[3] Das Forschungsprojekt „Inklusion im Sozialraum – Partizipative kinderrechtsbasierte Schulentwicklung durch Schüler*innenaktive Forschung" (InSide, www.inside-projekt.de) verfolgt das übergreifende Ziel, die Gelingensbedingungen inklusiver Schule mit expliziter Sozialraumorientierung am Beispiel eines Stadtteils in herausfordernder Lage zu untersuchen und die Erkenntnisse in Form von allgemeinen Handlungsempfehlungen aufzubereiten (siehe auch Einleitung in diesem Band).

[4] Für eine bessere Lesbarkeit wurde das Interview durch die Autoren unter Berücksichtigung des inhaltlichen Erhalts der ursprünglichen Aussagen anschließend gekürzt sowie sprachlich geglättet. Schlussendlich erfolgte eine dialogische Validierung mit der Leiterin des Projekts, um sicherzustellen, dass nur intendierte Aussagen im Interview vorzufinden sind.

2 Im Gespräch mit dem Projekt ‚Brückenbauerinnen'

Wie ist das Projekt der Brückenbauerinnen konkret entstanden?
Leiterin: Es hat in der Bildungslandschaft Thierstein – eine Schule im Gundeldingerquartier in Basel – angefangen. Die Schule hat sich verschiedene Projekte angeschaut und eine Vernetzung aufgebaut und dabei bemerkt, dass sie einige Eltern nicht erreichen. Sei es wegen der Sprache oder weil die Kulturen sehr verschieden sind. Es sind kleine Sachen, die dann zu Missverständnissen geführt haben. Manche Eltern wissen nicht, dass sie die Kinder in ihrem schulischen Weg unterstützen sollen. So hat man festgestellt, dass jemand gebraucht wird, der diese Brücke zwischen Schule und Eltern baut. Mit Unterstützung durch die Christoph-Merian-Stiftung, das Präsidialdepartment und die Quartierkoordination Gundeli wurde ein Projektkonzept erstellt. Danach ging es darum, wer diese Brücke bauen könnte und wie sie konkret zu gestalten ist. Es gab eine zweijährige Pilotphase bis 2018, die ab 2019 erweitert wurde.

Warum wurden Sie mit diesem Projekt beauftragt?
Leiterin: HEKS, das Hilfswerk der Evangelisch-reformierten Kirche Schweiz, verfügt in der Region Basel über Expert*innen im Bereich der interkulturellen Vermittlung. Wir bieten dafür auch eine spezifische Ausbildung an. HEKS ist eine gemeinnützige, 1946 vom damaligen Schweizerischen Evangelischen Kirchenbund gegründete Stiftung.

Wir sind sehr stark auf interkulturelle Vermittlung fokussiert und führen dazu verschiedene Projekte durch. Zudem führt HEKS eine Beratungsstelle für Asylsuchende und ist für die Rechtsberatung von Asylsuchenden in der Region zuständig. Ein weiteres HEKS-Projekt sind die ‚Neuen Gärten', mit dem wir Migrant*innen und Geflüchteten einen Zugang zur schweizerischen Alltagskultur ermöglichen. Das Projekt ‚HEKS Wohnen' wiederum bietet Menschen mit einer psychischen Beeinträchtigung oder einer Suchtproblematik ambulante Wohnbegleitung an. Die Projektgründer*innen haben uns aufgrund unserer Expertise angefragt, ob wir die Durchführung des Projektes ‚Brückenbauerinnen' übernehmen würden.

Was verstehen Sie unter interkulturellem Dolmetschen und Vermittlung?
Leiterin: Wenn sich zum Beispiel in der Schule Lehrpersonen und fremdsprachige Eltern nicht verstehen, brauchen sie eine dolmetschende Person als Unterstützung. Diese nimmt in dieser Kommunikation eine neutrale, vermittelnde Rolle ein. Es entsteht so ein Trialog. Die interkulturelle Vermittlung hingegen reicht weiter. Interkulturelle Vermittler*innen vermitteln Informationen über das Leben und die Strukturen in der Schweiz und tragen zur Integration von Migrant*innen bei. Oder

sie leiten und moderieren eine Gruppe. Anders als beim Dolmetschen, vermitteln sie erklärend zwischen verschiedenen Kulturen.

Was machen die Brückenbauerinnen konkret?
Leiterin: Sie vermitteln Informationen. Die Brückenbauerinnen kennen sich in der Region gut aus. Sie kennen die Systeme – das Sozialsystem, das Bildungssystem, das Gesundheitssystem etc. – und können so erklären, wie diese funktionieren: Warum in der Schule so viele verschiedene Schuhe gebraucht werden, weshalb die Eltern zweimal im Jahr zu einem Elterngespräch eingeladen werden, warum die Kinder Tagesausflüge machen, auch wenn es regnet. Es sind kleine Dinge, die wichtig sind, damit die Eltern den Schulbetrieb besser verstehen können. Und das machen sie in 16 verschiedenen Sprachen. Es sind 14 Brückenbauerinnen die insgesamt in 16 Sprachen sprechen.

Das sind alles Frauen, die ausgebildet sind im Dolmetschen und/oder im Vermitteln. Drei sind auch Fachfrauen für die Arbeit mit Kindern oder Familien. Sie sprechen die gleiche Sprache und haben einen ähnlichen soziokulturellen Hintergrund wie die Klient*innen.

Entweder besuchen die Brückenbauerinnen die Menschen zu Hause oder sie machen einen Termin aus und treffen sich irgendwo an einem Treffpunkt, z. B. in einem Park oder an anderen öffentlichen Orten. Wir haben angefangen mit sechs Brückenbauerinnen und neun Sprachen. Und es war wirklich ausschlaggebend, dass wir mit Frauen aus dem jeweiligen Quartier angefangen haben. Diese kannten sich bereits gut im Quartier aus, verfügten über die Sprachkenntnisse der Bewohner*innen und bekamen aufgrund ihres Geschlechtes zudem auch leichter Zugang für die Hausbesuche.

Wie kommen Personen zu Ihrem Projekt?
Leiterin: Ein erster Weg ist, dass sie sich selber anmelden. Die Familie ruft an und bekundet Interesse. Danach gibt es ein Erstgespräch mit mir als Leiterin. Dabei klären wir die Bedürfnisse der Familie und stellen gemeinsam Ziele auf. Dann entsteht der Kontakt zwischen einer Brückenbauerin und der Familie. Sie vereinbaren einen weiteren Termin miteinander. Ich bin dann im Hintergrund, erledige den administrativen Teil und erhalte von den Brückenbauerinnen ein Besuchsprotokoll. So behalte ich den Überblick darüber, was in der Familie passiert. Das ist wichtig, weil es eine befristete Begleitung ist. Wir bleiben nicht das ganze Leben mit der Familie zusammen. Wie lange es dauert, ist immer eine Frage der Bedürfnisse der Familie. Es sollte maximal zwischen 10 und 15 h dauern. Das ist nicht viel. Aber die Idee ist, dass wir den Weg zeigen und sie dann alleine laufen. Beim Erstgespräch sage ich immer, dass wir niemanden auf Armen tragen werden – wir laufen zusammen. Einige verstehen es und andere nicht. So sind

die Hausbesuche beispielsweise sehr schön, weil man eine Beziehung aufbauen kann. Aber es kann auch besonders in dieser ersten Phase, wenn die Eltern sich daran gewöhnt haben, zu Abhängigkeiten kommen.

Brückenbauerin: Ich tendiere dazu, dass nachdem ich eine Familie kennengelernt und wir gemeinsam festgelegt haben, wie wir zusammenarbeiten werden, nicht sofort nach Hause zu gehen. Ich frage stattdessen die Familie, was sie möchte. Auch in der Bibliothek oder einem Park ist ein Kennenlernen möglich. Und dann treffen wir uns zum ersten Mal an so einem Ort. Nach Hause komme ich wirklich erst, wenn sie es sagen, oder wenn es nötig ist. Das unterscheidet sich auch je nach Kultur.

Was sind die Ziele des Projekts?
Leiterin: Wir wollen die Eltern stärken. Und wir möchten, dass sie wissen, dass es hier mitunter anders ist, als sie es kennen, aber dass sie nichts Falsches machen. Sie machen es anders. Und wenn sie verstehen, wie es hier geht, dann gehen sie bisschen anders an die hiesige Kultur heran. Das ist immer ressourcenorientiert. Wir arbeiten damit, was die Leute mitbringen und was sie gestalten können. Für die Kinder erhöht diese Begleitung die Chancen in der Schule.

Brückenbauerin: Manchmal ist es für die Eltern sehr schwierig, schulische Abläufe nachzuvollziehen. Sie fragen sich, was diese Lehrer*innen von ihnen wollen. Das Kind geht zur Schule, um zu lernen, zu schreiben, zu rechnen und so weiter. „Was wollen die von mir? Ich muss arbeiten. Wenn ich zu der Schule, zu einem Gespräch gehen muss, dann kann ich in der Zeit nicht arbeiten. Was wird mein Chef über mich denken?“ Dann geht es stark um das Vermitteln, den Eltern ein bisschen näher zu bringen, wie das System aufgebaut ist. Und dass Kinder besser lernen oder besseren Fortschritt machen können, wenn die Eltern mit der Schule zusammenarbeiten. Dafür müssen sie irgendwie zusammenkommen. Das ist manchmal sehr schwierig. Manche sind offen und möchten es und kommen freiwillig zu mir. Beispielsweise fragen sie dann: „Kannst du mir bitte erklären, was das heißt?“, „Was ist anders am Schulsystem?“ Oder: „Warum sehe ich da keine Note auf dem Lernbericht am Ende des Jahres?“

Leiterin: Reines Dolmetschen ist normalerweise gewährleistet. Aber es heißt nicht, dass die Person verstanden hat, um was es geht. Sie bekommt es übersetzt. Aber was es bedeutet, ist eine andere Geschichte. Dafür sind die Brückenbauerinnen da. Und für die Pädagog*innen ist es ähnlich. Es ist nicht nur so, dass die Eltern die Schule nicht verstehen. Die Lehrpersonen können mitunter auch nicht verstehen, weshalb die Eltern nicht kommen oder wieso sie die Kinder nicht unterstützen. Dafür brauchen sie auch transkulturelle Kompetenzen. Dabei können die Brückenbauerinnen auch helfen. Wir hatten zum Beispiel Treffen mit Lehrpersonen, in denen genau diese Themen besprochen wurden. Sie haben gesagt, was sie nicht verstehen und dann sind wir ins Gespräch gekommen. Das haben sie sehr geschätzt.

Gibt es eine Voraussetzung, um als Familie begleitet zu werden?
Leiterin: Wir sind für Familien ab dem Kindergarten bis zum Ende der Primarschule da. Familien mit Kindern im Vorschulalter sind nicht unser Kerngebiet. Dafür gibt es andere Programme in Basel. Wir haben Kontakt mit Kinderfachpersonen, zum Beispiel Lehrer*innen und Schulpsycholog*innen, die mit Familien zusammenarbeiten. Die wissen wiederum über unsere Arbeit Bescheid und wenn sie bemerken, dass eine Familie davon profitieren könnte, dann nehmen sie mit uns Kontakt auf. Wir sind auch dort präsent, wo Familien bzw. Eltern sind. Wir nehmen z. B. in der Schule an Elternabenden oder am ersten Informationstag teil. Da haben wir Raum für eine kurze Vorstellung unseres Programmes. Wir haben neben den Flyern auch einen Newsletter, der zweimal im Jahr erscheint, damit die Leute immer wieder in Erinnerung gerufen bekommen, dass es uns gibt. Und unsere Flyer haben wir in unterschiedlichen Sprachen gemacht, mit der jeweiligen Brückenbauerin als Ansprechperson, mit Foto und Telefonnummer. Dann können uns auch Eltern (wieder) erkennen, wenn wir im Stadtviertel unterwegs sind.

Was sind die konkreten Aufgaben der Brückenbauerinnen?
Leiterin: Informationen vermitteln, Beratung, Begleiten und vielleicht braucht die Familie auch etwas, das wir nicht anbieten können. Vielleicht hat die Familie Erziehungsfragen und wir sind dafür nicht spezialisiert, aber es gibt eine Fachstelle für Erziehungsfragen. Dann gehen wir mit der Familie dorthin. Beim Erstkontakt sind wir dabei, damit sie sich dort auskennen und diese ersten Hemmungen abgebaut werden. Und dann bleibt die Familie dort in der Beratung und sie arbeiten mit Dolmetscher*innen weiter. Außerdem stellen wir auch Aktivitäten im Quartier vor, wie beispielsweise Freizeitaktivitäten für Kinder, Deutschkurse für Eltern, Begegnungsmöglichkeiten für Familien und so weiter. Ein weiterer Aufgabenbereich ist der Kontakt mit der Schule, besonders in Bezug zur Kommunikation über Elternbriefe. Zum Beispiel haben wir den Lehrpersonen empfohlen, dass sie Elternbriefe möglichst einfach schreiben.

Wie viele Familien werden von den Brückenbauerinnen betreut?
Leiterin: Es ist sehr unterschiedlich, weil auch die Anzahl der betreuten Familien unterschiedlich ist. Aktuell gibt es viele portugiesische, eritreische und spanisch sprechende Familien, die mit dem Projekt zusammenarbeiten. Mal waren es mehr italienische Familien, mal mehr türkische.

Gibt es besondere Herausforderungen, mit denen Sie in der Arbeit konfrontiert sind? Ist es z. B. manchmal schwer, sich abzugrenzen?

Brückenbauerin: Die Versuchung ist da! Zum Beispiel gab es das in einer Familie, die ich betreut habe. Eine Lehrerin fand, das wäre eine Familie, die von einer Brückenbauerin gut unterstützt werden kann. Und dann haben wir die Frau wegen der Corona-Pandemie nur online zum Erstgespräch getroffen. Dann haben wir alle Papiere unterschrieben und ich bin in die Familie gegangen. Dort hat sich herausgestellt, dass das Kind massive gesundheitliche Probleme an den Zähnen hat. Die Mama erzählte mir, er nehme nicht zu. Außerdem war die Kommunikation mit der Kinderärztin nicht gesichert. Dann kam noch dazu, dass er nicht gut lernt. Er wurde in der Schule in Portugal zurückgestuft und man hat schnell feststellen können, das Kind kann vieles nicht gut aufnehmen. Er konnte nicht rechnen und sprechen. Er ist dann in eine Spezialklasse gegangen. Auch dort konnte das Kind nicht lernen. Das hing aber mit seinem gesundheitlichen Zustand zusammen. Aber nur ich wusste, warum das Kind diese Schwierigkeiten hat und ohne Erlaubnis der Mutter durfte ich diese Information aber nicht weitergeben, weil wir unter Schweigepflicht arbeiten.

Oft gibt es die Situation, wo die Abklärung solcher Fachaspekte nicht mehr in meinem Kompetenzbereich liegt. Wenn zum Beispiel alle Fachpersonen denken, „Ah, die Frau XY ist dort" und fragen: „Können Sie das übersetzen?" Das kann ich. „Können Sie diese Mitteilung geben?" Das kann ich. Aber Fachleute wissen nicht, wie viel Überzeugung es braucht, die Mama dazu zu bringen, überhaupt zu diesem Gespräch in der Schule zu erscheinen. Aber wir sind jetzt daran, die Mama langsam in eine Fachstelle für Beratung, für Erziehungsfrage zu bringen oder zu vermitteln. Ja. Es sind viel mehr als zehn Stunden.

Leiterin: Deshalb muss man abwägen, wie viel braucht die Familie und wie viel nicht.

Interviewer: Es sind ganz viele Brücken, die dann erstellt werden.

Brückenbauerin: Und wenn ich alle Brücken gebaut habe, werde ich die Familie abgeben. Es ist ein systemisches Arbeiten. Und wenn ich dieses System nicht habe, dann funktioniert es nicht. Aber das wiederum mit der Erfahrung, mit der Ausbildung, mit den Methoden und auch meine eigenen Lebenserfahrungen. Als ich anfing hier in der Schweiz und meine Kinder in der Schule waren, hat die Lehrerin mir gesagt haben, dass meine Kinder lernen müssen, alleine zum Kindergarten zu kommen. Und ich habe gedacht, dass die Frau doch spinnt. Das würde ich nie zulassen. Ich rede jetzt nur von meinen Erfahrungen, aber wenn wir mit allen anderen Brückenbauerinnen sprechen, würden wir verschiedenen Geschichten hören.

Leiterin: Alle haben ihre Geschichte. Und meine Rolle ist dann, wenn ich sehe, dass diese Abhängigkeit da ist, zu bremsen und dann mit der Brückenbauerin zu schauen, wie wir das jetzt abschaffen können. Wie können wir mit dieser Abgrenzung besser umgehen? Es ist dann eine Abhängigkeit von beiden Seiten.

Wie funktioniert der Austausch innerhalb des Projekts konkret?
Leiterin: Wir haben Teamsitzungen einmal im Monat. Und dann noch Standortgespräche mindestens zweimal im Jahr. Und ich bin da, wann immer Fragen entstehen.

Brückenbauerin: Und bei jedem Besuch und bei jedem Kontakt, sei es Telefonkontakt, sei es mit der Familie oder einer Fachperson müssen wir einen Bericht schreiben. Ein kurzes Besuchsprotokoll oder Telefonkontakt.

Welche Erfahrungen haben Sie mit der Zusammenarbeit mit Schulen gemacht?
Leiterin: Es sind fünfzehn Schulen, mit denen wir derzeit arbeiten. Das funktioniert gut. Es ist immer von Schule zu Schule anders. Vor Corona waren wir auch in Schulkonferenzen. Und nach einer Corona-bedingten Pause gibt es jetzt wieder Schulkonferenzen. Dazu kommt auch der Newsletter. Damit man präsent ist, auch wenn man nicht gerade vor Ort sein kann. Wir sind bei Elternabenden dabei, zu ersten Besprechungen und arbeiten sehr eng zusammen mit der Schulsozialarbeit.

3 Fazit

Das Projekt der Brückenbauerinnen ist als ein sozialraumorientierter Ansatz zu verstehen, der einen wertschätzenden und gelingenden Kontakt zwischen Elternhäusern mit Migrationsgeschichte und Schule aufbaut. Eine Evaluation des Projekts hat gezeigt, dass eine solche gelingende Elternarbeit eine wesentlich höhere Vernetzung mit der Schule, aber auch mit außerschulischen Akteur*innen zur Folge haben kann (Huber et al., 2021).

Gerade in prekären Situationen, wie der des Lockdowns während der Corona-Pandemie, kristallisiert sich die hohe bindende Wirkung solcher Projekte heraus: Hier wurden vom Erziehungsdepartement Informationen ausschließlich auf Deutsch kommuniziert, zudem fehlten Familien digitale Endgeräte. Eltern konnten in dieser Zeit den Brückenbauerinnen

> zum Beispiel Mitteilungen der Schulleitung oder auch Hausaufgaben per Handy schicken und die interkulturellen Vermittlerinnen erklärten, was sie oder ihre Kinder zu tun hatten. Manche Eltern suchten auch Rat und Unterstützung bei der Gestaltung der familiären Tagesstrukturen und der Freizeit ihrer Kinder. (Wüthrich, 2021, S. 22)

Das Projekt stärkt dabei unterschiedliche Akteure im Sozialraum:

- die *Eltern,* indem ansetzend an den Bedarfen der Familien Informationslücken in einem interkulturell orientierten Prozess gefüllt werden und so möglichen Problemen begegnet werden kann,
- die *Kinder,* indem ihre Rolle als Vermittler*innen zwischen Elternhaus und Schule abnimmt und sie im besten Fall von einer produktiveren Partner*innenschaft profitieren können,
- die *Lehrpersonen* der Schulen, indem sie neue Perspektiven auf die Lebenswelten der Familien erhalten, dadurch ein entsprechendes Verständnis entwickeln und so ihr zukünftiges Handeln entsprechend ausrichten können,
- *außerschulische Akteure* im Sozialraum, die mögliche Klient*innen durch die Vermittlung gewinnen, und schlussendlich
- das *Stadtviertel* als Ganzes, da Vernetzungsprozesse zwischen einer Vielzahl von Akteuren angebahnt und ausgebaut werden.

Im günstigsten Fall hat das Projekt das Potenzial, Bildungsungerechtigkeit entgegenzuwirken und inklusive Bildungsprozesse im Sozialraum zu stärken. Um die Effekte valide einschätzen zu können, sind jedoch weitere Evaluationsforschungen nötig.

Mit den Brückenbauerinnen ist es in Basel gelungen, ein Unterstützungssystem aufzubauen, das „es insbesondere Eltern mit sozioökonomisch schwierigen oder anderen kulturellen Hintergründen [ermöglicht], das System Schule so zu durchdringen, dass eine gelingende Zusammenarbeit möglich wird. Eltern […] [mit] deren Lebenswelt werden demnach […] als Partner*innen auf Augenhöhe anerkannt“ (Werning & Avci-Werning, o. J., o.S.).

Literatur

HEKS. (2022). *Neu ab 2022.* https://www.heks.ch/was-wir-tun/brueckenbauerinnen#neu-ab-2022.

Huber, S. G., Werner, R., Koszuta, A., & Schwander, M. (2021). Brückenbauer*innen als Kulturvermittler*innen: Ein Bildungsangebot zur Integration und Frühförderung. *Infonium PH Zug,* (1), 7–9. https://edulead.net/ibb/wp-content/uploads/sites/4/2021/04/HuberWernerKoszutaSchwander-2021-BrueckenbauerInnenAlsKulturvermittlerInnen-EinBildungsangebotZurIntegrationUndFr-uhforderung.pdf.

Huebener, M., Schmitz, L., Spiess, C. K., & Zinn, S. (2021). Familiale, individuelle und institutionelle Einflussfaktoren auf Bildungsungleichheiten. In D. Dohmen & K. Hurrelmann

(Hrsg.), *Generation Corona? Wie Jugendliche durch die Pandemie benachteiligt werden* (S. 165–185). Beltz.

Kruschel, R., & Leonhardt, N. (2022). Akteur*innen in inklusiven Kooperationsstrukturen in Stadtvierteln mit besonderem Entwicklungsbedarf – Einblicke in sozialraumorientierte Schule in den Niederlanden und der Schweiz. *k:ON – Kölner Online Journal für Lehrer*innenbildung, 5*(5), 1/2022). https://doi.org/10.18716/ojs/kON/2022.0.4.

Kruschel, R., Schuppener, S., & Leonhardt, N. (2023). Eltern als Bildungspartner*innen inklusiver Schulen – Familienorientierte Zusammenarbeit in Stadtvierteln in herausfordernder Lage. In M. Hoffmann, T. Hoffmann, L. Pfahl, M. Rasell, H. Richter, R. Seebo, M. Sonntag, & J. Wagner (Hrsg.), *Raum. Macht. Inklusion. Inklusive Räume erforschen und entwickeln* (S. 295–302). Klinkhardt.

Schwaiger, M., & Neumann, U. (2011). Der internationale Forschungsstand zur interkulturellen Elternarbeit und Elternbeteiligung. *Unsere Jugend, 62*(111/12), 450–462.

Walper, S. (2021). Eltern und Schule – Chancen der Zusammenarbeit besser nutzen! *Die deutsche Schule, 113,* 336–347.

Werning, R., & Avci-Werning, M. (o. J.). *Mit Eltern kooperieren. Elterneinbindung in inklusiven Schulen.* www.friedrich-verlag.de/schulleitung/inklusion/elterneinbindung-in-inklusiven-schulen/

Wüthrich, D. (2021). Das Gefühl einer gewissen Normalität ist zurück. *Handeln. Das Magazin des Hilfswerks der Evangelischen.reformierten Kirche Schweiz, 1.* www.heks.ch/sites/default/files/documents/2021-03/HEKS_Handeln_1-2021_Web.pdf.

Nico Leonhardt ist wissenschaftlicher Mitarbeiter am Institut für Förderpädagogik der Universität Leipzig. Seine Arbeits- und Forschungsschwerpunkte sind Inklusive Schulentwicklung und Sozialraumorientierung, Inklusionssensible Hochschulentwicklung, Leichte Sprache, Partizipative Forschung und Lehre.

Kontakt: nico.leonhardt@uni-leipzig.de

Robert Kruschel war von 2010 bis 2018 wissenschaftlicher Mitarbeiter am Institut für Rehabilitationspädagogik der Martin-Luther-Universität Halle-Wittenberg und von 2018 bis 2022 am Institut für Förderpädagogik der Universität Leipzig. Seine Forschungsschwerpunkte sind Governance und Steuerung von Inklusion im Bildungssystem, inklusionsorientierte und sozialraumorientierte Schulentwicklung sowie demokratische Bildung.

Kontakt: robkru@icloud.com

Sozialpädagogisches Teamteaching zur Unterstützung von Schulen in herausfordernder Lage

Anastasia Kacugin Perez, Stefanie Czempiel und Katrin Lipowski

Zusammenfassung

Der Beitrag stellt das Sozialpädagogische Teamteaching an einer Thüringer Regelschule in herausfordernder Lage als Good Practice Beispiel vor. In diesem interprofessionellen Ansatz tragen Sozialpädagog*innen und Lehrkräfte gemeinsam Verantwortung für Unterricht in einer Lerngruppe. Wie das Konzept in der Praxis realisiert wird, wird auf Basis von Interviews anhand der Aspekte Gelingensbedingungen, Herausforderungen bei der interprofessionellen Kooperation sowie berichteten Wirkungen betrachtet. Die Ergebnisse zeigen, dass sich die Maßnahme positiv auf die Schüler*innen und Lehrkräfte auswirkt, aber auch einige Herausforderungen beschrieben werden.

Schlüsselwörter

Teamteaching • Interprofessionelle Kooperation • Regelschule • Schule in herausfordernder Lage

A. K. Perez (✉)
Erfurt, Deutschland

S. Czempiel
Lehrstuhl für Pädagogische Psychologie, Friedrich-Schiller-Universität Jena Institut für Erziehungswissenschaft, Jena, Deutschland
E-Mail: stefanie.czempiel@uni-jena.de

K. Lipowski
Kindersprachbrücke Jena e. V., Jena, Deutschland
E-Mail: katrin.lipowski@kindersprachbruecke.de

S. Schuppener et al. (Hrsg.), *Inklusive Schule im Sozialraum*,
https://doi.org/10.1007/978-3-658-42158-8_17

1 Einleitung

Sozioökonomische Faktoren wie Armut, Migrationshintergrund oder Stigmatisierungsprozesse gelten als herausfordernde Kontextbedingungen für Schulen und verstärken die Chancenungleichheit für Kinder und Jugendliche (Groos & Jehles, 2015). Für Schulen in herausfordernder Lage besteht die Notwendigkeit, die bestehenden Risiken mit effektiven Strategien zu bewältigen, da es im ungünstigsten Fall zum Verfehlen des Bildungsziels kommen kann. Abhängig ist dies von der hohen oder niedrigen Ergebnisqualität, welche sowohl durch die strukturellen Merkmale der Schule als auch durch individuelle Faktoren der Schüler*innen, wie die soziale Kompetenz, das Lernverhalten und die Leistung bestimmt wird. Auch bei ungünstigen Kontextbedingungen kann der Bildungserfolg unerwartet stark sein, sofern hohe Ergebnisqualität gegeben ist. Dies kann zurückgeführt werden auf die pädagogische Gestaltung, Kultur und Bemühungen der jeweiligen Schule, durch welche den negativen Effekten entgegengewirkt werden kann (Holtappels et al., 2017). Die individuellen Bedürfnisse der Schüler*innen aufzugreifen und trotz der hohen Heterogenität der Lernausgangslagen Bildungserfolge zu gewährleisten, ist dabei die zentrale Herausforderung für Schulen in herausfordernder Lage.

Eine Möglichkeit zur Intervention stellt das Sozialpädagogische Teamteaching[1] dar (Kindersprachbrücke Jena, 2019). Im Kern bedeutet dies, dass Lehrkraft und Sozialpädagog*in gemeinsam Unterricht planen, umsetzen und die Schüler*innen unterstützen sowie begleiten. Die Relevanz von Teamteaching machte Halfhide bereits 2009 (S. 104) deutlich:

> In jüngster Zeit gewinnt Teamteaching in der Diskussion um integrative Schulmodelle zunehmend an Bedeutung, um zu gewährleisten, dass alle Schülerinnen und Schüler eines Lernverbandes möglichst optimale Lernchancen erhalten.

In diesem Beitrag soll anhand eines Fallbeispiels die Umsetzung des Sozialpädagogischen Teamteachings an einer Schule in herausfordernder Lage beschrieben werden. Der interprofessionelle Ansatz wurde an ausgewählten Thüringer Regelschulen eingeführt, um mit der Hilfe von Sozialpädagog*innen den risikobehafteten Kontextbedingungen im Unterricht entgegenzuwirken. Die exemplarische Schule weist eine Schüler*innenschaft mit hohem Armuts- und Migrationsanteil sowie einem hohen Anteil an Schüler*innen, die die Schule ohne

---

[1] Gefördert durch den Freistaat Thüringen aus Mitteln des Europäischen Sozialfonds Plus.

Abschluss verlassen, auf. Hinzu kommt, dass das Alter der Lehrkräfte überdurchschnittlich hoch ist. Anhand von leitfadengestützten Interviews mit Teamteachenden, Fachlehrer*innen und Klassenlehrer*innen sowie Unterrichtsbeobachtungen wurde die Interventionsmaßnahme im Jahr 2018 evaluiert. Folgenden Fragestellungen wurde nachgegangen:

- Wie findet die Umsetzung des Konzeptes *Sozialpädagogisches Teamteaching* an einer Regelschule in herausfordernder Lage in der Praxis statt?
- Welche Gelingensbedingungen werden berichtet?
- Welche Herausforderungen werden benannt?
- Welche Wirkungen, Veränderungen und Entwicklungen durch das Sozialpädagogische Teamteaching werden berichtet?

Die Möglichkeiten interprofessioneller Kooperation zwischen Lehrkräften und Sozialpädagog*innen sind eher selten Gegenstand wissenschaftlicher Forschung. Ziel des Beitrags ist daher auch, das Konzept des Sozialpädagogischen Teamteachings zu skizzieren und im Anschluss anhand der Ergebnisse der Analyse einen praxisnahen Einblick in die Maßnahme zu gewährleisten.

2 Definition Teamteaching

2.1 Allgemeine Definition

Im Allgemeinen kann man von Teamteaching sprechen, „wenn sich zwei oder mehrere Personen die Verantwortung für den Unterricht bzw. Lernprozesse aller Lernenden bestimmter Lerngruppen teilen“ (Kricke & Reich, 2016, S. 39). Dies kann sowohl mit zwei oder mehreren Fachlehrer*innen, aber auch interdisziplinär stattfinden. Dabei kann man zwischen unterschiedlichen Aufgabenbereichen der Teamteachenden in Kooperation mit der Lehrkraft unterscheiden. Beispielsweise können alle Pädagog*innen alle Aufgaben gleichermaßen ausführen oder ihre Rollen wechseln. Möglich ist aber auch, dass der Teamteachende beobachtet, unterstützt oder differenziert fördert, während die Lehrkraft unterrichtet (vgl. Kricke & Reich, 2016). Zweck und Ablauf dieser Form des Teamteachings wird im Folgenden beschrieben.

> Diese Form des Teamteachings bietet sich in Unterrichtssituationen an, in die einer/eine der Teampartner/innen eine spezielle Expertise einbringen kann. Diese Form eignet sich z. B. besonders für die Differenzierung von Lernprozessen und die Unterstützung von Lernenden mit unterschiedlichen Voraussetzungen und Bedürfnissen. Im Rahmen dieses Modells übernimmt eine Lehrperson die Leitung des Unterrichtsgeschehens, die andere Lehrkraft assistiert und bewegt sich dabei möglichst dezent im Klassenraum. Durch das Bewegen im Raum erlangt die assistierende Person einen Überblick über die Lernsituation unterschiedlicher Lernender. Sie kann Lernenden beispielsweise Hilfestellung geben, Rückfragen beantworten und darauf achten, dass alle Lernenden am Unterrichtsgeschehen teilhaben können. (Kricke & Reich, 2016, S. 46 f.)

Perez (2012, S. 41, zitiert nach Kricke & Reich, 2016) ergänzt, dass im Teamteaching „nicht nur die Durchführung, sondern auch die Vorbereitung, Planung und Auswertung der Lernprozesse gemeinsam erfolgt".

2.2 Sozialpädagogisches Teamteaching

In der aktuellen Forschung und Literatur findet selten eine Abgrenzung des Begriffs *Sozialpädagogisches Teamteaching* statt. Oftmals wurde Teamteaching im Zuge der Sonder- und Inklusionspädagogik untersucht (z. B. „Co-Teaching" von Cook & Friend, 2010; Lütje-Klose & Urban, 2014). Dieser Beitrag verlangt jedoch eine Auseinandersetzung mit der Sozialpädagogik und den im Sozialpädagogischen Teamteaching praktizierenden Sozialpädagog*innen. Besonders belastete Schulen, deren Schüler*innen aufgrund von Faktoren wie Armut, Migrationshintergrund oder bildungsferner Herkunft benachteiligt sind, benötigen Sozialpädagog*innen, „um die Verhaltensvoraussetzungen für den Schulunterricht zu schaffen und zu sichern. Sozialpädagogik leistet dabei präventive und konfliktreduzierende Erziehungsarbeit, die unter weniger problematischen Bedingungen weitgehend von den Familien geleistet wird und nur mit Einschränkungen von Lehrkräften übernommen werden kann" (Walter & Leschinsky, 2008, S. 399). Erst, wenn diese Voraussetzungen gegeben sind, kann ein effizienter Lernprozess gewährleistet werden (Walter & Leschinsky, 2008).

Um genauer auf die Kombination von Sozialpädagogik und Teamteaching einzugehen, wird sich im Folgenden auf das für die in diesem Beitrag untersuchte Maßnahme entwickelte Handbuch des Sozialpädagogischen Teamteachings der Kindersprachbrücke Jena (2019) bezogen. Grundsätzlich teilt das Konzept die gleichen Aspekte, die im vorherigen Abschnitt ausgeführt wurden, jedoch wird es durch die sozialpädagogische Dimension ergänzt. Das Sozialpädagogische

Teamteaching setzt an der Schnittstelle zwischen Jugendhilfe und Schule an und gründet sich auf die Arbeitsprinzipien laut achtem Sozialgesetzbuch sowie auf die Schulförderrichtlinie des ESF + Programms, in dem durch sozialpädagogische Unterstützung und individuelle Förderung der Schüler*innen im Unterricht ein gleichberechtigter Zugang zu Bildung unterstützt und Benachteiligungen ausgeglichen werden sollen (ESF + Schulförderrichtlinie). Die Maßnahme zielt dabei auf Klassen ab, in denen viele Schüler*innen mit besonderen Bedarfen (z. B. in Bezug auf Leistungsfähigkeit, Verhalten, Motivation) sind und aufgrund der Heterogenität eine besondere Herausforderung für die Lehrenden darstellen. In den betroffenen Klassen wird der Fokus auf die Förderung der „Sachkompetenz, Methodenkompetenz, Selbstkompetenz und Sozialkompetenz" (Kindersprachbrücke Jena, 2019, S. 8) gelegt, wobei die*der Sozialpädagog*in den Schwerpunkt vorrangig auf die letzten beiden Kompetenzen fokussiert. In Kombination mit der Sach- und Methodenkompetenz, deren Vermittlung hauptsächlich bei der Lehrkraft liegt, sollen sich beide Expertisen ideal ergänzen und den Schüler*innen eine individuelle Förderung ermöglichen. Entscheidend ist dabei, dass beide Tandempartner*innen ein gemeinsames pädagogisches Ziel verfolgen. Die Teamteachenden sind im Kollegium integriert und arbeiten mit den Fachlehrer*innen der jeweiligen Klassen zusammen. Die Aufgabe der Sozialpädagog*in liegt grundsätzlich darin, „neben der Lehrer*in als kontinuierliche Begleiter*in und zusätzliche Ansprechpartner*in für die Schüler*innen sowohl für schulische als auch persönliche Anliegen [zu agieren]" (Kindersprachbrücke Jena, 2019, S. 10). Sie motivieren die Schüler*innen, begleiten Lerngruppen, sind Gesprächspartner*in bei persönlichen Problemen, Sorgen und Fragen, und beruhigen, schlichten und deeskalieren im Fall von Konflikten. Auch eine individuelle Unterstützung und Förderung der Schüler*innen im Unterricht findet statt sowie die Übernahme einzelner Unterrichtselemente (z. B. offenes/soziales Lernen). Zentral ist ebenfalls, dass die*der Sozialpädagog*in mit den Schüler*innen die Reflektion ihres eigenen Handelns erarbeitet, um sie in ihrer Verselbstständigung zu unterstützen und darüber hinaus ihren Selbstwert zu stärken. Generell soll auch auf einen sensiblen Umgang mit kulturellen oder geschlechtsspezifischen Unterschieden geachtet werden[2] (Kindersprachbrücke Jena, 2019).

[2] Für weiterführende Informationen siehe: www.teamteaching.de/116/sozialpaedagogisches-teamteaching.

3 Hintergrund und Ablauf der Analyse

Im Rahmen der Evaluation der Teamteachingmaßnahme an einer Thüringer Regelschule wurden im April 2018 und im Mai 2019 leitfadengestützte Interviews durchgeführt. Befragt wurden zwei Klassenlehrer*innen, zwei Teamteachende, und vier Fachlehrer*innen, die in das Teamteaching in einer sechsten und achten Klasse eingebunden sind. Der Anlass der Maßnahme geht vor allem zurück auf die sozial-deprivierte Lage der Schule: Die Schüler*innenschaft ist gekennzeichnet durch einen hohen Armutsanteil, 22 % der Schüler*innen haben einen Migrationshintergrund und 12 % verlassen die Schule ohne Schulabschluss. Hinzu kommt, dass das Durchschnittsalter der Lehrer*innenschaft bei 57 Jahren liegt. Für die Beantwortung der Forschungsfragen und einen Einblick in die Maßnahme wurden vier Interviews umfassend analysiert. Drei der vier Interviews wurden ein Jahr nach Beginn der Maßnahme im Mai 2019 mit einer Klassenlehrerin und zwei Teamteachenden geführt, ein Interview kurz vor Beginn der Maßnahme im April 2018 mit derselben Klassenlehrerin. Letzteres wurde herangezogen, da so die Frage bezüglich der Entwicklung und möglicher Effekte aufgrund des Teamteachings umfassender beantwortet werden kann. Die anderen drei Interviews geben angesichts der einjährigen Erfahrung der Lehrkräfte und Sozialpädagog*innen im Sozialpädagogischen Teamteaching umfassende Informationen zur Beantwortung der oben benannten Fragen mit Berücksichtigung möglicher differenzierter Perspektiven von Teamteachenden und der Klassenleitung.

Die methodische Grundlage der Analyse bildet die Qualitative Inhaltsanalyse nach Mayring (2010). Sie eignet sich für die hier vorgestellte Forschungsarbeit, da große Textmengen systematisch und mit Bezug auf die Theorie bearbeitet werden und umfassende Inhalte auf ihre Kernaussagen reduziert werden können (Aeppli et al., 2016). Wichtig ist dabei die Regelgeleitetheit des Vorgehens, welche durch die Festlegung eines Ablaufmodells und die Erstellung eines Kategoriensystems gewährleistet wird (vgl. Mayring, 2010). Das Kategoriensystem beinhaltet insgesamt acht Oberkategorien, die zum Teil in weitere Unterkategorien differenziert wurden. Die Kategorien orientieren sich an den Leitfragen des Interviews und wurden anhand der Schilderungen der Befragten weiterentwickelt. Auf diese Weise konnten alle Aussagen berücksichtigt und gleichzeitig strukturiert zusammengefasst werden. Im Folgenden werden die anhand des Kategoriensystems extrahierten Kernaussagen dargelegt und in Beziehung zu bestehenden theoretischen und empirischen Befunden gesetzt.

4 Ergebnisse & Diskussion

Zunächst zeigen die Informationen bezüglich der Schüler*innenschaft sowie die Aussagen der Interviewten zur Ausgangslage vor dem Beginn der Maßnahme das Ausmaß der Benachteiligungen dieser Schule bzw. Klasse. Diese Benachteiligung scheint sich aufgrund fehlender Unterstützung im Umgang mit der Heterogenität der Klasse manifestiert zu haben. Der hohe Anteil an Schüler*innen mit besonderem Förderbedarf sowie geflüchteten Kindern und Jugendlichen gelten dabei als mögliche Risikofaktoren. Laut Faber (2013) sowie Groos und Jehles (2015) können aufgrund der risikobehafteten Schüler*innenmerkmale negative Kompositionseffekte auftreten. Hinzu kommen weitere berichtete Faktoren, wie die erhöhte Aggressivität einiger Schüler*innen, unbearbeitete Konflikte aus der Phase des Übergangs von der Grundschule zur Regelschule, oder die mangelnde Bereitschaft im Lehrkollegium, die stellvertretende Klassenleitung in dieser Klasse zu übernehmen. Die hohe Belastung der Klassenlehrer*innen beider Klassen und häufige Eskalationen in der Klasse führten dazu, dass eine Unterstützung in Form des Sozialpädagogischen Teamteachings angefragt wurde. Im Folgenden werden die Befunde entlang der zuvor festgelegten Unterfragen diskutiert, also anhand der Themen Gelingensbedingungen, Herausforderungen sowie wahrgenommene Wirkungen der Maßnahme.

Gelingensbedingungen
Die Befragten nennen als wichtige Rahmenbedingung das Festlegen von regelmäßigen Absprachen zwischen den Tandempartner*innen, dessen Notwendigkeit bereits von Kiehl-Will (2014) und Kohl und Brors (2016) verdeutlicht wurde. Den Ergebnissen nach ist wichtiger Bestandteil der Absprachen das Geben und Erhalten konstruktiver Kritik, das Bewahren von Transparenz und Offenheit sowie das gegenseitige Annehmen von Vorschlägen und Impulsen. Aus der Literatur wird auch ersichtlich, dass Kompromissbereitschaft sowie das Ansprechen von Differenzen ausschlaggebend für eine erfolgreiche Zusammenarbeit ist (Kricke & Reich, 2016; Salend et al., 1997). Dieser Austausch, so berichten die Befragten, sollte auch im Unterricht weiter bestehen bleiben. Nach Halfhide (2009) wird auf diese Weise eine aktive Gestaltung der Unterrichtssituation gewährleistet. Dabei machen die Befunde deutlich, dass ein gemeinsames Ziel bzw. eine offene und positive Haltung zueinander und der Maßnahme gegenüber Bedingung für ihren Erfolg ist, was durch die theoretische, empirische und praxisorientierte Literatur untermauert wird (Alsarawi, 2019; Kindersprachbrücke Jena, 2019). Als weitere Gelingensbedingung wird eine positive Einstellung der Lehrer*innen zur Teamteachingmaßnahme genannt, sowie

eine generelle Bereitschaft des Kollegiums zur multiprofessionellen Kooperation. Dies umschließt auch weitere Instanzen, wie die Schulleitung, Schulsozialarbeiter*innen und das Jugendamt. Eine weitere berichtete Gelingensbedingung ist zum einen der Aspekt, dass jeweils mindestens zwei Teamteachende an einer Schule tätig sind. Die Teamteachenden begründen dies damit, dass sie sich untereinander beraten und aus der professionellen Perspektive der Sozialpädagog*innen heraus unterstützen können. Des Weiteren wird der Einsatz von Teamteachenden, die z. B. aufgrund ihres Alters näher an der Lebensrealität der Schüler*innen sind als Lehrer*innen, die ihre letzten Berufsjahre absolvieren, genannt, da die zum Teil traditionelleren Ansätze und Methoden der Lehrkräfte aufgelockert werden.

Herausforderungen
Kohl und Brors (2016) betonen die Notwendigkeit, insbesondere zu Beginn der multiprofessionellen Zusammenarbeit für ausreichend Kapazität in Bezug auf Absprachen zu sorgen. Die Lehrkräfte berichteten von Schwierigkeiten diesbezüglich, wodurch kaum Vorbereitung auf die Maßnahme stattfinden konnte. Auch darüber hinaus ist eines der gravierendsten Probleme bei der Umsetzung der Maßnahme die zeitliche Organisation von Absprachen. Die Ergebnisse zeigen, dass an dieser Schule weder ein geregeltes System besteht noch ein fester Besprechungsraum, der dafür genutzt werden kann. Die Befragten berichten von mangelnder Zeit für Zusammenkünfte sowie fehlenden Absprachen und Informationen. Diese sollten in jedem Fall gegeben sein, um einen abgestimmten Ablauf im Unterrichtsgeschehen und in der generellen Kooperation zu gewährleisten (Kohl & Brors, 2016). Anknüpfend daran zeigte sich, dass die Aufgaben oder Rollen nicht systematisch aufgeteilt wurden bzw. nur oberflächlich, weshalb es teilweise zu einer mangelnden Rollenklarheit kam. Bereits Sevakis und Harris (1992) machten deutlich, dass dies noch vor oder zu Beginn der Zusammenarbeit gemeinsam festgelegt werden sollte. Weitere Inhalte, die fester Bestandteil der Absprachen sein sollten, sind genaue Vorbereitungen der Unterrichtsgestaltung, das Feiern gemeinsamer Erfolge und Reflektion (Halfhide, 2009). Zwar werden viele Themen und Inhalte von den Befragten genannt, jedoch scheinen diese in Besprechungen eher willkürlich aufgegriffen zu werden. Eine weitere berichtete Herausforderung besteht darin, dass die pädagogische Auffassung und jeweiligen professionellen Ziele zwischen Teamteachenden und Lehrer*innen als sehr unterschiedlich wahrgenommen werden. Dies stellt jedoch eine relevante Voraussetzung dar, da nur so die unterschiedlichen Expertisen von beiden Professionen optimal eingesetzt werden können. Zu diesem Zweck sollte idealerweise ein gemeinsam entwickelter Plan zur Verfolgung und Dokumentation der Ziele erstellt werden (Kindersprachbrücke Jena, 2019). Es wird

ersichtlich, dass der Mangel an Zeit und die damit verbundenen fehlenden Absprachen ausschlaggebend für die berichteten Hindernisse sind. Aus den Befunden geht jedoch ebenfalls hervor, dass alle Befragten sich mehr Kooperation und Austausch untereinander wünschen und diese als essenziell ansehen. Die berichteten Probleme in der Umsetzung sind somit auf die fehlende konzeptionelle Verankerung von verbindlichen Treffen zurückzuführen, woraus sich die Notwendigkeit ableiten lässt, dass die in der Verantwortung stehende Schulleitung die Kontinuität und Verbindlichkeit der Absprachen gewährleisten muss (Kiehl-Will, 2014). Die ungenügenden strukturellen Voraussetzungen sind allerdings kein unbekanntes Problem. In einer Befragung aus dem Jahr 2015 gab die Mehrheit der befragten Lehrenden an, dass sie im inklusiven Bildungssetting unzufrieden mit den schulischen Bedingungen sind, was auf ein weitreichendes strukturelles Problem verweist (Verband Bildung & Erziehung, 2015). Der zuvor berichtete Aspekt, dass aufgeschlossenere und den Schüler*innen näherstehende Teamteachende die eher konventionellen Unterrichtsstrukturen auflockern können, wird gleichzeitig als Herausforderung wahrgenommen. Als besonders problematisch wird die zum Teil mangelnde Bereitschaft für Teamarbeit sowie Offenheit gegenüber den Teamteachenden und Schüler*innen von Seiten der Lehrer*innen beschrieben, die die Teamteachenden erlebten. Dieser Aspekt könnte ebenfalls ausschlaggebend für das schwierige Verhältnis zwischen Schüler*innen- und Lehrer*innenschaft sein, welches durch die Teamteachenden beobachtet wurde. Den Ergebnissen zufolge schaffen es viele Lehrer*innen nicht ausreichend auf die Bedürfnisse der Schüler*innen einzugehen und arbeiten eher gegen- als miteinander. Der Mangel an Bereitschaft ist ebenfalls Grund dafür, dass die Schulklassen keinen eigenen Klassenraum haben, da sich kaum für eine Verbesserung der Lernbedingungen eingesetzt wird. Auch leichte Ansätze von Etikettierungs- und Kategorisierungsprozessen in Bezug auf die Schüler*innen- und Elternschaft durch einzelne Lehrer*innen konnten vernommen werden, was eine ebenfalls zu bewältigende Hürde im Sinne des Aufbaus einer positiven Beziehung darstellt (Bremm et al., 2016; UNESCO, 2022). Es ist festzuhalten, dass genau diese Sensibilität bezüglich der Bedürfnisse der Schüler*innen Voraussetzung für das Gestalten eines inklusiven Bildungssettings ist. Eine beobachtete Herausforderung für die Lehrkräfte ist außerdem das Teilen der Verantwortung und Abgeben der Kontrolle an die Teamteachenden. Viele fühlen sich zunächst durch eine zweite Pädagog*in außen vor, denken, sie werden beobachtet oder sind verunsichert. Auch Kricke und Reich (2016) bestätigen, dass Teamteaching eine ungewohnte Situation für die Lehrkräfte, die als Einzelkämpfer*innen gelten, darstellt.

Wahrgenommene Wirkungen
Die Befragten nehmen insgesamt positive Effekte auf die Schüler*innen und Lehrkräfte wahr. Besonders durch die differenzierte und individuelle Förderung in der Einzelarbeit, in der die Kinder erhöhte Aufmerksamkeit erfahren, können die Schüler*innen konzentrierter im Unterricht arbeiten. Auch die Verfügbarkeit einer weiteren Bezugsperson scheint eine wichtige Rolle zu spielen (Schwager, 2011, zitiert nach Kiehl-Will, 2014). So wurden positive Veränderungen in Bezug auf die Offenheit der Schüler*innen sowie deren Humor- und Vertrauensebene beobachtet. Da die Teamteachenden den Lernenden viel Verständnis und Respekt entgegenbringen, erfüllen sie die Notwendigkeit, ohne Wertung die Bedürfnisse der heterogenen Schüler*innenschaft wahrzunehmen und auf sie einzugehen, was somit zu ihrer gesteigerten Offenheit geführt haben könnte (Halfhide, 2009; UNESCO, 2022). Zusätzlich wirken sie damit der eher kontraproduktiven Wertehaltung mancher Lehrkräfte, die zuvor thematisiert wurde, entgegen. Ebenfalls wurde von einer erhöhten Selbstständigkeit und Reflektionsfähigkeit der Schüler*innen berichtet, deren Vermittlung zu den zentralen Aufgaben eines sozialpädagogischen Teamteachenden gehört (Kindersprachbrücke Jena, 2019). Positiv verändert hat sich nach Angaben der Befragten ebenfalls das für die Schüler*innen vorherrschende Lernsetting. Es wird berichtet, dass die Schüler*innen den projektorientierten Unterricht als sehr bereichernd wahrnehmen und auch die regelmäßigeren Gruppenarbeiten zu einer verbesserten Lernatmosphäre beitragen. Durch die Auflockerung der Unterrichtssituation und der gesteigerten Offenheit der Lehrkräfte hat sich ebenso das Verhältnis der Schüler*innen zu den Lehrenden positiv verändert. Auch aus der Schüler*innenperspektive konnte dies bestätigt werden. Innerhalb eines Gruppeninterviews äußerten sich die Schüler*innen der jeweiligen Klassen, dass sie die Anwesenheit der Teamteachenden als Bereicherung ansehen und sich die Beziehungsebene untereinander sowie zu den Lehrkräften verbessert hat (Sommer et al., 2020). Auch die Kooperation mit den Sorgeberechtigten hat sich durch das Engagement der Teamteachenden positiv weiterentwickelt, welche nach Fend (2000) ein Kriterium guter Schulen ist. Sie ermöglichten einen regelmäßigen Austausch, durch den die Sorgeberechtigten individuelle Rückmeldungen und eine differenzierte Beratung in Bezug auf ihre Kinder erhielten. Trotz der vielen positiven Effekte zeigen die Ergebnisse auch unveränderte Aspekte. Berichtet wurde von einem immer noch mangelnden Zusammenhalt und Respekt innerhalb der Klasse, sowie fehlender Harmonie und nach wie vor teilweise unberechenbar eskalierenden Konflikten zwischen den Schüler*innen. Der mangelnde Erfolg in diesen Bereichen könnte zurückzuführen sein auf die zuvor beschriebenen Probleme, wie beispielsweise die ausbaufähige Organisation und

Kommunikation der Teamteachingtandems oder die fehlende Sensibilität mancher Lehrer*innen in Bezug auf die Schüler*innen. Andererseits wies eine der Klassen schon vor der Intervention eine extreme Konflikthaftigkeit auf, und es ist nicht bekannt, wie sich Teamteaching in Schulen dieses Kontextes auswirken würde, wenn alle bekannten Gelingensbedingungen erfüllt wären. Trotz dessen kann festgestellt werden, dass die positiven Auswirkungen auf die Schüler*innen überwiegen und dass deutliche Veränderungen von allen Beteiligten wahrgenommen wurden. Dies zeigt, dass (sozialpädagogische) Teamteachende eine bedeutende Ressource für Schulen in herausfordernder Lage darstellen. Die wahrgenommenen Wirkungen auf die Lehrkräfte werden ebenfalls als positiv beschrieben. Der Hauptaspekt ist die erhebliche Entlastung, die die Lehrer*innen durch die geteilte Verantwortung erleben, was zuvor bereits durch viele Forschende festgestellt wurde (Halfhide, 2009; Kiehl-Will, 2014; Kohl & Brors, 2016; Kricke & Reich, 2016). Die Ergebnisse zeigen, dass das Erleben von Stress abnimmt und sich gleichermaßen die Freude an der eigenen beruflichen Tätigkeit erhöht. Auch Halfhide (2009) und Kiehl-Will (2014) bestätigen dies und machen deutlich, dass diese gegenseitige Unterstützung insbesondere in unberechenbaren Situationen, wie sie auch von den Befragten berichtet wurden, von Vorteil ist. Die Befunde zeigen, dass die Lehrer*innen ebenfalls mehr Informationen und Rückmeldungen in Bezug auf eine Vielzahl an Aspekten erhalten. Dazu gehören Informationen über Schüler*innen, Feedback, Kritik, Lob sowie neue professionelle Perspektiven. Dies führt ebenso zu einer Reflektion des eigenen Handelns (Kiehl-Will, 2014). Die Zusammenarbeit der Tandempartner*innen hat sich über die Zeit zudem weiterentwickelt. Positive Veränderungen ergaben sich demnach primär in der gegenseitigen Offenheit und Verständigung miteinander sowie in der wahrgenommenen positiven Einstellung mancher Lehrer*innen zum Teamteachenden. Auch eine negative Entwicklung der Zusammenarbeit mit einer Fachlehrer*in wurde berichtet, in welcher die Lehrkraft schon seit Beginn eher unkooperativ agiert hat. Trotz der Bemühungen des Teamteachenden hat sich die Kommunikation mit der Zeit minimiert und die Unzufriedenheit des Teamteachenden wuchs. Dies verweist auf die Voraussetzung für erfolgreiche Zusammenarbeit, sich auf die ungewohnte Situation einzulassen und offen für neue Perspektiven zu sein. Eine Studie von Jurkowski und Müller (2018), in der die Zusammenarbeit zwischen zwei Lehrkräften untersucht wurde, zeigte, dass kaum Kooperation zwischen dem interdisziplinären Tandem vorhanden war und sich zudem nicht weiterentwickelte. Die Autorinnen zeigten auf, dass Schüler*innen dies bemerken, wodurch der Einfluss und die Wichtigkeit der Kooperation beider Teamteachenden unterstrichen wird. Die Befunde der hier vorgestellten Untersuchung demonstrieren jedoch auch, dass sich bei anderen

Lehrenden die Teamfähigkeit zum Positiven hin entwickelte, obwohl auch sie zuvor Unsicherheiten bezüglich der eingeschränkten Autonomie hegten.

5 Fazit und Ausblick

Ziel dieses Beitrags ist es, einen umfassenden Eindruck der Umsetzung der Teamteachingmaßnahme an einer Regelschule in herausfordernder Lage in Deutschland zu erhalten und Möglichkeiten sowie Herausforderungen der interprofessionellen Kooperation aufzuzeigen. Hierfür wurden anhand von Leitfadeninterviews eine Klassenleiterin sowie zwei Teamteachende dieser Schule zu ihrer Tätigkeit befragt. Die Ergebnisse zeigen, dass regelmäßige Absprachen und Austausch, ein gemeinsames Ziel, Bereitschaft zur Kooperation im gesamten Kollegium sowie die Beschäftigung von zwei Teamteachenden an einer Schule als Gelingensbedingungen beschrieben werden. Als Herausforderungen zeigen sich ein Mangel an Zeit, Organisation und Absprachen, da zum Zeitpunkt der Befragung kein geregeltes System, keine Verankerung in der Konzeption und kein fester Raum zu diesem Zweck vorhanden ist. Hinzu kommt die zum Teil mangelnde Offenheit und Bereitschaft einiger Lehrer*innen, die gegebenenfalls das Finden einer gemeinsamen Ebene verhindert. Zu den berichteten Wirkungen lässt sich festhalten, dass sich bei den Schüler*innen Verbesserungen in ihrer Lern- und Sozialkompetenz zeigten und sie mehr Lernmöglichkeiten durch veränderte Settings sowie ein anregenderes Umfeld erhalten (Projektarbeit, Gruppenarbeiten). Auch generell entwickelte sich das Klima der Schule zum Positiven und nähert sich, wenn auch nur langsam, einem optimalen inklusiven Bildungssetting an. Sofern Offenheit und Kooperation im Teamteachingtandem gegeben sind, profitieren auch die Lehrkräfte von den benannten Wirkungen. Im Kern bestehen diese aus Entlastung, mehr Freude im Unterricht und dem Erhalten von wichtigen Informationen und Rückmeldungen. In der bisherigen Forschung zum Thema Teamteaching lag der Fokus weitestgehend auf inklusiven Settings im engen Sinne, und nicht auf Schulen im Kontext herausfordernder Problemlagen in Kooperation mit Sozialpädagog*innen. Dieser Beitrag gibt Hinweise auf die Wirksamkeit des Sozialpädagogischen Teamteachings und fordert zur weiteren Forschung auf.

Insgesamt knüpfen die Ergebnisse weitestgehend an den aktuellen Forschungsstand an, jedoch geben manche Aspekte Anstöße für weiterführende Forschung und Diskussionen. Zum einen wäre es sinnvoll, die Zusammenarbeit der verschiedenen Instanzen (Schulleitung, Kollegium, Jugendamt, etc.) im Hinblick auf das Sozialpädagogische Teamteaching und Schulerfolg genauer zu untersuchen, da dies in der Literatur eher selten thematisiert wird. Inwiefern der höhere Lebensweltbezug der Teamteachenden Einfluss auf den Erfolg oder Misserfolg der Maßnahme nimmt, sollte in Zukunft ebenfalls näher beleuchtet werden. Nicht nur in Bezug auf die Teamteachingmaßnahme, sondern auch im regulären Lehrbetrieb scheint ein durchgängig hohes Durchschnittsalter der Lehrenden herausfordernde Kontextbedingungen zu verstärken. Bezüglich der Wirkungen des Teamteachings in diesem Kontext wäre es sinnvoll, weitere Untersuchungen an ähnlichen Schulen durchzuführen, um einen generellen Maßstab entwickeln zu können, ob und ggf. welche Erfolge unter welchen Bedingungen erreicht werden können. Auch für die schulische Praxis lassen sich Handlungsempfehlungen ableiten. Zunächst sollten entsprechende übergeordnete Instanzen, wie die Schulleitung, eine angemessene Struktur für Kooperation gewährleisten und durchsetzen. Dazu gehören beispielsweise ausreichend zeitliche und räumliche Ressourcen sowie verbindliche Termine für Besprechungen, die im Stundenplan verankert sind. In Bezug auf Schulen in herausfordernder Lage lässt sich feststellen, dass sich Sozialpädagogisches Teamteaching am Beispiel einer Thüringer Regelschule als effektive Interventionsmaßnahme bewährt hat. Die Befunde weisen darauf hin, dass sie eine bedeutende Ressource im Hinblick auf Bildungsungleichheit darstellen kann.

Literatur

Aeppli, J., Gasser, L., Tettenborn, A., & Gutzwiller, E. (2016). *Empirisches wissenschaftliches Arbeiten: Ein Studienbuch für die Bildungswissenschaften* (4. Aufl., Bd. 4201). Klinkhardt.

Alsarawi, A. (2019). A process, framework, and set of tools for facilitating co-planning among co-teachers. *International Journal of Whole Schooling, 15*(2), 1–23.

Bremm, N., Klein, E. D., & Racherbäumer, K. (2016). Schulen in „schwieriger" Lage?! Begriffe Forschungsbefunde und Perspektiven. *Die deutsche Schule, 108*(4), 323–339.

Cook, L., & Friend, M. (2010). The state of the art of collaboration on behalf of the children with disabilities. *Journal of Educational and Psychological Consultation, 20*, 1–8.

Faber, G. (2013). Klassenzusammensetzung als Kontextfaktor für die Leistungs- und Selbstkonzeptentwicklung. In R. Becker & A. Schulze (Hrsg.), *Bildungskontexte: Strukturelle Voraussetzungen und Ursachen ungleicher Bildungschancen* (S. 325–351). Springer VS.

Fend, H. (2000). Qualität und Qualitätssicherung im Bildungswesen. Wohlfahrtsstaatliche Modelle und Marktmodelle. In A. Helmke, W. Hornstein, & E. Terhart (Hrsg.), *Qualität und Qualitätssicherung im Bildungsbereich; Schule, Sozialpädagogik, Hochschule* (S. 55–72). Beltz.

Groos, T., & Jehles, N. (2015). *Der Einfluss von Armut auf die Entwicklung von Kindern: Ergebnisse der Schuleingangsuntersuchung. Arbeitspapiere wissenschaftliche Begleitforschung „Kein Kind zurücklassen!" Werkstattbericht.* https://www.bertelsmann-stiftung.de/fileadmin/files/BSt/Publikationen/GrauePublikationen/03_Werkstattbericht_Einfluss_von_Armut_final_Auflage3_mU.pdf.

Halfhide, T. (2009). Teamteaching. In S. Fürstenau (Hrsg.), *Lehrbuch. Migration und schulischer Wandel: Unterricht* (1. Aufl., S. 103–120). VS Verlag.

Holtappels, H. G., Webs, T., Kamarianakis, E., & van Ackeren, I. (2017). Schulen in herausfordernden Problemlagen – Typologien, Forschungsstand und Schulentwicklungsstrategien. In V. Manitius & P. Dobbelstein (Hrsg.), *Beiträge zur Schulentwicklung. Schulentwicklungsarbeit in herausfordernden Lagen* (S. 17–35). Waxmann.

Jurkowski, S., & Müller, B. (2018). Co-teaching in inclusive classes: The development of multiprofessional cooperation in teaching dyads. *Teaching and Teacher Education, 75,* 224–231. https://doi.org/10.1016/j.tate.2018.06.017

Kiehl-Will, A. (2014). Kooperation in der Schule. In I. Krämer-Kılıç (Hrsg.), *Gemeinsam besser unterrichten: Teamteaching im inklusiven Klassenzimmer* (S. 10–28). Verlag an der Ruhr.

Kindersprachbrücke Jena. (2019). *Handbuch Sozialpädagogisches Teamteaching.* Unveröffentlichtes Arbeitspapier.

Kohl, B., & Brors, S. (2016). Teamteaching konkret – Eine Sprachheilpädagogin und eine Grundschulpädagogin berichten von ihren Erfahrungen. In U. Stitzinger, S. Sallat, & U. Lüdtke (Hrsg.), *Sprache und Inklusion als Chance?! Expertise und Innovation für Kita, Schule und Praxis* (1. Aufl., S. 95–98). Schulz-Kirchner.

Kricke, M., & Reich, K. (2016). *Teamteaching: Eine neue Kultur des Lehrens und Lernens.* Beltz.

Lütje-Klose, B., & Urban, M. (2014). Professionelle Kooperation als wesentliche Bedingung inklusiver Schul- und Unterrichtsentwicklung. Teil 1: Grundlagen und Modelle inklusiver Kooperation. *Vierteljahresschrift für Heilpädagogik und ihre Nachbargebiete, 83*(2), 112–123.

Mayring, P. (2010). *Qualitative Inhaltsanalyse: Grundlagen und Techniken* (11. Aufl.). Beltz.

Perez, K. (2012). *The Co-Teaching Book of Lists.* Jossey-Bass teacher.

Salend, S. J., Johansen, M., Mumper, J., Chase, A. S., Pike, K. M., & Dorney, J. A. (1997). Cooperative teaching: The voices of two teachers. *Remedial and Special Education.* https://doi.org/10.1177/074193259701800103.

Sevakis, P., & Harris, G. (1992). Coteaching: Uniting the expertise of regular and special education for language arts instruction and remediation. *Reading and Writing Quarterly, 8*(1), 57–70.

Sommer, S., Czempiel, S., Lipowski, K., & Wiegleb, M. (05. Februar 2020). *Evaluation der Sozialpädagogischen Teamteachingmaßnahme an der Thüringer Regelschule.* Fachgespräch SP Teamteaching, TMBJS/Erfurt.

Thüringer Ministerium für Bildung, Jugend und Sport (TMBJS, 2022). *Richtlinie des Freistaats Thüringen über die Gewährung von Mitteln aus dem Europäischen Sozialfonds Plus (ESF+) zur Steigerung der Chancengleichheit und Bildungsgerechtigkeit gemäß dem Programm ESF+ Thüringen 2021–2027 (ESF+ Schulförderrichtlinie).* https://www.esf-thueringen.de/fileadmin/Richtlinien/ESF_Schulfoerderrichtlinie.pdf.

UNESCO. (2022). *Inklusive Bildung.* https://www.unesco.de/bildung/inklusive-bildung.

Verband Bildung und Erziehung. (2015). FORSA-Lehrerbefragung im Auftrag des VBE zur inklusiven Beschulung. *Schule heute, 55,* 4–6.

Walter, P., & Leschinsky, A. (2008). Überschätzte Helfer? Erwartungen an die Sozialpädagogik in der Schule. *Zeitschrift für Pädagogik, 54*(3), 396–415.

Anastasia Kacugin Perez ist Studentin an der Universität Erfurt des Masterstudiengangs Psychologie mit dem Schwerpunkt Lehren, Lernen und Kompetenzentwicklung.

Kontakt: a.kacugin@yahoo.de

Stefanie Czempiel ist wissenschaftliche Mitarbeiterin an der Friedrich-Schiller-Universität Jena. Ihre Arbeitsschwerpunkte sind multiprofessionelle Kooperation in der inklusiven Schule, inklusive Schul- und Unterrichtsentwicklung und Inklusion in der Lehrer*innenbildung.

Kontakt: stefanie.czempiel@uni-jena.de

Katrin Lipowski leitet das Programm Sozialpädagogisches Teamteaching bei der Kindersprachbrücke Jena. Ihre Arbeitsschwerpunkte im Programm liegen in der fachlichen und wissenschaftlichen Prozessbegleitung und im Qualitätsmanagement.

Kontakt: katrin.lipowski@kindersprachbruecke.de

„Mit der Manege haben wir die Welt gesehen.“ – Partizipative und lebensweltorientierte Bildung durch die offene Kinder- und Jugendarbeit der Manege (Campus Rütli)

Robert Kruschel und Nico Leonhardt

Zusammenfassung

Im Kontext von Bildungsgerechtigkeit und inklusiver Sozialraumorientierung, spielt die Vernetzung von verschiedenen Bildungsakteuren eine zentrale Rolle. Neben der Schule als Institution sind Akteure der Kinder- und Jugendarbeit von entscheidender Bedeutung, Kindern und Jugendlichen inklusive Bildungschancen zu ermöglichen. Bei dieser Vernetzung treffen teils sehr unterschiedliche Traditionen und Logiken aufeinander, die gemeinsame Entwicklungsprozesse durchaus herausfordern können. Der vorliegende Beitrag richtet dabei den Fokus auf einen Akteur der offenen Kinder- und Jugendarbeit, der ‚Manege‘ im Campus Rütli. Die Erkenntnisse aus dem Gespräch mit dem Leiter der Einrichtung, zur Entstehung, aktuellen Projekten sowie Herausforderungen (auch im Kontext eines Stadtteils in herausfordernder Lage), werden theoretisch gerahmt und in bisherige fachliche Aspekte eingeordnet.

Schlüsselwörter

Kinder- und Jugendarbeit • Bildungsnetzwerke • Partizipation

R. Kruschel (✉)
Leipzig, Deutschland
E-Mail: robkru@icloud.com

N. Leonhardt
Institut für Förderpädagogik, Universität Leipzig, Leipzig, Deutschland
E-Mail: nico.leonhardt@uni-leipzig.de

S. Schuppener et al. (Hrsg.), *Inklusive Schule im Sozialraum*,
https://doi.org/10.1007/978-3-658-42158-8_18

1 Einleitung

In eine vielfältige Diskussion um den Bildungsbegriff in den letzten Jahrzehnten reihen sich auch Debatten über eine stärkere Vernetzung von formalen, non-formalen und informellen Bildungssettings, „jenseits einer singulären institutionellen Verortung" ein (Zipperle, 2021, S. 1036). So werden nach „einer anfänglich eher institutionell und schulbezogen geführten Diskussion" inzwischen beispielsweise sogenannte Bildungslandschaften „auf der Grundlage eines breiten Bildungsbegriffs diskutiert" (Deinet, 2013, S. 817). Dabei gerät auch die Kinder- und Jugendarbeit (KJA) als „drittes Feld von Erziehung und Bildung" (Sturzenhecker & Deinet, 2018, S. 694) in den Fokus bildungspolitischer Debatten, was insbesondere auch mit einem „schleichenden Paradigmawechsel vom ‚Hilfeparadigma' zum ‚Bildungsparadigma' einhergeht und die KJA dadurch zu einem wesentlichen Bestand von Bildungsnetzwerken geworden ist" (Sting & Sturzenhecker, 2013, S. 375). Im Kontext solcher Netzwerkstrukturen sind besonders Kooperationserfahrungen zwischen KJA und Schule ein in den letzten 20 Jahren weithin „diskutiertes und [...] erprobtes Feld" (Zipperle, 2021, S. 1029). Dies bleibt aus der tradierten Entstehung der beiden Bereiche und deren unterschiedliche Bildungsansätze/-verständnisse nicht ohne Spannungen oder auch ‚Gefahren', bietet jedoch auch mit Blick auf die (Bildung-)Biographien der Kinder und Jugendlichen enormes Potenzial (vgl. u. a. Zipperle, 2021). Die Kooperationsformate haben sich dabei über die Jahre sehr stark von Einzelkooperationen bis hin zu überwiegend systematisch-strukturellen Formen verändert und lassen sich aktuell in unterschiedliche Bereiche einteilen (Zipperle, 2021 mit Bezug auf Deinet et al., 2010):

- Parallel-thematisch orientierte Projektkooperationen,
- Jugendarbeit als interessanter Ort außerhalb von Schule, aber mit Schulbezug,
- Kontinuierliche Kooperationen mit der Ganztagsschule,
- Jugendarbeitsübergreifende Stadtteilkooperationen.

Besondere Chancen bietet die KJA im Bereich solcher Netzwerkstrukturen mit dem Fokus auf sozialraumorientierte Ansätze, die in diesem Bereich in den letzten Jahren umfänglich diskutiert wurden (vgl. u. a. Zipperle, 2021). Sozialraumorientierung stellt dabei kein „inhaltliches Konzept" dar, sondern beschreibt vielmehr einen „Weg der Konzeptentwicklung" (Deinet & Krisch, 2013, S. 316 f.). Dabei werden „subjektive Bildungsprozesse [...] als sozial-räumliche Aneignungsprozesse [betrachtet], die eingelagert sind in den gesellschaftlichen Räumen bzw. den Räumen, die sich Kinder und Jugendliche schaffen" (Deinet, 2013,

S. 821). Insbesondere die Offene KJA hat dabei die Möglichkeit „Bildungsorte und -räume mehrdimensional zu denken" und diese Perspektiven auf die Lebenswelten der Kinder und Jugendlichen in vernetzte Bildungsprozesse einzubringen (Deinet, 2013, S. 821). Sozialraumorientierte KJA kann hier bei folgenden Aspekten als sehr bedeutende „Ergänzung des überwiegend formalen Lernens in der Schule" betrachtet werden:

- „Unterstützung bei der Bewältigung von Lebenssituationen" und beim „Übergang zwischen Schule und Beruf"
- Schaffung von Räumen, die „Bildungsmöglichketen beinhalten, die [...] von den Lebenswelten der Kinder und Jugendlichen ausgehen können"
- Unterstützung von „Aneignungs- und Bildungsprozessen auch außerhalb ihrer Orte" (z. B. im öffentlichen Raum) (Deinet, 2008, S. 473)

Diesen Ausführungen folgend rückt dieser Beitrag am Beispiel der ‚Manege' im Bildungsnetzwerk ‚Campus Rütli' den außerschulischen Akteur der offenen Kinder- und Jugendarbeit in den Fokus und reflektiert dabei insbesondere dessen Potenzial für sozialraumorientierte Prozesse. Im Gespräch mit dem Leiter der Einrichtung wird deutlich, welchen Einfluss auf inklusive Bildungsprozesse eine ernst gemeinte, partizipativ gestaltete außerschulische Begleitung Heranwachsender haben kann. Der Beitrag schließt mit einem einordnenden Fazit zur Sozialraumorientierung.

2 Campus Rütli – Sozialräumliche Vernetzung in einem Berliner Stadtviertel in herausfordernder Lage

Die Rütli-Hauptschule sorgte im Jahr 2006 auch abseits des erziehungswissenschaftlichen Diskurses für mediale Aufmerksamkeit. In ihrem ‚Brandbrief' beklagen die Lehrer*innen der im Reuterkiez, im Norden des Berliner Bezirks Neukölln, gelegenen Schule die wachsende „Aggressivität, Respektlosigkeit und Ignoranz [...] Erwachsenen gegenüber", „Gewaltbereitschaft" und ein „Verhalten im Unterricht[, das] durch totale Ablehnung des Unterrichtsstoffes und menschenverachtendes Auftreten" (SPIEGEL, 2006, o.S.) geprägt ist. Sie stellen konsterniert fest, dass „die Hauptschule am Ende der Sackgasse angekommen ist und es keine Wendemöglichkeit mehr gibt" (SPIEGEL, 2006, o.S.) und fordern daher umgehend personelle und materielle Unterstützung. Dieser Brief erfährt ein deutliches mediales Echo und führt tatsächlich zu massiven Veränderungen. Die

Berliner Bildungspolitik beschließt die Entwicklung einer Bildungslandschaft am Standort der Schule sowie der Nachbarschulen mit der Bezeichnung ‚Campus Rütli'. Dieser verbindet nun seit 2007

> Schule, Kinder- und Jugendarbeit, frühkindliche und Erwachsenenbildung sowie kulturelle und Gesundheitsbildung. Diese Vielseitigkeit erfordert viele Partner, unter anderem eine Gemeinschaftsschule, zwei Kindertagesstätten, eine offene Jugendfreizeiteinrichtung, eine Elterninitiative, die Volkshochschule, den Kinder- und Jugendgesundheitsdienst sowie die Musikschule. (Heinrich, 2018, S. 5)

An der Konzeption und Realisierung des Campus sind nicht nur die Akteure der Bildung, Betreuung und Erziehung von Kindern und Jugendlichen beteiligt, sondern auch die der Stadtplanung:

> Getragen von dem Leitgedanken *‚Kein Kind, kein Jugendlicher geht verloren!'* soll auf dem Campus Rütli – CR^2 ein umfassendes und integriertes Bildungs- und Sozialisationsangebot geschaffen werden, damit Kinder und Jugendliche ohne Brüche gesund aufwachsen und sie sowie ihre Familien eine bestmögliche individuelle Förderung erhalten – entsprechend ihren Begabungen und Bedarfen. (Campus Rütli, o. J.a, o.S.)

In den letzten Jahren ist eine deutliche Veränderung des Stadtteils zu beobachten, die mit dem Begriff ‚Gentrifizierung' beschrieben werden kann. Dieser Prozess führt zu steigenden Mieten und einer damit einhergehenden Verdrängung der angestammten Bevölkerung (Waldmann, 2017, o. S.).

Die offene Kinder- und Jugendarbeit im Campus wird dabei vom Freizeitzentrum ‚Manege' abgedeckt. Das zweigeschossige Gebäude in unmittelbarer Schul- und Kita-Nähe am südlichen Campuseingang fällt durch die sehr auffällige und bunte Fassadengestaltung schnell ins Auge (vgl. Abb. 1). Ziel der Einrichtung ist es „nach Grundsätzen eines partizipativen, aktivierenden Ansatzes die Freude am eigenständigen Entdecken und Lernen zu fördern" (Campus Rütli – CR^2, 2015, 18). Ein zentrales Element ist dabei die entscheidungsrelevante Beteiligung der Kinder und Jugendliche über demokratisch gewählte Beiräte. Rund 50 bis 70 junge Menschen zwischen 6 und 27 Jahren besuchen täglich die Einrichtung, am Wochenende ist sie für alle geöffnet. So werden jedes Jahr rund 800 junge Menschen erreicht. Den diversen Sozialraum aufnehmend, spielen gesellschaftliche Themen wie Kultur, Tradition, Migration und Bildung eine zentrale Rolle in der täglichen Arbeit. Besonders großer Wert wird auf „die Förderung migrantisierter und depriviligierter junger Menschen" (Campus Rütli – CR^2, o. J.b, o. S.) gelegt.

Abb. 1 Eingang zur Manege. (Foto: Robert Kruschel & Nico Leonhardt)

Aktuell wird die Manege von Osman Tekin geleitet, der im Stadtviertel aufgewachsen ist[1].

3 Offene, partizipative und lebensweltorientierte Kinder- und Jugendarbeit – Im Gespräch über die Arbeit der ‚Manege' mit dem Leiter Osman Tekin

Wie ist der Sozialraum im Umfeld der Manege zu charakterisieren?
Seit 1997 wohne ich in dieser Gegend und konnte viele Veränderungen beobachten. In den 1990er Jahren wirkte die Umgebung verlassen, es war nicht

[1] Mit ihm wurde im Oktober 2022 ein Interview geführt, transkribiert und sprachlich stark geglättet. Es wurde einer kommunikativen Validierung unterzogen, sodass es nun unter Nennung seines Klarnamens hier veröffentlicht werden darf.

viel los und es gab nur wenige Geschäfte. Die Schule hatte damals einen schwierigen Ruf. Es hieß, dass die Schüler*innen wenig Interesse am Lernen zeigten und eine ausgeprägte Distanz zur Schule aufwiesen.

Im Laufe der Zeit haben sich sowohl positive als auch negative Aspekte entwickelt. Viele Familien sind wegen der Gentrifizierung gezwungen wegzuziehen, da die Wohnungen nicht mehr bezahlbar sind. Zwar sind zahlreiche Cafés entstanden, doch diese sind oft überteuert. In meiner beruflichen Tätigkeit stelle ich fest, dass Kinder und Jugendliche im sozialen Umfeld kaum Platz finden. Sie werden von Spielplätzen verdrängt, weil sie als zu alt gelten. Die Angebote für Jugendliche werden knapper und dadurch nehmen die Konflikte mit der Nachbarschaft zu. Somit sind es gerade die Jugendlichen, die aufgrund der Veränderungen benachteiligt werden.

Früher waren in der Grundstufe der Schule viele Schüler*innen aus dem arabischen und türkischen Raum zu finden, die sozioökonomisch benachteiligt waren. Inzwischen hat sich die Situation stark gewandelt. Obwohl der Wunsch bestand, am Campus eine ausgewogene Mischung von Schüler*innen zu haben, zeigt sich aktuell, dass diejenigen, die mit dem Campuskonzept erreicht werden sollten, kaum noch vertreten sind. Die Situation gerät ins Wanken.

Welche Bedeutung hat der Umstand, dass Du aus dem Kiez kommst?
Die Tatsache, dass ich selbst aus dem Kiez komme, bedeutet, dass ich teilweise die gleiche Geschichte, wie die jungen Menschen hier habe. Durch das Aufwachsen in der Nachbarschaft entsteht eine starke Beziehung zum Kiez. Wir Mitarbeiter*innen sind Vorbilder, da wir selbst von Rassismus und Diskriminierung betroffen sind und mit ungeklärtem Aufenthaltsstatus kämpfen mussten. Wir zeigen den Jugendlichen, dass es sich lohnt, für ihre Ziele zu kämpfen, auch wenn Hindernisse auftauchen.

Was ist die Aufgabe der Manege?
Die Aufgabe der Manege besteht darin, für benachteiligte Kinder und Jugendliche da zu sein, die nicht die gleichen Bildungschancen wie andere haben und von Verdrängungsprozessen betroffen sind. Viele Jugendliche haben einen prekären Aufenthaltsstatus. Ich selbst kam zur Manege, weil ich abgeschoben werden sollte und die Einrichtung mir damals sehr geholfen hat. Schon als 19-Jähriger war mir klar, dass ich unbedingt hier arbeiten möchte, weil ich die Kraft und Macht dieser Einrichtung erlebt habe.

Wie würdest Du das Profil der Manege beschreiben?

Das Profil der Manege ist auf außerschulische Bildung ausgerichtet. Zum Beispiel bieten wir eine Elektromobilitätswerkstatt an. Wir unterstützen die Jugendlichen dabei, später auf dem Arbeitsmarkt erfolgreich zu sein und Vorbilder für die nächste Generation zu werden. Das zeigt sich an meiner Generation, die ihre Jugend hier verbracht, studiert und anschließend jüngeren Menschen gezeigt hat, dass Erfolg möglich ist, wenn man daran glaubt.

Einer der Gründe für das positive Feedback aus dem Sozialraum ist, dass wir großen Wert darauf legen, dass Kinder und Jugendliche in jeder Hinsicht mitentscheiden können. Die Manege zieht am Nachmittag viele Besucher*innen an, die sich hier zu Hause fühlen. Sie spüren, dass sie mitgestalten und mitbestimmen können, welche Projekte angeboten werden. Sie fühlen sich ernst genommen.

Der Kinder- und Jugendbeirat macht deutlich, wie viele junge Menschen mitbestimmen und ihre Ideen einbringen wollen. Im Gegensatz zur Schule können sie hier wirklich mitbestimmen. Die Erfahrung zeigt, dass viele auch in ihren Familien kein Mitspracherecht haben. In den fünf Stunden am Nachmittag in der Manege merken sie, dass es auch anders geht.

Inwiefern spiegelt sich die beschriebene Vielfalt im Sozialraum bei den Kindern und Jugendlichen wider, die in die Manege kommen?

Die Vielfalt im Sozialraum spiegelt sich bei den Kindern und Jugendlichen weniger wider. Die meisten Besucher*innen sind Kinder aus arabisch-türkischen Familien. Wir werden oft gefragt, warum Kinder und Jugendliche deutscher Herkunft und andere nicht kommen. Viele Eltern geben an, dass sie Angst haben, ihre Kinder in unsere Einrichtung zu schicken. Ihre Kinder besuchen eher Musikschulen oder Sportvereine. Wir haben jedoch erste Kontakte zu vier neuen Kindern, deren Eltern nun häufiger in die Einrichtung kommen. Langsam öffnet sich die Lage.

Der Stadtteil hat in den vergangenen Jahrzehnten einen Wandel vollzogen. Welche Konsequenzen sind mit dieser Entwicklung verbunden?

Das schlechte Image aus der Vergangenheit ist ein Hindernis. Wir sind aber gerade für die Kinder und Jugendlichen da, die es in der Schule schwerer haben und sich im schulischen Konzept nicht wirklich zurechtfinden. Diese Schüler*innen kommen oft gerne und freiwillig in unsere Einrichtung, finden hier ihren Platz und nehmen intensiv an unseren Projekten teil. Leider sind sie vormittags in der

Schule ganz anders, mit Gewaltvorfällen, die von ihnen ausgehen. Aber nachmittags bei uns verhalten sie sich anders. Das liegt am Grundkonzept: In der Schule gibt es Pflicht, Bewertung und Zwang, bei uns gibt es mehr Freiheit.

Welche Angebote gibt es in der Manege aktuell?

Wir bieten viele Angebote wie die Theater AG oder die Mitmachküche. Ein besonders innovatives Projekt namens ‚KidZTec'[2] ist in Zusammenarbeit mit der TU Berlin entstanden. Es geht um Nachhaltigkeit, den Bau eines Wassersystems für unseren Garten und E-Fahrzeuge. Die Jugendlichen müssen im Projekt einen E-Pass machen, indem sie an elf Kursen teilnehmen, in denen sie zum Beispiel löten oder Stromkreise herstellen lernen.

Außerdem haben wir ein Musikprojekt mit einem Tonstudio. Wir machen sehr viel Musik und nehmen einmal im Jahr gemeinsam mit Mitarbeiter*innen und Jugendlichen einen Rap-Song auf, der zu Weihnachten gespielt wird.

Wie unterstützt Ihr die Kinder und Jugendlichen beim Lernen?

Unsere Lernbegleitung wird sehr gut angenommen. Sie findet in einem ruhigeren Bereich im Obergeschoss statt. Dort sind acht Personen beschäftigt, die Kinder und Jugendliche beim Lernen unterstützen. Die Begleitung von Lernbiografien reagiert auf den Bedarf der Schüler*innen, ihre gesellschaftlichen Teilhabechancen durch gute und möglichst hohe Schulabschlüsse zu verbessern. Täglich kommen die Besucher*innen mit Fragen zum Unterrichtsstoff, zur Prüfungsvorbereitung und zugleich mit Unklarheiten und Unsicherheiten bezüglich ihrer perspektivischen Lebensweggestaltung auf das Team zu. Unsere Lernbegleitung ist individuell auf die Bedürfnisse und Stärken der Kinder und Jugendlichen abgestimmt. Wichtig ist uns, dass die Kinder und Jugendlichen ein realistisches und positives Bild ihrer Zukunft entwickeln und auf ihre eigenen Ziele hinarbeiten.

Welche Qualifikation haben diese Lernbegleiter*innen?

Die Lernbegleiter*innen in unserer Einrichtung sind qualifiziert durch eine Kooperation mit der Volkshochschule, die uns drei Personen zur Verfügung stellt. Zusätzlich haben wir mit unseren begrenzten Mitteln zwei weitere Stellen geschaffen und zwei Ehrenamtliche, die uns unterstützen. Unser Angebot konzentriert sich auf die Entwicklung von Lernstrategien und Motivation, nicht auf klassische Nachhilfe oder Hausaufgabenbetreuung. Das Angebot wird intensiv genutzt, sowohl von Schüler*innen als auch von Studierenden.

---

[2] Mehr Informationen: https://www.bildung-forschung.digital/digitalezukunft/de/bildung/mint-cluster/kidztec.html.

Welche weiteren Unterstützungs- und Austauschangebote mit der Schule gibt es?
Mit den Schulen findet ein regelmäßiger Austausch statt, insbesondere bei Problemen wie ungerechter Benotung oder Diskriminierung. Wir bieten auch zusätzliche Unterstützung an, wie zum Beispiel das Leseprojekt ‚Lies mein Buch' für Grundschüler*innen mit Leseschwierigkeiten. Dabei motivieren wir die Kinder mit kleinen Belohnungen zum Lesen.

Welche Möglichkeiten gibt es für die Kinder und Jugendlichen, selbst Angebote vorzuschlagen oder zu entwickeln?
Kinder und Jugendliche haben in unserer Einrichtung die Möglichkeit, eigene Angebote zu initiieren und durchzuführen. So bieten beispielsweise drei ältere Schüler*innen aus der Rütli-Schule vier bis fünf Stunden pro Woche eigene Angebote an. Dazu gehören z. B. ein Kreativangebot oder das bereits erwähnte Projekt ‚Lies mein Buch'.

Du hast bereits vom Kinder- und Jugendbeirat gesprochen. Wie ist dieses Gremium zusammengesetzt und was ist dessen Aufgabe?
Der Kinder- und Jugendbeirat ist ein wichtiges Gremium, in dem sich Jugendliche einbringen können. Als ich 14 Jahre alt war, hatten wir hier noch kein Mitspracherecht. Jetzt können die Kinder und Jugendlichen selbst entscheiden, welche Projekte und Ausflüge sie machen wollen. Der Beirat besteht aus zwei gewählten Sprecher*innen, die alle sechs Monate neu gewählt werden. Sie nehmen an der Gremienarbeit teil und vertreten die Interessen der Kinder und Jugendlichen.

Im Kinder- und Jugendbeirat tauschen wir uns über die Woche aus, besprechen, was gut und was weniger gut gelaufen ist. Es werden gemeinsame Entscheidungen getroffen, zum Beispiel über das Essen oder die Freitagsausflüge. Das macht die Arbeit effektiver und die Planung findet auf Augenhöhe statt. Als Mitarbeiter*innen haben wir zwar andere Rollen und Verantwortungen, aber wir versuchen, in flachen Hierarchien zu arbeiten.

Ihr habt euch auch mit dem Thema Flucht intensiv auseinandergesetzt. Wie kam es dazu?
Der Kinder- und Jugendbeirat hat sich 2015 intensiv mit dem Thema Flucht beschäftigt. Bei einer Diskussion über Ausflüge äußerte einer der älteren Jugendlichen seine Scham darüber, dass sie über solche Themen sprechen, während nur wenige Kilometer entfernt Menschen auf der Straße leben. Die Jugendlichen beschlossen, dass sie etwas tun müssten und das Thema nicht ignorieren könnten.

Die Auseinandersetzung mit dem Thema Flucht wurde in den folgenden Wochen immer intensiver. Schließlich entstand die Idee, gemeinsam Flüchtlinge zu besuchen. Nach einer internen Diskussion im Team entschieden sie sich, die älteren Jugendlichen mitzunehmen. Bei ihrem Besuch trafen sie auf eine Familie – fünf Kinder, ein Mann und eine hochschwangere Frau – die im Winter auf der Straße schliefen. Die älteren Jugendlichen wollten die Familie in die Einrichtung mitnehmen, obwohl das Team zunächst Bedenken äußerte. Die Jugendlichen erinnerten daran, dass sie immer gesagt hatten, dass sie mitentscheiden dürften, und überzeugten das Team, die Familie aufzunehmen.

In den folgenden sechs Monaten beherbergte die Manege sieben Familien. Die Arbeit mit ihnen war sehr intensiv: Sie bereiteten Essen zu, sammelten Spenden und organisierten eine Schlafbörse. Fast eineinhalb Jahre lang arbeiteten sie eng mit anderen Vereinen zusammen, um die Menschen zu unterstützen. Als die Grenzen in Griechenland geschlossen wurden, entstand die Idee, mit den Jugendlichen ins Flüchtlingslager Idomeni zu fahren. Sie besuchten das Lager, verbrachten einen Tag dort und drehten einen Film über ihre Erfahrungen.

Welche anderen internationale Projekte wurden noch entwickelt?

Während unseres Projekts in Südafrika haben wir auch junge Menschen begleitet. An einem Tag stellten drei Jugendliche ihre MSA-Präsentationen[3] über Südafrika und Nelson Mandela vor und erhielten jeweils die Bestnote. Alle drei äußerten den Wunsch, einmal nach Robben Island zu reisen und das Gefängnis zu besichtigen. Im Team waren wir uns zunächst einig, dass eine Reise nach Südafrika finanziell nicht machbar sei. Trotzdem versuchten wir es: Wir sprachen mit Künstler*innen und erklärten ihnen, warum wir dorthin reisen wollten. Nachdem wir ein Konzept geschrieben und eingereicht hatten, wurde es bewilligt. So flogen wir schließlich mit zehn älteren Jugendlichen nach Südafrika.

Für über 90 % der Teilnehmer*innen war dies die erste Reise ihres Lebens – und gleich auf einen anderen Kontinent. Bis heute bekommen wir positive Rückmeldungen zu solchen Unternehmungen. Ein typischer Satz ist: *„Mit der Manege haben wir die Welt gesehen."* Wir waren in der Türkei, in Griechenland, in Frankreich und in vielen anderen Ländern. Wir nehmen die Ideen der Kinder und Jugendlichen ernst, tun unser Bestes und versuchen, ihre Wünsche umzusetzen. Wenn es machbar ist, machen wir es, wenn nicht, haben wir es zumindest versucht. Solche Ausflüge stärken auch die Bindungen zwischen den Jugendlichen, der Nachbarschaft und den Familien. Sie bilden eine solide Basis für unsere Beziehungsarbeit.

[3] Der Mittlere Schulabschluss (MSA) ist ein Bildungsabschluss am Ende der Sekundarstufe I und auch als Realschulabschluss oder Mittlere Reife bekannt.

Welche Rollen haben die Eltern in eurer täglichen Arbeit?
In unserer täglichen Arbeit spielt die Kooperation mit den Eltern eine intensive Rolle. Einige Besucher*innen haben aufgrund ihres Verhaltens Meldungen beim Jugendamt, was die Kooperation intensiver gestaltet. Dennoch merken wir, dass die Eltern gerne in unsere Einrichtung kommen und den Ort schätzen. Viele Mütter und Väter unterstützen uns ehrenamtlich, zum Beispiel beim Kochen für die Kinder und Jugendlichen. Die Eltern vertrauen der Einrichtung und lassen ihre Kinder hier oder nehmen sie mit auf Reisen.

Die Manege ist mehr als ein Jugendclub, sie ist ein Stadtteilzentrum. Nachbar*innen, Chor- und Theatergruppen besuchen uns, die Stadtteilversammlung findet hier statt. Lehrer*innen kommen nachmittags vorbei und fragen, ob sie mitmachen können. Die Manege ist eben mehr als ein Kinder- und Jugendzentrum.

Welche Rolle spielt die Zusammenarbeit im sozialräumlichen Netzwerk des Campus Rütli für Euch und für Eure Arbeit?
Die Zusammenarbeit im sozialräumlichen Netzwerk Campus Rütli spielt für uns und unsere Arbeit eine wichtige Rolle. Am Anfang war ich skeptisch, weil viele Institutionen zusammenarbeiten sollten und nicht klar war, was uns alle verbindet. In den ersten Jahren war es schwierig, weil die Schule in diesem Konstrukt sehr dominant war. Sie hat allein 1200 Schüler*innen und stand daher lange Zeit im Mittelpunkt.

Aber wenn man sich das Campus-Konzept anschaut, dann sind alle Einrichtungen eigenständige Module: Die Schule ist ein Modul, wir sind ein Modul, der Hort ist ein Modul und alle arbeiten gleichberechtigt zusammen. Am Anfang mussten wir uns oft behaupten und zeigen, dass wir da sind und dass unser Modul genauso wertvoll ist wie die Schule. Dies war in den ersten Jahren ein sehr anstrengender Prozess, in dem es auch viele Streitigkeiten mit den Lehrer*innen gab.

Mittlerweile haben wir uns aber eine Position erarbeitet und werden ernst genommen. Oft habe ich das Gefühl, dass die Sozialarbeiter*innen und Erzieher*innen nicht genügend wertgeschätzt werden. Dabei sind wir eine wichtige Brücke zwischen Familie, Schule, Sozialraum und den Jugendlichen. Am Anfang wurde diese Rolle nicht so wahrgenommen, sondern eher als Nebenschauplatz, wo man zum Beispiel nachmittags ein bisschen Tischfußball spielen kann.

Was sind wichtige Kooperationserfahrungen?
Die Situation hat sich stark verändert, aber es war ein langer Prozess mit vielen Diskussionen. Zuerst mussten sich alle Beteiligten verstehen. Die Schule musste verstehen, was wir hier tun, und wir mussten verstehen, was die Schule tun kann. Aber das Wichtigste war, dass wir uns schließlich darauf geeinigt haben, auf Augenhöhe zusammenzuarbeiten. Es geht nicht darum, die Arbeit des anderen zu bewerten, sondern sich gegenseitig auf dem Campus wertzuschätzen.

Inzwischen haben wir eine viel größere Wertschätzung füreinander entwickelt, unsere Arbeit wird als wertvoller angesehen und man versteht, was hier passiert. Die Schule versteht jetzt, was die Manege macht und erkennt die Bedeutung unserer Rolle als außerschulischer Bildungsort. Hier findet Bildung statt – ob in der Werkstatt, im Theater, in der Lernbegleitung oder im großen Garten. Hier findet Bildung statt, nur anders.

Wie profitiert Ihr von der Zusammenarbeit mit der Schule und wie profitiert die Schule aus der Zusammenarbeit mit Euch?
Die Schule scheint mehr von unserer Zusammenarbeit zu profitieren. Sie kann zum Beispiel Werbung für den Campus machen, indem sie unsere Arbeit hervorhebt. Aber was wir im Moment davon haben, ist weniger. Wenn wir versuchen, Drittmittel einzuwerben, und die potenziellen Geldgeber*innen sehen, dass wir vom Campus Rütli kommen, werden viele Anträge abgelehnt. Der Grund dafür ist, dass angenommen wird, dass wir viel Geld haben, weil hier schon Millionen investiert wurden. Leider wissen viele nicht, dass diese Investitionen hauptsächlich in Baumaßnahmen und nicht in unsere Arbeit geflossen sind. Dadurch haben wir viele Spender*innen verloren.

Es gibt aber auch Vorteile aus dieser Zusammenarbeit. Zum Beispiel werden wir zu Schulhilfekonferenzen eingeladen. Da Schule und Manege zum Teil mit denselben Schüler*innen arbeiten, profitieren sie von unserer Beziehungsarbeit. Deshalb sind meine Kolleg*innen und ich oft bei den Schulhilfekonferenzen dabei. Wenn die Schule Probleme mit Kindern hat und nicht mehr weiter weiß, also kurz davor ist, die Polizei zu rufen, dann werden wir wieder hinzugezogen.

Welche konkreten Kooperationsprojekte mit anderen Akteuren gibt es?
Zum Beispiel organisieren wir gerade gemeinsam ein Campusfest. In zwei Wochen findet dazu ein Treffen im Rahmen des Kinderbeirats statt, an dem ausgewählte Lehrer*innen der Schule sowie Mitarbeiter*innen der Kindertagesstätte teilnehmen werden. Gemeinsam beginnen wir mit der Planung dieses ersten gemeinsamen Projektes.

Neben solchen Veranstaltungen beschäftigen wir uns oft auch mit Themen wie Raumnutzung. So nutzen beispielsweise die Schüler*innen der Grundstufe häufig unsere Räumlichkeiten. Inhaltlich sind wir aber eng mit der Pädagogischen Werkstatt[4] verbunden, die ebenfalls ein wichtiger Bestandteil des Campus ist. Auch die Zusammenarbeit mit der Oberstufe und der Schulsozialarbeiterin ist von großer Bedeutung.

Hierbei liegt der Fokus vor allem auf den Kindern, da wir oft dieselben Schüler*innen betreuen und uns daher intensiv über ihre Belange austauschen müssen.

Welche Auswirkungen hat die Arbeit der Manege auf Dich sowie das Leben der Kinder und Jugendlichen generell?

Die Arbeit der Manege hat einen großen Einfluss auf mich persönlich und auf das Leben der Kinder und Jugendlichen insgesamt. Als ich hierherkam, wollte ich nichts mit Schule zu tun haben und war kurz davor, das Land verlassen zu müssen. Die Ausländerbehörde hat mir sogar Drohbriefe geschickt. Doch die prägende Wirkung der Manege auf mich ist unglaublich: Inzwischen habe ich mein Studium abgeschlossen und meinen Master gemacht. Seit 2016 leite ich die Einrichtung. Mir ist klar geworden, dass Freizeiteinrichtungen wie diese oft unterschätzt werden. Man denkt, man kommt hierher, spielt ein bisschen Tischfußball oder Billard und geht dann wieder nach Hause. Aber tatsächlich hat es einen enormen Einfluss auf das Leben der Besucher*innen.

Die erste Generation der Jugendlichen, die hierherkam, ist jetzt zwischen 24 und 25 Jahre alt. Viele von ihnen sind heute junge Erwachsene, die studieren und als Lehrer*innen, Anwält*innen oder in anderen Berufen arbeiten. Die Manege hat dazu einen wichtigen Beitrag geleistet. Natürlich können wir nicht alle erreichen, aber ein Großteil der Leute kommt vorbei und bedankt sich mit Sätzen wie: „Ehrlich gesagt – ihr habt uns den Weg geebnet. Wir haben hier wirklich viel Unterstützung bekommen".

Durch unsere freiwillige Arbeit können wir eine ganz andere Beziehung zu den Besucher*innen aufbauen, als es in einer Schule möglich wäre. Wir stehen nicht unter dem gleichen Druck, zum Beispiel keine Klassenarbeiten mit ihnen schreiben zu müssen. Es ist einfach eine andere Art von Arbeit.

---

[4] Die Pädagogische Werkstatt ist ein unterstützendes System für den Stadtteil, das lokale Potenziale in pädagogische Lösungen umwandelt. Praxisbegleiter*innen mit Fachwissen und Kiez-Kenntnis begleiten langfristig Prozesse und hinterfragen kritisch Veränderungen in der pädagogischen Praxis.

Du hast schon berichtet, dass Gentrifizierung ein wichtiger Aspekt für die aktuelle Entwicklung im Stadtteil ist. Welche Auswirkungen hat dieser Prozess auf Eure Arbeit in der Manege?
Die Gentrifizierung spielt eine wichtige Rolle in der aktuellen Entwicklung des Viertels, was sich auch auf die Arbeit in der Manege auswirkt. Die Veränderungen lassen sich gut an der Schülerschaft der Grundschule ablesen und erlauben uns Rückschlüsse auf die zukünftige Entwicklung. In etwa fünf bis sechs Jahren werden Familien, die sozioökonomisch benachteiligt sind, Schwierigkeiten mit Aufenthaltsgenehmigungen haben oder Rassismuserfahrungen machen, wahrscheinlich nicht mehr hier sein. Eine große Veränderung steht bevor.

Betrachtet man die heutige Schüler*innenschaft, so fällt auf, dass viele Kinder aus Akademikerfamilien stammen. Das wirft die Frage auf, was das für die Manege bedeuten wird. Ich blicke daher etwas besorgt in die Zukunft der Einrichtung. Ursprünglich war das Ziel, den Kindern und Jugendlichen, die hier leben, bessere Chancen für eine erfolgreiche Schullaufbahn zu bieten. Aber in einigen Jahren werden die Schüler*innen, für die dieses Angebot gedacht war, vielleicht nicht mehr hier leben.

Was bedeutet das für Dich und die Arbeit in der Manege?
Wenn ich das Gefühl habe, dass ich hier nur Freizeitaktivitäten organisiere, verliert der Ort für mich an Bedeutung. Das ist nicht unbedingt negativ, aber dann könnten andere diese Aufgabe übernehmen. Mein ursprüngliches Ziel war es nicht, nur die Nachmittagsaktivitäten zu organisieren. Die Themen, die wir hier behandeln, gehen viel tiefer. Viele unserer Besucher*innen haben nicht die Möglichkeit, zu verreisen. Viele Kinder und Jugendliche können sich keinen Sportverein leisten und somit nicht an verschiedenen Angeboten teilnehmen. Genau für diese jungen Menschen sind wir da – für diejenigen, die aufgrund von finanziellen Schwierigkeiten oder mangelndem Interesse der Eltern keine solchen Möglichkeiten haben.

Vielen Dank für das Gespräch!

4 Abschließende Reflexion

Die Ausführungen des Leiters der Manege zeigen beispielhaft, wie Bildungsnetzwerkstrukturen funktionieren können und vor allem, welche Potenziale für eine bildungsgerechte und lebensweltorientierte Entwicklung von Kindern und Jugendlichen darin enthalten sind.

Abschließend sollen nun die beschriebenen Erfahrungen und Darstellungen von Osman Tekin reflektierend in Bezug auf die neun Ebenen nach Krisch (2011 zitiert in Deinet & Krisch, 2013) hinsichtlich einer sozialraumorientierten KJA nochmals knapp reflektiert werden.

Offener Raum Jugendarbeit

In der Arbeit der Manege spiegeln sich die Prinzipien Offenheit, Freiwilligkeit und Bedürfnisorientierung eindeutig wider, wodurch insbesondere durch sozialräumliche Angebote und die „Möglichkeit der selbsttätigen Aneignung" diverse Bildungsprozesse initiiert und ermöglicht werden. Dies bildet gleichzeitig die Grundlage für „Aushandlungsprozesse" und „partizipative Entscheidungen" (Deinet & Krisch, 2013, S. 319).

*Jugendarbeiter*innen: Beziehung und Reflexion*

Beziehungsarbeit, so wird es in den Aussagen des Leiters deutlich, ist eine der wesentlichsten Komponenten in der Arbeit mit Kindern und Jugendlichen. Dieser Fokus auf Beziehung „in einem partnerschaftlichen, nicht autoritären Verhältnis […] ermöglicht vielschichtige Formen der Reflexion, Spiegelung und Auseinandersetzung" (Deinet & Krisch, 2013, S. 319.). Dies wird in der Manege zusätzlich dadurch unterstützt, dass der Leiter und seine Kolleg*innen einen biographisch geprägten und damit direkten Bezug zum Sozialraum haben. So wird in den Darstellungen eine sehr vertrauensvolle und unterstützende Beziehung ‚auf Augenhöhe' zu den Kindern und Jugendlichen deutlich.

Jugendarbeit als Geselligkeitsraum: Peergroup und Zugehörigkeit

Die Manege stellt einen (Sozial-)Raum dar, in dem sich weiterhin verschiedene Gruppen aus der Umgebung begegnen können, sodass die Kinder und Jugendlichen auch ein Zugehörigkeitsgefühl entwickeln können, welches wiederum zentral im Sinne eines „Peergroup-Lernens" ist. Der geschaffene Raum und die dazugehörigen Angebote ermöglichen ein Lernen bzw. einen Austausch über vielfältige Perspektiven und Lebenswelten sowie eine Entwicklung von „Formen der Gegenseitigkeit" (Deinet & Krisch, 2013, S. 320).

Jugendarbeit als sozialer Raum

Weiterhin ermöglicht gerade dieser entwickelte (Sozial-)Raum die Schaffung von „Erfahrungen […], die in dieser Weise in anderen Lebensbereichen nur schwer zugänglich sind" (Deinet, 2009, S. 147). Dieser geschaffene Raum kann, so wird es durch die Aussagen des Leiters auch deutlich, zu widersprüchlichen oder konträren Erfahrungen in Bezug zu anderen Räumen führen. Beispielsweise können Partizipationserfahrungen anders erfahren werden als in der Schule.

Dabei können verschiedenste Formen der Auseinandersetzung und Aushandlung erfahrbar und erlebbar werden. Die Manege, mit dem klaren Fokus auf die Bedürfnisse und individuellen Lebenslagen der Kinder und Jugendlichen, konstruiert in ihrer Arbeit einen eben solchen (Sozial-)Raum, der wiederum klar im Stadtteil verwurzelt ist.

Jugendarbeit als Bewältigungsraum
Ausgehend von diesen „Lebens- und Alltagswelten" werden Jugendliche in der sozialräumlichen Jugendarbeit bei der „Lebensbewältigung" unterstützt (Deinet & Krisch, 2013, S. 320). Der Leiter nennt hier verschiedene Beispiele, wie auch die Unterstützung bei der Bewältigung des Übergangs ins Arbeitsleben, bis hin zu unterstützende Maßnahmen für (ehemalige) Jugendliche beim Studium oder von Schüler*innen bei der Bewältigung von schulischen Aufgaben (z. B. Prüfungsvorbereitungen etc.).

Jugend als Erlebnis- und Erfahrungsraum
Die Offene KJA bietet auch „verschiedenartige Erlebnis- und Erfahrungsmöglichkeiten an" (Deinet & Krisch, 2013, S. 320), die insbesondere im Hinblick auf Bildungsbenachteiligung bisher nicht mögliche Zugänge für die Beteiligten schaffen. Die Manege arbeitet dabei in verschiedenen Bereichen und ermöglicht den Kindern und Jugendlichen unterschiedliche Aktivitäten im Sozialraum, aber auch darüber hinaus. Von selbstorganisierten Ausflugstagen einmal in der Woche, über politisches Engagement im Stadtteil, bis hin zu Reisen in verschiedene Länder werden unterschiedlichste Beispiele genannt. Die Manege schafft dabei ‚lediglich' den organisatorischen und finanziellen Rahmen – also Möglichkeitsräume –, um die Ideen der jungen Menschen zu realisieren.

Netzwerke über Kooperation
Als außerschulischer (Bildungs-)Akteur ist die Manege mit einer Vielzahl anderer Partner*innen im Stadtteil vernetzt. Das Bildungsnetzwerk ‚Campus Rütli' bildet eine Rahmenstruktur, die über die letzten Jahre aufgebaut wurde. Insbesondere der Schule kommt eine zentrale Rolle zu. Dabei, so beschreibt es der Leiter, war es über lange Zeit notwendig, die verschiedenen Bedürfnisse, Logiken und Bildungsverständnisse der Akteure zusammenzubringen. Und trotz der inzwischen gelungenen Zusammenarbeit bleibt ein gewisses Spannungsverhältnis, in dem es zu einer wiederkehrenden Verhältnisbestimmung formaler und informeller Bildungspartner kommt. Dennoch (und trotz eher gering wahrgenommener

Vorteile für die Manege) wird die Kooperation als Möglichkeit gesehen, plurale Perspektiven auf Kinder und Jugendliche für einen besseren Bildungsweg zusammenzuführen.

Jugendarbeit und öffentlicher Raum
„Jugendarbeit fördert die Aneignungsprozesse […] im öffentlichen Raum" (Deinet & Krisch, 2013, S. 321) und unterstützt damit auch politische und gesellschaftliche Beteiligung im Sozialraum. Eindrücklich beschreibt der Leiter der Manege, wie die Kinder und Jugendliche sich im Kontext von Fluchterfahrungen und Asyl engagiert haben und die Manege dabei einen Raum zur Verfügung gestellt hat, um diesen politischen Aktivismus zu fördern und zu unterstützen.

Jugendarbeit und Partizipation
Die Partizipation an den verschiedensten Elementen ist ein zentraler Aspekt der Arbeit der Manege. So werden im demokratischen Gremium des Kinder- und Jugendrates vielfältige Entscheidungsprozesse geklärt. Darüber hinaus sind Partizipationsmöglichkeiten auch in nahezu allen Handlungsentscheidungen eingeflochten, so dass die Beteiligten demokratische Bildung nicht nur lernen, sondern tatsächlich erleben. In diesen partizipativen Praktiken sind „bedeutende (politische) Bildungsprozesse eingelagert", die die Kinder und Jugendliche auch zur „Übernahme von Verantwortung" (Deinet & Krisch, 2013, S. 321) anregt. Darüber hinaus unterstützt die Manege die Beteiligten auch dabei, für eigene Rechte einzustehen, wenn es beispielsweise innerhalb der Schule Konflikte mit Lehrer*innen gibt.

Insgesamt zeigt sich, dass die Arbeit der Manege sich in die Entwicklung hin zu einer *emanzipatorischen Kinder und Jugendarbeit* (vgl. Sturzenhecker & Deinet, 2018) einreiht und als eine wesentliche Säule sozialräumlich vernetzter Bildungsarbeit im Campus Rütli darstellt. Sie spielt bei der Subjekt-Bildung mit den Dimensionen ‚Subjekt-Werdung', ‚Selbstachtung', ‚Selbstbewusstsein' sowie ‚Selbstbestimmung' eine zentrale Rolle und stellt sich als *subjektorientierte, empowernde Kinder- und Jugendarbeit* der Aufgabe die Heranwachsenden „im Prozess der Suche nach einem ihnen angemessenen Leben zu unterstützen" (Scherr, 2013, S. 304).

Literatur

Campus Rütli – CR^2. (o. J.a). *Konzept.* https://campusruetli.de/konzept/.
Campus Rütli – CR^2. (o. J.b). *Über uns – Die Manege.* https://campusruetli.de/manege/

Campus Rütli – CR^2. (2015). *Broschüre des Campus Rütli.* https://campusruetli.de/wp-content/uploads/2020/06/Broschuere_CampusRuetli_2015.pdf.
Deinet, U. (2008). Offene Kinder- und Jugendarbeit. In T. Coelen & H.-U. Otto (Hrsg.), *Grundbegriffe Ganztagsbildung* (S. 467–475). VS Verlag.
Deinet, U. (2009). *Sozialräumliche Jugendarbeit. Grundlagen, Methoden, Praxiskonzepte* (3. Überarb. Aufl.). Springer.
Deinet, U. (2013). Offene Kinder- und Jugendarbeit in der Bildungslandschaft. In U. Deinet & B. Sturzenhecker (Hrsg.), *Handbuch Offene Kinder- und Jugendarbeit* (S. 817–823). VS Verlag.
Deinet, U., Icking, M., Leifheit, E., & Dummann, J. (2010). *Jugendarbeit zeigt Profil in der Kooperation mit Schule. Ergebnisse und Empfehlungen zur Kooperation von Einrichtungen der Offenen Kinder- und Jugendarbeit mit Schulen.* Budrich.
Deinet, U., & Krisch, R. (2013). Das sozialräumliche Muster in der Offenen Kinder- und Jugendarbeit. In U. Deinet & B. Sturzenhecker (Hrsg.), *Handbuch Offene Kinder- und Jugendarbeit* (S. 311–324). VS Verlag.
Heinrich, A. J. (2018). *Die sozialräumliche Bildungslandschaft Campus Rütli in Berlin-Neukölln. Begründungen und Bedeutungen aus der Perspektive gestaltender Akteure.* Springer VS.
Krisch, R. (2011). *Sechster Bericht zur Lage der Jugend in Österreich, Jugend aus der Sicht der Jugendarbeit.* Bundesministerium für Wirtschaft, Familie und Jugend.
Scherr, A. (2013). Subjektorientierte Offene Kinder- und Jugendarbeit. In U. Deinet & B. Sturzenhecker (Hrsg.), *Handbuch Offene Kinder- und Jugendarbeit* (S. 297–310). VS Verlag.
SPIEGEL Online. (2006). *Notruf der Rütli-Schule.* www.spiegel.de/lebenundlernen/schule/dokumentiert-notruf-der-ruetli-schule-a-408803.html.
Sting, S., & Sturzenhecker, B. (2013). Bildung und Offene Kinder- und Jugendarbeit. In U. Deinet & B. Sturzenhecker (Hrsg.), *Handbuch Offene Kinder- und Jugendarbeit* (S. 375–388). VS Verlag.
Sturzenhecker, B., & Deinet, U. (2018). Kinder- und Jugendarbeit. In K. Böllert (Hrsg.), *Kompendium Kinder- und Jugendhilfe* (S. 693–712). Springer.
Waldman, O. (2017). *Der Feind meines Feindes ist mein … Nachbar.* www.deutschlandfunkkultur.de/gentrifizierung-in-berlin-neukoelln-der-feind-meines-100.html.
Zipperle, M. (2021). Offene Kinder- und Jugendarbeit und (Ganztags-)Schule. In U. Deinet, B. Sturzenhecker, L. von Schwanenflügel, & M. Schwerthelm (Hrsg.), *Handbuch Offene Kinder- und Jugendarbeit* (S. 1029–1042). VS Verlag.

Robert Kruschel war von 2010 bis 2018 wissenschaftlicher Mitarbeiter am Institut für Rehabilitationspädagogik der Martin-Luther-Universität Halle-Wittenberg und von 2018 bis 2022 am Institut für Förderpädagogik der Universität Leipzig. Seine Forschungsschwerpunkte sind Governance und Steuerung von Inklusion im Bildungssystem, inklusionsorientierte und sozialraumorientierte Schulentwicklung sowie demokratische Bildung.

Kontakt: robkru@icloud.com

Nico Leonhardt ist wissenschaftlicher Mitarbeiter am Institut für Förderpädagogik der Universität Leipzig. Seine Arbeits- und Forschungsschwerpunkte sind Inklusive Schulentwicklung und Sozialraumorientierung, Inklusionssensible Hochschulentwicklung, Leichte Sprache, Partizipative Forschung und Lehre.

Kontakt: nico.leonhardt@uni-leipzig.de

Das Paradigma des ‚anregungsarmen' Milieus in Schulen in herausfordernder Lage. Eine kritische Kommentierung aus Perspektive eines Schulleiters

Reinhard Stähling

Zusammenfassung

Trotz aller Begriffsänderungen ‚brennt' es in Schulen in ‚herausfordernden Lagen'. Sie werden von Wissenschaftler*innen mitunter als ‚anregungsarm' bezeichnet. Wenn sie starke Schulleistungen vorweisen, deutet man dies als ‚erwartungswidriges' Phänomen. Das Paradigma der ‚Anregungsarmut' wird im vorliegenden Text kritisch beleuchtet bzw. reflektiert. Im Gegensatz dazu wird eine potenzielle eigene Stärke der Kinder beschrieben. Mit Paulo Freires „Pädagogik der Unterdrückten" argumentiert der Autor, selbst ehemaliger Schulleiter einer Schule in herausfordernder Lage, gegen eine ‚Kulturelle Invasion' der bürgerlichen Maßstäbe.

Schlüsselwörter

Paulo Freire • Sozialer Brennpunkt • Herausfordernde Lage • PRIMUS-Schule • Wissenschaftskritik

1 Einleitung

30 Jahre habe ich als Lehrer und Schulleiter in Berg Fidel gearbeitet, einem münsterschen Stadtteil mit ‚besonderem Entwicklungsbedarf'. Die Mehrheit lebt dort in Armut und 60–70 % unserer Schüler*innen kommen aus Migranten-Familien.

R. Stähling (✉)
Münster, Deutschland
E-Mail: gs-bergfidel@gmx.de

S. Schuppener et al. (Hrsg.), *Inklusive Schule im Sozialraum*,
https://doi.org/10.1007/978-3-658-42158-8_19

Sie sprechen etwa 40 verschiedene Sprachen. 20 % unserer Schüler*innen haben einen offiziell verfügten sonderpädagogischen Unterstützungsbedarf. Seit 1997 stammen 20–30 % unserer Kinder aus Roma-Familien. Gemessen an den Lernvoraussetzungen der Kinder waren die Lernzuwächse enorm. Für den Erfolg sind vor allem die Elemente wichtig, die die Solidarität der Kinder untereinander stärken, wie Klassenrat, freie Arbeitsformen, gebundener Ganztag, altersgemischte Klassen, klasseneigene Erwachsenen-Teams und vertrauensvolle Elternarbeit (vgl. Stähling & Wenders, 2021). Aus der Grundschule Berg Fidel haben wir seit 2010 eine PRIMUS-Schule (Schulanfang bis Schulabschluss) erkämpft und aufgebaut. Mit Vorurteilen gegenüber einem ‚Brennpunkt' mussten wir immer arbeiten. Sie ließen sich kaum auflösen. Interessanterweise sind entsprechende Paradigmen sogar in Wissenschaftskreisen gängig. Diese zu hinterfragen, soll die Aufgabe dieses Beitrags sein, der auch auf den eigenen didaktischen Erfahrungen basiert.

2 Das Paradigma ‚Schulleistungen entwickeln sich in Abhängigkeit von der Schulform'

In einer Studie zur Lernsituation in einem anderen herausfordernden Stadtteil in Münster (Coerde) untersucht Klemm (2019) die schulischen Möglichkeiten in einem Ballungsgebiet. Im Mittelpunkt steht die These, dass in Hauptschulen ein anregungsärmeres Lernmilieu zu finden sei. Dabei bezieht sich Klemm auf Studien, wo vergleichbare Siebtklässler*innen aus verschiedenen Schulformen in ihrem mathematischen Leistungsanstieg miteinander verglichen. Das Ergebnis zeigt, dass die Hauptschüler*innen am wenigsten Lernzuwachs haben. Daraus wird geschlussfolgert, dass die Leistung von der Schulform abhängig ist:

> Den Wirkungen dieser so differenziellen Lernmilieus unterschiedlicher Schulformen sind Baumert u. a. nachgegangen. Sie zeigen, dass sich die Mathematikleistungen von Jugendlichen, die zu Beginn der siebten Klasse im Bereich der Mathematik gleich ‚stark' waren, die über die gleichen kognitiven Grundfähigkeiten verfügten und deren Sozialschichtzugehörigkeit vergleichbar war, bis zum Ende der zehnten Klasse in Abhängigkeit von der besuchten Schulform auseinander entwickeln: In den Hauptschulen ist der Leistungsanstieg im Verlauf dieser vier Schuljahrgänge am geringsten, im Gymnasium dagegen am höchsten (Baumert et al., 2003, S. 287). Vor dem Hintergrund dieses empirisch gesicherten Hinweises auf die Entwicklungsperspektiven, die eine Hauptschule ihren Schülerinnen und Schülern – bei allem Engagement ihrer Lehrkräfte – nur bieten kann und mit Blick auf die überaus herausfordernde Zusammensetzung der aus den Grundschulen Coerdes abgehenden Schülerschaft muss über die Zukunft des Angebots weiterführender Schulen für Schülerinnen und Schüler aus Coerde grundsätzlich nachgedacht werden. (Klemm, 2019, S. 10)

Für Hauptschulen wurde bereits in der PISA-Studie 2003 (Prenzel et al., 2004) festgestellt, dass es dort mehr als in anderen Schulformen zu „gravierenden Störungen des Unterrichtsverlaufs“ (S. 306) komme. Dagegen wurde das Lernklima in Gymnasien von Schüler*innen und Lehrer*innen als besonders gut beurteilt. Klemm (2019, S. 19) führt in seinem Gutachten über den Stadtteil Coerde in Anlehnung an PISA-Studien aus:

> Bei allem Respekt vor der pädagogischen Arbeit der Hauptschule Coerde kann nicht übersehen werden, dass das differenzielle Lernmilieu den Anstrengungen dieser Schule enge Grenzen setzt. Das anregungsärmere Entwicklungsmilieu in Hauptschulen bremst, das anregungsreichere in mittleren und höheren Schulen sowie in Gesamtschulen befördert im Vergleich dazu deutlich.

Aus Klemms Gutachten lässt sich ableiten, dass die Hauptschule als ein anregungsarmes Lernfeld gesehen wird. Der aktuelle Forschungsstand über ‚Failing Schools‘ und Schulen in sogenannten ‚herausfordernden Lagen‘ weist aber erhebliche Lücken auf: „Bisher scheint allenfalls eine Deskription unterschiedlicher Problemkonstellationen von Schulen geleistet zu sein“ (Hotappels & Brücker, 2021, S. 132). In einem aktuellen Forschungsprojekt mit einer nicht repräsentativen Stichprobe von ‚Schulen in herausfordernden Lagen‘ in der Region Ruhr verstricken sich Wissenschaftler*innen in „Defizitzuschreibungen“ (Drucks & Bremm, 2021, S. 247) über schwache Lernentwicklungen in Schulen in herausfordernden Lagen. So wird folgende These als plausibel vorausgesetzt:

> Die Förderung in problematischen Lernmilieus stößt schon deshalb an Grenzen, da sich die mit Lernproblemen behafteten Schüler*innen in solchen insgesamt schwachen Lerngruppen weniger gegenseitig produktiv anregen können [...]. So entstehen in segregierten Schulstandorten mit hoher Problemkonzentration (z. B. an Hauptschulen in benachteiligten Stadtteilen) doppelte Benachteiligung für die dort Lernenden – durch niedrige schulbezogene Fördermöglichkeiten im Elternhaus und das weniger förderliche Lernmilieu in der Schule. (Holtappels & Brücher, 2021, S. 138)

Damit bekommt der nicht erst seit PISA 2000 festgestellte Zusammenhang zwischen der Schulleistung und der Herkunft eine ergänzende Erklärung: Die Schulform.

Dort, wo viele Benachteiligte zusammen lernen, scheint es für Klemm (und andere Wissenschaftler*innen) klar zu sein, dass die Lernergebnisse schwach sind. Im Folgenden werde ich dieses Vorurteil hinterfragen.

3 Kritik des Paradigmas

Es wird behauptet, dass die Schulform den Unterschied macht. Aus lernpsychologischen Erkenntnissen (1), aus Erfahrungen zur Schulwahl (2) sowie aus empirischen Forschungen zum Lernfortschritt der Schüler*innen in verschiedenen Schulformen (3) wird deutlich, dass dieses Paradigma nicht plausibel ist.

3.1 Lernpsychologische Erkenntnisse

Erfahrene Lehrpersonen werden annehmen, dass die beiden verglichenen Schüler*innengruppen aus Jahrgang 7 an verschiedenen Schulformen mit gleichen Leistungsergebnissen nicht gleich sein müssen. Zwar haben sie dieselben Testaufgaben vorgelegt bekommen, sie ohne Unterstützung selbstständig bearbeitet und eine ähnliche Zahl von richtigen Lösungen erreicht. Dabei ist nichts darüber gesagt, wie viel mehr sie gekonnt hätten, wenn Lehrpersonen ihnen jeweils bei den Aufgaben geholfen hätten. Was potenziell in ihnen steckt, bleibt durch den Test im Dunkeln. Ein großer Entwicklungsunterschied kann vorliegen, obwohl sie in ihrer aktuellen Entwicklung als gleichstark getestet wurden.

Der russische Psychologe Lev Vygotskij (2003, S. 299) beschreibt schon 1934 solche Testsituation und zieht Schlüsse daraus:

> Stellen Sie sich vor, wir hätten bei zwei Kindern ein Intelligenzalter von sieben Jahren ermittelt. Das bedeutet: Beide Kinder lösen Aufgaben, die für Siebenjährige geeignet sind. Wenn wir aber mit diesen Kindern weitere Testsituationen durchführen, werden wir wesentliche Unterschiede zwischen ihnen feststellen. Das eine vermag durch Hinweise, Fragen, Beispiele, Vorzeigen Tests zu lösen, die sein Entwicklungsniveau um zwei Jahre übersteigen. Das andere löst Testaufgaben, die nur ein halbes Jahr über dem wirklichen Alter liegen.

Vygotskij (2003, S. 300) erklärt dieses Phänomen beim Kind damit, dass es

> manche Handlungen nachahmen kann, die weit über die Grenzen seiner eigenen Möglichkeiten hinausgehen, die allerdings nicht unbegrenzt sind. Das Kind vermag durch Nachahmung, in kollektiver Tätigkeit, unter Anleitung Erwachsener viel mehr einsichtig zu leisten, als es selbstständig tun könnte. Die Differenz zwischen dem Niveau, auf dem die Aufgaben unter Anleitung, unter Mithilfe des Erwachsenen gelöst werden und dem Niveau, auf dem das Kind Aufgaben selbstständig löst, macht die Zone der nächsten Entwicklung aus.

Er hat eine Perspektive entwickelt, die Lehrer*innen eine Vorstellung davon anbietet, wie wir auf ein Kind sehen, das sich in einer produktiven Lernphase befindet:

> Das, was das Kind mithilfe eines Erwachsenen zu schaffen vermag, zeigt uns die Zone seiner nächsten Entwicklung. So können wir also mit dieser Methode nicht nur den heute bereits erreichten Entwicklungsstand […], nicht nur die bereits durchlaufenen Reifungsprozesse erfassen, sondern auch die Prozesse, die gerade im Werden sind, die erst reifen, sich erst entwickeln. Was das Kind heute mithilfe Erwachsener vollbringt, wird es morgen selbstständig tun können. (Vygotskij, 2003, S. 300)

Vygotskij öffnet Lehrpersonen den Blick für das Mögliche: ‚Es steckt mehr in ihm oder ihr, als er oder sie zeigen kann'. Wenn also zwei scheinbar gleich leistungsstarke Schüler*innengruppen – wie in Klemms Studie – im Test verglichen werden, dann sagt das nichts darüber aus, wie ihre Leistungen Jahre später sind. Wir müssen davon ausgehen, dass der Anstieg der Leistungen bei der*dem einen Schüler*in höher sein wird als bei der*dem anderen, selbst wenn beide das gleiche Testergebnis vorlegen und aus gleichen sozialen Verhältnissen stammen. Das genannte empirische Ergebnis, dass der Leistungsanstieg von ähnlich getesteten Schüler*innen mit ähnlicher Herkunft aus dem 7. Schuljahr in den kommenden vier Jahren unterschiedlich verläuft, ist auf dem Hintergrund von lernpsychologischen Erkenntnissen nicht überraschend. Es ist ein Fehlschluss, diesen Leistungsunterschied auf die Schulform und ihr Milieu zurückzuführen.

Nach Feuser (2017, S. 20 ff.) ist das Kerngeschäft der Pädagogik, das potenziell Mögliche eines Kindes sichtbar zu machen. Schüler*innen kommen nicht nur durch die Anregungen der Lehrpersonen voran, sondern auch durch die Mitschüler*innen. Wie die anderen Kinder in einer Lerngruppe aufeinander wirken, hängt von der Pädagogik und Didaktik sowie der Lehrperson ab. So ist z. B. unsere Arbeit geprägt durch eine ständige Pflege der Klassengemeinschaft in altersgemischten Klassen. Die älteren Kinder helfen jüngeren und nehmen schon vor Schulbeginn als deren Paten*innen Kontakt zu ihren auf. Im Lernprozess holen wir die Kinder dort ab, wo sie stehen, sodass sie ohne Stress im eigenen Tempo vorankommen können. Ein ‚anregungsarmes' Lernmilieu würde dagegen entstehen, wenn die Lehrpersonen den Schüler*innen die beschriebenen Möglichkeitsräume verwehrten. Das hat nicht unbedingt mit der Schulform zu tun. Ein Lernklima ist dann anregungsreich, wenn Lehrer*innen alle in ihren individuellen Möglichkeiten unterstützen.

3.2 Einflussfaktoren im Kontext von Schulwahl

Schüler*innen eines Gymnasiums liefern durchschnittlich bessere Leistungen ab. Die These, dass dadurch die anderen Schüler*innen gut lernen oder ihre Leistungen steigern können, weil sie umgeben sind von guten Lerner*innen, wird hier ungeprüft vorausgesetzt.

Wenn wir nun – entgegen der Vorannahme von Klemm – davon ausgehen wollen, dass die Leistungsunterschiede sich *nicht* in Abhängigkeit von der Schulform entwickeln, stellt sich die Frage, womit sie zusammenhängen. Nach unseren Erfahrungen beeinflusst der Grad der Belastungen der häuslichen Lebenssituation die Leistungsfähigkeit der Kinder stark. Stark belastete Kinder gehen erfahrungsgemäß zur Hauptschule oder einer „niedrigeren Schulform" und haben wegen ihrer schwierigen Lebenslagen – und nicht wegen der Schulform – einen geringeren Lernzuwachs.

Weniger belastete Kinder gehen erfahrungsgemäß zum Gymnasium. Die Lehrkräfte legen entsprechende Kriterien für Schulformempfehlungen in den 4. Jahrgangsstufen mehr oder weniger offiziell an: Schwierigkeiten in Arbeits- und, Sozialverhalten, die Instabilität der sozialen Lebenssituation (z. B. Scheidung, Tod in der Familie, finanzielle Krise, Vormundschaft) sowie unterdurchschnittliche Noten in Deutsch und Mathe. Lehrkräfte gestalten danach ihre Empfehlungen.

Aus meiner Beobachtung heraus besteht in der Schulpraxis die Tendenz, dass ein*e sozial belastete*r Schüler*in zur Hauptschule empfohlen wird, die*der weniger problembeladene Schüler*in zum Gymnasium. Denn das Gymnasium ist nach meiner Erfahrung eine Schulform, die weniger solidarisch mit Benachteiligten umgeht. Die Angst vor dem Versagen in einer solchen Schule ist gerade bei Eltern weit verbreitet, die ihre Kinder bei den schulischen Aufgaben nicht unterstützen können.

Akademische Eltern wählen für ihre Kinder eher das Gymnasium. Sie sind leichter in der Lage, den eigenen Kindern Nachhilfe zu geben oder dafür zu bezahlen.

Ein weiterer Faktor für die Schulformwahl kann sein, dass bei einer*einem Schüler*in z. B. eine Lese-Rechtschreibschwäche vorliegt, die die Eltern und Lehrer*innen dazu bewegen, das Kind in eine Hauptschule zu geben. In anderen Fällen könnte eine ‚diagnostizierte Dyskalkulie' die Pädagog*innen der Grundschule dazu bringen, den Eltern dennoch ein Gymnasium vorzuschlagen, weil das Kind im sprachlichen Lernbereich alle Defizite ausgleicht.

Die Zuschreibung, auf eine ‚Restschule' wie die Hauptschule zu kommen, kann Schüler*innen den Eindruck vermitteln, dass sie Schulversager*innen sind. Dies wiederum kann die Lernmotivation und den Glauben an die eigene Leistungsfähigkeit negativ beeinflussen.

In meiner Beobachtung hängt die Schulformwahl oft davon ab, wie belastet ein Kind im Jahrgang 4 ist. Damit ist es höchstwahrscheinlich, dass belastete Schüler*innen eher in der Hauptschule zu finden sind. Somit kann es sein, dass die Kinder mit vergleichbaren Leistungen in Mathematik und vergleichbarer Sozialschichtherkunft sich in ihrer Leistungsfähigkeit unterschiedlich entwickeln.

3.3 Erkenntnisse zu Lernfortschritten in verschiedenen Schulformen

Studien zeigen seit langem, dass es Schüler*innen gibt, die mit vergleichbaren Leistungen in unterschiedlichen Schulformen beschult werden (Reiss et al., 2019, S. 68, 103, 201, 230).

Im Bildungsbericht 2020 wird der Leistungszuwachs in Mathematik und Lesen in den Schulformen untersucht:

> Im weiteren Verlauf des Sekundarbereichs I werden an allen Schularten substanzielle Leistungsverbesserungen erreicht [...]. Hervorzuheben ist, dass sich die Kompetenzen im Schulartvergleich nicht weiter auseinanderentwickeln. Vielmehr werden sogar die größten Kompetenzfortschritte in Mathematik an Hauptschulen (+16 Kompetenzpunkte) und im Lesen an Schulen mit 2 Bildungsgängen (+13 Kompetenzpunkte) erzielt. Gleichwohl erreichen die Schülerinnen und Schüler damit bis zur 9. Jahrgangsstufe gerade einmal das Leistungsniveau, das an Gymnasien bereits zu Beginn des Sekundarbereichs I vorlag. (Autorengruppe, 2020, S. 140)

Der Bildungsbericht macht zudem auch

> Aussagen darüber, wie sich die Kompetenzen von Schülerinnen und Schülern unterschiedlicher Herkunft entwickeln [...]. Die Leistungsunterschiede zwischen den sozialen Statusgruppen sind an Realschulen am geringsten ausgeprägt, an den Schulen mit 3 Bildungsgängen am stärksten – zuungunsten der Kinder mit niedrigem sozioökonomischem Status. Sie können ihren Kompetenzrückstand jedoch bis zur Jahrgangsstufe 9 vor allem gegenüber Schülerinnen und Schülern mit mittlerem Sozialstatus verringern. (Autorengruppe, 2020, S. 140 f.)

Es stellt sich die Frage, warum Gymnasien als anregungsreich gelten und die ‚niedriger qualifizierenden Schularten' (wie Hauptschulen) dagegen weniger. Hier ist kritisch zu prüfen, welche Faktoren zum Lernen anregen und ob es der Faktor ‚Schulform' überhaupt sein kann:

> Denn zum einen fallen die Kompetenzfortschritte an den niedriger qualifizierenden Schularten im Mittel höher aus als an Gymnasien. Zum anderen sind überdurchschnittliche Verbesserungen in den meisten Schularten bei der anfänglich leistungsschwächsten Herkunftsgruppe feststellbar. (Autorengruppe, 2020, S. 141)

So verließen 2018 ein Drittel der geflüchteten Schüler*innen das Gymnasium in NRW *ohne Hauptschulabschluss,* in der Hauptschule sind mit einem Viertel deutlich mehr und in den sonstigen weiterführenden Schulen ist es ein Fünftel. Geflüchtete verließen Hauptschulen etwa zweimal so oft *ohne Hauptschulabschluss* wie Nichtgeflüchtete; in Gymnasien ist diese Unterschied 29-mal so hoch; in sonstigen weiterführenden Schulen schaffen siebenmal so viele Geflüchtete keinen Schulabschluss im Vergleich zu Nichtgeflüchteten (Kemper & Reinhardt, 2022, S. 233 ff.).

Zusammenfassend kann gesagt werden, dass für die These von Klemm (2019), nach der die Schulleistung sich in Abhängigkeit von der Schulform entwickle, keine plausiblen Erklärungen vorliegen. Das Paradigma, eine Problemschule habe wegen ihrer Schüler*innenschaft ein ‚anregungsarmes' Lernmilieu, ist daher anzuzweifeln.

4 „Pädagogik der Unterdrückten" (Freire, 1971) gegen „Kulturelle Invasion"

Vorurteile gegenüber „Brennpunkten" speisen sich oft aus bürgerlichen Anspruchshaltungen und Vergleichsmaßstäben, nach denen die dort lebenden Kinder, schulisch nicht so leistungsfähig wären. Zudem werden Schulen mit so etikettierten Schülern im Vergleich zu anderen Schulen als defizitär beschrieben. Dies zeigt sich teilweise in der Haltung der dort arbeitenden Lehrkräfte. Eine Fallstudie von Bühlmann (2020) über Schulen mit belasteten Schüler*innen zeigt, dass Einstellungen der dortigen Pädagog*innen sich entlang der Gentrifizierung im Stadtteil unterscheiden. In ‚Brennpunktschulen' mit stabiler Elternschaft aus belasteten Familien empfinden die Lehrkräfte die Zusammenstellung der Schüler*innenschaft als weniger störend und haben eine höhere Bildungserwartung an sie. Dort aber, wo die ansässige Bevölkerung durch wohlhabendere Schichten schrittweise verdrängt wird, orientieren sich Pädagog*innen eher an der Mittelschicht und bringen bürgerliche Vergleichsmaßstäbe ein. Hier empfinden Lehrkräfte die ‚heterogene' Schüler*innenschaft eher als störend (Bühlmann, 2020). Diese Lehrkräfte wandeln sich in ihrer Einstellung durch eine wachsende, eher an den bürgerlichen Maßstäben orientierte Elternschaft. Für die benachteiligten Kinder kann Gentrifizierung wie eine „Kulturelle Invasion" (Freire, 1971, S. 278 ff.) wirken.

Geflüchtete Migrant*innen gelten oft als ‚leistungsschwach', ihr Umfeld wird dann als ‚anregungsarm' beschrieben, weil sie bestimmte eurozentristische und bürgerliche Ansprüche nicht erfüllen. Orientieren sich Lehrkräfte an Defiziten (‚sie können noch nichts'),verstellt dies den „Blick für Spielräume und Ressourcen im Umgang mit Heterogenität" (Drucks & Bremm, 2021, S. 244). Sie deuten die Lebensweisen der von Armut geprägten Gruppen als „defizitäre Abweichungen zu einer schulischen und gesellschaftlichen Norm" (Drucks & Bremm, 2021, S. 246) und suchen hierin den Grund für das schulische Scheitern. Sie unterschätzen die „adaptiven, lebensweltbezogenen und ressourcenorientierten" (Drucks & Bremm, 2021, S. 246) Gestaltungsmöglichkeiten in Schule.

Dass betroffene Menschen diesen Defizitblick auf sich selbst anwenden und verinnerlichen, ist eine Tragik, mit der sich südamerikanische Kolonialisierungsforscher*innen auseinandergesetzt haben (Dussel, 1989 bzw. Stähling & Wenders, 2021, S. 387 ff.). Erkenntnisse über das Lernen und die Lernmöglichkeiten sind danach nicht unabhängig entstanden von einem Weltbild, das Europa als Zentrum der Weltgeschichte darstellt. Die restliche Welt scheint aus dieser Perspektive anregungsarm zu sein. Diese ‚Kultur des Zentrums' ist die Kultur, „an der alle Kulturen gemessen werden. Die Mona Lisa kritisiert alle Bilder; Beethovens Fünfte Symphonie ordnet alle Musikkompositionen; Notre Dame ist der Prototyp aller Kirchen" (Dussel, 1989, S. 108). Dieses eurozentristische Weltbild beeinflusst auch die epistemischen (erkenntnistheoretischen) Wege und führt zur Verschleierung und Rechtfertigung von Gewalt gegen z. B. die Indigenen (Dussel, zit. nach Mignolo, 2012, S. 59): Um Vorurteile und koloniale Sichtweisen zu überwinden, wird ein *erkenntnistheoretischer ‚Ungehorsam'* (Mignolo, 2012) vorgeschlagen.

Damit Pädagog*innen in herausfordernden Lagen nicht das Bild von einem vermeintlich anregungsarmem Milieu reproduzieren und so eine ‚kulturelle Invasion' (Freire, 2007) praktizieren, sollten sie Bildung als eine „Erkenntnissituation in der Dialogbeziehung" sehen. Die Erkenntnissituation ist eine, „in der Lehrende-Lernende und Lernende-Lehrende solidarisch in die gleiche Problematik einbezogen sind" (Freire, 2007, S. 94). Das bedeutet, dass die Bevölkerung des Stadtteils, die Eltern, Schüler*innen und die Pädagog*innen *gemeinsam* im Dialog nach einem Plan zur Lösung von Problemen vor Ort suchen.

Der brasilianische Pädagoge Paulo Freire (1921–1997) zeigt mit seinem Konzept der Alphabetisierung, dass Lernen gelingt, wenn es an den eigenen Erfahrungswelten ansetzt.

Es ist notwendig, dass jeder Mensch mit seinen Erfahrungen ernst genommen wird und die Pädagog*innen seine Beiträge und Probleme als Ausgangspunkt des Lernens betrachten.

Der aktuelle Bezug zur eigenen ‚Lebenswelt' greift „Schlüsselprobleme" (Klafki, 1962, 1996) auf, indem z. B. ein Kind in der Gemeinschaft erlebt, dass es etwas Wichtiges (z. B. über seine Flucht) zu sagen hat.

Lehrpersonen, die sich von den Zwängen der für diese Kinder unpassenden Lehrpläne und Anforderungen frei machen und auf die Interessen der Lernenden eingehen, können Lernfortschritte erwarten. Dies wäre eine „Pädagogik der Befreiung" (Freire, 2007, S. 117 ff.) – man befreit sich von unsinnigen und pädagogisch ineffizienten Methoden. Zugleich nutzt man den für die Kinder interessanten Inhalt und macht ihn zum „Gemeinsamen Gegenstand" (Feuser, 2013).

Paulo Freire hat seine befreienden dialogischen Arbeitsweisen im Rahmen des Alphabetisierungsprozesses (Freire, 2007) auch als „Pädagogik der Solidarität" (Freire, 1971, 1974) bezeichnet. Er kritisiert die ‚anti-dialogische', erzieherische Praxis, weil sie den Menschen als ‚Objekt' behandelt: „So gesehen müssen die Analphabeten als passive Wesen mit den Worten der Erzieher ‚gefüllt' werden, statt, dass sie eingeladen werden, sich am Prozess des Lernens schöpferisch zu beteiligen" (Freire, 2007, S. 31). Wenn die Themen von den Erzieher*innen nach ihren jeweiligen eigenen kulturellen Bezugsrahmen ausgewählt werden, so erleben die Analphabet*innen die Sprache als vom Leben und der Wirklichkeit der benachteiligten Menschen Isoliertes. Bei dieser ‚Kulturellen Invasion' werden die bürgerlichen Werte als höhere Werte behandelt und die Milieus der Armen als anregungsarm abgewertet. Die eindringenden Invasor*innen ignorieren z. B. die unterdrückte indigene Kultur.

Freire setzt sich mit dem Gegenargument auseinander, dass ein Dialog auf gleicher Augenhöhe zu viel Zeit beanspruche, die angesichts der dringenden Maßnahmen nicht vorhanden sei. So werde vorgetragen, dass z. B. analphabetische Landarbeiter*innen oftmals den Dialog zurückwiesen, indem sie schwiegen und apathisch reagierten. Freire entgegnet auf der Basis seiner Erfahrungen, dass Schweigen und Apathie historisch entstanden seien (vgl. auch Dussel, 1989, S. 15 ff.). Die Landarbeiter*innen haben keine Erfahrung mit Beteiligung und kein Recht, ihre Meinung zu sagen. Ihre Pflicht besteht darin, zu gehorchen:

> Es ist nur natürlich, dass die Landarbeiter fast immer, wenn auch nicht immer, denen, die in den Dialog mit ihnen eintreten wollen, Misstrauen entgegenbringen. […] Sie sind sich ihrer eigenen Fähigkeiten nicht sicher. Sie verinnerlichen den Mythos ihrer absoluten Unwissenheit. Es ist nur natürlich, dass sie es vorziehen, keinen Dialog zu

> führen, dass sie nach fünfzehn oder zwanzig Minuten reger Teilnahme unerwarteterweise zum Lehrer sagen: ‚Verzeihen Sie, wir, die wir nichts wissen, sollten lieber still sein und Ihnen zuhören, denn Sie wissen es ja viel besser. (Freire, 2007, S. 58 f.)

Freire distanziert sich von der Position, dass die*der Landarbeiter*in apathisch bleibe und sich nicht an der Veränderung seiner*ihrer Lage beteiligen könne:

> Denn was diese Überlegungen klarmachen, ist, dass die Schwierigkeiten der Landarbeiter, einen Dialog zu führen, nicht ihren Grund in ihnen selbst als Landarbeiter hat, sondern in der geschlossenen und unterdrückerischen Sozialstruktur. (Freire, 2007, S. 59)

Der argentinische Philosoph Enrique Dussel (1989, S. 110) kommt zu dem Schluss:

> Das Volk allein kann sich nicht befreien. Das System hat es mit der Massenkultur vergiftet, dem schlimmsten, was es anzubieten hat. Deshalb ist die kritische Vernunft des organischen Intellektuellen, der kritischen Gemeinschaft oder politischen Parteien unersetzbar, damit das Volk eine kritische Vernunft erlangen und unterscheiden kann, was es in sich trägt (introjizierte imperialistische Kultur) und was es an Resten von alters her hat (kulturelle Exteriorität...). Die Philosophie hat hier eine große Aufgabe.

Dussel betont: „Die Philosophie der Befreiung ist eine pädagogische Aktivität," (Dussel, 1989, S. 192). Diese Pädagogik ist in diesem Sinne analektisch (auswählend), wie Dussel hervorhebt: „Das heißt, dass sie das Lehramt im Namen des Armen, der Unterdrückten, des Anderen ausübt" (S. 192).

5 Schlussfolgerungen: Problembelastete Schüler*innen brauchen eine dekolonialisierte, solidarische Schulpädagogik

Das Zukunftskonzept einer solidarischen Schule in herausfordernder Lage kann sich einer ‚Pädagogik der Unterdrückten' (Freire, 1971) bedienen. Viele Kinder zeigen ihre Stärke in der gegenseitigen Solidarität, besonders mit denen, denen Unrecht geschieht. Am Beispiel des Klassenrates in der Brennpunktschule Berg Fidel lässt sich beobachten, wie heute die Probleme der Kinder zur Sprache kommen (Stähling & Wenders, 2021, S. 116 ff.). Viele belastete Kinder sind zunächst ängstlich und vertrauen noch nicht darauf, dass sie etwas bewegen können, wenn sie es ansprechen. Sie schweigen lieber, weil sie keinen Sinn darin sehen, zu reden. Oder sie ‚lärmen', um sich von der bedrückenden Situation abzulenken. In ihrem Umfeld haben sie so viel existenzielles Unrecht erlebt, dass sie sich daran gewöhnt haben. Sie glauben nicht, dass sie selbst etwas verändern können. Viele Kinder haben so starke Selbstzweifel, dass es zuweilen Jahre braucht, um Vertrauen aufzubauen. Im Klassenrat erfahren sie immer wieder, dass es anders als erwartet läuft: Man kann Probleme ansprechen und erleben, dass sich tatsächlich danach etwas ändert. Und zwar durch die Mitarbeit aller in der Klasse. Schweigen hilft nicht: Freire spricht von einer „Kultur des Schweigens" als eine „Kultur der Abhängigkeit, in der die beherrschte, unterdrückte Klasse sich nicht ausdrücken kann" (Freire, 2007, S. 93). Sie kann in eine „Kultur des Lärms" umschlagen: „Lärm besteht aus den Worten, die wir nicht richtig sagen können [...]. Lärm ist der Anschein, eine Stimme zu haben, aber solange wir bloß Lärm machen, haben wir keine Stimme" (Freire, 2007, S. 93).

‚Erwartungswidrig' gelten gemäß des Paradigmas (‚anregungsarm') solche ‚Brennpunktschulen', die trotz einer belasteten Schüler*innenschaft deutliche Lernzuwächse vorweisen können. Sie sind gekennzeichnet durch besondere pädagogische Elemente:

> Erwartungswidrig erfolgreiche Schulen zeichnen sich also dadurch aus, dass das Lehren und Lernen im Mittelpunkt der Schule steht. Der Kern der Arbeit ist, dieses täglich zu verbessern. Gemeinsame Orientierungen, Ziele, Werte und Normen sind dabei sehr wichtig. Eine partizipative Schulleitung und hohe Leistungserwartungen sowohl bei Mitarbeitenden und Schüler*innen als auch der Einbezug der Eltern sind ebenfalls Elemente, welche effektive Schulen charakterisieren. Weitere Aspekte können von vorhandenen Stärken und Schwächen sowie von der Phase der Entwicklung der Schule abhängen. Wichtig ist dabei vor allem die Passung der eingesetzten Strategien hinsichtlich der spezifischen situationellen Faktoren (bspw. Zusammensetzung der Schüler*innen, Entwicklungsbedarf). (Bühlmann, 2020, S. 58)

Schulerfolge basieren auch nach unseren Erfahrungen darauf, dass in der pädagogischen Arbeit das Lernen im Mittelpunkt steht und sich darum die didaktische Konzeption entwickelt. Auch wenn dies unabhängig von der Schulform gilt, lässt sich dennoch feststellen, dass eine Schule ohne Brüche von Jahrgang (0)1–10 bzw. 13 die besten Bedingungen für problembeladene Schüler*innen schafft. Diese Schlussfolgerung zieht auch Klemm in seinem Gutachten über den Brennpunkt Coerde. Wenn man jedoch bei der Errichtung einer solchen PRIMUS-Schule das ‚anregungsarme Milieu' fürchtet, wird die nächste Forderung sein, dass die ‚Schüler*innenkomposition' ‚gut gemischt' sein solle. Damit wäre das nächste Paradigma zum Leben erweckt (Stähling & Wenders, 2021, S. 311 ff.). Eine solidarische Pädagogik wird auf eine ‚gute Mischung' verzichten, damit alle benachteiligten Kinder zusammen in ihrem Stadtteil zur Schule gehen und beim Lernen nicht gestört werden.

Literatur

Autorengruppe Bildungsberichterstattung. (Hrsg.). (2020). *Bildung in Deutschland. KMK und BMWF*. wbv.

Baumert, J. et al. (2003). *PISA 2000 – Ein differenzierter Blick auf die Länder der Bundesrepublik Deutschland.* Leske + Budrich.

Bühlmann, F. (2020). *Der Beitrag der Schule zur Bearbeitung von Bildungsungleichheit.* [Dissertation, University of Zurich]. Zurich Open Repository and Archive.

Drucks, S., & Bremm, N. (2021). Funktionen von Defizitorientierung von Lehrkräften im Kontext unterschiedlich herausfordernder Lagen. In I. van Ackeren, H. G. Holtappels, N. Bremm, & A. Hildebrand-Petri (Hrsg.), *Schulen in herausfordernden Lagen – Forschungsbefunde und Schulentwicklung in der Region Ruhr* (S. 244–276). Beltz.

Dussel, E. (1989). *Philosophie der Befreiung.* Argument.

Feuser, G. (2013). Die „Kooperation am Gemeinsamen Gegenstand" – Ein Entwicklung induzierendes Lernen. In G. Feuser & J. Kutscher (Hrsg.), *Entwicklung und Lernen* (S. 282–293). Kohlhammer.

Feuser, G. (2017). Inklusion – Das Mögliche, das im Wirklichen noch nicht sichtbar ist. In G. Feuser (Hrsg.), *Inklusion – ein leeres Versprechen?* (S. 183–285). Psychosozial-Verlag.

Freire, P. (1971). *Pädagogik der Unterdrückten.* Kreuz.

Freire, P. (1974). *Pädagogik der Solidarität.* Hammer.

Freire, P. (2007/1970). *Unterdrückung und Befreiung* P. Schreiner et al. (Hrsg.), Waxmann.

Holtappels, H. G., & Brücher, L. (2021). Entwicklungen in den Projektschulen. Qualitätsverbesserungen und Aufbau von Schulentwicklungskapazität. In I. van Ackeren, H. G. Holtappels, N. Bremm, A. Hildebrand-Petri (Hrsg.), *Schulen in herausfordernden Lagen – Forschungsbefunde und Schulentwicklung in der Region Ruhr* (S. 128–166). Beltz.

Kemper, T., & Reinhardt, A. (2022). Sekundäranalysen zum Schulerfolg von Geflüchteten. *Die Deutsche Schule, 114,* 225–240.

Klafki, W. (1962). Didaktische Analyse als Kern der Unterrichtsvorbereitung. In H. Roth & A. Blumenthal (Hrsg.), *Didaktische Analyse* (S. 5–34). Schroedel.

Klafki, W. (1996). *Neue Studien zur Bildungstheorie und Didaktik. Zeitgemäße Allgemeinbildung und kritisch-konstruktive Didaktik* (4. Aufl.). Beltz.

Klemm, K. (2019). *Schulen in Coerde: Status quo und Perspektiven. Studie zur Situation in Coerde.* Initiative Chack gegen Kinderarmut.

Mignolo, W. (2012). *Epistemischer Ungehorsam.* Turia + Kant.

Prenzel, M., et al. (2004). *PISA 2003. Der Bildungsstand der Jugendlichen in Deutschland.* Waxmann.

Reiss, K., Weis, M., Klieme, E., & Köller, O. (2019). *PISA 2018. Grundbildung im internationalen Vergleich.* Waxmann.

Stähling, R., & Wenders, B. (2021). *Worin unsere Stärke besteht – Eine inklusive Modellschule im sozialen Brennpunkt.* Psychosozial-Verlag.

Vygotskij, L. (2003). *Ausgewählte Schriften.* J. Lompscher Hrsg., Bd. 2. Pahl Rugenstein und Lehmanns Media.

Dr. Reinhard Stähling war bis 2022 Lehrer und Schulleiter der PRIMUS-Schule Berg Fidel – Geist Münster sowie Autor von pädagogischen Praxisbüchern, die sich mit dem Schulalltag im sozialen Brennpunkt auseinandersetzen (www.reinhard-staehling.de).
Kontakt: gs-bergfidel@gmx.de

„Wir sind halt nicht alle gleich“ – Ein Gespräch über Bildungs(un)gerechtigkeit aus Schüler*innensicht

Nico Leonhardt

Zusammenfassung

Bildungs(un)gerechtigkeit und mögliche damit einhergehende Veränderungsprozesse sind seit Jahrzehnten fester Bestandteil von bildungspolitischen Auseinandersetzungen und vieler wissenschaftlicher Untersuchungen. Im vorliegenden Beitrag soll Schule und Bildungsgerechtigkeit aus der Sicht derer betrachtet werden, für die Schule (eigentlich) organisiert wird: Schüler*innen. Dazu wurden (ehemalige) Schüler*innen aus dem Projekt ‚related‘, welches sich an einer Schule in herausfordernder Lage in Berlin gegründet hat, befragt. Dieser Interviewbeitrag rahmt diese Darstellungen mit theoretischen Überlegungen zu Bildungs(un)gerechtigkeit und Macht im Kontext von Schule.

Schlüsselwörter

Bildungsgerechtigkeit • Macht • Schüler*innenperspektiven • Partizipation • Herausfordernde Lage

N. Leonhardt (✉)
Institut für Förderpädagogik, Universität Leipzig, Leipzig, Deutschland
E-Mail: nico.leonhardt@uni-leipzig.de

S. Schuppener et al. (Hrsg.), *Inklusive Schule im Sozialraum*,
https://doi.org/10.1007/978-3-658-42158-8_20

1 Einleitung

Der Diskurs zu Bildungs(un)gerechtigkeit hat eine lange Tradition und ist in Deutschland spätestens seit den 1960er Jahren immer wieder präsent. In dieser Zeit forderte beispielsweise Dahrendorf (1965) ein sogenanntes Bürger*innenrecht auf Bildung, welches er aus den Menschenrechten ableitet und wobei es „keine systematische Bevorzugungen oder Benachteiligungen bestimmter Personengruppen aufgrund leistungsfremder Merkmale geben" darf (Eckert, 2022, S. 169). Präzisiert wurde das Recht bzw. dieser Zugang zu Bildung u. a. nochmals in der UN-BRK, wo „darauf hingewiesen [wird], dass dieser Zugang diskriminierungsfrei sein müsse, was allgemein mit dem Terminus der Inklusion bezeichnet wird" (Eckert, 2022, S. 169 nach Wrase, 2015, S. 44).

So erlebt die Thematik auch aktuell eine „Hochkonjunktur in der bildungspolitischen Diskussion wie auch in der empirischen Forschung" (Stojanov, 2019, S. 348), wie es beispielsweise an der Diskussion im Zusammenhang mit der Corona-Pandemie deutlich wird (vgl. Bremm & Racherbäumer, 2020). In Deutschland ist nach wie vor ein großer Einfluss von sozialer Herkunft auf schulische Kompetenzen zu beobachten, welcher spätestens seit den ersten PISA-Studien im internationalen Vergleich offensichtlich wurde und inzwischen empirisch umfänglich belegt ist (vgl. Stojanov, 2019; von Ackeren, Endberg & Locker-Grütjen, 2020). Und auch aus „Perspektive der KRK [Kinderrechtskonvention] haben nicht alle Kinder in Deutschland aus allen sozialen Schichten die gleichen Chancen im Zugang zu Bildungsangeboten" (Büchner et al., 2022, S. 185).

Das Thema Bildungs(un)gerechtigkeit wird (vor allem im öffentlichen und politischen Diskurs) mit Chancen(un)gleichheit verknüpft, wobei insbesondere dabei die große Frage verbleibt, wie bzw. anhand welcher Kriterien[1] sich dies beurteilen lässt (Eckert, 2022, S. 170 f.). Es zeigt sich jedoch auch, dass die „Kategorie der Bildungsgerechtigkeit immer noch begriffsanalytisch unterbelichtet" scheint (Stojanov, 2019, S. 348). So lässt sich insbesondere in der Philosophie ein kritischer Diskurs zur Gleichsetzung von Bildungsgerechtigkeit mit Chancengleichheit feststellen, der zumindest offene Fragen evoziert (vgl. hierzu Giesinger, 2007). In der Kritik steht darüber hinaus die „gängige Reduzierung auf ‚Leistungsgerechtigkeit' und ‚Begabungsgerechtigkeit'" sowie eine ausschließliche Verknüpfung mit sozialer Herkunft (Stojanov, 2019, S. 248). Aus

[1] Der Chancenspiegel der Bertelsmann Stiftung beschreibt beispielsweise die vier Kriterien Integrationskraft, Durchlässigkeit, Kompetenzförderung & Zertifikatsvergabe und betont so, dass es dabei um Verteilungs- und Befähigungsgerechtigkeit sowie Anerkennung von Bildung geht (vgl. Eckert, 2022).

diesen Überlegungen heraus haben sich verschiedene Modelle oder Ansätze entwickelt, die an dieser Stelle nicht umfassend dargestellt werden können. Für den vorliegenden Beitrag sollen weniger Ansätze, die sich auf (Um-)Verteilung von Bildungsressourcen und -möglichkeiten fokussieren herangezogen werden (wie beim ‚luck Egalitarianism‘, vgl. Stojanov, 2019). Vielmehr soll auf ein anerkennungstheoretisches Verständnis von Bildungsgerechtigkeit verwiesen werden, wonach „ein gerechtes Bildungswesen [sich] dadurch aus[zeichnet], dass in ihm die [...] Anerkennungsformen der Empathie, des Respekts und der sozialen Wertschätzung institutionalisiert werden und als verbindliche Orientierungsmaßstäbe für pädagogisches Handeln dienen“ (Stojanov, 2019, S. 353). Als besonders interessant scheint hier der Ansatz von Miranda Fricker, die in ihrem Buch ‚Epistemic Injustice‘ (2007) „zwei zentrale Formen von epistemischer Ungerechtigkeit herausarbeitet“, testimonial injustice und hermeneutical injustice (Stojanov, 2019, S. 353). Von ‚testemonial injustice‘ ist dabei die Rede, „wenn Kenntnisse und Meinungen von Personen aufgrund ihres niedrigen soziokulturellen Status ignoriert werden und ihnen dabei die Fähigkeit aberkannt wird, sich an kooperativen Wissenserwerbsprozessen zu beteiligen“ (ebd.). Und ‚hermeneutical injustice‘ meint das Fehlen von „gesamtgesellschaftlich anerkannte[n] Begrifflichkeiten [...], die [es] Mitgliedern von soziokulturell unterprivilegierten Gruppen erlauben würde [...], ihre Befindlichkeiten, aber auch ihre spezifischen Fähigkeiten und Kompetenzen öffentlich zu artikulieren und zu validieren“ (ebd.). Dabei handelt es sich um „Misshandlungspraktiken“, die u. a. aus „fehlender Empathie, Diskriminierung und sozialer Geringschätzung“ entstehen können (ebd.). Innerhalb dieses Ansatzes rücken u. a. auch die subjektiven Perspektiven, der an Schule Beteiligten und deren (pädagogische) Beziehungen in den Fokus, was für die folgenden Darstellungen von hoher Relevanz sein wird.

Im Zusammenhang mit der Diskussion um Bildungs(un)gerechtigkeit stehen meist besonders Schulen in herausfordernder Lage im Fokus und sind dabei häufig auch stark negativen und teils stigmatisierenden Zuschreibungen ausgesetzt, wie z. B. durch die Bezeichnung ‚Brennpunktschule‘ (Lassek, 2010).[2]

In diesem Beitrag wird die Perspektive auf ein Projekt gelenkt, welches sich dieser Thematik annimmt und versucht eine ‚Diskursumkehr‘ zu initiieren, in dem die Stimmen von Schüler*innen in den Vordergrund gestellt und damit hörbar werden sollen. Es handelt sich um das *Projekt ‚related‘*, welches auf Initiative von drei Lehrern der Sekundarschule vom Campus Rütli/Berlin ins Leben gerufen

[2] Untersuchungen von Yildiz und Preissing (2017, S. 157) zeigen beispielhaft das negative Zuschreibungen von Stadtvierteln für Jugendliche „nicht ohne Folgen für deren Lebensentwürfe und Handlungspraxen bleiben kann“. (zu solchen Zuschreibungsprozessen siehe auch Chamakalayil et al., 2017).

wurde. Dieses sich selbst finanzierende Projekt wird unabhängig von der Schulstruktur ehrenamtlich durch Lehrer*innen unterstützt und koordiniert. Über den Entstehungsprozess erzählt einer der Gründungslehrer:

> Wir haben schnell gemerkt, dass wir einen ähnlichen ‚Vibe' haben in der Schule. Viele der Themen, die über das schulalltägliche hinausgehen, zum Beispiel wie kann man, unseren Job spannend machen, was macht uns Freunde an der Arbeit an so einer Schule wie der Rütli, was treibt uns da an, was beschäftigt uns auch an Problemen. Einerseits haben wir also sehr viel Spaß an unserem Job gehabt und dem gegenüber stand so ein bisschen, oder steht weiterhin dieser sehr abwertende Diskurs über sogenannte Brennpunktschulen. (Simon Klippert, Sekundarschullehrer Rütli)

Erster Anstoß war dann die Teilnahme an der studentisch organisierten Veranstaltungsreihe in Oldenburg ‚Zukunft der Schule – Schule der Zukunft', zu der es sehr positive Rückmeldungen gab und aus der sich eine weitere Veranstaltung entwickelte, wie Simon Klippert betont:

> Es kamen viele Nachfragen, auch kritische, aber auch sehr viel positiver Zuspruch. Es ging um einen sehr wirkungsmächtigen Diskurs, der mit Rassismen und Abwertungen im Bildungssystem arbeitet. Und mit Leuten aus der Praxis hat dieser Diskurs dann einen Gegendiskurs bekommen. Das hat so viel Spaß gemacht, dass im Jahr darauf eine Veranstaltungsreihe an der Humboldt Universität entstanden ist, die wir gemacht haben.

Es waren drei Veranstaltungen mit den Themen *Beziehung, Schule anders machen* und *Lehrer*innenrolle:*

> Da haben wir erstmalig auch Schüler*innen von uns mit eingebaut. Zunächst in das Seminar, in dem es um Beziehung ging. Denn warum sollten nur wir das erzählen? Wir nahmen sie einfach mit, damit sie das erzählen konnten und es wurde eine richtig coole Erfahrung.

In den Fokus des Beitrags soll nun die Perspektive von zwei aktiven ‚related students' gerückt werden, welche im Gesprächsformat über Hintergründe, Ansprüche und Entwicklungen des Projekts berichten.[3]

[3] Das Interview wurde im September 2022 über einen Videochat durch den Autor geführt. Ein Dank geht an dieser Stelle an Kyra Stelter, die das Interview anschließend transkribierte. Für eine bessere Lesbarkeit wurde das Interview durch Frau Stelter und den Autor unter Berücksichtigung des inhaltlichen Erhalts der ursprünglichen Aussagen anschließend gekürzt sowie sprachlich geglättet. Schlussendlich erfolgte eine dialogische Validierung mit den Gesprächspartner*innen, um sicherzustellen, dass nur intendierte Aussagen im Interview

2 Im Gespräch über ‚related' und Bildungs(un)gerechtigkeit mit Narges Tavakkoli und Aya Elkhodary

Was macht das Projekt ‚related' für euch aus?
Narges Tavakkoli: Also für mich ist ‚related' eine Gruppe, die sich aus Lehrer*innen und Schüler*innen zusammensetzt, die sich mit der Ungleichheit im Schulsystem beschäftigt. Darüber wollen wir gemeinsam reden und geben zudem auch Seminare an verschiedenen Universitäten. Dabei erzählen wir beispielsweise davon, wie schwer wir es selber in der Schule hatten. Wir erzählen immer sowohl positive, als auch negative Sachen, damit wir den zukünftigen Lehrkräften etwas beibringen können. All das erzählen wir aus Schüler*innenperspektive.

Aya Elkhodary: Da kann ich mich Narges nur anschließen. Ich würde es genauso beschreiben. Man kann sich natürlich die Frage stellen, warum wir das machen und so viel Zeit darin investieren, schließlich gehen die meisten von uns gar nicht mehr zur Schule und einige der Lehrer*innen arbeiten gar nicht mehr am Rütli Campus. Das tun wir aus zweierlei Gründen: Zum einen ist es so, dass wir uns untereinander sehr liebgewonnen haben. Das passierte eigentlich zufällig, während wir gemeinsam als ‚related' Projekt auf einer Reise waren, um das Projekt zu planen. Aber wie es halt so ist wächst man dann als Gruppe schon sehr zusammen und nun ist es wirklich wie so eine kleine Familie. Der andere Grund, weshalb wir da so viel Zeit investieren ist, weil es wichtig ist, sich nicht in eine Opferrolle zu stellen und alles auf das System zu schieben. Also zu sagen, das System funktioniert nicht und alles ist so traurig und schlecht. In dieser Opferrolle darf man sich nicht verlieren und eben nicht alles auf jemanden anderes übertragen, der sich dann schon darum kümmern wird. Deswegen haben wir uns gedacht: Am besten schaffen wir so eine Art Bewusstsein für angehende Lehrer*innen und konfrontieren sie damit, dass es nicht immer so homogen in einer Schulklasse aussieht und, dass verschiedene Menschen aus verschiedenen Setups unterschiedliche Dinge zu sagen haben. Außerdem hoffen wir, dass sie aus so einer Story wie ‚related' und dessen Entstehung lernen können, Beziehungen zu schaffen. Wir haben nämlich immer noch so ein cooles Verhältnis zu unseren ehemaligen Lehrer*innen. Wir hoffen, die angehenden Lehrkräfte dadurch inspirieren zu können.

---

vorzufinden sind. In Absprache mit den Interviewpartner*innen werden im Beitrag die realen Namen verwendet. Aussagen der Lehrkraft Simon Klippert wurden in Teilen ergänzend in Einleitung und Fazit genutzt.

Wie ist das Projekt konkret entstanden?
Aya Elkhodary: Ich weiß gar nicht mehr genau, wie ‚related', bzw. ‚jetzt reden wir' anfänglich entstand. Aber ich weiß noch, dass Herr Klippert, Tobias Nolte und Nils Katz eine Einladung von der Humboldt-Uni (HU) bekommen haben. Dort sollten sie was zu dem Begriff ‚Brennpunktschulen' erzählen und sie dachten sich, dass es schön wäre auch die Schüler*innenperspektive mit reinzunehmen. Und deshalb sind wir zu den Seminaren mitgegangen. Das war, meine ich, so 2018/2019. Dabei haben wir gemerkt, dass sowohl wir Schüler*innen, als auch die Lehrer*innen gemeinsam sehr viel zu erzählen hatten, sowohl über den Begriff ‚Brennpunktschulen' aber auch noch größer und systematischer über Bildungsungerechtigkeit. Und vielleicht kann Narges erzählen, wie es dann weiterging.

Narges Tavakkoli: Zum ersten Mal haben wir uns, glaube ich, 2020 alle gemeinsam getroffen. Und dann gab es halt dieses Wochenende von dem Aya erzählt hat, an dem wir uns als Gruppe zusammengefunden haben. Dabei haben wir viele Gemeinsamkeiten entdeckt. Daraus entstand dann, dass wir viele Seminare und Workshops gegeben haben, z. B. auch beim Lehramtsfestival 2021. Dort haben wir den Lehramtsstudierenden einen Workshop gegeben, ohne, dass die Lehrer*innen dabei waren. Danach haben wir deutschlandweit Seminare gegeben. Wir waren z. B. in Leipzig, Greifswald, Bremen, Oldenburg und Münster.

Aya Elkhodary: Außerdem waren wir noch in Berlin an der HU, der FU und beim Lehramtsfestival. Wir waren auch noch irgendwo anders bei ‚Kreidestaub'[4] dabei. Und kurz vor Corona, 2019, hatten wir auch noch ein sehr großes Event. Es war, glaube ich, im November und wir aßen Pizza. Das war das erste Mal, dass wir uns alle gemeinsam getroffen haben. Bis dahin waren wir eher so ein kleines Grüppchen und Ende 2019 kam dann der Gedanke auf, dass es jetzt nicht mehr nur so kleine Einzelseminare sein sollen, sondern, dass wir da ein System reinbekommen wollen. Aber dann kam Corona. In der Zeit haben wir uns sogar ein paar Mal über Zoom getroffen, aber dann erst wieder im September 2020. Das war in Tegel. Da haben wir am ersten Abend so ein Video gesehen, indem ein junger Mann darüber geredet hat, wie er sich geoutet hat und, dass das sehr schwierig in seiner Familie war und der gesellschaftliche Druck sehr hoch war. Dieses Video war ein sehr großer gemeinsamer Nenner. An diesem Abend sind so viele Gedanken, Geschichten und Emotionen hochgekommen. Und als wir davon wieder nach Hause gegangen sind, war erstens diese Gruppe als krasser ‚Safespace' entstanden und zweitens hatten wir eine gemeinsame Version

[4] https://www.kreidestaub.net/

von wegen: Wir wünschen uns sehr, sehr, dass es mehr Lehrer*innen gibt, die sich mit so etwas beschäftigt haben. Und andererseits wollten wir das Bewusstsein darüber in die Welt ‚spreaden' und auch auf andere Themen aufmerksam machen. Bildungsungerechtigkeit hat ja auch was mit Migrationshintergrund, Armut und Privilegien zu tun. Das sind alles so große Sachen. Rassismus, Diskriminierung, das alles. Wenn man in einem Job arbeitet, indem viele verschiedene gesellschaftliche Strukturen aufeinandertreffen ist es wichtig, dass diese Themen nicht komplett neu sind, sonst ist man als Lehrkraft auch einfach überfordert. Es ist auch wichtig, dass man sich im Voraus (z. B. durch Projekte wie ‚related') damit beschäftigt.

Narges Tavakkoli: Ja, wir reden auch über Chancengleichheit, weil wir alle unterschiedliche Startbedingungen haben. In einer Klasse hat einer z. B. eine Fluchtgeschichte, die andere Person ist in Deutschland geboren, hat aber keine Privilegien. Deshalb wollen wir, dass die Lehrer*innen uns als Individuen sehen und uns auch so wahrnehmen können. Wir sind halt nicht alle gleich.

Wie ist die Gruppe aufgebaut und wer ist beteiligt?

Narges Tavakkoli: Ich glaube wir sind so acht/neun Schüler*innen. Ansonsten sind es noch fünf Lehrer*innen.

Aya Elkhodary: Wir haben zwei Gruppen, eine größere und eine kleinere, die aktiver ist. Ich habe 2019 mein Abitur gemacht, letztes Jahr haben Melissa und Fatih Abitur gemacht und dieses Jahr Narges, Mona, Ranya und Heba und das wars. Theoretisch ist gerade niemand mehr von uns als Schüler*in an der Rütli Schule, aber es kommen noch Leute dazu. Unsere Nachwuchsgruppe quasi.

Was gibt es für Einzelprojekte bei ‚related'?

Narges Tavakkoli: Ich und zwei andere haben ein paar Podcastfolgen aufgenommen[5]. Darin haben wir einfach darüber geredet, was uns in der Schule beschäftigt, wie z. B. das Thema Sexismus. Es gab halt ein paar Fälle in der Schule und dann haben wir darüber diskutiert, wie die Lehrer*innen darauf reagieren hätten müssen. Wir haben auch über einen Fall gesprochen, in dem ein Lehrer seine Autoritätsposition ausgenutzt hat. Außerdem haben wir über ‚related' gesprochen, z. B. darüber, wer wir überhaupt sind. Und es gab auch andere Videos mit ‚Kreidestaub', in denen wir unsere Forderungen gestellt haben, wie z. B. gendergerechte Sprache an Schulen oder welche Schulthemen uns wichtig sind.

---

[5] z. B. www.ufuq.de/materialsammlung-kinder-resilienzfoerderung-im-schulalltag/

Aya Elkhodary: Abgesehen von den Seminaren haben wir auch auf andere Medien zurückgegriffen. Wir haben in Tegel darüber gesprochen, wie jeder seine*ihre Geschichte schildern will und diese dann sozusagen an die Welt kommunizieren will. Dabei gab es dann viele Ideen, wie z. B. den Podcast, oder Blogs oder ein Buch schreiben. Und mit dem Podcast haben wir in Lübeck angefangen. Sonst gab es noch ein paar Einträge in verschiedenen Artikeln, wie z. B. bei der ZEIT oder der TAZ.

Was hat sich durch das Projekt für euch verändert?
Narges Tavakkoli: Für mich war ‚related' ein Raum, in dem wir offen, ohne Vorurteile über Sachen sprechen konnten. Es gab bspw. ein paar Probleme in der Schule, über die wir in der Gruppe gesprochen und reflektiert haben, was man da hätte besser machen können und wie man da am besten rangeht. Von daher ist ‚related' ein ‚Safespace' für mich, weil wir uns einfach gegenseitig zuhören können, ohne verurteilt zu werden. Ansonsten sind mir ganz viele Sachen bewusst geworden, wie z. B. diese Ungerechtigkeit, die wir in der Schule haben. Ich bin geflüchtet und seit ungefähr sechs Jahren hier in Deutschland und davor ist mir nicht aufgefallen, wie schwer ich es in der Schule habe. Und diese Geschichte, diese Erfahrungen machen mir halt bewusst, wie unfair das Schulsystem für viele ist und was man da am besten machen kann.

Aya Elkhodary: Für mich ist ‚related' auf zwei Ebenen extrem wichtig. Einmal, weil ich irgendwann für meine Persönlichkeit das Thema Privilegien auch komplett reflektiert und so ein bisschen hinterfragt habe. Es ist ein Dilemma mit den Privilegien. Ich bin gegenüber meiner Familie, gegenüber meiner Cousine, gegenüber meinen Freunden usw., die unter sehr schweren politischen, wirtschaftlichen, gesellschaftlichen Bedingungen in Ägypten leben, sehr privilegiert. Hier genießt man eine so große Freiheit, wir dürfen zur Schule gehen und man kann hier als Frau alles machen. Das ist halt ein großes Privileg gegenüber den Menschen dort. Ich habe letztens einen Podcast gehört, da wurde das auch als ‚Privilegien-Dilemma' bezeichnet. Also das man einerseits das Gefühlt hat, sehr privilegiert gegenüber einer Gruppe zu sein und andererseits sehr unterprivilegiert gegenüber einer anderen Gruppe ist. Man lebt aber in beiden, man gehört einfach als eine Person zu beiden Gruppen. Und das ist mir wichtig bei ‚related' dies immer wieder zu reflektieren. Wir gehen nicht z. B. zu den weißen, hyperprivilegierten Menschen und sagen: *„Fühlt euch mal schlecht, weil ihr so privilegiert seid."* Wir wollen ein Bewusstsein dafür schaffen, dass es nicht überall dasselbe ist. Und das Schüler*innen verschiedene Startpunkte haben können.

Als ein aus der Praxis übertragenes Beispiel: Wenn die Lehrer*innen z. B. fragen: *„Wieso kommen deine Eltern nicht zum Lehrer*innengespräch?"*, dann liegt es meistens nicht daran, dass die Eltern faul sind oder so. Es liegt oft eher daran, dass sie andere Probleme haben, mit denen sich Eltern z. B. ohne Migrationshintergrund, nicht beschäftigen müssen. Die arbeiten beide vielleicht, um überhaupt ihren Lebensunterhalt zahlen zu können.

Welche konkreten Beispiele für Bildungsungerechtigkeiten habt ihr in der Schule erlebt?

Narges Tavakkoli: In der Coronazeit, in der Quarantäne ist es mir krass aufgefallen. Da habe ich noch in einem Flüchtlingsheim gewohnt und es gab dort kein stabiles Internet. Außerdem hatten wir keine digitalen Geräte und nur einen Laptop für vier Kinder. Zudem sprechen meine Eltern nicht so gut Deutsch und damals mussten sie erstmal den Sprachkurs absolvieren. Sie konnten uns Kinder also nicht so gut bei den schulischen Aufgaben unterstützen. Alles war in der Quarantänezeit sehr überfordernd für mich und ich wusste nicht, an wen ich mich überhaupt wenden muss. Das z. B. ist selbstverständlich für viele andere. Mir fiel es auch sehr schwer, mit irgendjemandem darüber zu sprechen, weil viele diese Probleme eben nicht hatten. Viele haben ihr eigenes Zimmer und Privatsphäre zum Lernen oder die Vorbereitung für Prüfungen. Ich aber teilte mein Zimmer mit drei Geschwistern. Und das während ich in der zwölften Klasse, also der Abiturphase war. Man konnte sich ja auch in den Lockdown-Zeiten in keine Bibliothek setzen. Manchmal hatten wir alle vier Geschwister auch gleichzeitig Online-Meetings, aber dafür war keine Ruhe und wir hatten keine Geräte dafür. Trotzdem werden wir am Ende alle gleich behandelt in der Schule, obwohl wir es nicht alle gleich schwer oder leicht haben, eine Aufgabe fertig zu machen. Wo viele halt nur einen Schritt vor sich hatten, hatte ich viele vor mir. Und da merke ich, wie unterschiedlich schwer wir es haben.

Aya Elkhodary: Bei mir war das anders. Ich habe mich in meinem Campus Rütli, meinem Neukölln, meinen Berlin immer sehr ‚safe' und wohl gefühlt. Dann habe ich mich entschieden, Medizin zu studieren und habe erstmal ein Jahr dafür gebraucht, um dieses System zu verstehen. Also nicht ein Jahr, aber bis ich verstanden habe, wie dieses System läuft war die Bewerbungsfrist abgelaufen. Weil ich eben keine Eltern habe, die sich damit auskennen. Und das erzähle ich nicht aus einer traurigen Perspektive heraus, sondern, weil es einfach einer der Faktoren war. In der Zeit habe ich dann versucht über verschiedene Medizintests, Vorbereitungskurse oder verschiedene Lizenzen reinzukommen und dabei habe ich immer wieder gemerkt, dass es sich um einen Bereich handelt, in dem sich nur Akademiker*innen bewegen. Da ist nicht so viel Platz, oder wird nicht so viel Platz geschaffen für Leute, die aus anderen Verhältnissen kommen. Und als ich auf Wohnungssuche in Mecklenburg war habe ich richtig an mir und meinen Freund*innen gesehen, dass es eben nicht so leicht ist, eine Wohnung zu finden, wenn man nicht gerade ‚Zimmermann' oder so mit Nachnamen heißt. Und da ist dann immer erstmal die Frage, *„wie man es bis hierher geschafft hat und dass man gut Deutsch spräche, dafür dass...“*. Oder es kommen immer mal wieder so Kommentare, bei denen du für die Reinigungskraft im OP gehalten wirst.

Ich mag es persönlich nicht, wenn man nun sagt, dass ist aber alles traurig und sich in die Ecke stellt und schmollt. Für mich ist es wichtig zu verstehen, dass es da irgendwo ein Problem gibt und das dann auch zu sagen und sich zu fragen, was wir nun daran ändern können. Mein Ansatz dabei ist dann ‚related' und diese Reichweite darüber zu nutzen. Wir reden halt nicht in den Workshops drei Stunden um den heißen Brei herum und gehen mit der ‚Message' da raus *„Wir sind unterprivilegiert und ihr seid privilegiert und schönen Tag, das wars dann“*. Sondern, dass wir da raus gehen und die Leute sagen, *„Okay das wusste ich gar nicht. Ich wusste gar nicht, dass Leute drei Blocks von mir entfernt unter solchen Umständen ihr Abitur gemacht haben.“*

Was müsste sich eurer Meinung nach konkret in Schule verändern und was braucht es für gelingende Mitbestimmung?

Aya Elkhodary: Also ich finde es wichtig, dass die Lehrer*innen für aktuelles Geschehen Raum und Zeit geben, also für das, was alles gerade auf der Welt geschieht. Dass man darüber redet und sich die Zeit dafür nimmt, flexibler ist, von dem Lehrplan mal abweicht, um auch über die Kriege wie z. B. in Afghanistan oder der Ukraine redet. Ich finde es wichtig, dass Lehrer*innen verständnisvoll sind und den Schüler*innen zuhören, wer wir eigentlich sind. Uns als Menschen und nicht nur als Schüler*in sehen.

Also Räume dafür zu schaffen. Aber nicht bloß so zehn Minuten in einem Schultag, der von acht bis sechzehn Uhr geht, oder in einem Klassenrat alle vier Wochen. Sondern aktiv dafür Raum schaffen, um sich auf Augenhöhe zu begegnen und die Beziehungsebene zu fördern. Das macht bspw. auch Burçak, die ebenfalls bei ‚related' ist. Sie hat an ihrer Schule das Schulfach Glück eingeführt, in dem sie über so etwas reden. Also wie die Stimmung heute ist, welche Bedürfnisse da sind und wie es uns heute so geht und so weiter. Und wenn da jemand erzählt es geht ihm nicht so gut, weil es in der Familie gerade nicht so gut läuft, oder ein, zwei, drei andere erzählen, es beschäftigt sie, dass in der Heimat so viel los ist, dann kommt man da ein bisschen hin und die Schüler*in sind direkt motivierter und ermutigter mitzubestimmen und wirklich ihre Meinung zu äußern und Sachen zu fordern.

Ich glaube, die Schüler*innen müssen sehr stark zur Mitbestimmung ermutigt werden. Dazu müssen die Lehrer*innen auf Augenhöhe mit den Schüler*innen sprechen und Mitbestimmung dadurch bewusst einführen, dass z. B. jeder mal zu Wort kommt, oder mal mitbestimmen muss, soll oder kann. Ich denke, die Schüler*innen wollen unbedingt mitbestimmen, trauen sich aber nicht. Wenn die Lehrer*innen es in der Schule aber schaffen, die Schüler*innen zu ermutigen, wird es sicher klappen.

Wie soll sich ‚related' als Projekt eurer Meinung nach weiterentwickeln in der Zukunft?

Narges Tavakkoli: Ich wünsche mir, dass es das Projekt ‚related' in zehn/zwanzig Jahren noch gibt, aber man wird sehen, wie wir Schüler*innen und Lehrer*innen die Kapazität dafür haben, weil wir auch alle wo anders aktiv sind und uns mit anderen Sachen beschäftigen. Ich finde es schön den zukünftigen Lehrer*innen etwas beibringen zu können und halte es für wichtig, dass es solche Projekte gibt, in denen die Perspektiven gewechselt werden und die Rollen umgekehrt werden. Also Projekte, in denen die Lehrer*innen von den Schüler*innen lernen, denn wir haben viel zu sagen.

Aya Elkhodary: Gute Frage. Vor etwa zwei Jahren hatten wir schon einmal ein Interview mit dem Lehramtsfestival bei dem eine ähnliche Frage gestellt wurde. Damals hießen wir noch „jetzt reden wir" und unser Wunsch war zu dem Zeitpunkt glaube ich, dass wir mehr Touren machen und aktiver werden. Und mittlerweile kommen wir gar nicht mehr hinterher. Das ist also gerade ein schöner Moment des Reflektierens. Aber zurück zur Frage, was ich mir für ‚related' erhoffe. Mein Wunsch ist, dass die Gruppe größer wird und zwar so groß, dass wir uns auf Deutschland verteilen können, um die ‚Message' in die Welt weiterzuleiten. Außerdem hoffe ich, dass wir größer werden, um die Botschaft, die wir haben, so zu verbreiten, dass sie wirklich ankommt. Gerade kommt diese, glaube ich, auf einer kleinen Ebene ganz gut an, aber ich wünsche mir, dass sie überall ankommt.

Vielen Dank für das Gespräch!

3 Fazit

Schulen stehen unter dem Handlungsdruck, sich zu einem inklusiven Lern- *und* Lebensraum zu entwickeln. Dies steht wie in der Einleitung skizziert in enger Verbindung mit Herausforderungen und Diskussionen zur Schaffung von Bildungsgerechtigkeit. Darüber hinaus sind Schulen mit teils sehr lang tradierten Machtstrukturen konfrontiert (vgl. u. a. Leonhardt et al., 2023; Liebel, 2020), die inklusionsorientierte Entwicklungen stark herausfordern und sogar zu (seelischen) Verletzungen führen können (vgl. Piezunka, 2023). Besonders Schulen in herausfordernder Lage stehen in der Gefahr von den anfangs beschriebenen ‚Misshandlungspraktiken' nach Fricker betroffen zu sein. So gelingt es Schulen häufig noch nicht, im Sinne anerkennungstheoretischer Überlegungen der Lebenswelt von Schüler*innen mit Empathie, Respekt und (sozialer) Wertschätzung zu begegnen. Die Erzählungen der zwei ‚related students' zeigen eindrücklich, welche Wirkung Schule, ein veränderter Blick auf Schulen (in herausfordernder Lage) und gesellschaftliche Diskriminierungsprozesse auf Schüler*innen haben können. Das Projekt ‚related' stellt einen sehr reflektierten Versuch dar, den von Fricker beschriebenen Ungerechtigkeitspraktiken entgegenzuwirken, indem sie einerseits Wissen und Fähigkeiten der Schüler*innen anerkennen und andererseits versuchen in einem partizipativen Modus eine gemeinsame und kreative Sprache zu entwickeln, die es den Schüler*innen ermöglicht, ihre Lebenswelt und Bedürfnisse zu vermitteln. An verschiedenen Stellen im Gespräch wird dadurch ein stark *empowernder Charakter* des Projekts deutlich, der die Gesprächspartnerinnen auch nach der Schulzeit noch trägt. Es wurde ein Raum geschaffen, indem die Schüler*innen vertrauensvolle Beziehungen zu den Lehrer*innen, aber auch untereinander aufbauen konnten, welche die Grundlage für die gemeinsame Arbeit bilden. So erzählt Simon Klippert ergänzend:

> […] sehr ‚supportive spirit'. Wir unterstützen uns gegenseitig. Auch wenn viele Leute jetzt andere Sachen machen, gibt es eine sehr positive Stimmung und die trägt die Gruppe in sich. Natürlich auch die Themen, mit denen wir uns beschäftigen, die uns auch als Lehrkräfte weiter beschäftigen.

Wichtig scheint den Beteiligten vor allem zu sein, nicht einem negativen und caritativen Blick ausgesetzt zu sein, sondern vielmehr einen Perspektiv- und Diskurswechsel bei (angehenden) Pädagog*innen zu initiieren. „Wenn wir mit ‚related' auf Tour gehen, oder Workshops geben und sagen es sei alles ganz schlimm stellen wir unsere Schüler*innen und uns in einen Diskurs, der uns nicht gerecht wird." so Klippert. Weiterhin beschreibt er, dass gerade die Abkopplung von gängigen Schulstrukturen der Rütli-Schule ein wichtiges Merkmal des Projekts ist, um nicht die Schule und damit einhergehende interne Diskussionen in den Fokus zu rücken. Ein sehr tragendes Thema bildet für die ‚related students‘ Bildungsbenachteiligung aufgrund klassistischer Strukturen. Die Sensibilisierung für Benachteiligungen und Privilegien bilden einen wichtigen Schwerpunkt ihrer Projekte und Veranstaltungen. Der initiierte Perspektivwechsel reiht sich damit ein in Versuche, Habitussensibilität bei (angehenden) Lehrer*innen zu entwickeln. Habitussensibilität „als eine Art ausgeprägtes Gespür für das Gegenüber, als eine Schlüsselkompetenz und Voraussetzung im pädagogischen Alltag von Lehrkräften“, die ein Verstehen von sozialen und kulturellen Voraussetzungen und Erfahrungen einbezieht (Lange-Vester & Teiwes-Kügler, 2014, S. 177). Sie geht damit einher „sich mit [den Schüler*innen] ihren Lebensweisen und gesellschaftlichen Erfahrungen, Möglichkeiten und Grenzen auseinanderzusetzen“ (Lange-Vester & Teiwes-Kügler, 2014, S. 177) und kann so zu einer „Enthierarchisierung von Kompetenzen beitragen, indem sie die Orientierungen von Bildungsaufsteiger*innen aufgreift, ohne ihnen Bildungsmotive und Fähigkeiten abzusprechen“ (Lange-Vester & Teiwes-Kügler, 2014, S. 201 nach Bremer, 2007, S. 269 f.).

Mit Bezug auf die UN-Kinderechtskonvention halten auch Büchner et al. (2022, S. 192 f.) es für unabdingbar eine „heterogenitätssensible Pädagogik in Bildungseinrichtungen“ zu entwickeln, da sich Pädagog*innen zwar meist „der verschiedenen Quellen von Bildungsungleichheiten bewusst [sind], jedoch sind diese noch viel stärker für potenzielle Vorurteile in ihrem pädagogischen Handeln zu sensibilisieren“. Projekte wie ‚related‘ bieten dafür einen wichtigen Praxiszugang, um insbesondere die Sichtweisen von Schüler*innen in den Vordergrund zu stellen und Pädagog*innen somit einen entsprechenden Perspektivwechsel zu ermöglichen.

Dies stellt den Versuch dar, eine bildungsgerechtere Schule zu entwickeln, welche auf Formen der ‚epistemic injustice‘ verzichtet „und welche Ignoranz, Diskriminierung und Geringschätzung überwindet“ (Stojanov, 2019, S. 353). Dieser ‚utopischen‘ Vorstellung folgend, braucht es Pädagog*innen, welche dazu befähigt werden, „Beziehungen der Anerkennung im Sinne von Empathie, kognitiven Respekt und sozialer Wertschätzung mit allen ihrer Schülerinnen und Schülern aufzubauen“ sowie Schüler*innen, die „sich gegen Diskriminierungs- und Exklusionspraktiken“ behaupten können (Stojanov, 2019, S. 353 f.).

Literatur

Bremer, H. (2007). *Soziale Milieus, Habitus und Lernen. Zur sozialen Selektivität des Bildungswesens am Beispiel der Weiterbildung*. Juventa.

Bremm, N., & Racherbäumer, K. (2020). Dimensionen der (Re-)Produktion von Bildungsbenachteiligung in sozialräumlich deprivierten Schulen im Kontext der Corona-Pandemie. In D. Fickermann & B. Edelstein (Hrsg.), *„Langsam vermisse ich die Schule ...". Schule während und nach der Corona-Pandemie* (S. 202–215). Waxmann.

Büchner, J., Grüner, S., & Nikolai, R. (2022). Kinderrechte und Bildungsungleichheiten im Kontext Schule: Verschiedene Dimensionen von Diskriminierungen. In M. L. Pirner, M. Gläser-Zikuda, & M. Krennerich (Hrsg.), *Menschenrechte von Kindern und Jugendlichen im Kontext Schule* (S. 182–195). Wochenschau.

Chamakalayil, L., Gilliéron, G., Can Günes, S., Hill, M., & Imširović, E. (2017). Marginalisierte Quartiere? Positionierungen und Deutungen von Bewohner_innen. In T. Geisen, C. Riegel, & E. Yildiz (Hrsg.), *Migration, Stadt und Urbanität. Perspektiven auf die Heterogenität migrantischer Lebenswelten* (S. 175–197). SpringerVS.

Dahrendorf, R. (1965). *Bildung ist Bürgerrecht: Plädoyer für eine aktive Bildungspolitik*. Nannen-Verlag.

Eckert, T. (2022). Bildungsgerechtigkeit im Kontext Schule. In M. L. Pirner, M. Gläser-Zikuda, & M. Krennerich (Hrsg.), *Menschenrechte von Kindern und Jugendlichen im Kontext Schule* (S. 169–181). Wochenschau.

Fricker, M. (2007). *Epistemic Injustice. Power and the Ethics of Knowing*. Oxford University Press.

Giesinger, J. (2007). Was heißt Bildungsgerechtigkeit? *Zeitschrift für Pädagogik, 53*(3), 362–381.

Lange-Vester, A., & Teiwes-Kügler, C. (2014). Habitussensibilität im schulischen Alltag als Beitrag zur Integration ungleicher sozialer Gruppen. In T. Sander (Hrsg.), *Habitussensibilität. Eine neue Anforderung an professionelles Handeln* (S. 177–207). Springer VS.

Lassek, M. (2010). Können Brennpunktschulen Bildungsgerechtigkeit schaffen? Erfahrungen der Grundschule am Pfälzer Weg in Bremen. In H. Bartnitzky & U. Hecker (Hrsg.), *Allen Kindern gerecht werden. Aufgabe und Wege* (S. 132–146). Grundschulverband – Arbeitskreis Grundschule e. V.

Leonhardt, N., Goldbach, A., Staib, L., & Schuppener, S. (Hrsg.) (2023). *Macht in der Schule – Perspektiven in schwerer und einfacher Sprache*. Klinkhardt.

Liebel, M. (2020). *Unerhört. Kinder und Macht*. Beltz Juventa.

Piezunka, A. (2023). Seelische Verletzungen in der Gestaltung pädagogischer Beziehungen. In N. Leonhardt, A. Goldbach, L. Staib, & S. Schuppener (Hrsg.), *Macht in der Schule. Perspektiven in schwerer und Einfacher Sprache* (S. 218–230). Klinkhardt.

Stojanov, K. (2019). Bildungsgerechtigkeit. In J. Drerup & G. Schweiger (Hrsg.), *Handbuch Philosophie der Kindheit* (S. 348–354). J.B. Metzler.

Von Ackeren, I., Endberg, M., & Locker-Grütjen, O. (2020). Chancenausgleich in der Corona-Krise. Die soziale Bildungsschere wieder schließen. *Die deutsche Schule, 112*(2), 245–248.

Wrase, M. (2015). Die Implementation des Rechts auf inklusive Schulbildung nach der UN-Behindertenrechtskonvention und ihre Evaluation aus rechtlicher Perpsektive. In P. Kuhl, P. Stanat, B. Lütje-Klose, C. Gresch, H. Pant, & M. Prenzel (Hrsg.), *Inklusion von Schülerinnen und Schülern mit sonderpädagogischem Förderbedarf in Schulleistungserhebungen* (S. 41–74). Springer VS.

Yildiz, M., & Preissing, S. (2017). „Ghetto im Kopf?". Verortungspraxen Jugendlicher in marginalisierten Stadtteilen. In T. Geisen, C. Riegel, & E. Yildiz (Hrsg.), *Migration, Stadt und Urbanität. Perspektiven auf die Heterogenität migrantischer Lebenswelten* (S. 157–173). SpringerVS.

Nico Leonhardt ist wissenschaftlicher Mitarbeiter am Institut für Förderpädagogik der Universität Leipzig. Seine Arbeits- und Forschungsschwerpunkte sind Inklusive Schulentwicklung und Sozialraumorientierung, Inklusionssensible Hochschulentwicklung, Leichte Sprache, Partizipative Forschung und Lehre.

Kontakt: nico.leonhardt@uni-leipzig.de

Printed by Printforce, the Netherlands